Nadine Ponon
Im Böul 592
4616 Kappel

D1730438

LEBENSFORMEN

Veröffentlichungen des Instituts für Volkskunde der Universität Hamburg
Herausgegeben von Thomas Hengartner, Albrecht Lehmann und Gerhard Lutz

Band 11

Thomas Hengartner

Forschungsfeld Stadt

Zur Geschichte der volkskundlichen
Erforschung städtischer Lebensformen

DIETRICH REIMER VERLAG
BERLIN · HAMBURG

Die deutsche Bibliothek – CIP-Einheitsaufnahme

Hengartner, Thomas:
Forschungsfeld Stadt : zur Geschichte der volkskundlichen Erforschung
städtischer Lebensformen / Thomas Hengartner. – Berlin ; Hamburg : Reimer, 1999
    (Lebensformen ; Bd. 11)
    Zugl.: Bern, Univ., Habil.-Schr., 1996
    ISBN 3-496-02655-3

ISBN 3-496-02655-3

Inhalt

Vorwort

Volkskunde und Stadt sind seit jeher in einer Art Haßliebe miteinander verbunden. Während in den von der Volkskunde als Vorläufer reklamierten Disziplinen urbane Realitäten durchaus innerhalb des fachlichen Horizontes lagen, führte die Herausbildung der industrialisierten Stadt statt zur selbstverständlichen Aufnahme in den Arbeitsbereich der sich formierenden Disziplin vielerorts zur kritischen fachlichen Distanzierung, öfters gar zur Ausgrenzung städtischen Lebens und städtischer Kultur. Anders ausgedrückt: Der steigende Verstädterungsgrad, mithin also auch die Tatsache, daß für einen stetig wachsenden Teil der Bevölkerung Städte zum alltäglichen Lebensraum wurden, zog keine Zunahme der Beschäftigung mit urbanen Fragestellungen nach sich. Im Gegenteil: Im Prozeß der expliziten Formierung des Fachs und der Festlegung von fachspezifischen Forschungsbereichen, Methoden und inhaltlichen Konzepten ab dem Ende des 19. Jahrhunderts kam der Auseinandersetzung mit städtischen Fragen nur periphere Bedeutung zu, meist erschien sie als Beschäftigung mit dem »Nicht-Volkstümlichen«, das heißt dem aus den tradierten Kontexten von Sitte, Brauch und Gemeinschaft Herausgelösten.

Die derart festgelegte »Randexistenz« einer volkskundlichen Beschäftigung mit städtischen Themen und Fragen hatte zwar zur Folge, daß sich keine konsistente Auseinandersetzung mit urbanen Themen herausbilden, aber auch, daß Städtisches doch immer wieder in einzelne Darstellungen Eingang finden konnte – sei dies als Vergleichsgröße, sei dies als Popanz der Moderne oder sei dies als zukünftig anzustrebendes Forschungsziel. Selbst die Neuorientierung der Volkskunde ab den 1960er Jahren verhalf dem Forschungsfeld »Stadt« nicht zu einer eigenständigen Existenz, brachte aber eine deutliche Umwertung in bezug auf den Umgang mit urbanen Fragestellungen mit sich. Kritische Distanznahme oder programmatische Annäherung wich einer selbstverständlich werdenden Verlängerung volkskundlicher Fragestellungen, Themen, Sichtweisen und Forschungen in städtische Bereiche hinein, wobei indessen selbst »zentraldirigistische Maßnahmen« – wie etwa die Wahl des Themas »Großstadt. Aspekte empirischer Kulturforschung« für den 24. Deutschen Volkskundekongreß von 1983 – die Problematik nicht dauerhaft als selbständigen Arbeitsbereich zu etablieren vermochten.

So hat sich bis vor kurzem kaum eine einigermaßen kontinuierliche volkskundliche Beschäftigung mit dem Forschungsfeld Stadt oder besser: mit dem Thema Urbanität herausbilden können. Zwar deutet sich in den vergangenen Jahren mit Blick auf Veröffentlichungen, auf Lehrangebote und auf »Schwerpunktbildungen« an einzelnen Universitäten (v.a. Frankfurt, Berlin, Graz, Zürich und Hamburg) eine sichtbare Zunahme der Auseinandersetzung mit stadtbezogenen Themen an, demgegenüber bilden systematisierende Darstellungen im Rück- wie im Ausblick eher eine Seltenheit. Dies gilt, ohne die Verdienste von Thomas Scholze (1990) und Paul Hugger (1996) deswegen schmälern zu wollen, besonders für Überblicksdarstellungen über die bisherige volkskundliche Beschäftigung mit urbanen Fragestellungen, ihre Einbettung in die Geschichte des Fachs und ihre – oft wenig expliziten – Bezüge zu Stadtvorstellungen, wie sie lange vor allem die Gesellschaftswissenschaften geprägt hatten.

Die Ziele der vorliegenden Arbeit leiten sich unmittelbar aus der knapp skizzierten (Bedürfnis-)Lage ab. Im Vordergrund steht die Aufarbeitung der Beschäftigung mit (groß)städtischen Fragen aus fachhistorischer Sicht. Denn: Trotz der weitgehend topischen Klage über ein notorisches Forschungsdefizit oder eine notorische Zurückhaltung gegenüber urbanen Fragestellungen gibt und gab es immer wieder Ansätze, die jeweiligen Sichtweisen der Volkskunde auch auf städtischem Gebiet anzuwenden. Daß sich dabei keine eigene Forschungstradition etablieren konnte, belegt die Schwierigkeit eines Faches, das sich der Erfassung der Alltagskultur, ihrer Bedingungen und Bedingheiten, verschrieben hat, sich aus einer »selbstverschuldeten Beschränkung« zu lösen, Kulturanalyse auch in komplexen, offenen Systemen zu betreiben. Darüber hinaus hat der schon fast stereotype Hinweis auf die scheinbare Inexistenz volkskundlicher Stadtforschung zur Stagnation der Diskussion um Urbanität erheblich beigetragen, ersetzte er doch des öfteren eine Auseinandersetzung mit den bereits getätigten Anstößen und Erkenntnissen. Wichtige und sinnvolle Überlegungen blieben so praktisch unrezipiert oder gerieten nach kurzer Konjunktur wieder in Vergessenheit.

Dem fachgeschichtlichen Blick von innen wird in einem zweiten Teil ein solcher von außen zur Seite gestellt. Er soll Zugänge, Modelle und Überlegungen, die Art und Weise, wie »Stadt« gedacht und wie urbane Lebensformen untersucht wurden, erhellen und damit zumindest für den innerwissenschaftlichen Bereich die wirkmächtigsten Diskurse als Kontext für die Entwicklung des volkskundlichen Herangehens an das Forschungsfeld Stadt benennen.

Zwischen der Fertigstellung der Arbeit im Spätjahr 1995 und ihrer jetzt erst erfolgten Drucklegung hat sich erfreulicherweise auf dem Gebiet der volkskundlichen Beschäftigung mit urbanen Welten und Lebensformen sehr viel getan. Wenn immer möglich wurde versucht, das neueste Material noch einzuarbeiten oder zumindest darauf hinzuweisen. Daß dies nicht immer in gewünschter Tiefe und/oder Ausführlichkeit geschehen konnte, ist einerseits der zunehmenden Dynamik des Verhältnisses zwischen Volkskunde und Stadt zuzuschreiben, andererseits auch dem Wunsch, sich vermehrt wieder vom fachgeschichtlichen Verfolg zur Erforschung der Ausformung städtischer Lebensformen in Geschichte und Gegenwart hinzuwenden.

Zum Zustandekommen dieser Arbeit haben zahlreiche Personen und Institutionen beigetragen – sei dies durch ihre Mithilfe oder sei dies durch das Verständnis, das sie meinem Unterfangen entgegengebracht haben. Bei ihnen allen möchte ich mich ganz herzlich bedanken. Jemanden herauszuheben hieße, das Haltenetz, das mir das Entgegenkommen aller in seiner Gesamtheit bot, aufzudröseln und damit gleichzeitig seiner Wirkung zu berauben.

Hamburg, im Oktober 1998

I. Volkskunde der Stadt –
Volkskunde in der Stadt

Zur wissenschaftsgeschichtlichen
Verortung des Themenfeldes
»Stadt« in der Volkskunde

1   Volkskundliche Beschäftigung mit der Stadt: Einleitende Bemerkungen

Mit der Stadtvolkskunde haben sich die deutschen Volkskundler allgemein schwer getan. So groß ihr Interesse an Erscheinungen des ländlichen Lebenskreises ist, so bescheiden ist die Zahl der Untersuchungen zur Stadt, obschon immer wieder gefordert wurde, auch die Stadt zum Forschungsobjekt zu machen. Wenn schon die Stadt als Forschungsfeld diente, so ging es meist um Erscheinungen, die nicht stadttypisch sind, wie z.B. Vereine, Stadtteilkulturen (das Dorf in der Stadt), Folklore der Großstadt usw. Der letzte Deutsche Volkskundekongreß mit dem Thema ›Großstadt. Aspekte empirischer Kulturforschung‹ machte deutlich, daß Großstadt-Forschung sich nicht einfach mit dem Weiterleben und der Weiterentwicklung traditioneller Kulturelemente in der Stadt befassen kann. (Niederer 1987:60f)

Dieses ernüchternde Fazit über Stand und Inhalt volkskundlicher Beschäftigung mit dem Themenfeld ›Stadt‹ zog unlängst verstorbene Schweizer Volkskundler Arnold Niederer 1987 in einem Beitrag, dessen Zweck es war, französische Fachkolleginnen und -kollegen über die aktuelle Situation volkskundlichen Arbeitens im deutschsprachigen Raum zu informieren. Der erhoffte und prognostizierte Aufschwung des Arbeitsbereichs ›Stadtvolkskunde‹ blieb allerdings weitgehend aus: Zwar wurde – nicht zuletzt als Folge des Umstandes, daß sich der 24. Deutsche Volkskunde-Kongreß 1983 dem Schwerpunkt ›Großstadt‹ verschrieben hatte – der Bereich ›Stadt‹ vermehrt in die volkskundliche Optik integriert, eine »Strukturanalyse einer Stadt als kulturellem Wirkgefüge insgesamt«[1] wurde aber kaum ansatzweise realisiert. Bis heute wurde denn auch nirgends der damals geforderte systematische Ansatz hinsichtlich »Theorie und methodischen Prinzipien«[2] einer Volkskunde der Stadt ausgearbeitet. Zwar hat die Anzahl volkskundlicher Titel zu

Zur Zitierweise allgemein:
Titel welche in der Bibliographie am Schluß angeführt sind, werden grundsätzlich, auch bei deren ersten Anführung, nur mit Autor-, Jahr- sowie Seitenangabe vermerkt. Weiterführende, punktuelle Angaben in einzelnen Bereichen, die vom eigentlichen Thema einer Volkskunde der Stadt wegführen, wurden nicht in die Bibliographie aufgenommen; hier wird der vollständige Titel in den Anmerkungen angeführt.
Zur Zitierweise der in der Bibliographie angeführten Titel:
Grundsätzlich erfolgen Zitatangaben nach dem Autor-Jahr-Prinzip. Um aber die Lesbarkeit des Textes nicht unnötig zu erschweren, werden die Angaben zu kurzen, nicht abgehobenen Zitaten aus dem Fließtext aus- und in Fußnoten eingegliedert.

[1]   Gerndt 1985:12
[2]   Ebd., p.18

Stadtthemen (und in noch stärkerem Maße die Auseinandersetzung in Lehrveranstaltungen) auch im deutschsprachigen Raum in den vergangenen Jahren erfreulich zugenommen,[3] Projekte, welche sich vertieft mit volkskundlichen Aspekten von Urbanität auseinandersetzen bleiben aber immer noch Ausnahmen, die sich zudem infolge ihrer methodisch und inhaltlich unterschiedlichen Ausrichtung[4], kaum auf einen gemeinsamen theoretischen Nenner bringen lassen.

1.1   Drei Fallbeispiele zum volkskundlichen Umgang mit urbanen Fragen

Ein Großteil der Volkskunde tut sich indessen nach wie vor mit dem Phänomen ›Stadt‹, besonders mit der Einheit ›Großstadt‹, schwer. Dies soll hier – ohne Anspruch auf Vollständigkeit[5] – anhand dreier ausgewählter, vom Begrifflichen über Forschungsstrategisches bis hin zur inhaltlichen Konzeption reichender Beispielfelder skizziert werden.

1.1.1   Erste Anmerkungen zum Gebrauch der Begrifflichkeit ›Großstadt‹

Zwar begann sich die Volkskunde ab den 1920er Jahren vereinzelt expliziter mit dem Phänomen Großstadt auseinanderzusetzen,[6] bemühte sich aber bis in die 50er Jahre hinein kaum um eine kategoriale Festlegung des neuen und nur zögerlich eingemeindeten Untersuchungsfeldes. Selbst bei denjenigen Fachvertretern, die eher gegenwartsausgerichtet in der Großstadt zumindest ein ernstzunehmendes, oft allerdings auch bedrohliches Phänomen wahrnahmen und beschrieben, stand – im Gegensatz zur nachfolgenden Zeit zwischen der Mitte der 1950er und der 1980er Jahre – weniger die begriffliche Fassung, sondern vielmehr die Einordnung in das jeweilige theoretische Paradigma im Vordergrund.

    So betten etwa mit Adolf Spamer 1935[7] und Leopold Schmidt 1940[8] jene Vertreter der psychologischen Schule, die unter den ersten städtische Gegebenheiten (mit-)reflektierten, diese in eine Art Stadt-Land-Kontinuum

---

3   Mit ähnlicher Einschätzung und der Hoffnung auf eine allmähliche Etablierung einer Stadtethnologie cf. Lindner 1997:319
4   Cf. Kap. 3.3; 3.6
5   Cf. dazu die folgenden Kap. 2 und 3
6   Cf. Gerndt 1985:11 und unten
7   Cf. Kap. 2.3.1
8   Cf. Kap. 2.3.3

ein, indem namentlich Spamer zwar die Existenz von »eigengesetzlichen
großstädtischen Siedlungsräumen« als »Gemenge verschiedener Bestandteile« konstatiert, er aber darin doch ein »einheitliches Weltbild des Landbewohners und des Städters« gegeben sieht.[9]

In funktionsbezogener Sicht hingegen, so besonders bei Richard Weiss,[10]
existiert eine Polarität zwischen »Dorfsiedlung und Dorfleben«[11] auf der
einen, »Stadt und Städter« auf der anderen Seite. Dieser Unterschied zwischen Großstädten (oder auch den besonders »modernen« und »bindungslo-
sen« »Hotelmetropolen«)[12], Mittelstädten und Landstädten und daneben
Dörfern erwächst, – trotz expliziter Hinweise auf die Zugänge aus Geographie und namentlich Siedlungsgeographie[13] – nach Weiss primär aus dem
unterschiedlichen Zusammenspiel zwischen »Siedeln und Sein«:

> *Zwischen Dorf und Stadt gibt es mancherlei Übergänge und Abgrenzungen,*
> *jenachdem, ob man bauliche, rechtshistorische, wirtschaftliche oder bevölke-*
> *rungsstatistische Merkmale als entscheidend ansieht. Bestimmend vom volks-*
> *kundlichen Standpunkt aus ist der Gegensatz zwischen großstädtischem in-*
> *dividualistischem und rationalisiertem Leben und dörflicher Gemeinschafts-*
> *kultur, welche durch die bäuerlich naturnahe Siedlungseinheit zusammen-*
> *gehalten wird. (Weiss 1946:76)*

Diese einerseits wenig um die Eingrenzung des Gegenstands bemühten, aber
andererseits doch »ganzheitlicheren«, verschiedene Kriterien berücksichtigenden Sichtweisen machten kurz nach der Jahrhundertmitte einem positi-
vistischeren, einseitig auf die Einwohnerzahl als relevante Größe zur Unterscheidung einzelner Stadttypen ausgerichteten, Begriffsverständnis Platz. So
genügte, um nur ausgewählte prominente Nennungen herauszugreifen,
Adolf Bach 1954[14] sowie Oswald A. Erich und Richard Beitl im folgenden
Jahr[15] die Einwohnerzahl von 100'000 fraglos als ausschlaggebendes, notwen-
diges und hinreichendes Kriterium zur begrifflichen Festlegung einer Großstadt. Geradezu exemplarisch erscheint der Glaube an die kategoriebildende
Kraft der Zahlen in der Linzer Stadtvolkskunde von Hans Commenda[16]:

---

9   Spamer 1934:9
10 Cf. Kap. 2.3.4
11 Weiss 1946:76-83. Als Verlängerung dieses Gegensatzes auf der Landseite führt
    Weiss zudem »Hofsiedlung und Hofbewohner« (p.83-86) an.
12 Ebd., p.74
13 Ebd., p.72 et 374
14 Bach 1954:178, cf. Kap. 2.4.4
15 Erich/Beitl 1955:722, cf. Kap. 2.4.3
16 Cf. Kap. 2.3.5

Durch weitere Eingemeindungen (...) überschreitet Linz 1923 die Zahl 100'000 und tritt damit in die Reihe der großen Städte ein. (Commenda 1958:57)

Als Folge dieses Schrittes stellt sich für Commenda sodann fast automatisch die »allen Großstädten gemeinsame Umbildung« der städtischen Siedlung im Sinne der Chicago School[17] ein:

Mit der Entwicklung zur Großstadt verbindet sich in der Regel eine Gliederung des Stadtraumes in Geschäftsviertel, Wohnbezirke und Industriegelände. Die alte Innenstadt entvölkert sich dabei mehr und mehr und wird reines Geschäftsviertel, während sich ein Kranz neuer Wohnbezirke rings um sie legt. Das Großgewerbe der Altstadt wandert in die Randbezirke ab (...). (Commenda 1958:78)

Diese Wertung zur Klassierung von Städten hatte in den darauffolgenden Jahren weithin Bestand – so wird sie etwa auch in der dritten Auflage von Erich/Beitl[18] nach wie vor unverändert übernommen und auch in anderen volkskundlichen Werken bis in die achtziger Jahre hinein weitergetragen. So präsentierte sich auf dem eingangs zitierten Kongreß zur Stadtvolkskunde 1983[19] noch ein Nebeneinander verschiedener Begriffsverständnisse. Konnte sich Ueli Gyr mit Blick auf die schweizerischen Verhältnisse noch – mit Abschwächungen – auf statistische Kriterien als Rahmenmerkmale berufen,[20] so wies beim selben Anlaß Helge Gerndt in seinem Grundsatzreferat zur »Großstadtvolkskunde – Möglichkeiten und Probleme« auf die Schwierigkeiten einer solchen Kategorisierung hin:

Ist ›Großstädtisches‹ abhängig von der Größe der Bevölkerungszusammenballung? Es wäre gewiß absurd, genau mit 100'000 Einwohnern einen qualitativen Sprung im Kulturgefüge einer Stadt zu vermuten. Großstadt kann also nur eine offene, heuristische Kategorie für uns sein. (Gerndt 1985:13)

---

[17] Cf. Kap. 4
[18] Erich/Beitl 1974:766
[19] Cf. Kap. 3.3
[20] Cf. z.B. Gyr 1985:15: »Für das weitere Verständnis dessen, was in der Schweiz allgemein unter der Bezeichnung der Sozialgebilde ›Stadt‹ bzw. ›Großstadt‹ figuriert, sei vorweggenommen, daß ein Kleinstaat mit etwas mehr als 6 Millionen Einwohnern natürlich auch entsprechende Stadtvorstellungen und Größenordnungen typologisiert hat (...). Statistisch sprechen wir Häufungen von 10'000-30'000 Einwohnern als ›Kleinstädte‹ an, ›Mittelstädte‹ zählen bis 100.000 Einwohner. Was darüber liegt, gilt als ›Großstadt‹, wobei wir diesen Terminus in Wissenschaft und Alltag eigentlich wenig gebrauchen (...).«

1.1.2 Ein Vorschlag zur Auseinandersetzung mit dem Themenfeld ›Stadt‹ Anfang der 90er Jahre

Daß in der Volkskunde noch Anfang der 1990er Jahre nach wie vor erheblicher Nachholbedarf in Sachen Stadt bestand, geht eindrücklich aus der Bayreuther Antrittsvorlesung von Ruth E. Mohrmann hervor. Zurecht macht sie als langjährige Mitarbeiterin am Projekt ›Diffusion städtisch-bürgerlicher Kultur vom 17. bis zum 20. Jahrhundert‹ im Sonderforschungsbereich ›Vergleichende geschichtliche Städteforschung‹[21] auf ein Rezeptionsdefizit innerhalb der Volkskunde aufmerksam: Der allzu strenge Blick auf die gegenwartsbezogene Beschreibung und Erfassung der Alltagskultur oder besser: von Alltagskulturen in der Stadt in den 1980er Jahren hat für Mohrmann andersgelagerte Ansätze weitgehend vergessen lassen. Besonders diejenigen, welche in die Nachbardisziplinen Geschichte und Geographie ausgreifen, bleiben vom aktuellen Diskurs weitgehend ausgeklammert, wiewohl sich aus diesen durchaus auch fruchtbare Zugänge zur volkskundlichen Beschäftigung mit urbanen Fragestellungen herleiten lassen. Eine zu wenig wahrgenommene mögliche Forschungsstrategie sieht Mohrmann in den Ansätzen der ›Münchner Schule‹[22] und ihrer Vertreter Hans Moser[23] und besonders Karl-Sigismund Kramer[24], hier namentlich in dessen – allerdings im ländlich-historischen Kontext formulierten – ›Lebensstilkonzept‹[25], von dem aus sich, so Mohrmann, unter Einbezug der Stilkonzepte Henri Lefèbvres[26] und besonders Ina-Maria Greverus'[27] ein Bogen zur Habituskonstruktion Pierre Bourdieus[28] schlagen läßt, allerdings unter Vernachlässigung historischer und prozeßhaft-dynamischer Momente:

Dennoch meine ich, daß der Einbezug des Bourdieuschen Lebensstilkonzeptes in volkskundlichen Überlegungen zum städtischen Lebensstil nur von Gewinn sein kann. Denn vor allem die sozialen Abgrenzungen innerhalb der Städte und mit ihnen die Ausformungen unterschiedlicher Lebensstile sind m.E. in der bisherigen Forschung oft nicht hinreichend berücksichtigt worden.

---

21 Cf. Städteforschung 1989
22 Cf. Kap. 3.1
23 Hans Moser, Gedanken zur heutigen Volkskunde. Ihre Situation, ihre Problematik, ihre Aufgaben. In: Bayerisches Jahrbuch für Volkskunde. 1954, p.208-234
24 Kramer 1967; Kramer/Wilkens 1979; Kramer 1987
25 »(...) Lebensstil steht hier für regionale Kulturdifferenzierungen, die aus gemeinschaftlicher Lebenserfahrung und aus der unterschiedlichen Einstellung zum Leben resultieren.« (Mohrmann 1990:134)
26 Lefèbvre 1972
27 Greverus 1978, bes. p.141-150; cf. Kap. 3.6
28 Bourdieu 1984, cf. Kap. 6.2.1.3

Hier hat, so meine ich, die Volkskunde einigen Nachholbedarf. Seit der inzwischen längst vollzogenen Ausrichtung der Volkskunde als einer sozialwissenschaftlichen und sozialhistorischen Disziplin ist die Vernachlässigung sozialer Lagemerkmale eine Sünde, die nicht mehr zu den läßlichen gezählt werden kann. (Mohrmann 1990:138)

Als weitere mögliche Zugangsstrategie benennt Mohrmann die – ihrer Ansicht nach fruchtbar wieder aufzunehmenden – Konzepte der volkskundlichen Stadt-(Um-)Landforschung,[29] wie sie, basierend auf den modelltheoretischen Überlegungen Johann Heinrich von Thünens[30] und Walter Christallers[31], in der Volkskunde der 1970er Jahre und in der Kulturraum- und (In-)Novationsforschung darüber hinaus intensiv diskutiert wurden, danach aber fast in Vergessenheit gerieten. Verbunden durch Überlegungen zum Bürgertumsbegriff bzw. zu der im volkskundlichen Kontext durch den programmatischen Aufsatz Hermann Bausingers[32] ausgelösten Diskussion über Verbürgerlichung und deren allfällige Kompatibilität bzw. Inkompatibilität mit Fragen des städtischen Lebensstils[33], erscheinen Auseinandersetzungen mit der Strahlfunktion von Städten sowie kulturellen Stadt-Land-Beziehungen – besonders dann, wenn sie als skalenartige Konzepte angewandt werden[34] – als fruchtbare Komplemente zu diesen Fragestellungen, wobei sich v.a. diejenigen nach dem »Urbanisierungsprozeß als Mentalitätswandel«[35] als vordringliches Forschungspostulat aufdrängen.

Mohrmanns Ausführungen machen dort auf ein Defizit volkskundlichen (Ver)arbeitens aufmerksam, wo sie Lebensstil und Habitus mit bestehenden Arbeiten zu verknüpfen suchen, aber auch da, wo die Anregungen und Ansätze der Stadt-(Um-) Land-Theorie, wie sie vorab in den 1970er Jahren ausführlich reflektiert und diskutiert wurden, wieder in Erinnerung gerufen

---

29   Cf. Kap. 3.2
30   Thünen 1926/1966
31   Christaller 1933/1968
32   Bausinger 1973
33   Trotz recht ausführlicher Diskussion des Bürgertumsbegriffs und seiner problematischen inhaltlichen Füllungsvorschläge (Mohrmann 1990:139-142) vermag die von Mohrmann v.a. als Gegenentwurf zur Betonung der volkskundlichen Arbeiterforschung skizzierte vielschichtige Anwendung der Begrifflichkeit keine klaren Konturen zu gewinnen. Ob dadurch, Bürgerlichkeit über die Existenz eines »Werte- und Normenkatalogs« (p.142), der auch auf sozial höher wie tiefer gelegene Schichten Wirkung ausübte, mit dem Begriff des »Lebensstils« und namentlich eines »städtischen Lebensstils« (p.142) zu koppeln, tatsächlich eine argumentative Brücke geschlagen werden kann, erscheint allerdings eher als unsicher und weiter zu begründen.
34   Cf. Dazu: Wiegelmann 1991:25-28
35   Mohrmann 1990:143

werden; sie sind auf der anderen Seite selbst Beleg für die mitunter eingeschränkte Sichtweise volkskundlichen Arbeitens, wo sie sich mit gegenwartsbezogenen Themenstellungen auseinandersetzen.

Im Gegensatz und in Abhebung zur alltagskulturbezogenen Forschung, wie sie etwa deutlich aus den Forderungen Arnold Niederers hervorgehen – er ortet den Zugriff auf die »fluidité urbaine«[36] exemplarisch auf Bahnhöfen, Plätzen und Friedhöfen, und betrachtet diese als primäre Ansatzpunkte für urbanethnologisches Schaffen[37] –, bietet sich für Ruth E. Mohrmann eine volkskundliche Sicht auf Urbanes am ehesten und am vordringlichsten in der Analyse der Wechselwirkung von Stadt und Fest, d.h. in der Festkultur als reinerem Ausdruck der kulturellen Qualität des Phänomens Stadt:

> *Zu fragen bleibt jedoch, und hier eröffnen sich für gegenwartsbezogene Stadtforschungen wichtige Forschungsperspektiven, ob das Phänomen Stadt in seiner kulturellen Qualität eben nicht nur in seinem Alltag, sondern wesentlich reiner in seiner Festkultur zu greifen ist. Zahllose Feste sind ohne den städtischen Rahmen, ohne die Wechselwirkung zwischen Stadtbild, Stadtbevölkerung und Festablauf nicht denkbar. Städtisches Leben und städtischer Lebensstil der Gegenwart sind deshalb gerade hier so offenbar wie selten. (Mohrmann 1990:144)*

Hier verschließt sich Mohrmann dem Diskurs neuerer Fragestellungen ebenso, wie sich diese gegenüber den von ihr erinnerten soziohistorischen und soziogeographisch angeregten volkskundlichen Arbeiten ausgrenzen. Damit offenbart sich das gegenwärtige Dilemma volkskundlicher Urbanitätsforschung in nuce: daß sich bislang keine der einzelnen Richtungen innerhalb der Stadtvolkskunde um die weitere Vernetzung und übergreifende theoretische Verortung des urbanen Kontexts als lebens- und alltagsweltliche Basis auf einem breiteren Fundament gekümmert hat, sondern sich vielmehr mit jeweils einem passend scheinenden Segment zur theoretischen Verortung empirischer Arbeiten zufriedengegeben hat.

---

36 Ein Begriff aus der französischen *Ethnologie urbaine*, der namentlich von Colette Pétonnet in die Diskussion eingebracht wurde.
37 Niederer 1987:61

1.1.3 Städtische Alltagskultur als Stadtteilkultur?
       Ein Streiflicht auf die Darstellung städtischer Realitäten
       im ›Handbuch der schweizerischen Volkskultur‹

In seinem 1992 erschienenen Aufsatz »Volkskunde in den Neunzigern«
charakterisiert Martin Scharfe die Volkskunde als eine Wissenschaft, deren
Fokus stets auf ein unmittelbar abgelöstes Paradigma gerichtet sei:

Volkskunde als Wissenschaft war stets nur eine Funktion der Hauptprobleme
der jeweiligen Zeit und zwar insofern, als sie – als historische und kompen-
sative Veranstaltung entstand und dauerte. (Scharfe 1992:65)

Volkskundliche Fragestellungen hinkten demnach der Alltagsrealität und -
kultur – mithin dem zentralen Untersuchungsbereich des Fachs – stets um
einen Schritt hinterher.[38] Dieses oft beklagte wissenschaftliche Defizit hat
nach Scharfe indessen nicht nur Methode, sondern ist vielmehr geradezu
methodisch notwendig:

Über diesen Mißerfolg (i.e. das Hintennachhinken der Volkskunde, ThH)
kann sich nicht wundern, wer Volkskunde als notwendig kompensatorische
historische Veranstaltung der Moderne versteht und die jeweils zum For-
schungsgegenstand erklärte Realität als Projektion. Erst wer bereit ist zur
Einsicht in die gesellschaftliche Zwanghaftigkeit solcher Spiegelungen oder
Projektionen, ist von der Pflicht moralischer Appelle an die – wie ich be-
haupte: sich mit Notwendigkeit verspätende – Volkskunde befreit und muß
nicht mehr mangelnde Zeitgemäßheit (oder gesellschaftliche Relevanz, wie
wir das in den Siebzigern nannten) beklagen. Aber die Überlegung zeigt
doch auch, wie schwierig es ist, die Frage zu beantworten: Was ist zeitge-
mäß? Die historische Projektion ist im Grunde ja nicht weniger von der ge-
sellschaftlichen Problemlage einer bestimmten Zeit her gefordert als die offene
und klare Konfrontation. (Scharfe 1992:66)

Für eine Volkskunde in den Neunzigern heißt dies mit Scharfe aber nicht,
sich genüßlich und nun theoretisch abgefedert mit dem »Zuspätkommen«[39]
ein für allemal abzufinden. Unter Berufung auf die elfte Feuerbach-These
Marx'[40] fordert Scharfe vielmehr:

Abschied von den Projektionen, oder doch: Entdunkelung und Beleuchtung
der Projektionen, also: Nachdenken über die Aufforderung, den modernen

---

[38] Scharfe 1992:166
[39] Ebd.
[40] »Die Philosophen haben die Welt nur verschieden *interpretiert*, es kömmt drauf an,
      sie zu *verändern*.« (Karl Marx, Thesen über Feuerbach. Cit. nach: Karl Marx/Fried-
      rich Engels, Werke, Bd.3. Berlin 1962, p.5-7, hier p.7 [erstmals 1845])

Lebensstil ins Zentrum volkskundlichen Bemühens zu stellen (...). (Scharfe 1992:66)

Mit seinen pointierten Äußerungen, deren Spitze nach wie vor auf einen Teil volkskundlicher Produktion zutrifft,[41] benennt Scharfe das aktuelle Dilemma des gegenwärtigen fachlichen Diskurses, auf das auch Carola Lipp in ihren Überlegungen zur verminderten Tragfähigkeit des Alltagskulturkonzepts von einem anderen Standpunkt her hingewiesen hat.[42] Mit Blick auf die Auseinandersetzung der Volkskunde mit der Stadt läßt sich Scharfes Befund geradezu exemplarisch auf die Forschungssituation als solche übertragen:

Was das »Nachhinken« anbelangt: In großen Teilen des gegenwärtigen urbanethnologischen Arbeitens im Fach fehlt nicht nur ein gesamthafter Zugriff auf den »Untersuchungsgegenstand«, städtische Kultur und urbane Alltagsrealität werden vielmehr nach wie vor besonders in klar segregierten oder vermeintlich eindeutig segregierbaren Einheiten gesucht: Ethnographien einzelner Stadtviertel,[43] Untersuchungen einzelner Lebensbereiche im städtischen Kontext – allen voran die Freizeitkultur[44] – oder die zugegebenermaßen wichtigen Themen der Vereins-[45] wie der Festkultur[46] stellen hier

---

41 Weiter ausgeführt noch in: Martin Scharfe, Wie die Lemminge. Kulturwissenschaft, Ökologie-Problematik, Todestriebdebatte. In: Rolf Wilhelm Brednich/Walter Hartinger (Hg.), Gewalt in der Kultur. Vorträge des 29. Deutschen Volkskundekongresses, Passau 1993. Passau 1994 (Passauer Studien zur Volkskunde, Bd.8), p.271-295

42 Cf. Lipp 1993, wo die allmähliche Verflachung des Alltagskulturkonzepts, das Festgefahren-Sein des volkskundlichen Diskurses in der Alltagsforschung, konstatiert wird. (»Alltagsforschung ist kein Feld mehr, auf dem Innovation möglich scheint.«, p.1) Lipp fordert als Ausweg aus diesem momentanen fachlichen Stillstand eine verstärkte Auseinandersetzung mit dem Kulturbegriff, wie er etwa in der »neueren, anthropologisch orientierten, historischen Alltagsforschung« (p.2), diskutiert wird: »Die Schlüsselfrage einer Kultur- wie Alltagsgeschichte bleibt so, wie sich alltägliche Erfahrungen und alltägliches Handeln zu den sozialen und materiellen Strukturen des Alltags verhalten und wie beide vermittelt sind. (...). In Volkskunde, Geschichte und Alltagssoziologie (werden heute) Kulturtheorien bevorzugt, die in der Lage sind, die Komplexität der Alltagswelt analytisch zu erfassen.« (p.24)

43 Cf. z.B. die Aufsätze im Themenheft »Stadt« des Schweizerischen Archivs für Volkskunde, 82 (1/1986); oder auch: Ina-Maria Greverus/Heinz Schilling (Hg.), Heimat Bergen Enkheim. Lokale Identität am Rande der Großstadt. Frankfurt a.M., 3. Aufl. 1982 (Notizen, Bd. 12)

44 Z.B.: Hug 1986; Gabriele Hofmann (Hg.), Über den Zaun geguckt, Freizeit auf dem Dauercampingplatz und in der Kleingartenanlage. Frankfurt a.M. 1994 (Notizen Bd. 45); oder mit Blick auf eine Kleinstadt: Beatrice Ploch/Christoph Zens-Petzinger, Kulturentwicklungsplanung für eine Kleinstadt. Frankfurt a.M. 1991 (Notizen, Bd. 35)

45 Cf. schon den frühen Ansatz bei Herbert Freudenthal 1968; die Themennummer »Vereinsforschung« der Hessischen Blätter für Volks- und Kulturforschung 16

wesentliche Forschungsbereiche dar, ohne daß Überlegungen zu Vernetzungen und Interdependenzen, zu den unterschiedlichen Zugehörigkeiten von Stadtbewohnerinnen und Stadtbewohnern zu verschiedenen und wechselnden solchen Lebens- und Sozialbereichen angestellt würden. Brennpunkt stellt so – pointiert formuliert – das ›Dorf in der Stadt‹ dar; Methoden der Gemeindeforschung werden mithin oft fraglos auf urbane Gebilde übertragen. Diese stadtspezifische Sichtweise dominiert auch die volkskundlichen Beiträge zu städtischen Fragen im momentan neusten Überblickswerk volkskundlicher Provenienz, im 1992 von Paul Hugger herausgegebenen, in den drei Landessprachen Deutsch, Französisch und Italienisch erschienenen ›Handbuch der Schweizerischen Volkskultur‹[47]: Rein quantitativ wird darin dem Spannungsfeld »Quartier-Gemeinde (Dorf/Stadt)«[48] breiter Platz eingeräumt, indessen konzentrieren sich die Darstellungen auf Themenbereiche, die sich eng am klassischen Kanon orientieren, um auf dieser Folie den Brückenschlag zwischen städtischen und ländlichen parallel liegenden Themenfeldern vorzunehmen.[49] So stehen neben Ausführungen zum ländlichen Hausbau[50] solche zum städtischen Wohnungsbau[51], zur Stadtsanierung[52], zum städtischen Quartierleben[53] und zur Quartierkommunikation[54]; neben breitgefächerten Ausführungen zum öffentlichen Leben in den (Land-)gemeinden[55] solche zu Aspekten des Vereinswesens.[56]

(1984); oder Hermann Bausingers Initialaufsatz zur volkskundlichen Vereinsforschung: Vereine als Gegenstand volkskundlicher Forschung. In: Zeitschrift für Volkskunde 55 (1959), p.98ff.

[46] Cf. Hugger 1987; auch Mohrmann 1990

[47] Hugger 1992

[48] So die einschlägige Überschrift über die gut 350 Seiten stadt- und gemeindebezogener Darstellungen in: Hugger 1992, Bd.II

[49] Ganz dieser Ausrichtung sind auch die am volkskundlichen Institut der Universität Zürich, wo seit den 1980er Jahren Stadtvolkskundliches immer wieder zur Sprache kommt, entstandenen Arbeiten und angebotenen Themen: »Quartierleben, Strukturwandel durch Industrialisierung und Bodenspekulation, aber auch städtische Festkultur usw.« (Paul Hugger, Zu Geschichte und Gegenwart der Volkskunde in der Schweiz. In: Hugger 1992, p.15-33, hier p.28)

[50] Max Gschwend, Ländliches Bauen und Wohnen. Zur Bauernhausforschung in der Schweiz. In: Hugger 1992, p.319-348

[51] Bärtschi 1992; Gilles Barbey, Wohnungsbau und häusliche Kultur in der Westschweiz. In: Hugger 1992, p.393-415

[52] Birkner 1992

[53] Fehlmann-von der Mühll 1992; Rellstab 1992

[54] Werlen 1992

[55] Cf. das Unterkapitel: Das öffentliche Leben in der Gemeinde. In: Hugger 1992, p.499-600

[56] Hans Ulrich Jost, Zur Geschichte des Vereinswesens in der Schweiz. In: Hugger 1992, p.467-484; Paul Hugger, Heimatvereine. In: Hugger 1992, p. 485-497

Diese für ein Überblickswerk über die gesamte schweizerische Volkskultur legitime oder zumindest vertretbare Parallelisierung urbaner und ruraler Fragestellungen und Untersuchungsbereiche zieht fast zwangsläufig nach sich, daß Zugriffsstrategien auf städtische Lebenswelten als Ganzes oder als eigenständige Gebilde von der Darstellung ausgeschlossen bleiben. Mit dieser Beschränkung ist das »Handbuch der Schweizerischen Volkskultur« ein beredter Spiegel des volkskundlichen Umgangs mit urbanen Themen bis weit in die 90er Jahre hinein: Die kleine Anzahl empirischer Arbeiten aus dem Fach wird durch den scheuen Blick in soziologische Nachbarbereiche und neuestens eine beginnende Auseinandersetzung mit wahrnehmungsästhetischen Fragen[57] nicht aufgewogen. Fast verloren wirken so in Ueli Gyrs Beitrag über Ortsmonographien im »Handbuch«[58] die wenigen Hinweise auf volkskundliche Stadtbetrachtung angesichts der relativen Vielzahl – im europäischen Vergleich schließt auch hier die (Schweizer) Volkskunde eher schlecht ab – von Gemeindestudien. Arbeiten, die über »partikuläre Zugänge«[59] hinausgehen, fehlen nach diesem gewissenhaft das Vorhandene sichtenden Beitrag schließlich fast völlig.

Was die noch uneingelöste Forderung nach einer Ausrichtung volkskundlichen Arbeitens auf den modernen Lebensstil anbelangt: Die inhaltliche Konzeption des Handbuchs, aber auch die Auseinandersetzung mit ersten ausgewählten Darstellungen der Stadtproblematik im volkskundlichen Kontext kann geradezu paradigmatisch für die gegenwärtigen Schwierigkeiten der Volkskunde stehen, jenseits partikularer und isolierter Sichtweisen einen ganzheitlichen Zugang zum Phänomen ›Stadt‹ zu finden. Ganzheitlich will in diesem Zusammenhang heißen: Neben den klassischen Feldern volkskundlicher Stadtforschung, also neben historischen Forschungen und Lebensweltrekonstruktionen, neben Fragen der Stadt- (Um-)Land-Forschung und solchen der Stadtteil- bzw. Quartierkultur, vermehrt die volkskundliche Inanspruchnahme und Applizierbarkeit von Fragestellungen zur Stadtstruktur und zu sozialräumlichen Aspekten, zu wahrnehmungstheoretischen, siedlungs- und stadtsoziologischen Momenten zu reflektieren, und damit die Erforschung alltagskulturell-lebensweltlicher Muster von Urbanität, eines urbanen Lebensstils, sicherzustellen.
    Der Versuch, mögliche Sichtweisen für volkskundliche Stadtbetrachtung darzustellen, zu diskutieren und zu systematisieren, steht, neben einer Präsentation und Diskussion der bisherigen Ergebnisse stadtvolkskundlichen

57 Cf. Stadtgedanken, Notizen Nr. 48, v.a. den Beitrag von Ina-Maria Greverus, wo sie von der Collage als Technik der Stadtforschung spricht.
58 Gyr 1992
59 Ebd., p.692

Arbeitens, im Vordergrund der vorliegenden Arbeit. Eines der Hauptanlie-
gen dabei ist es, städtischer Kultur und städtischem Alltagsleben (namentlich auch in Schweizer Städten) in der Volkskunde endlich einen gebühren-
den Platz einzuräumen und v.a. auch Gefäße für theoretische Reflexionen
zur Verfügung zu stellen. Nur so kann das (strukturelle) Defizit, das die
gegenwärtige volkskundliche Stadtforschung immer noch prägt, überwunden werden und die vor einigen Jahren vom Zürcher Volkskundler Ueli
Gyr als Einleitung seiner kompetent kommentierten Bibliographie zum
volkskundlichen Schaffen im Themenkreis»Stadt« in der Schweiz getätigte
Feststellung endgültig ad acta gelegt werden:

*Wer auf die Idee kommt, rein quantitativ von der Zahl volkskundlicher
Veröffentlichungen über ›Stadtkultur‹, ›städtische Lebensweisen‹ oder ›Stadtvolkskunde‹ auf die Existenz der Städte selbst zu schließen, müßte bald einmal annehmen, daß es in der Schweiz keine solchen gäbe. (Gyr 1985:157)*

2 Forschungsgeschichtlicher Abriß I: Von »künstlichen« und »monströsen« Großstädten zur Alltagsrealität »Stadt«

Die wissenschaftliche Volkskunde ist von der Stadt ausgegangen.[60]

»Interne Wissenschaftsgeschichte hat in der Volkskunde eine für das Alter des Faches durchaus respektable Tradition.«[61] Wohl in wenigen Fächern ist zudem der Anfang eigenständiger wissenschaftlicher Tätigkeit nicht nur mit der vorwärtsgerichteten Formulierung von Forschungszielen und –programmen[62], sondern in fast ebenso reichem Maße mit einem eingemeindenden Rückblick auf Ansätze und Themenfelder, die als fachspezifisches Schaffen *avant la lettre* in Anspruch genommen werden,[63] verbunden. Gründe für diese ausgeprägte Beschäftigung mit dem Verlauf der Fachgeschichte mögen einerseits in einem vermeintlichen und tatsächlichen Legitimationsdruck liegen – vermeintlich dort, wo die Konstruktion einer möglichst imposanten Ahnenkette als angeblich hinreichender Nachweis für das Eigengewicht des Faches hingestellt wird, tatsächlich dagegen, wenn es darum geht, korrigierend (und aufklärend) auf bis heute oft diffuse Außenwahrnehmung des Faches in wissenschaftlichen[64], bildungspolitischen wie im öffentlichen Be-

---

60 Lehmann 1934:23
61 Sievers 1991:11
62 Stellvertretend sei hier nur hingewiesen auf:
    Karl Weinhold, Was soll die Volkskunde leisten? In: Zeitschrift für Völkerpsychologie und Sprachwissenschaft 20 (1890), p.1-5;
    Karl Weinhold, Zur Einführung. In: Zeitschrift des Vereins für Volkskunde 1 (1891), p.1-10;
    Eduard Hoffmann-Krayer, Die Volkskunde als Wissenschaft. Zürich 1902
63 Cf. beispielsweise:
    Richard M. Meyer, Die Anfänge der deutschen Volkskunde. In: Zeitschrift für Kulturgeschichte, N.F. II (1895), p.135-163 (i.e. ein Abdruck eines Vortrags von 1893);
    Adolf Hauffen, Geschichte der deutschen Volkskunde. In: Zeitschrift für Volkskunde, Jg. 20 (1910), passim (p.1ff; p.29ff, p.290ff)
    Zum Themenkomplex cf. Sievers 1991
64 Leider wird auch heute noch die Volkskunde von »entfernter« liegenden (Geistes- und Sozial-)Wissenschaften gerne auf bloße »Brauchtumskunde« reduziert. Der Seufzer Hermann Bausingers in seinem Aufsatz »Zur Spezifik volkskundlicher Arbeit« – »Für mich war es eine Schlüsselerfahrung, daß sich nach der Sommerfrische mehr als einmal ein Fakultätskollege an mich wandte mit der Bemerkung, er habe in seinen Ferien oft an mich denken müssen – und dann folgte ein Bericht über Kirchgängerinnen in alter Tracht oder über manchmal recht fragwürdige Zeugnisse der ›Volkskunst‹ in dem betreffenden Ort. Solche Zuschreibungen sind teilweise Ausdruck einer Phasenverschiebung: Das Fremdbild von Wissenschaften unterliegt in der Regel

reich einzuwirken – andererseits ist die Auseinandersetzung mit fachlichen Diskursen nicht zuletzt Ausdruck eines ständigen Bemühens um fachliche Gegenstandskonstitution – mit Wirkabsicht wiederum in zweifacher Hinsicht: Nach Innen ein Kreisen um eine fachliche Mitte, nach Außen eine Verortung der eigenen Spezifika im Kontext der Nachbardisziplinen.

Hinzu kommt, daß die Volkskunde mit vielen anderen Geistes- und Sozialwissenschaften in Gemengenlage liegt und es ihr daher nicht immer leicht fällt, die Spezifik des eigenen Erkenntnisinteresses gegenüber benachbarten Disziplinen deutlich genug zu präzisieren. Nach allgemeinen erkenntnistheoretischen Überlegungen wäre dies zwar nicht erheblich, da wissenschaftliches Forschen eine unteilbare Einheit bildet. Aber in den tagespolitischen Auseinandersetzungen um Besetzung institutionalisierter Positionen an Universitäten, Akademien und Forschungsprojekten bietet eine solide aufgearbeitete Fachgeschichte sehr wohl Argumentationshilfen, wenn es darum geht, das eigene Selbstverständnis nach außen darzustellen. (Sievers 1991:11)

Ziel der folgenden Darstellungen ist indessen mehr als bloße Wissenschaftshistoriographie, verstanden als Spurensuche spezifischer fachlicher bzw. themenbezogener Tätigkeit im Vorfeld der expliziten Formierung der Disziplin und danach. Zumindest für das Fach existieren dafür mittlerweile etliche taugliche Darstellungen mit unterschiedlicher historischer Tiefe,[65] mit Bezug auf die Auseinandersetzung mit urbanvolkskundlichen Fragestellungen

---

einer gewissen Verspätung. Aber gleichzeitig scheint hier doch auch eine *Zuordnungsevidenz* wirksam, die zu denken gibt.« (Bausinger 1980:8, Hervorhebung im Original)
– ist mehr als bloße Folklore in eigener Sache, sondern Indikator für ein recht schwerwiegendes Defizit der Außeneinschätzung und -wahrnehmung des Fachs.

65 So beispielsweise:
Überblicksdarstellungen über volkskundliches bzw. volkskundeartiges Schaffen in einem weiteren Rahmen:
Hermann Bausinger, Volkskunde. Von der Altertumskunde zur Kulturanalyse. Berlin/ Darmstadt 1971. (Das Wissen der Gegenwart)
Ingeborg Weber-Kellermann/Andreas C. Bimmer, Einführung in die Volkskunde/Europäische Ethnologie. Stuttgart 21985 (Sammlung Metzler 79)
Wolfgang Brückner, Geschichte der Volkskunde. Versuch einer Annäherung für Franzosen. In: Isac Chiva/Utz Jeggle (Hg.), Deutsche Volkskunde - Französische Ethnologie. Zwei Standortbestimmungen. Frankfurt a.M./New York/Paris 1987:105-127
Darstellungen volkskundlichen bzw. volkskundeartigen Schaffens einzelner Epochen:
Andreas Hartmann, Die Anfänge der Volkskunde. In: Brednich 1994:9-30
Kai Detlev Sievers, Fragestellungen der Volkskunde im 19. Jahrhundert. In: Brednich 1994:31-50
Utz Jeggle, Volkskunde im 20. Jahrhundert. In: Brednich 1994: 51-72

dagegen präsentiert sich die Quellenlage eher dürftig. Zwar liegt seit 1990
eine Überblicksdarstellung von Thomas Scholze[66] vor, deren Blickwinkel
allerdings, wie Paul Hugger anmerkt, nicht nur »sehr eingeengt«[67] ist, sondern auch – wohl mitbedingt durch einen nicht immer gewährleisteten
Zugriff auf die gesamte Literatur in der damaligen DDR – »die wichtigsten
Forschungsschwerpunkte und -themen« volkskundlichen Schaffens zu städtischen Fragen nur bedingt thematisiert.[68] Hugger selbst ist in einem 1996
veröffentlichten Privatdruck[69] einen wesentlichen Schritt weiter gegangen
und hat wichtige Zugänge zur volkskundlichen Auseinandersetzung mit der
Stadt auf einführende Art und Weise zusammengestellt.

Die Auseinandersetzung mit der Geschichte volkskundlichen und protovolkskundlichen[70] Umgangs und Nicht-Umgangs mit dem Forschungsfeld
›Stadt‹ bezweckt aber mehr als eine bloße Bestandsaufnahme, vielmehr steht
im Vordergrund, die dort in ihren spezifischen Erörterungszusammenhän-
gen zutage tretenden Wahrnehmungs- und Bewertungsmuster[71] von Urbanität im Lichte des gegenwärtigen Diskurses zu reflektieren, aber auch auf

- Zur Geschichte der Volkskunde in der Schweiz:
Paul Hugger, Zur Geschichte und Gegenwart der Volkskunde in der Schweiz. In:
Hugger 1992:15-33

66 Scholze 1990
67 Paul Hugger, Rezension zu Scholze 1990. In: Schweizerisches Archiv für Volkskunde,
     Jg.87 (1991):231f, hier p.231
68 Ebd., p.232
69 Hugger 1996
70 Periodisierungen und Abgrenzungen in der Geschichte einer als eigenständiges Fach
     recht jungen Disziplin sind ausgesprochen problematisch. Am sinnvollsten erscheint
     wohl, eine grundsätzliche Zäsur mit der expliziten Formierung als selbständiger Dis-
     ziplin anzusetzen. (Cf. dazu Vera Deißner: Die Volkskunde und ihre Methoden. Per-
     spektiven auf die Geschichte einer »tastend-schreitenden« Wissenschaft bis 1945.
     Mainz 1997 [Studien zur Volkskultur in Rheinland-Pfalz, Bd. 21]). Damit wird
     möglich, von der Volkskunde für sich reklamierte Ansätze verschiedenster Ausprä-
     gung (von den staatswissenschaftlich-kameralistischen Ansätzen des 18., über roman-
     tische und mythologische bis zu Fragestellungen der Nationalökonomie und Soziolo-
     gie des 19. Jahrhunderts) unter dem Dachbegriff des »protovolkskundlichen Arbei-
     tens« zu subsumieren. Andererseits suggeriert aber der gegen Ende des 19. Jahrhun-
     derts anzusetzende Übergang zum eigentlichen »volkskundlichen« Arbeiten einen zu
     eindeutigen Übergang. Das Beispiel von Eduard Hoffmann-Krayer zeigt etwa, daß
     dieser - ähnlich wie andere «Fachvertreter» auch - sehr wohl in der »Pionierzeit« des
     Fachs eine wichtige Rolle spielte und inhaltlich (cf. die oben [Anm. 62] genannte
     Publikation von 1902), wie institutionell (cf. Hugger, Zur Geschichte und Gegen-
     wart der Volkskunde in der Schweiz. In: Hugger 1992:20) wesentliche Impulse ver-
     mittelte.
71 Cf. auch die Forderungen von Hartmann 1994:9 nach der Auseinandersetzung mit
     Wissenschaftsgeschichte durch die Beschäftigung mit diskursiven *patterns*, in denen
     Themen- und Fragestellungen anzutreffen waren/sind.

eine mögliche Relevanz für und Übertragbarkeit auf heutiges Arbeiten hin zu befragen.

Wenn nun also im folgenden die verschiedenen Phasen von Stadterforschung und Stadtablehnung im protovolkskundlichen wie im volkskundlichen Diskurs kurz skizziert werden, dann nicht nur, um die von Ina-Maria Greverus genüßlich kolportierte – und als Legitimation dafür, »keine weiten Strecken in die Vergangenheit zurücklegen« zu müssen, in Anspruch genommene – Aussage von Francisco Benet, wonach Anthropologen, Volkskundlerinnen und Volkskundler nicht ausgeschlossen, ein »notorisch agoraphobischer Haufen, definitionsgemäß anti-urban«[72] seien, zu relativieren, sondern auch um aufzuzeigen, daß das zaghafte ›Werkeln‹[73] der Volkskunde im urbanen Kontext, obwohl über weite Strecken negativ besetzt, doch zu vertiefterer und kohärenterer Auseinandersetzung mit der Themenstellung hätte hinführen können.

2.1 Fachtraditionen? Frühe Blicke auf städtische Alltage

Die wohl frühesten protovolkskundlichen Auseinandersetzungen mit urbanen Belangen entstanden im Rahmen der staatswissenschaftlich-kameralistischen Auseinandersetzung mit den Kategorien »Land« und »Leute« und der von ihr angeregten Tätigkeit.[74] Die Anwendung dieses Koordinatensystems zur Auslotung alltagskultureller Gegebenheiten (hinsichtlich Zahl, Eigenschaften und Handlungen der Menschen, ihres häuslichen und gesellschaftlichen Lebens)[75] verschloß sich nicht überall dem städtischen (Lebens-)Raum. Als wichtigste Vertreter sind für das letzte Viertel des 18. und die beiden ersten Viertel des 19. Jahrhunderts exemplarisch zu benennen: Lorenz Westenrieder, Justus Möser, aber auch Wilhelm Heinrich Riehl. Demgegenüber trugen mythologische und romantische Fragestellungen in der zweiten Hälfte des 19. Jahrhunderts wesentlich dazu bei, den Blick auf die Gesellschaftskultur der Stadt zu verschleiern, und statt dessen eher auf das als

---

[72] Greverus 1994:13 (Das Zitat stammt aus: Francisco Benet, The Ideology of Islamic Urbanization. In: International Journal of Comparative Sociology 4 [1963]:212)

[73] Der Terminus ist ganz im (neu-)pietistischen Wortsinn zu verstehen. Cf. dazu Martin Scharfe, Die Religion des Volkes. Kleine Kulturgeschichte des Pietismus. Gütersloh 1980:90-92

[74] Cf. z.B. Gottfried Achenwall, Abriß der neuesten Staatswissenschaft der vornehmsten Europäischen Reiche und Republicen zum Gebrauch in seinen Academischen Vorlesungen. Göttingen 1749, p.7: »Man muß alles in zwo Classen absondern. Ein Reich besteht aus Land und Leuten. Unter diese beyden Begriffe lässet sich alles bringen.«

[75] Cf. dazu Weber-Kellermann/Bimmer 1985:7

unverfälschter eingestufte ländliche (Gemeinschafts-)Leben in seiner organischen Überlieferung als Ausdruck von Urtümlichkeit und auch der Volks-
seele zu lenken. Bis in den Beginn unseres Jahrhunderts war so Urbanes aus
dem Fokus protovolkskundlichen und des sich formierenden expliziten
volkskundlichen Interesses gerückt.

Erst die Auseinandersetzung der psychologischen Schule mit dem volkskundlichen Kanon rückte die Stadt in Ansätzen vereinzelt wieder in den
Bereich volkskundlichen Arbeitens.[76] Noch aber war die Auseinandersetzung mit städtischen Themen verstreut und kaum systematisch. Daran
änderte selbst die Tatsache, daß Leopold Schmidt 1940 einen ersten größeren Aufriß zur Volkskunde einer Stadt (Wien) vorlegte, insgesamt nur wenig: Volkskundliche Anmerkungen zur Stadt bewegten sich, wenn überhaupt, in den »bewährten Kategorien der Bauernkunde«[77], wie namentlich
die immerhin Städtisches mitreflektierenden Ausführungen von Richard
Weiss[78] exemplarisch belegen. Aber auch elaboriertere Auseinandersetzungen mit Fragen der Volkskunde in der Stadt, wie sie 1958 von Hans Commenda[79] für die Stadt Linz vorgenommen wurden, verweisen eher auf den
hilflosen Umgang mit urbanen Fragestellungen, als daß sie tatsächlich Bedingungen und Bedingtheiten städtischen Lebens erhellten. Dennoch ist der
Stellenwert dieser Arbeiten für den lückenhaften und spärlichen urbanethnologischen Diskurs nicht zu unterschätzen, bilden sie doch ein Gegengewicht zu den ausgesprochen stadtkritischen Ausführungen[80] eines Max
Rumpf[81], Willy Hellpach[82], Oswald A. Erich, Richard Beitl[83] oder Adolf
Bach[84]. Der stadtvolkskundliche Diskurs in der ersten Hälfte des 20. Jahrhunderts ist denn auch nicht nur ausgesprochen schmal, sondern mindestens ebenso disparat – ganz zu schweigen von einem reflektierten oder
expliziten theoretischen Horizont. Mit Recht konnte deshalb Hermann
Bausinger zu Beginn der 1960er Jahre von einem »Unverhältnis zwischen

---

76 Scholze 1990:27-47 läßt gegenwartsorientiertes volkskundliches Arbeiten grundsätzlich erst nach dem Ersten Weltkrieg beginnen und stellt Adolf Spamer an dessen
Anfänge sowie an den Beginn stadtvolkskundlichen Arbeitens. Ungeachtet des wesentlichen Beitrag Spamers scheint diese Einschränkung allerdings doch ein wenig
kurz gegriffen.
77 Bausinger 1961:15
78 Weiss 1946
79 Commenda 1958
80 Cf. Kap. 2.4
81 Rumpf 1931/32
82 Hellpach 1942
83 Erich/Beitl 1955
84 Bach 1954 et 1960

theoretischer Forderung und praktischer Ausführung«[85] auf dem Gebiet der Stadtvolkskunde sprechen:

Dieses Unverhältnis hat eine wesentliche Ursache darin, daß der theoretische Grund für Arbeiten zur Großstadtvolkskunde nur sehr dürftig gelegt ist. (Bausinger 1961:125)

Erst im Verlaufe der sechziger Jahre kam auf diesem Gebiet einiges in Bewegung, ohne daß aber die Verstädterung im realen Leben eine angemessene Berücksichtigung in volkskundlicher Theorie und Empirie gefunden hätte.

2.1.1 Lorenz Westenrieders »Beschreibung der Haupt- und Residenzstadt München« – eine erste Stadtvolkskunde?

1783 erschien mit Westenrieders ›Beschreibung der Haupt- und Residenzstadt München (im gegenwärtigen Zustande)‹ die erste Stadtvolkskunde. Dieses Werk gibt die Geschichte der Stadt, eine Beschreibung ihrer Straßen, Plätze und Baulichkeiten, wobei verschiedentlich da und dort lokalisierte Ortssagen mitgeteilt werden, eine vom statistischen Material her gewonnene Soziologie und endlich im 6. bis 14. Abschnitt des dritten Teiles eine eingehende Darstellung vom Wesen der Bewohner. (Moser 1953:170)

Lorenz Westenrieder (1748-1829), Jesuit, Professor der Dichtkunst und aufgeklärter Patriot,[86] hat wohl als einer der ersten versucht, die statistischen Parameter »a) Land, b) Leute und c), die Verhältnisse derselben zu den benachbarten«[87], nicht nur auf dem Land, sondern ebenso auch in der Stadt anzuwenden. Zwischen etlichen Beschreibungen ländlicher Zustände[88] hat er sich in einem ausführlichen, dreiteiligen Werk auch mit »Civilwesen«, »Kirchenwesen« und der »allgemeinen Verfassung«[89] der »Haupt- und Residenzstadt München« auseinandergesetzt. Neu an dieser nach Moser »ersten

---

[85] Bausinger 1961:15

[86] Zu Westenrieder cf. Moser 1953, v.a. 170-172; daneben auch: Hartmann 1994:25f

[87] Lorenz Westenrieder, Jahrbuch der Menschengeschichte in Baiern. München 1782/83 (erster und einziger Jahrgang. Cit. nach: Moser 1953:169)

[88] Z.B. vor dem Erscheinen der »Beschreibung ...« in der von ihm initiierten und herausgegebenen Zeitschrift »Baierische Beyträge zur schönen und nützlichen Literatur« (1779-1781), im »Jahrbuch der Menschengeschichte in Baiern«. München 1782/83, im Anschluß daran z.B. in der »Beschreibung des Wurm- oder Starnbergersees und der umherliegenden Schlösser (...)«, München 1784; Projekte zur weiteren Beschreibung aller »Seen des Oberlandes« (Brief vom Mai 1783) mußten aber wegen körperlicher Gebrechen unausgeführt bleiben.

[89] Untertitel der drei Hauptteile der »Beschreibung«.

Stadtvolkskunde« ist, daß sie nicht nur versucht, die im staatswissenschaftlichen Arbeiten[90] der Zeit üblichen Darstellungen historischer, demographisch-statistischer und architektonischer Gegebenheiten im städtischen Rahmen zu realisieren, sondern darüber hinaus in ihrem dritten Teil eine eigentliche ›Bestandsaufnahme‹ des Münchner Alltagslebens zu zeichnen sucht: So werden etwa Freizeitverhalten, Lebenslaufbrauchtum, Lebensgewohnheiten, aber auch Verhaltensnormen und deren Durchsetzung, habitueller und ritualisierter Ausdruck von Emotionalität ebenso beschrieben wie sprachliche und charakterliche Besonderheiten der Münchner Stadtbevölkerung.

Westenrieders Ausführungen in diesem dritten Teil, der hier vordringlich interessiert, zielten – ganz im Sinne der Leitwissenschaft seiner Zeit – darauf hin, mit dem Einsatz statistischer Mittel und der Analyse des Volkscharakters für den »Staatsmann und Gesätzgeber«[91] staatswissenschaftlich verwertbare Erkenntnisse zu gewinnen:

Ich habe in dieser Beschreibung vieles über unsre häuslichen Einrichtungen und Gewohnheiten, und vieles über das Uebliche in Dingen gesagt, welche vielleicht manchem beym ersten Anblick keiner Betrachtung würdig zu seyn scheinen möchten, und es doch vorzüglich sind. Wenn man einmal von einem Staat getreue Nachrichten dieser Art hat, so läßt sich schon ziemlich zuversichtlich auf die Beschaffenheit der Verfassung und der inneren Einrichtuug (sic) schließen. (Westenrieder 1782: Vorrede, Blatt 3r)

Der erhöhte Quellenwert der im wesentlichen deskriptiven Schilderungen Westenrieders liegt aber zum einen in den auf städtischem Boden behandelten Themen, daneben besonders auch in seiner Methode begründet. So gelangten nicht nur die üblichen quantitativen und aufzählenden methodischen Erhebungsverfahren zur Anwendung, sondern ebenso auch qualitative.

Was man denen empfiehlt, welche darauf ausgehen, Menschen zu studiren, daß sie selbe nicht aus offentlichen Handlungen, sondern zu Hause, und in kleinen, dem Schein nach, ganz gleichgültigen Dingen beobachten sollen: das habe ich in folgenden Nachrichten darzustellen gesucht, und daher nicht allein die großen Theile, sondern auch die kleinsten, unerheblichsten Züge gesammelt, in deren Zusammensetzung unser Charakter besteht. Und wie sich aus dem, was jemand außer seinem Amt thut, so ziemlich bestimmen läßt,

---

90 Mohrmann fragt sich, »ob für einen historischen Abriß stadtvolkskundlicher Arbeiten bis zu Lorenz Westenrieders ›Beschreibung (...)‹ von 1872 zurückzugehen ist« (Mohrmann 1990:130f) übernimmt aber die Wertung Mosers, indem sie Westenrieder zur »sogenannt staatswissenschaftlichen Volkskunde« zurechnet.
91 Westenrieder 1782:240

wie er in seinem Amt sich verhalten werde: so läßt sich aus den Vorstellungen, welche ein Volk liebt, aus den Vergnügungen, welchen es nachhängt, aus Gebräuchen, denen es vorzüglich ergeben ist, seine Verfassung errathen.
(Westenrieder 1782:239f).

Westenrieders gegenwartsorientierter – ähnlich wie gut 75 Jahre später auch bei Riehl geforderter –, aus der Beobachtung des Kleinen auf die Erkenntnis des Großen ausgerichteter Ansatz schöpft demnach v.a. aus unmittelbaren Quellen. In heutigen Kategorien gesprochen bediente sich Westenrieder zur Gewinnung seines mehrheitlich auf die Erfassung des privaten Lebens[92] ausgerichteten Materials sowohl der verdeckten wie der offenen Beobachtung. In seinem Tagebuch notiert er 1782:

Ich stund auf der Gaß unter dem Volk und hatte viele Unterhaltung an seinem Gespräch. Wollte Gott, daß man diese Gespräche gesammelt hätte! (cit. nach: Moser 1953:172)

Ein späterer Eintrag belegt, daß Westenrieder in der Wahl seiner Mittel nicht immer zimperlich war. Nach der Schreibarbeit des Tages erkundete er in nächtlichen Spaziergängen die Stadt:

Ich kam so bei der Nacht in die stillsten und einsamsten Gäßlein, wo ich dann mein Ohr an die Läden legte und horchte, was die Leute reden. (cit. nach: Moser 1953:172)

Westenrieder war sich im übrigen seiner Pionierrolle, der Bedeutung und Erstmaligkeit seines Ansatzes durchaus bewußt, bemerkt er doch einleitend:

Dieser Theil, den selten, oder höchstens nur im Vorübergehen, jemand berührt hat, wird dem entfernteren Ausland, und einst der Nachwelt der wichtigste seyn. (Westenrieder 1782:239)

Der Transfer von der aufreihenden Aufzählung von beobachteten und erhobenen Einzelerscheinungen hin zu einer systematisierten Darstellung bleibt allerdings weitgehend aus. So erschöpft sich denn das dargebotene Material in einer Vielzahl oft akribischer Beschreibungen, die allerdings ein weitgefaßtes Themenspektrum abdecken. Nach fast ausschließlich statistischen Angaben über Schulen und Schulwesen, Spitäler und »milde Stiftungen« berühren Abschnitte über »öffentliche und gemeinschaftliche Anstalten« – Einrichtungen und Gelegenheiten öffentlicher Natur (von der Stadtbeleuchtung und dem Feuermeldewesen über Leihhäuser, Straßenreinigung und medizinische Betreuung bis hin zu Angaben über die Öffnungszeiten

---

[92] Zur Frage der Öffentlichkeit und Privatheit als Formanten städtischen Daseins cf. unten, Kap. 5.4

der Stadttore)[93] – und Märkte die Rahmenbedingungen städtischen Lebens. Nach einem Zwischenspiel über »Gefängnisse, Strafen, Belohnungen«, worin in anschaulicher Weise die Praxis der zeitgenössischen Folter- und »Strafliturgie«[94] beschrieben wird, folgen schließlich neun Abschnitte über Spiel und Sport, Lebenslauf, Nahrung und Kleidung, Sitten und »Uebliches« – d.h. Brauchtümliches, über Sprachliches und endlich über den »Karakter der Eingebohrnen«.

Westenrieder betont die herausgehobene Stellung dieser Ausführungen, deren Gehalt und Umfang erheblich differieren, indem er in einem einleitenden Abschnitt noch einmal auf die Notwendigkeit hinweist, sich mit »unbeträchtlich scheinenden Dingen«[95] auseinanderzusetzen.

Als erstes (und gleichzeitig am ausführlichsten) kommt die ›Freizeitkultur‹ zur Sprache, unterteilt in »Leibsübungen«, »Feyerlichkeiten«, »Spiele« und »Vergnügungen« (p.282-294). Hinter dieser von der Sache her einleuchtenden Unterscheidung versteckt sich indessen eine soziale Gliederung, die auch innerhalb der einzelnen Unterabschnitte zum Tragen kommt. Prominent werden etwa bei den »Leibsübungen« die »vom Adel und dem angränzenden Stand« bevorzugten Disziplinen wie »Reiten auf der Schule«, »Fechten«, »Tanzen auf den Zimmern« und »Baalspiele auf den Baalhäusern«, aber auch »Billard« genannt, daran anschließend die »löbliche Schützenzunft«, deren Aktivitäten »bey der anständigsten Unterhaltung auch die Beförderung einer bürgerlichen Geschicklichkeit zum Zweck haben«.[96] Zeichnen sich die Anlässe im Schießwesen noch dadurch aus, daß »die ansehnlichsten Gäste und selbst der gnädigste Landesfürst sie beehret«, so verhält es sich bei den zuletzt dargestellten Pferderennen gerade umgekehrt: Fallen diese selber noch in die Kategorie der Leibesübungen, so verlassen die dazugehörigen Rahmenwettkämpfe im Wettlaufen oder Stelzengehen diese Kategorie und gehören als profane Spiele zu den geduldeten Freizeitvergnügungen der Landbevölkerung. Auf dem Feld der »bürgerlichen Feyerlichkeiten«, der zweiten ›Freizeitkategorie‹, stellt Westenrieder nicht nur einen Rückgang, sondern v.a. auch eine Sinn- und Bedeutungsentleerung fest: Diese erscheinen wegen ihres Alters »unnützlich, unverständlich und die Vorstellung überhaupt nicht selten belachenswürdig«[97]. Das hindert We-

---

93 Westenrieder 1782:261-270
94 Michel Foucault, Überwachen und Strafen. Die Geburt des Gefängnisses. Frankfurt a.M. 1977, p.47 (Originaltitel: Surveiller et punir. La naissance de la prison. Paris 1975. Darin auch (v.a. p.44-90) über die Bewertung und kulturelle Verankerung von Körperstrafe und Verhörmethoden.
95 Westenrieder 1872:282
96 Alle: ebd., p.283
97 Ebd., p.285

stenrieder nicht daran, eine ganze Palette von Jahreslaufbräuchen anzuführen. Diese reicht von den »sogenannten Weyhnachtsspielen, welche zuletzt in die Zechstuben wanderten« (p.285f) über Nikolaus- (p.286) Palmsonntags- (p.287) und Tanzbräuche (p.288), bis hin zu Fasnachts- (p.289), Mai- (p.290) und Pfingstfeiern (p.290) oder einzelnen Zunftbräuchen (p.291). Noch selektiver als beim Vorangehenden sind schließlich Westenrieders Ausführungen zu den »eigentlichen Glücksspielen«. Zur Darstellung kommen nur solche, die zur »Leibesbewegung und Uebung« oder aber »zur Schärfung des Witzes und der Aufmerksamkeit beitragen«[98], so Schach, Mühle oder Dame, aber auch Kartenspiele oder das bei der »gemeinern Klasse« in unterschiedlichen Varianten geübte Kegelspiel. Auch die vorhandenen Kinderspiele werden unter pädagogisch-didaktischen Gesichtspunkten ausgewählt. Neben kleineren Spielen wie dem Ringelspiel oder dem Handwerkerspiel sind es v.a. die Ballspiele in unterschiedlichen Varianten. Abgerundet wird dieser recht ausführliche *Tour d'horizon* mit einer Aufzählung der »Vergnügungen einer höhern Art«[99]: Jagd, Tanz, Musik, Theater und Oper, Feuerwerke und Spazierfahrten, denen das gemeine Volk nur das Kreuzerspiel in der Sommerdult entgegenzusetzen hat.

Weniger ausführlich, aber auch weniger aufzählend und weitaus detaillierter beschreibend sind Westenrieders Betrachtungen »Von dem Ueblichen bey der Geburt, Hochzeit, und Sterben« (p.294-298). Zwar werden Geburt und Hochzeit nur kurz gestreift, dafür aber die feststehenden Abläufe und Handlungen im Sterbefall minutiös dargestellt. Zur Sprache kommen die je nach Alter oder Zivilstand unterschiedlichen Kennzeichnung des Trauerhauses, Bestattungsfristen, Ausstattung des Sarges, Zusammensetzung und Aufstellung des Trauerzugs, aber auch die Grabausstattung.

Oberflächlicher wiederum erscheinen Westenrieders Ausführungen zur Kleidung (p.298-307). Die wenigen Hinweise zur Nahrung hingegen, die die Spitze desselben Kapitels bilden, illustrieren demgegenüber den Unterschied der Nahrungskultur zwischen den Ständen auf eindrückliche Weise:

> *Allgemein gesagt, nimmt der Bürger und Handwerker noch kein Frühstück, und setzt sich um eilf Uhr Vormittag zur ersten, und um sechs Uhr Nachmittag zur zwoten Mahlzeit. Rind- oder Kalbfleisch, Bier und Brod sind das gewöhnlichste, was er genießt, und Schweins- Kalbs- und Gänsebraten sind seine besten Gerichte, und Bier sein bester Trank. Wein, oder Brandwein wird ordentlicher Weise nicht getrunken, auch nicht Toback geschmaucht. (Westenrieder 1782:298f)*

---

[98] Ebd., p.291
[99] Ebd., p.292

Demgegenüber variieren Zahl und Zeitpunkt der Mahlzeiten, aber auch die Zusammensetzung der Speisen in höheren Ständen beträchtlich. Hier ist nicht nur das Frühstück eingeführt, ebenso sind es die Luxusprodukte und Genußmittel, die Westenrieder als besonders typisch hervorstreicht:

> *Der Vornehmere überläßt sich dem Ueblichen der Ueppigkeit (...). Sein Frühstück sind Koffee, Chokolade, oder Thee, und seine Speisen und Getränke auf die Tafel sammelt er aus ganz Europa, und läßt sie, wie viele seiner Medicinen, über entfernte Meere kommen. Nach der Tafel bedient man sich scharfer, gebrannter Wässer, Weine, oder des Koffees, um die Speisen zu verdauen. (Westenrieder 1782:299)*

Auch hinsichtlich der Kleidung betont Westenrieder die ständischen Unterschiede. Während sich die dem Diktat der Mode unterworfene Kleidung der höheren Schichten, v.a. der Frauen, nicht eindeutig bestimmen läßt – Westenrieder äußert sich dezidiert über deren Putzsucht, nicht ohne aber detailliert v.a. Schmuck und Putz zu beschreiben –, ist es vor allem das Handwerkertum, das an Kleidungstraditionen am meisten festhält. Die bürgerliche Kleidung hingegen ist zur Zeit Westenrieders im Umbruch: Normorientierungen nach hinten, d.h. Festhalten am Überlieferten, paaren sich mit solcher nach oben, d.h. »die ersteren Stände derselben kleiden sich ohne Unterschied wie die Adelichen.«[100]

Fast vier volle Abschnitte seiner Ausführungen zur allgemeinen Verfassung widmet Westenrieder im folgenden sprachlichen Aspekten. So drücken sich »Höflichkeit und Wohlstand« zwar auch in der Einhaltung codierter Verhaltensregeln aus – Kniebeugen vor höchsten Herrschaften (p.308), Überlassen der rechten Seite oder des Vorteils, in der Kutsche vorwärts zu sitzen (p.311), Hierarchien der Stände und Geschlechter bei öffentlichen Aufzügen (p.312) um einige herauszugreifen – in Westenrieders Beschreibung sind es aber v.a. die sprachlichen Momente, welche die ›feinen Unterschiede‹ ausmachen. Diese, v.a. nach Ständen oder aber nach der Mode geregelt – bei der Anrede, im Gebrauch von Titeln oder auch im Gebrauch französischer Floskeln –, bieten mitunter etliche Schwierigkeiten. Die hierarchisch fixierte Anrede –

> *Gegen Personen, die man ehrt, bedienet man sich des Wörtleins Sie, Ihnen. Der Vornehme spricht zu seinen Untergebenen Er, und Ihr, und zu den niedrigen Du. – Du, sagen auch die Aeltern zu ihren Kindern (...). (Westenrieder 1782:313)*

– gerät so etwa in Widerspruch mit der emotionalen Wertskala:

---

[100] Ebd., p.300

Des Wörtleins Du bedient man sich in den widersprechendsten Fällen. Es ist der Ausdruck des einfachen Mannes, des Vertrauens, und der zärtlichen Liebe, und daher heißen Eheleute sich Du. Und zur gleichen Zeit ist es das Wort, auf das man einen besonderen Nachdruck legt, wenn man jemand seine Verachtung zu verstehen geben, und ihn erniedrigen will. (Westenrieder 1782:314)

Wie sehr Westenrieder Sprachliches als Spiegel der Verfaßtheit der Bevölkerung erachtet, geht aus seinen Darstellungen des »Ueblichen des Ausdrucks bey heftigen Gemüthsbewegungen« (p.316-319) hervor. Die wenigen Bekräftigung oder Erstaunen ausdrückenden Wendungen, v.a. aber das Kompendium münchnerischer Flüche und Schimpfwörter ist für Westenrieder ebenso wie die Beschreibung materieller oder brauchtümlicher Elemente geeignet »die Anlage, und Ausbildung eines Volks und die Begriffe desselben, mit gewissen Dingen Ehre und Schande zu verbinden«[101], zum Ausdruck zu bringen. Dies gilt ebenso für »das Uebliche in Sprachen« (p.319-323) oder »Provincialismen, und Sprüchwörter« (p.323-327).

Westenrieders auf die Gesamtbevölkerung bezogene Teile der Beschreibung der Münchner Zustände seiner Gegenwart enden mit zwei kurzen Kapiteln zur Gestalt und zum Charakter der Einwohner. Stehen dem äußerlichen Idealbild des Münchner Mannes (»sechs Schuh groß«, »runde, volle Gesichtsbildung«, »biederes Wesen der Hauptzüge«, »einladende Redlichkeit«, »ungesuchter Ton der Stimme«, »bescheidener und männlicher Gang«) und der Münchner Frau (die zu »den schönsten in Deutschland gezählt« wird) noch Beeinträchtigungen durch die Mode, Krankheiten (etwa Blattern, »Lungen- und Wassersuchten« oder die »Liebseuche«[102] entgegen, so ist der »Karakter der Eingeborenen« (p.329-333) durch nichts mehr getrübt und wird – nachdem er in den vorangegangenen Abschnitten durchaus kritisch gezeichnet worden ist – als fast ideal dargestellt.

Westenrieders Ausführungen, soviel abschließend, eignet eine »Andacht zum Unbedeutenden«, wie sie den Brüdern Grimm, namentlich Jacob Grimm, von Wilhelm Scherer in Umdeutung des Diktums von Sulpice Boisserée bescheinigt wurde,[103] an; eine »Andacht zum Unbedeutenden«

---

[101] Ebd., p.317

[102] Alle: ebd., p.329

[103] Hatte Sulpice Boisserée (Briefwechsel, Tagebücher, Bd. II. Göttingen 1970 [ursprünglich in einem Brief vom 27. 10. 1815 an Goethe]) den Terminus noch in kritisch-spöttischer Hinsicht verwendet, so deutete Wilhelm Scherer das Diktum kurzerhand um, um es den Brüdern Grimm als »Ehrennamen« zuzuschreiben. Cf. Wilhelm Scherer, Kleine Schriften, Band 1. Berlin 1983, p.7. (Cf. auch: Deutsches

allerdings, die weder Selbstzweck ist, noch einer Hinwendung zum Kuriosen entspricht. Westenrieders Darstellung ist vielmehr der Versuch, unter staatswissenschaftlichen Prämissen alltagsrelevante Erscheinungen zu sammeln und mit Blick auf die Ermittlung eines Volkscharakters zu instrumentalisieren und damit letztlich auch einem staatspolitischen und staatswirtschaftlichen Nutzdenken zugänglich zu machen.

2.1.2 Justus Möser

Im Jahr vor der Veröffentlichung der »Beschreibung« hat Lorenz Westenrieder geradezu mit Emphase auf »vortreffliche, mit deutschem Scharfsinn und deutscher Einfalt verfaßte Schriften« hingewiesen, die er »jedem Gelehrten und Rath, jedem Krämer und Bürger in die Hände geben«[104] wollte: Justus Mösers in den Jahren zwischen 1774-1780 erschienenen »Patriotischen Phantasien«[105]. Die Schriften des konservativen, gelegentlich auch als Vater der Volkskunde gehandelten Aufklärers[106] werfen in der Tat manches Schlaglicht auf alltagsweltliche Gegeben- und Verfaßtheiten seiner Zeit. Mösers ausgesprochen weiter Themenhorizont, die Kürze der einzelnen »Stücke«, aber auch »der rhetorisch bewußt eingesetzte Plauderton«[107] verschließen sich bis zu einem gewissen Grad einer geschlossenen analytischen Betrachtung seiner Texte. Ebenso steht Städtisches nicht unmittelbar im Vordergrund des Schreibens Mösers, das Handel und Wandel, Rechtsordnungen und Rechtshistorisches, Sitten und Moden zu erhellen sucht. Gerade diese Vielschichtigkeit des Möserschen Werkes ist es, die Hermann Bausinger dazu veranlaßt hat, eine Wiederbetrachtung unter neuer Perspektive zu fordern und ansatzweise vorzulegen:

Eben daraus (i.e. der Reichtum an Facetten, Gedanken und Entwürfen, ThH) *aber ergibt sich die Notwendigkeit, dieses Werk aus veränderter Perspektive neu zu überprüfen, zu fragen, wie sich Justus Möser darstellt aus dem Blickpunkt der Gegenwart. (Bausinger 1972:162)*

Wörterbuch von Jacob und Wilhelm Grimm, Bd. XXIV, bearb. von Karl Euling. Leipzig 1936:259-262 s.v. unbedeutend)

104 Westenrieder, Jahrbuch der Menschengeschichte in Baiern, cit. nach: Moser 1953:169

105 Möser 1943ff

106 Zu Möser und der Volkskunde cf. Bausinger 1972. Im wissenschaftshistorischen Kontext wird dabei v.a. die »Mittel- und Mittlerstellung« (p.162) Mösers zwischen Aufklärung und (Vor-)Romantik hervorgehoben.

107 Hartmann 1994:10

Die Gedankensplitter Mösers zum städtischen Leben sollen dabei nicht
einfach »kurzgeschlossen werden mit einer ganz anderen Gegenwart«[108], sie
sollen vielmehr neu gelesen werden als wertvolle – wenn auch oft satirisch
gebrochene – Hinweise auf Phänomene, die heute mit anderer, oft auch
weiter ausgebauter Bezeichnung benannt werden. Zugegeben: Der aufklä-
rend-konservative Möser läßt sich nicht kontextfrei verstehen; der Beobachter Möser verfügt indessen über einen bewußten Blick und eine bewußte
Wahrnehmung der unterschiedlichen Lebensstile zwischen Stadt und Land,
aber auch innerhalb einer Stadt, die ihn vor allem hier als »Gewährsperson«
interessant machen. Der oft stellenweisen Differenziertheit entspricht, daß
Unterschiede der Lebensform nicht nur auf das allgegenwärtige Stadt-Land-
Gefälle beschränkt bleiben, sondern oft die Unterschiede zwischen Bauern-
siedlung, Marktflecken, Landstadt und Reichsstadt, ihrer Strahlkraft und
Einfluß bzw. Beeinflussungs-Sphären mitberücksichtigen. Wenn allerdings
die Rede auf Unterschiede der Lebensform kommt, so bedient sich Möser
oft pointierter Antinomien:

> *Durchdrungen von diesen großen Wahrheiten sehe ich in den verfeinerten*
> *Teilen der Menschen an Höfen und in Städten mit ihren Moden, Künsten,*
> *Wissenschaften und witzigen Erfindungen als das Blumenbeet der Natur,*
> *das platte Land hingegen als ihr Kornfeld an. (Möser IV/VII [s.a.]:42, Ant-*
> *wort an Amalien)*

Städtisches Leben erscheint so als Ausdruck (sublimer) Kultur, wogegen die
ländliche Existenz im Naturhaften verharrt. Mösers konservativem Duktus
entspricht aber, es bei dieser idealtypischen Setzung nicht bewenden zu
lassen, sondern sie vielmehr ironisch zu brechen:

> *Wenn die Kunst der Natur folgt: so hat sie die beste Wegweiserin, und wir*
> *folgen ihr in den Städten, wenn wir alles in edle Blumen verwandeln. Hier-*
> *zu dienen die Wissenschaften, Künste und Moden, und aus diesem Gesichts-*
> *punkte bewundere ich jetzt die unermüdete Bemühung der Menschen in den*
> *Städten, sich um die Wette schöner und glänzender zu zeigen; ich sehe jede*
> *Haube als eine neue Art ausländischer Blumen an, die in unsere Gegend*
> *verpflanzt wird, und mache der Tulpe so wenig einen Vorwurf, daß sie nur*
> *unser Auge ergötzt, als ich es der Nachtviole gedenke, daß sie nicht bei Tage*
> *riecht. (...) Der einzige Mißbrauch, den wir Moralisten zu fürchten und ab-*
> *zuwehren haben, ist dieser, daß die Blumen mehr Platz einnehmen, als ih-*
> *nen zukommt. Denn wo sie dergestalt wuchern, daß sie den Kartoffeln ihren*
> *Platz rauben oder gar das Korn ersticken, da sieht es gefährlich aus. (Möser*
> *IV/VII [s.a.]:42f, Antwort an Amalien)*

108 Bausinger 1972:163

Das – um es mit dem im 19. Jahrhundert u.a. durch Ferdinand Tönnies ausgearbeiteten Begriffspaar auszudrücken[109] – »vergesellschaftete«, individualistische Stadtleben, städtische Kultur, wird als ein im Grunde genommen oftmals sinnentleertes Treiben und Streben dargestellt. Es findet seinen Platz und seine Bestimmung nur, wenn es sinnvoll in einen gemeinschaftsgebundenen Kontext des Landlebens eingebettet erscheint. Zu großes Wuchern, um in der Metapher Mösers zu bleiben, schadet dem Ganzen: Weder kann sich städtische Blütenpracht angemessen zur Geltung bringen, noch ist die materielle und geistige Subsistenzsicherung gewährleistet.

Ähnlich verhält es sich nach Möser auch mit einer weiteren Grundlage städtischer Verfaßtheit, dem Markt. Weit entfernt von einer theoretischen Bestimmung, wie sie beispiels- und exemplarischerweise Max Weber[110] geleistet hat, bespricht Möser den Markt und seine Folgen auf einer wesentlich pragmatischeren Ebene, indem er sich namentlich über dessen schädliche Folgen für die Landbewohnerinnen und -bewohner ausläßt:

> Mit Schrecken sehe ich es an, wie die Weiber ihrer guten Landleute alle Tage, die Gott werden läßt, zur Stadt laufen und keine andere Seligkeit kennen, als dort die Zeit zu verlaufen. Die Haushaltung entbehrt ihren Fleiß, das Gesinde mit den Kindern ihre Aufsicht, und das Haus ist leer von allem, was eine rechtschaffene Hausmutter haben muß. Den Morgen verplaudern sie unterwegs oder auf dem Markte, und den Nachmittag sitzen sie in den Schlupfwinkeln vor den Stadttoren und lernen Koffee, Tee, Muskatwein und der Himmel weiß, wievielmehr süße Näschereien kosten. Ein Teil des gelösten Geldes ist schon vor Bändgen und Blümgen in der Stadt verlittert, und hier wird ein guter Teil des Überrestes vernascht (...). (Möser II/V [1945]:219, Das Pro und Kontra der Wochenmärkte)

Städte erscheinen so nicht nur als der Ort, der die Bekanntschaft mit Neuerungen – hier auf dem Sektor der Genußmittel – vermittelt, in ihrer Strahlkraft kommt es vielmehr zu eigentlichen Kulturkonfliktsituationen: »das Wohlleben aller Städte bezahlt das Verderben so vieler Landleute nicht.«[111] Diese Kulturkonfliktsituation geht in den Augen Mösers aber noch weit über den physiologischen Bereich hinaus, ja, greift auch auf Normensysteme und Alltagsverhalten über:

109 »Das Verhältnis selber, und also die Verbindung, wird entweder als reales und organisches Leben begriffen - dies ist das Wesen der *Gemeinschaft*, oder als ideelle und mechanische Bildung - dies ist das Wesen der *Gesellschaft*.« Ferdinand Tönnies, (1991), Gemeinschaft und Gesellschaft. Grundbegriffe der reinen Soziologie. Neudruck der 8. Aufl. von 1936. Darmstadt, p. 3. Zu Tönnies cf. unten, Kap. 5.2.1

110 Zu Weber und seiner theoretischen Verortung von Stadt cf. unten, Kap. 5.2.3

111 Möser II/V (1945):220

> *Ich sage nichts von der großen Verwöhnung der Dienstboten in den Städten,*
> *welche durch die Bequemlichkeit der Märkte von aller harten Arbeit zu-*
> *rückgebracht und bloße Zimmerputzerinnen werden. (Möser II/V [1945]:*
> *220, Das Pro und Kontra der Wochenmärkte)*

Einer solchen Aufweichung gedenkt Möser Einhalt zu bieten, indem er zum
Schutz der Landbevölkerung vorschlägt, nur noch an Sonn- und Feiertagen
Markt zu halten und damit nicht nur diese von städtischen Gelegenheiten
über weite Strecken fernzuhalten, sondern zugleich den Marktbesuch aus
dem Alltag herauszunehmen. Daß damit eine der Grundlagen städtischen
Lebens erschüttert würde, ist sich Möser indessen durchaus bewußt, wobei
weniger die Tatsache ins Gewicht fällt, daß »der Bürger die Bequemlichkeit
nicht (hat), sich täglich zu versorgen«, sondern daß er der Möglich- und
Notwendigkeit verlustig ginge »bloß vom Markte zu leben«[112], d.h. daß zum
Wohle der ländlichen Bevölkerung eine Stadt letztlich wieder zur Agrarstadt
zu regredieren hätte.

In den »patriotischen Phantasien« und den verwandten Schriften neh-
men Überlegungen zur Nahrungsmittelversorgung von Städten eine zentrale
Rolle ein. Nicht nur der Waren-Austausch und die damit verbundenen
Berührungs- und Reibungsflächen städtischer und ländlicher Elemente wie
im obigen Beleg, sondern auch die Versorgungslage, die Versorgbarkeit von
Städten mit Nahrungsmitteln sind immer wieder Thema der Darstellung.
Die Frage der bloßen Subsistenzsicherung spielt in diesem Kontext zwar
eine wichtige Rolle, sie ist aber zentral verknüpft mit den unterschiedlichen
Wertsystemen im agrarischen und urbanen Kontext. So widerspiegelt die
– ironisch gebrochene – Schilderung einer idealen Stadt ein erstaunlich
facettenreiches Bild einer Handwerks- und Dienstleistungsgesellschaft:

> *Ich rede nicht von den Städten, worin sich die Menge bloß von ihrem Fleiße*
> *lebender Familien zusammendrängen kann. Hier sind von langer Hand*
> *Anstalten für Arme und Gebrechliche, für Witwen und Waisen, für Find-*
> *linge und Verlassene; hier sind Leihhäuser und mancherlei Geschäfte; auch*
> *nähere Unterstützungen des persönlichen Fleißes; hier ist eine aus den Mit-*
> *bürgern bestehende unentgeltliche obrigkeitliche Vorsorge, eine wachsame*
> *Polizei, eine geschwinde Gerechtigkeit, eine schnelle und geschickte Hülfe für*
> *Kranke und Gebärende, eine mächtige Verknüpfung von Handlungs- und*
> *Handwerksgesellschaften und eine unendliche Menge von Bequemlichkeiten,*
> *welche dem Fleiße zustatte kommen; hier wohnt die Spekulation[113], der*

---

112 Ebd.

113 »Spekulation« ist in diesem Zusammenhang wohl weniger im heute vorherrschenden
negativen Wortsinn zu verstehen, sondern bezeichnet viel eher »berechnung, überlegung, nach der ein unternehmen, vorhaben u.s.w. erfolg erhoffen läßt.« Deutsches

Wetteifer, die Ehre, der Zwang, und alle diese Schrauben und Federn wirken mit vereinten Kräften, die Maschine der Bevölkerung in nützlicher Bewegung zu erhalten, und ich schließe, daß eine Stadt, wo die Polizei gut ist, nie zu bevölkert werden kann, ohnerachtet ihre Nahrung eine zufällige und keine beständige Quelle hat. (Möser X [1968]:57f; Bevölkerung und Ernährung)

Als wesentliche Außenfaktoren städtischen Lebens erscheinen in der Darstellung Mösers ein gutausgebautes Fürsorge-, Gesundheits-, Justiz- und Polizeiwesen, aber auch das Zusammentreffen von Produktion und Handel. Auf dieser Grundlage entwickelt sich ein spezifischer städtischer Lebensstil heraus, der von Wetteifer, Zwang und Ehre ebenso geprägt ist wie von einem reichen Freizeitangebot. All dies kann aber nicht darüber hinwegtäuschen, daß im städtischen Leben ein Keim zur ›Massengesellschaft‹ angelegt ist, dieses zur »Maschine« wird, welche die Bevölkerung in »nützlicher Bewegung erhält«. Gerade darin taucht aber wieder ein letztlich bedrohliches Moment auf: Für Möser erscheint es als zumindest bedenklich, wenn nicht gar als gefährlich, in einem Land zu wohnen, »worin sich gegen eine vom Ackerbau lebende Familie neun kleinere bloß von ihrer Handarbeit nährende befinden.«[114] Auf der anderen Seite entsteht im urbanen Kontext aber auch eine Stadtkultur, deren oberstes Ziel die »gemeinschaftliche Erhaltung« darstellt:

Die Frage ist nicht von den Städten, worin sich die große Menge bloß von ihrem Fleiße lebender Familien zusammendrängen kann. Hier sind Anstalten für Arme und Gebrechliche, für Witwen und Waisen, für Findlinge und Verlassene; hier ist eine wohlfeile obrigkeitliche Vorsorge, eine wachsame Polizei, eine geschwinde Gerechtigkeit, eine gestrenge Mannszucht, eine schnelle und geschickte Hülfe für Kranke, eine mächtige Verknüpfung von Handlungs- und Handwerksgesellschaften; hier ist Spekulation, Aufmunterung zu beständigem Fleiße, Widerstand gegen die Faulheit, Ehre und Zwang, alles würket mit vereinten Kräften zu der gemeinschaftlichen Erhaltung. (Möser X [1968]:58f; Bevölkerung und Ernährung)

Wörterbuch von Jacob und Wilhelm Grimm, Bd. X.1, bearb. von Moritz Heyne. Leipzig 1905:2135.
114 Möser X (1968):58; Bevölkerung und Ernährung.

2.1.3 Exkurs: Louis Sébastien Merciers »Tableau de Paris«

Partout la science vous appelle & vous dit, voyez.[115]

In unmittelbarer zeitlicher Nähe zu den Buchausgaben der »patriotischen Phantasien« Mösers erschien, in verschiedenen Ausgaben, Louis Sébastien Merciers »Tableau de Paris«[116]. Auch diese Darstellungen sind der Kleinform verpflichtet, unterscheiden sich aber daneben grundlegend sowohl von Möser wie auch von den Ausführungen Westenrieders: In letztlich insgesamt 1050 Einheiten zeichnet Mercier ein Panoptikum und Pandämonium des städtischen Lebens in allen seinen Facetten und Ausprägungen.

Ein Quervergleich der in heutigen Kategorien wohl dem Genre der sozialkritischen Reportage zuzurechnenden Beschreibungen mit denjenigen Westenrieders verdeutlicht die Unterschiede der Wahrnehmung und Darstellung städtischer Realitäten. Während bei diesem der Volkscharakter im Vordergrund steht und das Volksleben »als homogene und zugleich farbenfrohe Existenzweise bestimmter sozialer Gruppen«[117] erscheint, meist liebevoll und selektiert dargestellt, erscheint bei jenem das alltägliche Leben collageartig[118], oft gleichsam in Analogie zu den städtischen Verhältnissen willkürlich geordnet, dargestellt:

Je n'ai fait ni inventaire *ni* catalogue; *j'ai crayonné d'après mes vues; j'ai varié mon* Tableau *autant qu'il m'a été possible; je l'ai peint sous plusieurs faces; & le voici, tracé tel qu'il est sorti de dessous ma plume, à mesure que mes yeux & mon entendement en ont rassemblé les parties. (Mercier 1782/I:V)*

Mit dieser Methode gelingt es Mercier, Paris als *die* Stadt schlechthin darzustellen, als Mikrokosmos, wo sich auf engstem Raum und im unmittelbaren Neben- und Miteinander (wie im Ameisenhaufen), die unterschiedlichsten Individuen, Gruppen und Schichten mit ihren spezifischen Lebenswelten und -weisen, Stilen und Rollen zu einem Ganzen fügen:

---

[115] Mercier 1782/I:4
[116] Zu Merciers *Tableau* cf. Jean-Claude Bonnet, Introduction. In: Louis Sébastien Mercier, Tableau de Paris, édition sous la direction de J-C. B. Paris 1994, p.I-LXXII
[117] Hartmann 1994:26
[118] Zur Collage (und Décollage) als urbanem Beschreibungs-Prinzip cf. Greverus 1994a:71ff. »Collage ist nicht nur ein Gestaltungsprinzip, sondern zuvörderts ein Wahrnehmungsprinzip, ist jener Horizont Collage, der in ein zukünftig Mögliches verweist, ist die Imagination des ›Funkens Poesie‹ durch die Zusammenführung einander fremder Elemente.« (p.72)

Un homme à Paris, qui sait réfléchir, n'a pas besoin de sortir de l'enceinte de ses murs pour connoître les hommes des autres climats; il peut parvenir à la conoissance entiere du genre humain, en étudiant les individus qui fourmillent dans cette immense capitale. (Mercier 1782/I:1)

In einem etwas weiter ausgreifenden Vorwort, auf das hier stellvertretend für die nur schwer kategorisier- und systematisierbaren einzelnen Reportagen etwas ausführlicher eingegangen werden soll, breitet Mercier seine An- und Absichten, die inhaltlichen Schwergewichte und sozialen Stellungnahmen seiner Reportagen aus. Ihm geht es nicht – wie im Gros der Paris-Beschreibungen seiner Zeit üblich – darum, die topographische Gestalt, die architektonische Hülle oder die Geschichte seiner Stadt zu beschreiben, vielmehr soll Paris als lebendiger Organismus, anmutig und bedrohlich, von äußerster Armut wie von unbeschreiblichem Reichtum, von Vernunft und Verrücktheit, Geld und Geist geprägt und verformt, eingängig vor Augen geführt werden:

Je vais parler de Paris, non de ses édifices, de ses temples, de ses monumens, de ses curiosités, & assez d'autres ont écrit là-dessus. Je parlerai des moeurs publiques et particulieres, des idées régnantes, de la situation actuelle des esprits, de tout ce qui m'a frappé dans cet amas bizarre de coutumes folles ou raisonables, mais toujours changeantes. Je parlerai encore de sa grandeur illimitée, de ses richesses monstrueuses, de son luxe scandaleux. Il pompe, il aspire l'argent et les hommes; il absorbe & dévore les autres villes, quaerens quem devoret.*
J'ai fait des recherches dans toutes les classes de citoyens, & n'ai pas dédaigné les objets les plus éloignés de l'orgueilleuse opulence, afin de mieux établir par ces oppositions la physionomie morale de cette gigantesque capitale. Beaucoup de ses habitants sont comme étrangers dans leur propre ville: ce livre leur apprendra peut-être quelque chose, ou du moins leur remettra sous un point de vue plus net et plus précis, des scenes qu'à force de les voir, ils n'apercevoient pour ainsi dire plus; car les objets que nous voyons tous les jours, ne sont pas ceux que nous connoissons le mieux. (Mercier 1782/I:IIIf)

Merciers Bestseller – das Werk erlebte in verschiedenen Ausführungen eine Auflage von über 100'000 Exemplaren – beschreibt in der Tat das ganze Spektrum des Pariser Lebens: Gefängnisreportagen, Nachrichten aus der Pariser Unterwelt, Skizzen von Armenkrankenhäusern, Berichte über Dirnen, Zuhälter und Bordellbesucher, über Ärzte, Kammerzofen, und Kleriker, über Sonntagsvergnügen stehen neben Ausführungen über öffentliche Toiletten, um nur willkürlich einige herauszugreifen. Merciers Methode kann dabei durchaus in Verbindung gesetzt werden mit dem im ersten Drittel unseres Jahrhunderts vom Chicagoer Soziologen Robert Ezra Park als »nosing around«, als Herumschnüffeln, empfohlenen Vorgehen, der offenen und verdeckten teilnehmenden Beobachtung im städtischen Milieu.

Quand j'aurois les cent bouches, les cent langues & la voix de fer, dont parlent Homer & Virgile, on jugera qu'il m'eût été impossible d'exposer tous les contrastes de la grande ville; contrastes rendus plus saillans par le rapprochement. Quand on a dit, c'est l'abregé de l'univers, on a rien dit; il faut le voir, le parcourir, examiner ce qu'il renferme, étudier l'esprit & la sottise de ses habitans, leur mollesse & leur invincible caquet; contempler enfin l'assemblage de toutes ces petites coutumes du jour ou de la veille, qui font des loix particulieres, mais qui sont en perpétuelle contradiction avec les loix générales. (Mercier 1782/I:VI)

Merciers, von einem anderen, konkurrierenden zeitgenössischen Beobachter, Rétif de la Bretonne, in Zweifel gestellte Beobachtungen,[119] begnügen sich aber nicht mit dem rein Deskriptiven, vielmehr versucht er nicht nur zu beschreiben, die ganze unterschichtliche Malaise drastisch und eingängig zu schildern –

(...) j'ai rencontré plus fréquemment, dans les murailles de la capitale, la misère hideuse que l'aisance honnête, & le chagrin & l'inquiétude plutôt que la joie & la gaieté, jadis attribuées au peuple Parisien (...): il a fallu que mon pinceau fût fidele. (Mercier 1782/I:XII)

– sondern Mißstände anzuprangern, Korruption und Ausbeutung bloßzulegen.

J'ai pesé sur plusiers abus. L'on s'occupe aujourd'hui plus que jamais de leur réforme. Les dénoncer c'est préparer leur ruine. (Mercier 1782/I:VII)

Focus bildet dabei die Gegenwart des städtischen Alltagslebens der kleinen Leute. Es verdient in den Augen Merciers diese Zuwendung, weil es Bestandteil des städtischen Alltags, des täglichen Umgangs und damit auch des eigenen Lebens bildet:

Je me suis plû à tracer ce Tableau d'après des figures vivantes. (...) Je me suis occupé de la génération actuelle & de la physionomie de mon siecle, parce qu'il est bien plus intéressant pour moi que l'histoire incertaine des Phéniciens & des Egyptiens. Ce qui m'environne a des droits particuliers à mon

---

[119] Mercier und Rétif definieren sich beide als Beobachter, sehen aber nicht dasselbe. Aus dieser Divergenz des Beobachteten, aber auch aus der Tatsache heraus, daß ihm Mercier bei einer Nomination vorgezogen wurde, formuliert Rétif unversöhnlich: »Mercier n'avait rien vu de ce qu'il fabulise dans son *Tableau de Paris*, pas même les auberges à quatres sous qu'il décrit d'imagination.« (Cit. nach: Bonnet 1994:XLIV, wo auch weiteres).

attention (...) Mon contemporain, mon compatriote, voilà l'individu que je dois spécialement connoître, parce que je dois communiquer avec lui, & que toutes les nuances de son charactere me deviennent par-là même infiniment précieuses. (Mercier 1782/I:X)

Daß Stadtleben Rollenspiel – durchaus im Sinne von Erving Goffman zu verstehen – geradezu herausfordert, daß er bei seinen Beobachtungen Akteuren, Rollenspielern begegnet ist, war sich Mercier durchaus bewußt:

On a dans la capitale, des passions que l'on a point ailleurs. La vue des jouissances invite à jouer aussi. Tous les acteurs qui jouent leur rôle sur ce grand & mobile théatre, vous forcent à devenir acteur vous-même. (Mercier 1782/I:XVI)

Seine Absicht lag denn auch darin, den Blick auf die Stadt, ihre Zustände, Gesetzmäßigkeiten und Zwänge zu schärfen und mit ihrer Schilderung zur Verbesserung der urbanen Da- und So-Seins-Form beizutragen.

Apprendre à mieux regarder la ville et la donner à voir en obtenant qu'on la débarasse des oripeaux qui l'obstruent et l'asphyxient, appeler à une libération progressive de Paris, voilà l'essentiel du programme de Mercier dans son Tableau (...). (Bonnet 1994:LIX)

2.1.4 Doch kein Abschied? Großstadtkritik und Themenfelder bei Wilhelm Heinrich Riehl

Zurück in den deutschsprachigen Raum: Während Möser und Westenrieder den Anfang einer staatswissenschaftlichen Sicht (auf die Stadt) markieren, so steht an ihrem Ende Wilhelm Heinrich Riehl, dessen Schaffen durchaus noch in dieser statistischen Tradition steht. Es geht hier nun allerdings nicht darum, ein weiteres Mal zur Riehl-Problematik Stellung zu beziehen – Riehl ist, mit den Worten Helge Gerndts, in allen Ehren verabschiedet[120] – seine schillernde Gestalt soll also nicht voll ausgeleuchtet werden. Das Beispiel »Stadt« erlaubt vielmehr die Auseinandersetzung mit einer Anregung Gün-

---

120 Auf eine Darstellung der Diskussion um Riehl und seine Bedeutung für bzw. Stellung im volkskundlichen Arbeiten wird hier verzichtet. Eine nach wie vor taugliche Auseinandersetzung mit Riehl, auf die hier stellvertretend für alle weiteren hingewiesen sein soll, liefert: Helge Gerndt, Abschied von Riehl - in allen Ehren. In: Jahrbuch für Volkskunde. NF 2 (1979), p.77-88; cf. Daneben auch: Andrea Zinnecker, Romantik, Rock und Kamisol. Volkskunde auf dem Weg ins Dritte Reich – die Riehl-Rezeption. Münster 1996, v.a. p.15-21.

ter Wiegelmanns, der das Werk Riehls als »Fundgrube für *neue Hypothesen*«
(Hervorhebung im Original) bezeichnete, als einen Ort, wo theoretische
Konzepte, welche erst im 20. Jahrhundert intensiv diskutiert wurden, als
Ideen bereits vorlagen.[121] Trotz der intensiven und kritischen Auseinandersetzung mit Riehl wurde erstaunlich selten der Versuch unternommen, seine
Ausführungen, in diesem Fall also diejenigen zur Stadtproblematik, a u c h
in diesem Lichte zu interpretieren. Wilhelm Heinrich Riehl und seine Beziehung zur Stadt sind in den meisten Abhandlungen zum Problemkreis
lediglich für eine kritische Fußnote gut. So meint etwa Hans Paul Bahrdt,
mit Bezugnahme auf Riehl:

> *Gegen die industrielle Großstadt ist bereits polemisiert worden, ehe es sie*
> *wirklich gab. (Bahrdt 1961:39)*

In der Tat ist Riehl als Staatswissenschaftler konservativer Ausrichtung in
seiner Grundhaltung erklärter Großstadtfeind. Er, dessen Erkenntnisabsich-
ten in den Wechselbeziehungen von Land und Leuten lag, trennt deshalb
einerseits rigide zwischen Stadt und Land, andererseits aber auch zwischen
»künstlichen«, unorganisch expandierenden und expandierten und »natürlichen«, kontinuierlich gewachsenen Städten.

Der »Abschied von Riehl«, soll denn auch mit den nachfolgenden Darstellungen nicht rückgängig gemacht werden – die Riehl-Problematik und
-Polemik, aber auch seine stellenweise einseitige Rezeption nimmt selber bereits einen breiten Platz in der neueren Wissenschafts- und Ideengeschichte
des Fachs ein. Eine etwas genauere stadtbezogene Riehl-Lektüre (und -Kri-
tik) indessen, genauer als sie in den meisten Äußerungen zu Stadtvolkskunde anzutreffen ist, erscheint angesichts der sowohl in ihrer Stadtkritik, ihrer
Themenwahl, aber auch der herausragenden Stellung am Ende staatswissen-
schaftlich-kameralistisch orientierter Betrachtungsweise angebracht.

Beim Sich-Einlassen auf die teilweise sprunghaften und insgesamt negativ zum Lebensraum Stadt eingestellten Äußerungen Riehls erstaunen weniger die vorgebrachten Themenfelder selber als vielmehr die Art und Weise
ihrer Darstellung und Interpretation. Auch wenn Riehl seine Beobachtun-

---

[121] Günter Wiegelmann, Geschichte der Forschung im 18. und 19. Jahrhundert. In:
Günter Wiegelmann/Matthias Zender/Gerhard Heilfurth, Volkskunde. Eine Einführung. Berlin 1977. (Grundlagen der Germanistik 12):17. Wiegelmann nennt, außer
der »schon Riehl geläufigen Regel vom sinkenden Kulturgut« (p.17.) die für stadtvolkskundliche Konzepte besonders wichtigen Bereiche: »Typen der Stadt-Land-
Beziehung« (p.17); »Beziehungen zwischen Kommunikation und Modernisierung«
(ebd.); »das Schlagwort der Wechselbeziehungen« (p.17f).
Ausführlicher dazu cf. Günter Wiegelmann, Riehls Stellung in der Wissenschaftsgeschichte der Volkskunde. In: Jahrbuch für Volkskunde 2 (1979), p.89-100

gen und Überlegungen als Negativ-Punkte städtischer Wirklichkeit zu instrumentalisieren sucht, hat er sich – im Rahmen seiner Prämissen und
Wirkabsichten – doch urbaner Aspekte angenommen, die durchaus wichtige
Impulse für einen stadtbezogenen Diskurs hätten abgeben können. So sollen
denn ausgewählte Punkte aus Riehls 1854 erschienenem ersten Band »Land
und Leute« der »Naturgeschichte des deutschen Volkes als Grundlage einer
deutschen Socialpolitik« in diesem Lichte wiedergelesen und interpretiert
werden.

Strukturellen Aspekten, insbesondere der verkehrstechnischen Erschließung Deutschlands, kommen für Riehl hinsichtlich der Entwicklung und
Ausprägung des Volkslebens zentrale Bedeutung zu. Namentlich die entstehenden Eisenbahnverbindungen führen zur abrupten Verlagerung von Sied-
lungsschwergewichten innerhalb der organisch gewachsenen Städtestruktur
einer Region, wodurch in den Augen Riehls »künstliche Städte«[122], ohne
soziales und politisches Rückgrat entstehen:

> *Es beruht aber die in Rede stehende Naturwidrigkeit und Verschrobenheit*
> *bei diesen künstlichen Städten nicht etwa darin, daß sie überhaupt als Städte*
> *existieren (...), sondern einzig und allein darin, daß man diese Städte künst-*
> *lich zu Verkehrsmittelpunkten, zu Industriesitzen, zu großen Städten hat*
> *hinaufschrauben wollen. (Riehl 1854:69; Hervorhebung im Original)*

Daneben und damit verflochten trägt insbesondere die Industrialisierung
und das mit ihr einhergehende Stadtwachstum der ersten Hälfte des 19.
Jahrhunderts für den in München, also ebenfalls einer Großstadt, lehrenden
Riehl zur Produktion von urbanen »Wasserköpfen« bei. Als solche, genauer
als »Wasserköpfe der modernen Civilisation«[123], lehnt er Großstädte grundsätzlich ab, differenziert allerdings diese pauschalisierende Großstadtkritik
nach verschiedenen Seiten hin.

Diese Verbindung von pauschaler Stadtablehnung mit zutreffenden einzelnen Beobachtungen und Feststellungen charakterisiert etwa Riehls Auseinandersetzung mit soziodemographischen Phänomenen. Als Ursachen des
raschen Städtewachstums und damit auch des Wertewandels im gesamten
Stadt- und Staatsgefüge benennt Riehl vorerst generell Bevölkerungsmigra-
tion und -fluktuation:

> *Nicht durch die seßhafte, sondern durch die fluktuierende Bevölkerung*
> *werden unsere Großstädte so monströs. (Riehl 1854:76)*

---

122 Riehl 1854:68
123 Ebd., p.75

Diese doch recht oberflächliche Einschätzung wird indessen noch weiter differenziert. So stellt Riehl fest, daß im Rahmen des Stadt-Land-Gefüges die Strahlkraft der Städte unterschiedlich durchschlägt. Besondere Attraktion üben sie auf ein sozial nicht mehr oder – noch weitaus häufiger – auf ein noch nicht sozial vernetztes Segment der Landbevölkerung aus.

Das fabelhafte rasche Anwachsen unserer größeren Städte geschieht nicht durch einen Überschuß an Geburten, sondern durch den Überschuß der Einwanderungen. Das Land und die kleine Stadt wandert nach der Großstadt. (...) Die überwiegende Maße dieser Einwanderer besteht aber aus einzelnen Leuten, die noch keinen festen Beruf, kein eigenes Hauswesen haben, die in der großen Stadt erst ihr Glück machen wollen. (Riehl 1854:75)

Als konservativer Sozialpolitiker wertet Riehl diesen Aufbau einer neuen städtischen Sozialstruktur v.a. als Verschiebung und Bedrohung des politischen Gleichgewichts. Durch die überproportional wachsende Stadtbevölkerung ohne Heimatrecht am Wohnort entsteht die Gefahr einer möglichen Destabilisierung der politischen Ordnung:

Wir haben es hier mit einer eben im Entstehen begriffenen socialen Macht zu thun. Denn jene fluctuirende, nicht vagabundirende Bevölkerung wird in den Städten in Kurzem eben so die Majorität bilden, wie auf dem Lande die stabile Bevölkerung. (Riehl 1854:89)

Abhilfe verspricht sich Riehl von einem »socialen Gemeindebürgerthum«, der Zuerkennung der politischen Rechte am Wohn- und Arbeitsort, womit die »Tatsache der fluctuierenden städtischen Bevölkerung zur Consolidierung der Gesellschaft und im Geiste des conservativen Princips ausgebeutet«[124] werden könnte.

Konservativ-politische Forderungen wie diese sind für Volkskundliches weniger von Belang als die weitaus weniger systematischen Darlegungen städtischer Lebensverhältnisse. Riehls Ausführungen zur urbanen Struktur im ökonomischen Bereich etwa sind ein eindrücklicher Beleg für die Verschiebung der Ausrichtung innerhalb des städtischen Gewerbes, besonders aber der ganzen Sektorstrukturen in den Städten. Das traditionelle Gewerbe wird nach Riehl zugunsten des »kurzlebigen Luxusgewerbes« und des Dienstleistungssektors aus der Stadt verdrängt. Dies zeitigt unmittelbare Folgen auf die Beschäftigungsstruktur: An die Stelle der ehemaligen traditionellen Handwerker treten »Luxusarbeiter, Spekulanten, Lehrlinge, Gehülfen, Dienstleute, Taglöhner etc.;« daneben aber auch »Buchbinder, Laki-

---

124 Ebd., p.91

rer, Fabrikanten von musikalischen Instrumenten etc.«[125]. Auffallend an den
Äußerungen Riehls in diesem Bereich ist die selektive Darstellung einzelner
Veränderungen: Zwar werden Umlagerungen und Neuschöpfungen im gewerblichen Bereich beschrieben und benannt, auf die Industrialisierung und
die hiefür benötigten Arbeitskräfte hingegen wird nur am Rande eingegangen.

Für Riehl, der vehement die Familie[126] als soziale Basiseinheit propa-
gierte, mußte die Auflösung des »ganzen Hauses«[127] zugunsten atomistisch-
individualistischer Lebensformen oder aber der ›Vermassung‹ im Proletariat
zwangsläufig eine negative Entwicklung darstellen. Gleichwohl kommt ihm
das Verdienst zu, einige wesentliche Momente der Wandlungen im soziodemographischen Gefüge erkannt und dargestellt zu haben, wenngleich
die neuentstandene Arbeiterklasse außerhalb des Intentionsbereichs seiner
sozialreformerischen Bemühungen lag.

Die bislang diskutierten Einschätzungen und Beobachtungen allein würden
wohl kaum legitimieren, auf Riehl in einer kritischen Würdigung etwas
eingehender einzutreten. Evidenz hierzu ergibt sich wohl erst durch seine
Anmerkungen zu soziokulturellen Momenten der neuentstandenen städtischen Lebensformen. Riehl beschreibt die neue, in seinen Augen wuchern-
de, monströse Stadt gleichzeitig vergröbernd und doch adaequat als Mikrokosmos mit neuen, eigenen Gesetzlichkeiten, er weist – in seinen Worten –
und mit negativem Unterton, auf die Funktion von Großstädten als nivel-
lierendem ›Melting-Pot‹ hin, in dem allerdings unter diesen neuen Umständen »(...) der besondere Charakter der Stadt als einer originellen Gesamtper-
sönlichkeit«[128] verloren geht. Die neu entstandene städtische Kultur und
städtisches Leben werden uniformiert und einem »ausgleichenden Kosmo-
politismus«[129] unterworfen. Eine Entwicklung, der durchaus nicht nur negative Seiten abzugewinnen sind:

*Die Weltstädte sind riesige Encyklopädien der Sitte wie der Kunst und des
Gewerbefleißes des ganzen civilisirten Europas (...) ich verkenne nicht, welch
reiche Ernte namentlich das schaffende und erfindende industrielle Talent,*

---

125 Alle Zitate: ebd., p.76
126 Cf. den ein Jahr nach »Land und Leute« erschienen zweiten Band der »Naturgeschichte des deutschen Volkes« mit dem Titel »Die Familie« (Stuttgart/Tübingen 1855)
127 Auch wenn dieser Terminus in der aktuellen Familienforschung zurecht als wenig
taugliche, der jeweiligen sozialen Realität nur bedingt gerecht werdende, Größe in
Frage gestellt wird, so scheint seine Anwendung für Riehl und seine Vorstellung prä-
industrieller Gesellschaftsformen durchaus angemessen.
128 Riehl 1854:78
129 Ebd.

der Handel, überhaupt alle materielle Betriebsamkeit aus diesen Encyklopä-
dien ziehen wird. (Riehl 1854:78)

Die Stadt zeichnet sich so, auch in den Augen Riehls, als ›Möglichkeitsraum‹ aus; sie bietet Gelegenheit und Anlaß zur Wahl unter verschiedenen,
in der Stadt gehäuft und gleichzeitig nebeneinander anzutreffender Funktionen:

Der Großstädter braucht nicht mehr zu wandern, er kann sich die Welt be-
haglichst innerhalb seiner Stadtmauern beschauen, er läßt die Welt zu sich
kommen, statt zu der Welt zu gehen. (Riehl 1854:78)

Riehl sieht allerdings in solchen Ballungen heterogener Lebenswelten und
Wertekosmoi einen »zersetzenden Einfluß«[130], welcher letztlich die Gefahr
einer lähmenden Nivellierung in sich birgt. Dominierende Formanten dieser Lebensweise ortet Riehl in der »Technik« und einer »materiellen« Betriebsamkeit, welche – und hier ist auch an die ganz wörtliche Bedeutung zu
denken – auf den ersten Blick als »Lichtseiten der Großstädte«[131], als »kommende Blüten des Industrialismus«[132] zu werten sind. In seiner kulturpessimistischen Stadtsicht sieht aber Riehl gerade durch die Errungenschaften
der Technik – symbolisiert im Bild des Kölner Domes, einem Torso, dessen
Wahrzeichen »auf dem Kopfe der Kran«[133] darstellt –, letztlich den Zusam-
menbruch der »Welt der Großstädte«[134] vorgezeichnet.

Mitverantwortlich für diesen zukünftigen Kollaps der urban-industriel-
len Welt ist für Riehl in hohem Masse der »modern großstädtische Häuser-
bau«[135], d.h. die städtebaulichen Angebote zur Lösung der drohende Raum-
und Platzfrage, namentlich der abnehmende Anteil von Wohneigentum.
Diese »Mietfrage« ist mehr als nur ein grundlegendes ökonomisches, sondern darüber hinaus auch ein soziales und politisches Problem der neuen
Zeit.

In Berlin droht diese Miethfrage bereits zur ›socialen Frage‹ zu werden, und
in Kurzem wird man in solchen Städten von Gemeinde wegen Proletarier-
kasernen bauen müssen, man mag wollen oder nicht. (Riehl 1854:80)

Ein Problem im übrigen, dessen Auswirkungen in der Einschätzung Riehls
auch auf den ländlichen Raum übergreifen werden. Ins Positive gewendet:
Riehl erkennt die Erfordernisse, welche die wachsende Verstädterung und

---

[130] Ebd., p.80
[131] Ebd.
[132] Ebd., p.82
[133] Ebd., p.84
[134] Ebd., p.82
[135] Ebd., p.79

das Städtewachstum an den Städtebau stellen, erkennt, daß neue Formen des Bauens und Wohnens als Ausdruck urbaner Realitäten und Gegebenheiten von Nöten sind. Diese Entwicklung ist indessen negativ zu werten, ist sie doch mitverantwortlich für die Etablierung und Akzelerierung urbaner Schnellebigkeit und sozialer Atomisierung, wirkt sie mobilitätsfördernd und damit sozial destabilisierend:

> Merkwürdige Vergleichungspunkte bieten z.B. in dieser Hinsicht die als Sitte überlieferten Miethsgesetze in den verschiedenen deutschen Städten. In den modernen Städten sind sie auf eine ab- und zuströmende Bevölkerung berechnet; die Stadt ist eine große Kaserne. Die sociale Junggesellenwirtschaft gilt bereits als die Regel. (Riehl 1854:86)

Der Aussagewert dieser Feststellung Riehls geht indessen über die Illustration seiner Anschauungsweise der Mietverhältnisse der Großstadt hinaus, wird dabei doch wenig systematisch, aber jenseits pauschalisierender Kritik, auf einzelne Problembereiche verwiesen, welche auch für eine heutige Auseinandersetzung mit dem Phänomen »Stadt« von entscheidender Bedeutung sind: Städtische Wohnformen, ihre äußerliche Wahrnehmung, die Anonymisierung und »Unwirtlichkeit« der modernen Städte – um dieses seit Mitscherlich[136] zum vielgebrauchten Schlagwort moderner Großstadtskepsis gewordene Diktum zu gebrauchen –, all diese Themenbereiche klingen in der Argumentation Riehls ebenfalls mit an. Beachtenswert erscheinen in diesem Lichte auch die Äußerungen zur »socialen Junggesellenwirtschaft«. Darunter ist nicht nur die Vereinzelung des Wohnens in Zimmern, Logierhäusern und (möblierten) Wohnungen zu summieren, sondern die Herausbildung eines neuen, großstadtspezifischen Lebensstils, der unter anderem auch regelmäßige außerhäusliche Verpflegung umfaßt.[137] Damit werden Entwicklungen charakterisiert, die heute unter dem Schlagwort Single- oder Einpersonenhaushalt mit stellenweise ähnlichen begrifflichen Füllungen versehen sind.

Riehls Ausführungen zum Problemkreis urbanen Lebens fügen sich nicht zu einer geschlossenen Gesamtdarstellung. Die herausgehobenen Punkte legen aber doch nahe, dies nicht auf eine selektive oder oberflächliche Wahrnehmung zurückzuführen, sondern vor allem seiner sprunghaften und unsystematischen Darstellungsweise anzulasten. Eine adaequate Rezeption der

---

136 Mitscherlich 1965
137 Riehl 1854:84. Ob diese Textstelle auch als Beleg für die Ausbildung eines urbanen Eßverhaltens in Anspruch genommen werden darf, erscheint zumindest erwägenswert, gerät aber wenigstens in die Nähe jener Überinterpretationen, die die Riehlrezeption während längerer Zeit charakterisiert haben.

Riehlschen Stadtsicht darf diese zudem nicht am heutigen Forschungsstand messen, sondern an der die Realität Stadt weitgehend ausblendenden proto-volkskundlichen Tradition des 19. Jahrhunderts. Aus dieser Perspektive sind denn auch die hier abschließend zu diskutierenden Anmerkungen zu ausgewählten methodischen Momenten zu verstehen. Was aus heutiger Sicht als selbstverständlich, revisionsbedürftig oder gar überholt erscheint, findet keine Entsprechung im wissenschaftlichen Umfeld der Zeit, sondern steht vereinzelt (und auch von Riehl nicht weiterverfolgt) in der Forschungslandschaft.

Riehl, als staatswissenschaftlich-statistischer Volkskundler durchaus und vor allem qualitativen Methoden zugetan, sieht den Kardinalweg zur Erfassung großstädtischer Gegebenheiten in der teilnehmenden Beobachtung. Seine Vorstellungen unterscheiden sich indes erheblich beispielsweise von denjenigen Merciers: nicht skizzen- und collagenhaftes Eingehen auf einzelne unterprivilegierte Bevölkerungsgruppen steht im Vordergrund, sondern die Forderung nach langfristiger strukturierter Beobachtung, um damit den Realitäten des städtischen Lebens (für Riehl vordringlich der überkommenen Traditionen) angemessen beizukommen. Im gleichen Atemzug versucht Riehl aber auch, den bei ihm so oft anzutreffenden Graben zwischen theoretischer Forderung und praktischer Umsetzung zu legitimieren:

> *Bei dieser Gelegenheit möchten wir darauf aufmerksam machen, daß die Reste und Reminiscenzen des alten Städtelebens, in der Form, wie sie namentlich in den ehemaligen Reichsstädten jetzt noch vorhanden und oft sehr eigenthümlich modernisirt sind, bei weitem nicht mit dem Fleiß aufgezeichnet und beglaubigt werden, wie wir es von den Trümmern der alten Einrichtungen und Sitten des bäuerlichen Volkslebens seit Jahren selbst in der Tagespresse gewohnt sind. Es fordert ersteres freilich ein mühseliges Studium und Beobachtungen, welche nicht bei kurzem Aufenthalt, sondern nur bei längerer Einbürgerung in einer einzelnen Stadt gewonnen werden können. Aber das Beginnen ist auch dankbar, es fördert überraschend neue zeitgeschichtliche Stoffe zu Tage und liefert neue Beweisstücke für die tiefangelegten Besonderungen, welche immer noch durch das deutsche Städtewesen gehen. (Riehl 1854:97; Hervorhebung im Original)*

Zu diesem Beginnen gehört etwa die Benennung von neuen Entwicklungsfaktoren, die die Ausgestaltung städtischen Raums und städtischen Lebens nachhaltig prägen:

Fast visionär mutet etwa die Erkenntnis der zentralen Rolle des Eisenbahn- (und Bahnhof-)Baus für die Umgestaltung der Städte im 19. Jahrhundert an:

Vordem hat der Kaiser durch seine Privilegien die Städte gemacht, jetzt macht die Eisenbahn die Städte. Mauern und Thore, auch wenn sie nur ein Dutzend Bauernhütten beschlossen, bildeten sonst das äußere Wahrzeichen der Stadt. In Zukunft wird man die Stadt an dem inneren Wahrzeichen des bürgerlichen Berufs ihrer Einwohner erkennen. (Riehl 1854:99f)

Weiter erschien Riehl, getragen von der Sorge um die Destabilisierung der »socialpolitischen Ordnung des Staatswesens«, die Verschärfung des Gegensatzes zwischen städtischem und ländlichem Raum besonders zentral. Bereits in der Aufbauphase der industrialisierten Städtelandschaft erfolgt so ein deutlicher Hinweis auf die Strahlkraft urbaner Räume nicht nur in demo- und geographischem, sondern namentlich auch sozialem und soziopolitischem Sinn.

An die Stelle der oft willkürlichen politischen Scheidung von Stadt- und Landgemeinde tritt mehr und mehr die nathurnotwendig sociale. (...) Abseiten der großen Verkehrswege werden die Dörfer und Landstädte immer dorfmäßiger werden, während die großen Städte im riesigen Maßstabe anwachsend, immer großstädtischer sich gestalten. Dadurch muß sich ein so schroffer Gegensatz von Stadt und Landgemeinden herausbilden, wie man ihn vordem gar nicht geahnt hat, wie man ihn jetzt noch nicht kennt. Die zwei scheinbar geringfügigen Tatsachen, daß es bei jedem Schritt, den die moderne Civilisation vorwärts thut, auch immer tieferes Bedürfnis wird, der fluctuirenden, periodisch seßhaften und doch gemeindelosen Stadtbevölkerung eine neue Möglichkeit des Gemeindelebens zu schaffen, und aufzuräumen in der babylonischen Verwirrung, die gegenwärtig in der Definition von Stadt und Landgemeinden herrscht: diese einfachen Thatsachen sind an sich schon mächtig genug, die gründliche Umbildung unserer ganzen bürgerlichen Ordnung zu erzeugen. (Riehl 1854:100)

Zusammenfassend: Riehl erweist sich zwar in seinen (politischen) Werthaltungen und wertenden Darstellungen der Stadt als konservativer, der Konzeption des «ganzen Hauses» anhängender, «Social-Politiker». Bei einer Lektüre der Riehlschen Ausführungen als Äußerungen einer staatswissenschaftlichen «Volkskunde», geläutert vom ideologischen Beiwerk und bewußt einseitig die «modernen» Momente hervorhebend, erstaunt die Breite der (allerdings oft nur angetippten) Zugänge und Anschauungsweisen. Das Spektrum der Riehlschen Ansätze (und in den Ansätzen, nicht aber in deren konsequenten Durchführung liegt seine Stärke) zur Stadtbetrachtung und Stadtbeschreibung reicht von strukturellen Überlegungen zur verkehrsmäßigen Erschließung und deren Folgen für die Ausbildung urbaner Komplexe, über soziodemographische Beobachtungen – etwa zur Migration bzw. Stadt-

flucht – bis zu Hinweisen auf ökonomische Verschiebungen in der Sektor-
struktur der Städte und die damit verbundenen politische Folgen oder zur
Erörterung von soziokulturellen Fragen urban-industrialisierter Lebensgestaltung. Angesichts dieser Hinweise auf die letztlich beachtenswerte Leistung Riehls, auch seiner methodischen Forderungen, ist zwar den Folgerungen Kai Detlev Sievers' zuzustimmen –

> *Weder erwies er* (sc. Riehl, ThH) *sich als Freund sorgfältiger Materialien-
> sammlung und abgesicherter Hypothesenbildung, noch hat er ernstzuneh-
> mende Theorieansätze zustande gebracht. Unberührt davon bleibt, daß er
> z.T. durchaus scharfsinnige Erkenntnisse gewann und einer als Wissenschaft
> zu verstehenden Volkskunde wertvolle Anregungen gab. (Sievers 1994:36)*

– nicht ohne aber darauf hinzuweisen, daß eine ernsthafte Auseinandersetzung mit den Gedankensplittern Riehls durchaus fruchtbare Weiterungen
zugelassen hätte.

2.2   Der Kanon: Bestimmende Forschungsleitlinie
         auch in der Großstadt

2.2.1   Erste Neuansätze volkskundlicher Beschäftigung mit der Stadt

In der zweiten Hälfte des 19. Jahrhunderts, aber auch in den Anfängen der
wissenschaftlichen Volkskunde Ende des 19. und zu Beginn des 20. Jahrhunderts hatte die Stadt als spezifisches Forschungsfeld nicht nur wenig Bedeutung, sondern blieb von der volkskundlichen Betrachtung fast ganz
ausgeschlossen. Sitte und Brauch etablierten sich als »Kerngebiete im alten
Volkskundekanon«[138]; Volkskultur – manifest in Volksglaube, -sprache,
-brauch, -sage, -erzählung, -lektüre, -spiel, -lied, -kunst etc. – sollte v.a. dort
erfaßt und beschrieben werden, wo sie sich kohärent, einheitlich und am
reinsten präsentierte: in ländlichen Gegenden. Die sich formierende Disziplin

> *kehrte sich bewußt von der Großstadt ab. Für diese Epoche bedeutete die
> Großstadt den Untergang der Volkskultur; es beginnt jenes Überwiegen der
> Sammlung und Erforschung des bäuerlichen Kulturgutes, welches das zweite
> Jahrhundert unserer Forschung charakterisieren sollte. (Schmidt 1953:622f)*

---

[138] Weber-Kellermann/Bimmer 1985:123

Dank dieser anachronistischen Tendenz (auf die bereits Leopold Schmidt aufmerksam gemacht hatte),[139] etablierte sich schnell eine auf Typologisches ausgerichtete Erforschung einer »Sommerfrischen-Volkskultur«[140], die ihren Abstand zu städtischen Realitäten mit der nötigen Distanz zwischen Forscher und Forschungsgegenstand zu legitimieren suchte. Volkskunde widmete sich so über lange Jahre hin dem »Versuch, Volk auszugrenzen«[141], einem Unterfangen, welches, aus dem demographischen »Übergewicht der bäuerlichen Schichten, sozialstrukturell in der Dominanz von Primärgruppen, kommunikatorisch im Vorherrschen mündlicher Überlieferung,«[142] seine Berechtigung zog – eine Konzeptionen, in der Stadt wenig Platz hatte. Ganz im Geiste Riehls präsentiert sie sich vielmehr geradezu als Gegenstück ländlicher, agrarisch-grundschichtlicher Bevölkerungskreise.

Dennoch machte, besonders ab der Mitte der 1920er Jahre, das volkskundliche Interesse vor städtischen Gebilden nicht völlig halt. Volkskultur im städtischen Kontext begann insofern zu interessieren, als sie als tradiertes und auch in der Stadt gelebtes Gemeinschaftsgut zu ermitteln war. Weder ganzheitliche noch spezifische Erfassung urbaner Lebensweisen stand also dabei im Vordergrund, sondern die ausschnittweise Beschreibung von einzelnen ausgewählten Aspekten des Kanons, die *auch* in Städten und deren Umland vorzufinden waren. So enthalten etwa Otto Laufers bereits 1910 erschienenen Ausführungen »Zur Hamburgischen Volkskunde«[143] vorab Beschreibungen von Bauernhäusern und Bauerntrachten in Hamburgs ländlicher Umgebung, ebenso wie etwa die Ausführungen Arthur Haberlandts zu volkskundlichen Problemen der Stadt Wien[144] am Rand der Großstadt haltmachen, um hier, in der Kontaktzone zwischen ländlichem und städtischem Raum, »die geistige Verbundenheit des älteren Stadtgutes mit dem bäuerlichen Erbe«[145] darzustellen. Ähnlich einseitig fallen die Ergebnisse zur frühen Volkskunde Berlins aus. Hier dominiert der Zugang über stadtsprachliche Gegebenheiten. So begnügt sich z.B. Lutz Mackensen 1925 unter

---

[139] Schmidt 1953:623
[140] Ebd., p.624
[141] Bausinger 1969:232
[142] Ebd.
[143] Otto Laufer, Zur Hamburgischen Volkskunde. In: Tageblätter der Deutschen Landwirtschafts-Gesellschaft, Stück 2, 3, 4. 1910
[144] Haberlandt 1923; Haberlandt 1928. Zu Haberlandt cf. Olaf Bockhorn, Von Ritualen, Mythen und Lebenskreisen: Volkskunde im Umfeld der Universität Wien. In: Jacobeit/Lixfeld/Bockhorn 1994, p.477-526
[145] Schmidt 1940:19

dem Titel »Zur Volkskunde Berlins« damit, die neunte Auflage von Hans
Georg Meyers »Sammlung von Schnurren, Spielen und Versen«[146] als

> *eigentlich eine große volkskundliche Sammlung, die, mag sie nun aufgeschla-*
> *gen werden, wo sie will, dem Leser ein gutes Stück Berlinertum vermittelt*
> *(Mackensen 1925:44)*

anzupreisen. Nebst wenigen Hinweisen auf Kinderspiele bietet Mackensen
v.a. in einer größeren Wortliste ergänzende Hinweise zur Berliner Mundart.
Die fortgeschrittenen Arbeiten zur Erforschung der hiesigen Stadtsprache,
aber auch die kulturgeschichtlichen Darstellungen eines Hans Ostwald[147]
und anderer regten zu weiterem volkskundlichem Arbeiten an: So Hermann
Küglers Auseinandersetzung mit der Geschichte der Weihnachtsfeier in Berlin (1930)[148] und v.a. Richard Beitls Ausführungen zum Volksglauben der
Großstadt (1933)[149].

2.2.2 »Volksglaube der Großstadt«

Die Ermittlung von Formen des Volks- und Aberglaubens bildet denn auch
jenen Forschungsbereich, der städtische Gegebenheiten nicht von vornher-
ein ausgeschlossen hat. Die Verlängerung der Fragestellungen in den urbanen Bereich erlaubte vielmehr, auch hier als allgemein, irrational, der gesellschaftlichen Formung entzogen gedachten Wirkkräften des Volkslebens
nachzugehen und damit letztlich auch städtische Daseinsformen in einen
gemeinschaftsgebundenen Kontext zu stellen:

> *Noch klarer zeichnet sich das einheitliche Weltbild des Landbewohners und*
> *des Städters auf, wenn wir in die Tiefen volkläufiger Glaubensvorstellungen*
> *und des aus ihnen erwachsenen Zaubers hinabsteigen. (Spamer 1934:9)*

Unter diesen Vorgaben des Weiterlebens »der magischen Welt des schlich-
ten Mannes in ihren einfachen, ursprünglichen Formen«[150] berücksichtigen
etwa einzelne Beiträger des Handwörterbuch des deutschen Aberglaubens[151]

---

146 Hans Georg Meyer, Der Richtige Berliner in Wörtern und Redensarten. 9. Aufl. von
S. Mauermann, Berlin 1925
147 Ostwald [s.a.], Berlinerin; Ostwald [s.a.], Kultur- und Sittengeschichte Berlins
148 Kügler (1930)
149 Beitl 1933:70-100
150 Spamer 1934:9
151 Cf. dazu Christoph Daxelmüller, Vorwort zum Paperback-Reprint des Handwörterbuch des deutschen Aberglaubens, hg. von Hanns Bächtold-Stäubli unter Mitarbeit
von Eduard Hoffmann-Krayer. Berlin/New York 1987, Bd.I, p.19ff

städtische Gegebenheiten, inkorporieren Wilhelm Jesse[152], Gustav Jungbauer[153], vor ihnen Oskar Kupky[154] und besonders Adolf Wuttke[155] zumindest
diesen Teilaspekt in den volkskundlichen Arbeitsbereich.

Illustrativ, nicht nur wegen seiner relativen Ausgearbeitetheit, sondern
auch aufgrund der Nachwirkung[156] erscheint v.a. Richard Beitls Auseinandersetzung mit dem Volksglauben der Großstadt. Wie keine zweite Themenstellung erschien ihm diese geeignet, jenseits der »Unruhe«, »Bewegung«
und des »gigantischen Strebens«[157] des städtischen Lebens dessen »beharrenden Kräfte der eigenen seßhaften Überlieferung oder der ländlichen Zuwanderung«[158], das »mythische Denken auch in der großstädtischen Kultur«
bloßzulegen:

> *Jeder noch so flüchtige Besucher einer großen modernen Stadt empfindet, daß
> er ein gesellschaftliches Gebilde besonderer Art vor sich hat. Mit scheinbarer
> Hast und Ziellosigkeit und wieder mit unheimlicher Genauigkeit und Si-
> cherheit bewegt sich unübersehbar ein Getriebe von Menschen, Maschinen
> und Fahrzeugen (...) Ungewöhnlich sind alle Dimensionen, die Ausmasse
> der Häuser und Kirchen, der Straßen, Plätze und Säle sind riesig, und
> ebenso weiträumig, sind die Beziehungen der Menschen. (Beitl 1933:70)*

Hinter der scheinbaren Hektik und Ungeordnetheit urbaner Verfaßtheit,
der »Auflösung und Umschmelzung von gewaltigen Massen von Menschen
und Dingen«[159] sieht Beitl indessen eine zugrundeliegende gemeinschaftliche Basis, hervorgerufen bei den einen »durch die Erinnerung an die Zeit
(...), da ihr Stadtteil noch Dorf war«[160], bei den anderen durch »die ländlichen Anschauungen und Sitten«[161], die sie als Zuwanderer aus dem Umland
und Einzugsbereich der Stadt mitbringen. Diese »beharrenden Kräfte«
prägen nun nicht nur Alltagshandeln und Alltagskultur wesentlich mit,
sondern äussern sich grundlegend und exemplarisch im Volksglauben:

> *Wir sehen also, um es kurz zu wiederholen, in der Großstadt eine
> Gegensätzlichkeit von Beharrung, Tradition und Sesshaftigkeit gegen Auflö-*

---

152 Jesse 1934:144
153 Jungbauer 1931:158f
154 Kupky 1916:110-113 und Kupky 1917:152f
155 Wuttke 1860 (4. Aufl. 1925)
156 Cf. Schmidt 1953:625, wo Beitls Überlegungen zum Volksglauben der Großstadt als
    »eines der fruchtbarsten Kapitel« besonders herausgehoben wird.
157 Beitl 1933:70
158 Ebd., p.71
159 Ebd., p.70
160 Ebd., p.70f
161 Ebd., p.71

sung und Neuerung. Aber auch die vorwärtstreibenden Kräfte können im Menschen nur das zutage fördern, was uranfänglich in seinem Menschentum keimhaft vorhanden war. Unter diese Gesichtspunkte stellen wir uns, wenn wir auf Ausschnitte der Großstadt-Volkskunde näher eingehen wollen, nämlich auf die Vorstellung des Volksglaubens oder Aberglaubens. (Beitl 1933:72)

Anhand ausgewählter Beispiele versucht Beitl nun die gemeinsame Basis von aber- bzw. volksgläubischen Vorstellungen im städtischen wie im ländlichen Kontext herauszuarbeiten: Glücks- und Unglückstage, Unglückszahlen, »Lebenslaufmythen«, Alpträume, Wünschen und Berufen, aber auch Kettenbriefe sowie moderne Talismane und Amulette, Maskottchen und Wahrsagerei, die sich auch in der Stadt reicher Konjunktur erfreuen, sind für Beitl Indikatoren der Existenz einer gemeinsamen gemeinschaftlichen Basis der Stadt- und der Landbevölkerung. Der Volksglaube der Großstadt erweist sich so bei Beitl, analog zu anderen Vertretern dieser Forschungsrichtung, als geeignetes Medium, städtische Kultur und Verfaßtheit nicht als etwas völlig Neues und Eigenständiges auszugrenzen, sondern vielmehr mit den damals bestehenden volkskundlichen Kategorien zu analysieren.

2.2.3 »Neue« Aufgaben: Stadtvolkskunde zwischen Charakterkunde und Reform des Gemeinschaftslebens

Im Unterschied zu zahlreichen Fachvertretern seiner Zeit, deren Arbeiten auf eine Charakterkunde der großstädtischen Bevölkerung hin angelegt waren, zielen Beitls Ausführungen letztlich nur bedingt darauf hin, Facetten zu einer »Charakterologie« der Großstadt zu liefern. Er erweist sich damit als vorsichtiger, vor Überinterpretationen wie vor verflachenden Verallgemeinerungen zurückschreckender Repräsentant stadtvolkskundlichen Arbeitens. Damit hebt sich Beitl von jenem Forschungskontext ab, der sich im Diskurs und im Gefolge der Auseinandersetzung um die schöpferischen Kräfte der Volkskultur zwar ebenfalls der Größe «Stadt» zugewandt hatte, aber als Leitthese davon ausging, auch auf städtischem Gebiet – analog zu landschaftlichen Beschreibungen – wesentliche Charaktermerkmale der Bevölkerung erfassen und darstellen zu können. Diese typisierenden Beschreibungen, mit Martin Wähler »Volks- und Stammescharakterologien«[162], versuchten, durch die Schilderung von Erzähl- und Liedgut, aber auch sprachlicher und brauchtümlich-traditioneller Aspekte, einerseits, daneben durch den Miteinbezug neuer Faktoren wie Schlagfertigkeit oder Lebenstempo anderer-

---

[162] Wähler 1937:7-24

seits, das Besondere einer jeweiligen städtischen Lebensweise herauszumo-
dellieren.

Mit dieser – nur geringfügig modifizierten – Übertragung des Kanons als
Leitlinie volkskundlichen Arbeitens in der Stadt war aber dennoch ein erster
Schritt auf das neue Forschungsfeld hin getan. Einerseits bedeutete dies
einen ersten Ansatz zur nahtlosen Integration eines bislang ausgesparten
Bereichs in die fachliche Optik, andererseits beinhaltete aber gerade die
fraglose Übernahme von Axiomen, Sichtweisen und Vorgehensstrategien,
die für den ländlichen Bereich ausgearbeitet worden waren, eine Verkür-
zung und Beschneidung des Zugriffs auf die Stadt um die Spezifik urbaner
Gegeben-, Bedingtheiten und Bedingungen. Großstädtische Existenz als
landschaftlich und gemeinschaftlich gebundene Daseinsform zu begreifen
hieß, sowohl die historische wie die soziale Wirklichkeit zugunsten einer
typisierenden Wesensschau, der eingeschränkten Suche nach Gemeinschaftsmerkmalen, weitgehend auszublenden. Damit wird schon beim ersten größeren Interesse am Forschungsfeld ›Stadt‹ die so oft als fachtypisch
beklagte Phasenverschiebung[163] manifest: Die Sicht auf urbane Gebilde
erfolgt mit einem ›ländlichen Blick‹, blendet eine Spezifik städtischer Da-
und So-Seinsformen nicht nur fast völlig aus, sondern wertet diese häufig
auch eher negativ.

Aus diesem Grunde die Arbeiten von Alfons Perlick[164], der 1924 erste
Anregungen zur volkskundlichen Sammeltätigkeit in der Großstadt machte,
Hermann Kügler[165] und Martin Wähler[166], denen v.a. die Erfassung charakterlicher Besonderheiten der Großstadtbevölkerung im Vordergrund
stand, Herbert Freudenthal[167], Karl Kollnig[168], dessen Schrift über »Mannheim. Volkstum und Volkskunde einer Großstadt« im Rahmen des 1935
unter dem Thema »Beiträge zur Großstadtvolkskunde« ausgeschriebenen
Wilhelm-Heinrich-Riehl-Preises entstand, oder des Sozialpsychologen Willy
Hellpach[169] abzuqualifizieren, hieße, Arbeiten auf einem neuen Feld nicht
angemessen zur Kenntnis zu nehmen. Daß diese v.a. auf die Ermittlung
charakterlicher Wesenszüge ausgerichteten Arbeiten – ihren beredtsten Ausdruck fand diese Richtung wohl im 1937 von Martin Wähler herausgegeben
Werk zum deutschen Volkscharakter, worin sich u.a. Herbert Freudenthal

[163] Cf. Kap. 1.1.3
[164] Perlick 1924
[165] Kügler 1927; 1928; 1937
[166] Wähler 1930; 1937; 1939
[167] Freudenthal 1931
[168] Kollnig 1938
[169] Hellpach 1934; Hellpach 1939. Zu Hellpach cf. Kap. 2.4.2

über »die Hamburger«[170], Friedrich Lüers über die von ihm als eigenen
Schlag gezeichneten Münchner[171], Hermann Kügler über »die Berliner«[172]
oder Gustav Gugitz über »die Wiener«[173] äußerten – indessen für die Auseinandersetzung der Volkskunde mit der Stadt doch eher unergiebig sind,
ist vor allem dem Umstand zuzuschreiben, daß sie – über die Ausweitung
volkskundlicher Sammel- und Erfassungstätigkeit auf den städtischen Bereich hinaus – kaum neue Ansätze oder gar einen Paradigmenwechsel mit-
initiierten. Sie führen vielmehr, wie beispielsweise auch ein 1935 erschiene-
ner Leitfaden einer Münchner Arbeitsgruppe zur volkskundlichen Arbeit in
der Stadt[174] illustriert, kaum über den damaligen Kanon hinaus.

Begnügen sich die meisten der soeben genannten Werke (ausgenommen
etwa Willy Hellpach) aus den eben angeführten Gründen mit einer eher beschreibenden Darstellung, so entstanden im selben Umfeld Arbeiten, bei denen v.a. das Bemühen um eine Reform des Gemeinschaftslebens im Vordergrund stand. Herausgegriffen seien namentlich Darstellungen von Georg
Schreiber[175] und Joseph Klapper[176], dem Verfasser des ersten Handbuchein-
trags zur Volkskunde der Stadt (in dem von Wilhelm Peßler 1934 herausgegebenen »Handbuch der deutschen Volkskunde«). Bei beiden tritt neben
die Beschreibung der »Quellen des Volkstums, die nach wie vor auch in der
Großstadt sprudeln, ohne je gänzlich verschüttet zu sein«[177] v.a. die Frage
nach den Möglichkeiten der steuernden und gestaltenden Einwirkung auf
städtisches Leben, d.h. aber auch nach den Wirkmöglichkeiten der Volkskunde in der Großstadt.

> Die Großstadt weist ein besonderes Stadtvolkstum auf, das ernste Reformfra-
> gen auslöst: Man bemüht sich zur Zeit mit vieler Hingabe, aber mit noch
> nicht immer sicher umschriebenen Methoden, um die Einwurzelung proleta-
> rischer Massen. Man versucht, eine Art Heimatkultur zu entwickeln, um die
> ungefüge Massensiedlung zu einer Heimatstadt zu machen. Stärker denn je
> sollte diese gemeinschaftsfreudige Heimatpflege zur Grundlage der Volksbil-
> dungsarbeit werden. (Schreiber 1930:123)

---

[170] Herberth Freudenthal, Die Hamburger. In: Wähler 1937:80ff
[171] Friedrich Lüers, Die Münchner. In: Wähler 1937:325ff
[172] Hermann Kügler, Die Berliner. In: Wähler 1937:126ff (-138)
[173] Gustav Gugitz, Die Wiener. In Wähler 1937:403ff
[174] Ratgeber für den Münchener Heimatforscher. Arbeitsgrundlage zu einer Volkskunde
    der Großstadt. München 1935 (Volk und Heimat, Sonderheft)
[175] Schreiber 1930; Schreiber 1933
[176] Klapper 1934
[177] Schreiber 1930:126

Volkskundliche Beschäftigung mit der Großstadt als »unentbehrlichem Le-
bensausdruck«[178] richtet sich in der Auffassung Schreibers und Klappers re-
formerisch gegen das »Unorganische« und »Disharmonische« großstädtischen »Wildwuchses«[179] – bedingt durch zu schnelles Tempo von Industrialisierung, Mechanisierung, etc. Gegen das »Massenmenschentum, das die
Typisierung, das Serienmäßige, die Normung als blasses und eintöniges
Gesellschaftsideal bejaht«[180]; soll als volkskundliche Forschung und Darstellung, verstanden »als gemeinschaftsfreudige Heimatpflege«[181], beitragen
zur »Gestaltung eines sozial verbundenen Ichs, das sich im Rhythmus des
Gemeinschaftsgedankens verantwortungsvoll erfaßt«[182]:

> *In dieser Richtung kann selbst - und wohl nicht zuletzt - die Volkskunde
> mittun, indem sie mit weitherzigem Erkenntnisstreben das Tatsachenbild
> sichtet und klärt, indem sie zur Fragestellung des Neuen beiträgt, indem sie
> als Wirkung die Freude am Volkstum wieder aufrichtet. Ist sie doch in ihrer
> ganzen Haltung, wenn sie die Großstadt bewußt als Heimat erfaßt, an sich
> schon eine Rückbesinnung auf wurzelechtes Volkstum. Kündet sie doch den
> Glauben an ein großstädtisches Seelentum. (Schreiber 1930:124f)*

Die Inanspruchnahme der Volkskunde für eine Reform des großstädtischen
Lebens ist indessen nicht unproblematisch. Die Benennung der »Großstadt
als Feind des Volkstums«[183], als »Gegenbild des Grundstands des Volkes«[184],
und dessen geplante Erneuerung durch die Volkskunde rückt volkskundliche Auseinandersetzung mit der Stadt bei einzelnen Vertretern schnell in
den Dunstkreis der Blut und Boden-Ideologie.[185] So sieht etwa Joseph
Klapper zwar durchaus Brauchtümliches oder Dörfliches im Großstadtleben
gegeben, anerkennt auch, daß durch »die seelische Ebene, die Gefühlslage,
die tatsächlichen Lebensbedürfnisse, die Stelle an der die Großstadt im
Sinngefüge des Volksganzen steht« ein »eigenes Großstadtvolkstum« geschaffen werden mußte[186], und eruiert in den Städten auch zahlreiche »An-

---

178 Schreiber 1933:7
179 Ebd., p.10
180 Ebd., p.11
181 Schreiber 1931:123
182 Ebd., p.127f
183 Klapper 1934:103 (Kopfzeile)
184 Ebd., p.106
185 »Den Menschen der Großstadt soll der Gedanke von der entscheidenden Bedeutung
    von Blut und Boden für den Bestand des Volkstums wieder so lebendig ins Bewußt-
    sein treten, daß der Zustrom zur Großstadt in ein Abströmen gewandelt wird.« (ebd.,
    p.103)
186 Ebd., p.109

satzstellen für eine Neublüte«[187], hauptsächlich aber ortet er einen großen
Handlungsbedarf, wonach einerseits durch die »Rückführung zur Grund-
schicht«[188] v.a. bei der »Arbeitergrundschicht« »verklungene Töne wieder
zum Tönen zu bringen«[189] seien, andererseits gerade aufgrund der spezifischen großstädtischen Gegebenheiten ein eigenes Großstadtvolkstum geschaffen werden müsse. »Volkstumspflege« und »Volkstumskunde« bilden
für Klapper hierzu den Königsweg, die Volkskunde deren eigentliche Grun-
dierung:

> *Politik, Geschichte, Erdkunde, Rassenkunde und -pflege, deutsche Sprache,*
> *Dichtung, Kunst, Religion, Philosophie, Erziehungskunde und Volkswirt-*
> *schaftslehre haben sich unter dem Gesamtgedanken der Volkstumskunde zu-*
> *sammenzuschließen; die Volkskunde ist hier die Wurzel, aus der alle anderen*
> *Zweige sprießen. (Klapper 1934:119)*

Das Ziel dieser Reformbemühungen ist nun allerdings nicht »ein Zurück
zum kleinstädtischen Handwerksideal« oder gar zu agrarischen Lebensformen: »Es wäre eine romantische Unmöglichkeit, wollte man diese Indu-
striemenschen zu der natürlichen Lebensform des Bauerntums zurückführen«[190], sondern Anschauung und Bekanntheit mit ländlichen Lebensformen, damit so »aus dem Dunkel der Vergessenheit altes Erbe an Brauchtum
und Sprache und an religiösem Sinn wiedererweckt werden« kann.[191] Der
Weg hierzu führt über »Volkssport«[192], »gesunde Volksfeste im Freien«[193],
namentlich aber über Besitzanreize (z.B. über Ostsiedlung), die so die »Ma-
gie der Sachgüter« wie jene »der geistigen Besitztümer« wachrufen und werden:

> *Die Mutter wird dann der Häuslichkeit zurückgegeben sein; die neue Schule*
> *wird nicht vornehmlich Wissen übermitteln, sondern die Seelen empfänglich*
> *machen für die deutschen Erbgüter; Denken und Fühlen in diesen Überliefe-*
> *rungen wird dann zur Gewohnheit werden und das Leben das Alltags be-*
> *gleiten. So wird auch die Arbeiterseele wieder aus der Vielheit der Umwelt-*
> *eindrücke, aus Gehetztheit und Dumpfheit zur innern Einheit gelangen, zu*
> *dem beherrschenden Gedanken an die deutsch-christliche Verbundenheit der*
> *Volksgenossen. (Klapper 1934:118)*

---

[187] Ebd., p.109
[188] Ebd., p.117
[189] Ebd., p.115
[190] Ebd., p.117
[191] Ebd., p.118
[192] Ebd., p.117
[193] Ebd., p.118

Nicht nur bei solchen reformerischen Bemühungen, sondern auch bei den Charakter und Wesensbeschreibungen (was die Zahl von Veröffentlichungen anbelangt die größte Gruppe volkskundlichen Arbeitens zu urbanen Fragestellungen in der Zeit), wohnt indessen eine ideologisch gefährliche Stoßrichtung inne, lag doch eine Wechselwirkung zwischen diesen »Charakterologien« als »schwierigen Zukunftsaufgaben der Volkskunde«[194] und der Rassenlehre des NS-Regimes nicht nur nahe, sondern wurde von einzelnen Vertretern des Fachs auch aktiv gefördert. Es ist das Verdienst Thomas Scholzes, diesen fatalen Strang volkskundlicher Beschäftigung mit der Stadt etwas eingehender aufgearbeitet und dargestellt zu haben.[195] So ergibt sich beispielsweise das Paradox, daß einerseits Adolf Spamer die Stiftung eines Wilhelm Heinrich Riehl-Preises für Forschungen zur Volkskunde der Stadt einrichten konnte - und mit diesem auch wichtige Arbeiten zum Gebiet ausgezeichnet wurden, so z.B. Leopold Schmidts »Wiener Volkskunde«, daß

---

194 Spamer 1928:15
195 Scholze 1990:81-92. Auf die Darstellung der dort skizzierten Ansätze im nationalsozialistischen Fahrwasser wird hier verzichtet, nicht ohne aber im einzelnen die Akzente anders zu setzen. Unbestritten sind die Rollen von Matthes Ziegler, Eugen Fehrle, Alfred Rosenberg, Lutz Mackensen u.v.a. Auch Joseph Klapper, der hier stellvertretend für die implizite Annäherung der (Stadt-)Volkskunde an die NS-Ideologie etwas ausführlicher dargestellt worden ist, stellt sich mit seinen Überlegungen eindeutig in den Dunstkreis nationalsozialistischer Gesinnung (cf. auch den knappen Überblick bei Gerndt 1995). Anders zu gewichten sind aber wohl die Rollen von Georg Schreiber und Otto Lehmann. Schreiber steht in der Tat der Realität »Großstadt« skeptisch gegenüber, seine Haltung wurzelt indessen in religiösen Überzeugungen, für die er im übrigen 1935 zwangsemeritiert und aus seinem Institut entfernt wurde (cf. Weber-Kellermann 1969:80; zur Rolle und Haltung Schreibers cf. Klaus Freckmann, Aufklärung und Verklärung - Positionen im Werk Georg Schreibers. In: Gerndt (1987):283-295. Daß Schreiber dennoch in der Nähe von NS-Ansätzen zu situieren ist, ist v.a. auf die Befürwortung einer »autoritären Staatspolitik« zurückzuführen (cf. Gerndt 1995:56).
Otto Lehmann huldigt in der Tat einer »biologistischen Vorstellung vom ›Volkskörper‹« (Scholze 1990:89, mit entsprechendem Nachweis). Mit Blick auf seine ausführlicheren Darlegungen zur Stadtvolkskunde aus dem selben Jahr (1934) ist aber Scholzes - ohne Nachweis zitierte - Einschätzung, wonach Lehmann Volkskunde des Bauerntums vor diejenige der Großstadt setzen wolle, kaum haltbar. Die fragliche Stelle bei Lehmann (1934:35) plädiert vielmehr für eine angemessene, aber nicht ausschließliche Sicht auf und Wahrnehmung der Großstadt im Rahmen der Volkskunde, ohne die eine adaequate Beschreibung der Volkskultur unvollständig und letztlich nicht zu realisieren sei. (Cf. die Ausführungen im folgenden Kapitel.)
Zur Volkskunde im Nationalsozialismus cf. u.a. Brückner/Beitl (1983); Dow/Lixfeld (1994); Gerndt (1987); Gerndt (1995) - mit ausführlicher und aktueller Bibliographie; Jacobeit/Lixfeld/Bockhorn (1994); Sievers (1991)

aber andererseits das Preisgericht und die Satzungen zu diesem Preis sich klar zum Nationalsozialismus bekannten.[196]

Ähnlich gebrochen erscheinen auch die Äußerungen Otto Lehmanns: Einerseits in einer Vorstellung vom »Volkskörper« in einem biologistischen Fahrwasser verhaftet[197], macht er sich andererseits für die vorbehaltslose Etablierung volkskundlicher Forschung in der Großstadt in ausgesprochen deutlicher Weise stark. Ein- und nachdrücklich fordert er:

Es geht nicht an, die größere Hälfte des Volkes zu vernachlässigen, wenn wir das geistige und seelische Kräftespiel des deutschen Menschen als eines Gemeinschaftswesens im Volksganzen erkennen wollen. Das deutsche Volk ist eben ein kompliziertes Gebilde aus Stadt und Land geworden. (...) In der Stadt und auch in der Großstadt lebt deutsches Volkstum, an dem eine ernsthafte Wissenschaft nicht vorbeigehen kann. (Lehmann 1934:24)

»Volkstum der Stadt« ist für Lehmann aufgrund veränderter Einstellungen »notwendigerweise anderer Art« als jenes auf dem Land, ohne aber den agrarisch geprägten Lebensformen nachzustehen.[198] Faktoren wie Industrialisierung oder Arbeit an der Maschine haben zu »anders gelagerten soziologischen Verhältnissen« geführt, ohne indessen »Brauchtum und volkliche

---

[196] Damit ist auch Spamers eigene Stellung gegenüber dem Nationalsozialismus zumindest knapp angerissen. Als »Forscher mit psychologisch ausgerichtetem Erkenntnisziel« von der »Fragestellung her NS-genehm« (Gerndt 1995:56. Die Aussage bezieht sich nicht nur auf Spamer, auf den aber in der dazugehörigen Anmerkung verwiesen wird), stand er in wichtigen fachlichen Belangen während etlicher Zeit doch recht indifferent zu einer völkischen Volkskunde. Seine eigene fachliche Konsequenz und Ausrichtung machten ihn aber nach der Mitte der 1930er Jahre selbst zum Angriffsziel einer stramm nationalsozialistisch ausgerichteten Volkskunde. Die Stellung Spamers faßt Hannjost Lixfeld (Hannjost Lixfeld, Adolf Spamers Rolle als Wegbereiter einer nationalsozialistischen Volkskundewissenschaft. In: Sievers 1991:91-119, hier p. 118f) folgendermaßen:
»Die Nationalsozialisten nutzten die Kompetenz und das Prestige des bürgerlich-nationalen Gelehrten lediglich für die ersten Jahre ihrer Gewaltherrschaft in Deutschland aus, in denen sie selbst noch nicht zum Aufbau einer zentralen Volkskundeinstitution in der Lage waren. Sobald diese durch Spamer und Wildhagen in ein erfolgversprechendes Entwicklungsstadium gebracht worden war, übernahmen sie das Geschaffene unter systembedingten internen Konkurrenzkämpfen in eigene Regie und ließen ihre Helfer nicht nur fallen, sondern setzten den Gelehrten Spamer einer erbarmungslosen Verfolgungsjagd aus. Als Fazit ist zu Recht festzuhalten, daß Adolf Spamer ›an der Wegbereitung einer faschistischen Volkskundewissenschaft in Deutschland nicht unbeteiligt‹ war.«

[197] Otto Lehmann (1934), Die Aufgaben der Stadt-Volkskunde. In: Pädagogische Warte. Halbmonatsschrift für lebendige Volksschularbeit und volkhafte Erziehung 41, Heft 24, p.11-39

[198] Ebd., p.24

Eigenheiten« abzutöten;[199] vielmehr resultiert daraus eine Verschiebung im Wertgefüge, eine andere Ausgestaltung der Lebensweise als auf dem Land. »Abschnitte des menschlichen Lebens«, Seßhaftigkeit und Bindungen sind im urbanen Kontext »anders gelagert und haben andere Ursachen«[200] – sie finden aber angemessene Entsprechung etwa im Vereinswesen, das hier ein »ebenso starkes Gefühl der Zusammengehörigkeit« zu stiften vermag.[201] Ebenso hat sich in der Großstadt eine eigene, spezifische Alltagskultur herausgebildet:

> *Brauch und Sitte gedeihen eben nicht nur auf dem Lande. (...) Wer Brauch und Sitte in der Großstadt nicht sieht, der hat seine Augen vor der Eigenart der Großstadt verschlossen und hat verlernt, Dinge zu sehen, die bei ernsthafter Beobachtung ebenso heimlich wirksam sind wie nur irgendwo im bäuerlichen Leben. (Lehmann 1934:19)*

Aus diesen Beobachtungen und Überlegungen heraus entwickelt Lehmann eine in ihrer inhaltlichen Füllung erstaunlich breite Palette von Forschungspostulaten:

Ohne auf die Arbeiten von Peuckert einzugehen oder hinzuweisen, steht an vorderster Stelle die Forderung nach Erforschung sozial bedingter Unterschiede städtischer Gesellschaften, allen voran der Arbeiterkultur –

> *Es muß gesagt werden, daß unsere deutsche Volkskunde viel vernachlässigt hat, denn sie hat sich keine Mühe gegeben, in die seelische Struktur unseres Arbeitervolkes einzudringen. (Lehmann 1934:31)*

– und zwar in einem recht weitgefaßten Sinn, sollen doch sowohl Fabrikkultur als auch Lebens- und Daseinsformen der Arbeiterschaft erfaßt und in ihrer spezifischen Ausgestaltung gemeinschaftlicher Strukturen dargestellt werden. Ergänzend dazu ist denn auch die Kultur des Stadtbürgertums ebenso wie diejenige industriell bedingter Verfaßtheit zu analysieren:

> *Auch die Industrie der Großstädte stellt viele geheime Miterzieher zum Volkstum, wenn auch dieses anders gelagert ist und das Gemeinschaftsleben sich anders ausdrückt als in der schlichten und leicht durchsichtigen Art des bäuerlichen Lebens. (Lehmann 1934:32)*

Mehr noch: die fließenden Übergänge zwischen Industrie und Handwerk machen nötig, auch letzteres auf seinen Stellenwert in einem städtischen Gefüge hin zu befragen, seine Besonderheiten und Eigengesetzlichkeiten darzustellen.

---

[199] Ebd., p.27
[200] Ebd., p.28
[201] Ebd., p.29

Lehmann bleibt indessen – und das rechtfertigt letztlich die hier vorgenommene, etwas breitere Diskussion – nicht bei dieser sozial bedingten
Sichtweise städtischer Kultur stehen. In seinem, inhaltlich allerdings eher
wenig ausgeführten, Abriß von Forschungsdesideraten finden sich vielmehr
auch geradezu modern anmutende Forderungen. Nachdrücklich verlangt er
etwa, die »Wohnkultur der Massen«[202], v.a. auch in ihren landschaftlichen
Besonderheiten, zu erfassen oder aber der Stadtwahrnehmung gebührende
Aufmerksamkeit zu schenken:

> *Eine hübsche Arbeit über den baulichen Eindruck zum Beispiel der Stadt
> Hamburg öffnet die Augen für jene Hauslinien im Gesicht der Straße, die
> anders verlaufen als etwa in Köln oder in Dresden. Und selbst das Schau-
> fenster, eine scheinbar aus dem Volkstum herausfallende Erscheinung, sieht
> anders aus, ob man es in Hamburg oder Dresden oder München betrachtet.
> Das sind Erscheinungen, die unbewußt, aber trotzdem stark in der ganzen
> geistigen Struktur der Bevölkerung wirken und zu eindringlicher Untersu-
> chung mit eben solcher Berechtigung herausfordern wie etwa die Trachten in
> den verschiedenen Gegenden unseres Vaterlandes. (Lehmann 1934:35)*

Daß solche Forderungen im volkskundlichen Kontext der Zeit nicht überall
wohlgelitten waren, war sich Lehmann durchaus bewußt. Um solcher Kritik
entgegenzuwirken, betont er so einerseits immer wieder die Berechtigung
der ›Bauerntumskunde‹, weist aber andererseits mit Nachdruck daraufhin,
daß sich die Volkskunde von diesen Themenbereichen nicht fernhalten und
diese den Nachbarwissenschaften überlassen dürfe:

> *Man spreche nicht davon, daß diese Untersuchungen Aufgaben der Soziolo-
> gie seien. Sie sind auch volkskundlicher Art. (Lehmann 1934:34)*

Lehmanns eindringlicher Appell - eher vom methodisch Vorgeschlagenen
denn vom inhaltlich Dargestellten her überzeugend - stellt zwar eine außer-
ordentliche, aber doch in der Forschungslandschaft nicht völlig vereinzelte
Auseinandersetzung mit dem volkskundlichen Themenfeld «Stadt» dar.
Einige wenige Fachvertreter setzten sich vielmehr in v.a. inhaltlich elaborier-
terer Weise damit auseinander. Als wohl profiliertese Vertreter stadtvolkskundlichen Arbeitens bis zum Ende des Zweiten Weltkriegs sind namentlich Will Erich Peuckert und vor allem Leopold Schmidt zu nennen. Während sich ersterer v.a. um eine volkskundliche Sicht und Darstellung des
Arbeiterstandes bemühte, war es besonders Schmidt, der als erster eine in
sich geschlossene Auseinandersetzung mit gegenwartsvolkskundlichen Fra-

---

[202] Ebd., p.34

gen einer Großstadt realisierte. Nicht zuletzt bemühte sich auch Adolf Spamer um die Stadtvolkskunde, allerdings weniger in seinen eigenen Arbeiten,
sondern weit mehr, indem er etliche Untersuchungen zur Großstadt als
volkskundlichem Ort initiierte.[203]. Trotz dieser an sich fruchtbaren Ansätze,
die zur Diskussion um und die Etablierung eines selbständigen Forschungsfeldes wesentlich hätten beitragen können, blieb – zeitbedingt – die nötige
Resonanz dafür weitgehend aus. So stellen die entsprechenden Arbeiten und
Überlegungen letztlich isolierte, punktuelle Ansätze dar, ohne daß sich daraus eine konsistente Beschäftigung mit urbanen Fragestellungen hätte entwickeln können. Es fällt so auch schwer, außer etwa zwischen Spamer und
Schmidt, weitere Querbezüge oder gar so etwas wie einen Diskurs zu ermitteln. Volkskunde der und Volkskunde in der Stadt erscheint vielmehr noch
zu wenig institutionalisiert und zu wenig Thema im fachlichen Arbeiten.
    Wenn nun nach der Darstellung der verstreuten, frühen Ansätze einer
volkskundlichen Auseinandersetzung mit städtischen Fragen im folgenden«
das Wirken der wichtigsten programmatischen Vertreter etwas eingehender
analysiert werden soll, so entsteht damit zwangsläufig ein Nebeneinander
der Darstellung unterschiedlicher Arbeits- und Sichtweisen, das aber so den
Stand der volkskundlichen Forschung der Zeit wohl am angemessensten
wiedergeben kann.

2.3   Vom Erwachen eines stadtvolkskundlichen Interesses.
Von der psychologischen zur funktions-
geprägten Anschauungsweise der Stadt

> *Es läßt sich unendlich Vieles über das Volkstum der*
> *Städte sagen, – mehr ist noch zu untersuchen.*[204]

Vor dem Hintergrund der kurzen globalen Charakterisierung der Forschungslage zum Themenfeld Stadt vor und nach dem Zweiten Weltkrieg
sollen im folgenden die methodisch wichtigsten und weitreichendsten An-

---

[203] Cf. Scholze 1990:41f (Anm. 22) sowie: Wolfgang Jacobeit/Ute Mohrmann (1982),
    Zur Geschichte der volkskundlichen Lehre unter Adolf Spamer an der Berliner Uni-
    versität [1933-1945]. In: Ethnographisch-Archäologische Zeitschrift 23, H.2, p.289ff
    Zu Spamer cf. weiter: Peter Assion, Von der Weimarer Republik ins »Dritte Reich«.
    Befunde zur Volkskunde der 1920er und 1930er Jahre. In: Jacobeit/Lixfeld/Bock-
    horn 1994, p.33-85, speziell p.61-75; Ingeborg Weber-Kellermann, Zum Gedenken
    an Adolf Spamer zu seinem 100. Geburtstag am 10. April 1983. In: Hessische Blätter
    für Volks- und Kulturforschung, NF 16 (1984), p.197-206
[204] Lehmann 1934:32f

sätze etwas genauer vorgestellt und diskutiert werden. Eine eigentliche konsistente Forschungstradition zu postulieren, würde indessen in Anbetracht der Punktualität der Ansätze und ihrer nur partikulären Vernetzung über die Realität stadtvolkskundlicher Ansätze hinausgehen. Deshalb werden in chronologischer Abfolge und unterschiedlicher Ausführlichkeit einzelne ausgewählte Zugänge skizziert und charakterisiert. Trotz allem läßt sich in der ausführlichen Auseinandersetzung mit dem Themenfeld «Stadt» in den 30er und 40er Jahren ein Entwicklungsbogen festmachen. Ausgangspunkt bildete die Diskussion um Kulturtransfermodelle sowie die Frage nach den schöpferischen Kräften im Volk; am Ende schließlich steht ein zögerlicher Miteinbezug urbaner Gegebenheiten in eine funktionsgeprägte Sichtweise, wie sie Richard Weiss für die Nachkriegsvolkskunde in so nachhaltiger Weise eingebracht hat.

Nicht bei allen Fachvertretern stand explizite Beschäftigung mit der Stadt im Vordergrund ihrer Ausführungen: Spamer und Weiss etwa wirkten mehr durch methodische Impulse denn durch elaborierte Forschungen zum Gegenstand, ohne die wiederum Arbeiten wie etwa Leopold Schmidts Monographie über die Wiener Volkskunde – Schmidt bezog, wie noch zu zeigen sein wird, sein methodisches Grundgerüst von Adolf Spamer – kaum möglich geworden wären. Schmidts Darstellungen seinerseits hatten namentlich auf den Linzer Hans Commenda wesentlichen Einfluß: Seine zweibändige »Volkskunde der Stadt Linz«[205] wurde nicht nur von Schmidt breit gefördert, sondern lehnt sich in ihrer inhaltlichen Konzeption doch recht eng an diesen an, allerdings ohne das Vorbild - trotz reicher Faktenfülle - methodisch-konzeptionell zu erreichen.

2.3.1   »Volkskunden der Großstädte«: Adolf Spamers Impulse für das Forschungsfeld ›Stadt‹

Reform des Gemeinschaftslebens, Charakterkunde, Volksglauben: in diesen drei Bereichen war volkskundliches Arbeiten beim Hauptteil der eher spärlichen Zahl von Fachvertretern, die sich mit städtischen Fragen überhaupt auseinandersetzten, auf die Darstellung gemeinschaftlich gebundener Vorstellungen im Stadtleben, die Beschreibung des »Volkscharakters« in städtischen Siedlungen, bzw. auf die Wiederherstellung gemeinschaftlicher Lebensformen weitgehend kanalisiert. Mit Blick auf den fachlichen Diskurs der 20er bis 40er Jahre erscheint die vorherrschende, durchgehend dominante Ausrichtung auf den ländlichen Raum und ländliche Lebensformen

---

205 Commenda 1958

doch letztlich einigermaßen erstaunlich, hatte doch Adolf Spamer mit seiner Kritik am eingleisigen Kulturmodell Hans Naumanns der Volkskunde den Weg zur Gegenwart und implizit auch zur Stadt gezeigt. Naumann hatte in seinen »Grundzügen der deutschen Volkskunde«, aufbauend auf die Darstellungen Eduard Hoffmann-Krayers zum »Vulgus in populo«[206], wonach auch in oberen Sozialschichten Bewußtseinsebenen existent sind, die archaischen Relikten, d.h. auch – in der Lesart der Zeit – primitiven Überresten verpflichtet sind, ein Zweischichten-Modell der Kultur des Volkes ausgearbeitet. Danach wird das Volksleben einerseits durch »primitives Gemeinschaftsgut«, repräsentiert v.a. im Bauernstand, und »gesunkenes Kulturgut« bürgerlicher und sozial höherer Provenienz andererseits, geprägt und bestimmt. Nach Naumann wird »Volksgut in der Oberschicht gemacht«[207], besitzt das Volk keine eigenen schöpferischen Kräfte.

In einer ausführlichen Würdigung stellt sich Spamer letztlich nicht nur kritisch zu den Schlußfolgerungen Naumanns – Hauptkritikpunkte bildeten die verflachende Aufnahme der Hoffmann-Krayer'schen Überlegungen zum Reproduktionsvermögen des Volkes, das dieser als »eigenschöpferischer Tätigkeit der Unterschicht gegenüber den überkommen Vorlagen«[208] bezeichnet hatte, sowie die wenig überzeugende Ausarbeitung der Konzeption des »primitiven Gemeinschaftsguts«: »Wo er (i.e. Naumann, ThH) primitives Gemeinschaftsgut sieht, erscheinen seine Aufstellungen in der Regel problematisch, zuweilen auch wenig wahrscheinlich«[209] – sondern bemängelt v.a. die durch die Ansichten Naumanns noch verstärkte Fixierung volkskundlicher Arbeit auf »Bauernkunde«[210].

Für diese einseitige Beschränkung der volkskundlichen Optik der Zeit sieht Spamer mehr pragmatische denn inhaltliche oder gar inhaltlich legitimierbare Gründe. Verantwortlich ist vielmehr einerseits »das Stimmungsmoment, das den Städter bewegte, wenn er auf Wanderfahrten im abgeschiedenen Land noch Dinge sah und hörte, die ihm schon fremd geworden«, besonders aber ein sachlich-praktischer Anreiz andererseits, begründet in einer »verhältnismäßigen Einfachheit der Untersuchung an einem Ob-

206 Eduard Hoffmann-Krayer (1902), Die Volkskunde als Wissenschaft. Zürich
   Eduard Hoffmann-Krayer (1903), Naturgesetze im Volksleben. In: Hessische Blätter für Volkskunde II, p.57-64
207 Hans Naumann (1922), Grundzüge der deutschen Volkskunde. Leipzig. (Wissenschaft und Bildung 181), p.5. Zu Naumann cf. Reinhard Schmook, »Gesunkenes Kulturgut - Primitive Gemeinschaft«. Der Germanist Hans Naumann (1886-1951) in seiner Bedeutung für die Volkskunde. Wien 1993 (Beiträge zur Volkskunde und Kulturanalyse 7).
208 Spamer 1924:91
209 Ebd., p.90f
210 Spamer 1928:16

jekt, dessen Lebenskreis in sich geschlossen und nicht durch allerhand fluktuierende, schwer meßbare Einflüsse getrübt ist.«[211] Vier Jahre später konkretisiert und benennt Spamer diese schwerer (er)faßbaren Realitäten als städtische Gegebenheiten. Die Tatsache, daß »Städte mit ihrer fließenden Bevölkerung und ihren zahllosen, nur schwer nachprüfbaren, täglich sich neu gestaltenden geistigen Einflüssen«[212] komplexerer Forschungsansätze und -strategien bedürfen, darf nun indessen nicht zu ihrer Ausgrenzung aus dem Fachgebiet oder zur Verneinung der Volkskunde als eigenständiger Wissenschaft führen, wie das etwa Julius Schwietering[213] vorgeschlagen hat. Vielmehr erschließen sich für Spamer damit neue Aufgaben:

So muß die Volkskunde nun in besonderer Stoßkraft ihre Arbeit auf die nichtbäuerlichen Volksgruppen richten. (Spamer 1928:16)

»Die Volkskunde als Gegenwartswissenschaft«[214] zu verstehen ist mit Spamer der einzig legitime Weg, die Kunde vom Volk angemessen zu betreiben:

Eine Gesamtschau volkhaften Lebens ist immer nur möglich aus der Gegenwart heraus, und die Volkskunde unserer Tage fühlt sich darum in Übereinstimmung mit ihrem wissenschaftlichen Begründer (i.e. W.H. Riehl, ThH) in erster Linie als Gegenwartswissenschaft. (Spamer 1932:84)

Empirisch öffnet sich dabei der Zugang durch die »persönliche Beobachtung und somit die lebendige Gegenwart, die wir allein, soweit überhaupt menschliche Erkenntnis in die Tiefe reicht, erfassen können«.[215] Methodisch-interpretatorisch hingegen ergänzen sich historische und psychologische Deutungsmuster:

Nur zur begründenden Deutung dieser Gegenwart dient die Vergangenheit. Aber weil das Heute als Produkt einer meist langen Entwicklung ohne jedes Gestern nicht verständlich, so ist die Volkskunde in erster Linie, methodisch gesehen, eine historische Wissenschaft (...). Erst da, wo der historische Verfolg endet oder versagt (...) beginnt die psychologische Betrachtung mit ihren mannigfachen Methoden. (Spamer 1924:105)

[211] Spamer 1924:93
[212] Spamer 1928:16
[213] Julius Schwietering (1927), Wesen und Aufgaben der deutschen Volkskunde. In: Deutsche Vierteljahrsschrift für Literaturwissenschaft und Geistesgeschichte 5, p.748-765
[214] So der programmatische Titel von Spamer 1932
[215] Spamer 1924:105

Von der Erkenntnislage her schließlich resultiert aus dieser »bedingungslosen Einstellung auf die Gegenwart« die Einsicht, »daß man diese Gegenwart nicht als etwas Neues erkannte, sondern als ein Erzeugnis der Geschichte, die ihrerseits wieder ihre Grenzen findet in den geistig-seelischen Möglichkeiten, die der Gattung Mensch gegeben sind.«[216]

Mit dieser Ausrichtung der Volkskunde hin zur Gegenwart rückt zwangsläufig auch die Realität ›Stadt‹ stärker ins volkskundliche Blickfeld:

Die Arbeit der Volkskunde setzt also zunächst vornehmlich beim eigenen Volk ein, dessen geistige Äußerungen sie beobachtet, soweit sie nicht isolierte Gestaltungen jener seltenen Menschen sind, deren Denken und Fühlen ausgesprochen aus einem jeden größeren Menschenverband gelöst erscheint. Und da dieses Volk wieder nur die Summe einer ganzen Anzahl von Menschengruppen darstellt, die großenteils nur in loser, äußerer, staatlicher oder sozialer Verbindung mit einander leben, jede mit einem bestimmten eigenen Interessenschatz und mit einer sehr verschiedenen Mischung von Trieb- und Verstandeskräften, die wesentlich ihre Gruppierung bestimmt, so muß die Untersuchung zunächst diesen einzelnen Gruppengeistigkeiten gelten. (...) Natürlich tritt eine solche Gruppenvielheit am stärksten zutage in den großen Menschenverbänden der Städte, die auch rein geistig betrachtet meist nur Konglomerate heterogener Teilstädte sind. Und sie erscheint umso stärker ausgebildet, je mehr ein Land eine weitvorgeschrittene, technische und zivilisatorische Entwicklung zeigt (...). (Spamer 1924:105f)

Spamers psychologische Sichtweise der Volkskunde schloß einen exklusiven Zugriff auf die Stadt eher aus, vielmehr machen seine methodischen Strategien für die Erforschung städtischer und ländlicher Gegebenheiten keinen Unterschied, geht er – trotz differenzierter Wahrnehmung der Stadt – von den gleichen Gegebenheiten für städtische und ländliche Lebenswelten aus: Großstädte erscheinen zwar als »eigengesetzliche Siedlungsräume«, als »Gemenge sehr verschiedener Bestandteile« in welchen »fortschreitende Überlagerungen ehemals einheitlicher Kulturprägungen« stattfinden und sind damit als »Träger verschiedenartiger geistiger Lebensräume« zu bezeichnen, ja, sie sind »in ihren Vorstädten und Randsiedlungen durchaus ländlich bestimmt«. Dennoch postuliert Spamer die Existenz eines »einheitlichen Weltbildes des Landbewohners und des Städters«.[217]

So besteht für Spamer kein Anlaß, eine spezifische, stadtbezogene Methodik zu entwickeln, vielmehr genügt zur adaequaten Erfassung städtischer

[216] Spamer 1932:78
[217] Alle: Spamer 1934:9

Realitäten eine entsprechend breite empirische Basis, um der neuen Vielfalt und der Differenzierung »geistiger Ausdrucksformen«[218] in der Stadt gerecht zu werden:

Aber die ›Großstadt‹ ist auch an sich kein feststehender geistiger Lebensraum. Je nach dem Tempo ihres Lebens schillern die Ausdrucksformen ihrer Bewohner. (Spamer 1934:9)

Obwohl sich bei Spamer die Strahl- und Sogkraft »städtischer Kraftzentren«[219] durchgesetzt hat –

So ist bald die Stadt als Bildungszentrum, bald die Stadt als Wirtschaftsquelle und Wirtschaftsgebiet von Einfluß auf die Umbildung, Zersplitterung und Abschnürung konservativer Altkulturlandschaften. (Spamer 1932:81)

– obwohl diese als hauptverantwortlich für wesentliche soziale Umschichtungen und damit auch für neue Zielgruppen volkskundlicher Forschung, (diese hat sich nun »auch mit den Lebensäußerungen des Fabrikarbeiters (zu) beschäftigen, zu dem im 20. Jahrhundert, schnell erstarkend, ein neuer Stand, der der Angestellten trat«)[220], sind zumindest Stadt und Umland als zusammengehörige Einheit zu untersuchen:

So läßt sich die ›Volkskunde der Großstadt‹ nur schreiben aus den Volkskunden einzelner Großstädte als einer Stufenleiter äußerlich recht verschiedener Entwicklungen und damit auch durchaus verschiedener geistiger Gegenwartslagen. Ihre Deutung ist aber nur möglich durch die gleichzeitige Erfassung der geistig-seelischen Zeitformen des ländlichen Großstadtumkreises. Das gilt im ganzen wie im einzelnen: eine Sammlung von Großstadtkinderliedern und -spielen erhält (um ein beliebiges Beispiel herauszugreifen) erst ihre großstädtische Lesung mit der gleichzeitigen Erhebung des ländlichen Kinderliedes über den unmittelbaren geistigen Strahlungskreis dieser Stadt hinaus, weil nur aus solchem Vergleich sich der verschiedene Umfang der gestaltbildenden Faktoren erhellt. (Spamer 1934:10)

Mehr noch: dieses Verfahren gewinnt für Spamer durch die modernen Entwicklungen zum ›globalen Dorf‹, um ein gegenwärtiges Schlagwort zu gebrauchen, zunehmend an Evidenz, ebnen doch »Eisenbahn, Auto, Flugzeug, Zeitung, Geschäftsverkehr (...) die kulturellen Sonderbildungen und Lebensräume ein, die Jahrhunderte hindurch ein mehr oder minder geschlos-

---

[218] Ebd.
[219] Spamer 1932:80
[220] Ebd., p.81

senes Eigenleben führten, verwischen einen Teil der Unterschiede von
Großstadt und Dorf.«[221]

Ziel der Spamerschen Wissenschaftskonzeption, heute als psychologische
Schule der Volkskunde bezeichnet, war die Ermittlung »zeitloser, naturge-
gebener Triebkräfte, die in erster Linie formbildend wirken.«[222]

> *In Volksglaube und Volksbrauch, Volkssage und Erzählung, Volksrede und*
> *Volkswitz, im Volkslesestoff wie dem Volkslied, dem Volksspiel und der*
> *Volkskunst offenbaren sich die Elemente jener Geistigkeit, die wir die volks-*
> *tümliche nennen, weil sie die naturhafte Bindung von Mensch zu Mensch*
> *gibt, die den Einzelmenschen wie Menschengruppen zu Volksträgern macht.*
> *Über dem natürlichen und darum geschichtslosen Gegebenheiten aber, die*
> *den Herzschlag eines Volkes regeln, ändern sich ständig die Gesichtszüge und*
> *Bewegungsfunktionen dieses Volkes. (Spamer 1932:79)*

Sein hauptsächliches Erkenntnisinteresse lag denn auch in der Erfassung der
»seelischen und geistigen Triebkräfte« des Volkslebens als einer »Forschung
in die Tiefe, nach den Urkräften hin, die diese Phänomene gestalten und
umgestalten.«[223] »Geist und Seele eines Volkes lassen sich nur erkennen aus
seinen Ausdrucksformen in Wort, Werk, und Idee«,[224] welche an ihren
»stofflichen und ideellen Ausdrucksformen« abzulesen sind. Mit dieser drei-
stufigen Methodik –
- periodische Erfassung des jeweiligen Ist-Zustands des eigenen lebensweltlichen Bereichs, des eigenen Volks und zu Vergleichszwecken auch
  anderer Völker und dessen Analyse auf allgemein gültige Strukturen hin
- exemplarische historisch-philologische Untersuchungen zur Ermittlung
  der historischen Tiefe und der Entwicklung einzelner Objektivationen
- geisteswissenschaftlich-psychologische Interpretation kulturaler Objektivationen zur »Aufhellung der allgemeinen geistigen Grundlagen des
  volkstümlichen Weltbildes«[225] –
– öffnet sich zwar der Weg der wissenschaftlichen Volkskunde zur Gegenwart, in ihren Inhalten bleibt diese aber letzlich den Objektivationen eines
eingeschränkten Kanons verpflichtet.
Spamers Verdienste liegen weniger auf der persönlichen Exploration
städtischer Themenfelder (als geschlossene Untersuchung liegt von Spamer
selber lediglich eine Arbeit zur »Tätowierung in den deutschen Hafenstäd-

---

221 Spamer 1934:9
222 Spamer 1932:79
223 Ebd., p.78
224 Ebd.
225 Spamer 1928:35

ten«[226] vor, in der er die sozialen, ökonomischen, mentalen und psychologischen Bedingungen des Hafenmilieus anhand der Tätowierszene aufarbeitete), sondern – dank gezielter Förderung des Themenkreises in seiner Lehrtätigkeit und darüber hinaus – darin, die Stadt in den akademischen Betrieb eingebracht[227] und ansatzweise etabliert zu haben. Dadurch, daß er sich vom »Rettungsgedanken« (»Nicht altes Formengut gilt es zu retten, wohl aber neues Erkenntnisgut«[228]) ab- und der Gegenwart zuwandte, hat er mit den Grundstein für volkskundliche Arbeiten auf städtischem Terrain gelegt.

2.3.2 Großstadtvolkskunde als »proletarische Volkskunde«: Will-Erich Peuckert

Die psychologische Orientierung des Arbeitens Spamers, besonders aber die Fixierung auf Bevölkerungsteile, deren Leben letztlich in »überlieferten Ordnungen« verlief, brachte, gerade im städtischen Bereich, die Ausklammerung einzelner Bevölkerungsteile aus der volkskundlichen Arbeit mit sich. Trotz Spamers Hinweis, die Lebensäußerungen der Fabrikarbeiter – in einem Atemzug genannt mit den Angestellten – ebenfalls volkskundlich anzugehen, rückten diese, von Ausnahmen wie Otto Lehmann abgesehen, kaum ins Blickfeld. Diese konzeptuelle Lücke versuchte, auf Spamer aufbauend, wenigstens ansatzweise Will-Erich Peuckert zu schließen.

Auch Peuckert wendet sich in seiner »Volkskunde des Proletariats«[229] gegen die in seiner Zeit vorherrschende hauptsächliche Ausrichtung volkskundlichen Schaffens auf eine bäuerlich-ländlich geprägte Interessensphäre:

Man kannte bisher nur eine Volkskunde, und die beschäftigte sich mit dem Bauerntume und mit Schichten, welche dem Bauerntume nahe standen. Sie kannte aber, obwohl sie eine Volkskunde sein wollte, recht große und wesentliche Schichten des Volkes nicht. (Peuckert 1931:VII, Hervorhebung im Original)

Bereits in seiner »Schlesischen Volkskunde«[230] hatte Peuckert, als Beitrag zur Stadtvolkskunde, einzelne Arbeiterviertel dargestellt. Aus dieser Beschäftigung heraus resultierte schließlich die Gleichsetzung von Stadt- mit Arbeitervolkskunde, –

---

[226] Adolf Spamer, (1933), Zur Tätowierung in den deutschen Hafenstädten. In: Niederdeutsche Zeitschrift für Volkskunde 11, p.1-55
[227] Cf. Anm. 203
[228] Spamer 1928:60
[229] Peuckert 1931
[230] Will-Erich Peuckert (1928), Schlesische Volkskunde. Leipzig. (Deutsche Stämme. Deutsche Lande)

So war es nur ein Schritt zur weiteren Klarstellung, wenn ich anstatt von einer großstädtischen von einer proletarischen Volkskunde spreche. (Peuckert 1931:IX)

– der allerdings eine (klein)bürgerliche Volkskunde zur Seite zu stellen wäre.[231] Wie Spamer ging es auch Peuckert um die Ermittlung von »Gruppengeistigkeiten«. Für eine Beschreibung des Arbeiterstandes griff aber einerseits die von Spamer entwickelte methodische Konzeption zu kurz (dieser hatte ja lediglich eine Expansion der volkskundlichen Materialbasis auf den urbanen Kontext postuliert, ohne aber am Kanon zu rütteln) andererseits konnte die Ausrichtung auf überliefertes Kulturgut die Arbeiterkultur nicht erfassen:

Das Proletariat ist eine neue Gesellschaftsbildung, Kultur, oder wie wir es nennen wollen. Sie hat mit den bisher vorhandenen Formen, dem Bauerntum, dem Bürgertum, dem Lumpenproletariat, nichts wichtiges gemein; sie fängt vielmehr ›noch einmal an‹. Das gilt es zu erforschen. Die äußeren Formen, die hier bereits geworden sind oder noch werden wollen, müssen von uns gesammelt und aufgezeichnet werden, ob diese Formen sich nun als Wortgut, Sachgut oder Handlungen darstellen. Das Ziel ist endlich, um ein Wort Spamers zu variieren, Erkenntnis des geistig-seelischen Kräftespiels, daß diese Äußerungen hervorgerufen hat. Das aber heißt: Volkskunde. (Peuckert 1931:179)

Peuckerts Arbeit zur Volkskunde des Proletariats bringt inhaltlich wenig Neues. Sie bleibt im wesentlichen auf die Darstellung der geschichtlichen Entwicklung der Textilindustrie und ihrer Arbeiter in Schlesien zentriert, leistet also »bloß« den ersten von Spamer geforderten Arbeitsschritt, die philologisch-historische Analyse. Neu sind indessen einzelne methodische Zugänge: Um die Genese der neuen, in der »Menge«, der »Maßenhaftigkeit«, im »Maßenmachtbewußtsein«[232] ihre Kultur und Identität findenden Gesellschaftsschicht nachzeichnen zu können, stützt er sich konzeptionell auch auf soziologische Ansätze. So versucht er namentlich, einzelne Kerngedanken Werner Sombarts – v.a. zur Beschreibung des Arbeiterstands sowie zur Verfaßtheit des aus Gemeinschaftsverband, Dorf, Heimat, Sippe losgelösten und in der Großstadt zusammengeworfenen Proletariats[233] – auch für seine volkskundliche Darstellung fruchtbar zu machen. Ebenso greift er, wenn

---

231 Peuckert 1931:IX
232 Ebd., p.177
233 Peuckert stützt sich v.a. auf: Werner Sombart, Das Proletariat (1915); ders.: Sozialismus und soziale Bewegung (1919); ders.: Der moderne Kapitalismus (1924). Zu Sombart cf. Kap. 5.2.4

auch nur zögerlich, gelegentlich auf Ergebnisse quantitativer Analysen zurück. Mit diesem zaghaften Versuch, die engen Fachgrenzen zu verlassen,
hat Peuckert der Volkskunde, besonders derjenigen der Stadt, einen Weg
gewiesen, der in seiner Zeit heftig kritisiert und abgelehnt wurde und der
erst ab den 60er Jahren wieder in den Blickpunkt des Fachs rückte.

2.3.3 Großstadtvolkskunde im »Widerspiel von Erbe und Neuwuchs«. Leopold Schmidts »Wiener Volkskunde«

> *Es gibt also eine eigene, eigenwertige, Großstadt-*
> *volkskunde, weil es ein Großstadtvolk gibt.*[234]

Vor dem Hintergrund von entweder auf Einzelaspekte ausgerichteten Arbeiten zu städtischen Themen (auch Peuckerts Darstellung ist bewußt selektiv auf das Proletariat ausgerichtet) oder aber mehr auf methodische
Impulse denn auf praktisch-empirische Umsetzung bedachten Anstößen
und Vorschlägen, hebt sich Leopold Schmidts »Wiener Volkskunde«[235], »als
geschlossene Darstellung lange ohne Nachfolge«,[236] deutlich ab. Schmidt,
der sich konzeptuell und methodisch recht stark an Spamer anlehnte, plä-
dierte im Gegensatz zu diesem für eine eigenständige Stadtvolkskunde. In
deren Zentrum hat der Großstadtmensch in seinen geistigen, materiellen
und alltagsbestimmenden Bezügen zu stehen:

> *Eine wahre Wertung der Leistungen des Großstädters als – zahlenmäßig sehr*
> *ansehnlichen – Teiles des Gesamtvolkes ist jedoch erst auf Grund der vorher-*
> *gehenden Erkundung seiner Wesensart, seiner Habe und seines Tuns denk-*
> *bar. Es ist daher nur selbstverständlich, daß sich die Volkskunde in der letz-*
> *ten Zeit dem Großstadtmenschen zugewandt hat. (Schmidt 1940:11)*

An seiner »geistigen Grundrichtung«[237] interessiert dabei besonders seine
Gemeinschaftsgebundenheit – »Gemeinschaft« verstanden »nicht oder nicht
nur als gesellschaftliche Form«, »sondern als Erscheinungsform eines Ge-
danken- und Gefühlskreises, wohl auch als angestammter oder gewonner
Lebenskreis«[238] – mit Spamer die »Gruppengeistigkeit«.[239]

---

[234] Schmidt 1940:13
[235] Ebd.
[236] Mohrmann 1990:131
[237] Schmidt 1940:9
[238] Ebd., p.12
[239] »In der Tat, das Erbe der einzelnen läßt sich verfolgen, die Summe läßt sich ziehen
und übersummativ darüber hinaus noch ein Geist des Gesamterbes feststellen. Doch
(...) verfloß auch das Erbe der einzelnen im Gesamtgeist der neuen Stadtheimat. Ihr

Aus dieser starken methodischen Anlehnung an Spamer heraus resultiert indessen eine eigenständige, in sich geschlossene Darstellung großstädtischer volkskundlicher Gegebenheiten. Zwar plädiert auch Schmidt dafür, »die Synthese in Form des Charakterbildes« müsse »auch bei einer Großstadt-volkskunde gewonnen werden«,[240] sieht aber zuvor noch vordringlichere Forschungsaufgaben:

> *So stellt sich die gesellschaftliche Erforschung wohl einstweilen noch vor die Volkscharakterologie, die mit voreiligen Synthesen kaum zu besonderem Nutzen kommen kann. (Schmidt 1940:125)*

In diesem Sinn bemüht sich Schmidt v.a. um eine akribische, historisch-philologische Darstellung der Wiener Verhältnisse. Vorerst verfährt er dabei nach recht konventionellem Muster, indem er einleitend versucht, verschiedene Schichtungen des »Wiener Volks« zu skizzieren. Hauptsächlich wendet er sich dabei, anhand historischer Quellen, der Mischung zwischen »altwienerisch«[241] geprägten und im Verlaufe des 19. bzw. des beginnenden 20. Jahrhunderts »eingewienerten«, durch den »Einwanderungs- und Einschmelzungsprozeß«[242] entstandenen Kulturelementen zu. Immerhin verweist er daneben auch auf die Rolle der »inneren Schichtung, die zu der gesellschaftlichen Ordnung in gewissen Beziehungen steht«[243], sowie auf diejenige der »Aufgliederung des Großstadtvolkes« in »landschaftlich-geographischer Art«[244], d.h. nach bezirkstypischen und prägenden sozialen wie kulturellen Elementen.

Neue Wege begeht Schmidt allerdings in der Darstellung dessen, was er als »Erbe und Neuwuchs« bezeichnet:

> *Das Widerspiel, auf das diese Wiener Arbeit aufgebaut ist, scheint bei allen lokalen Monographien vorzuliegen oder sollte es doch, — das Widerspiel von Erbe und Neuwuchs. (Schmidt 1940:13)*

Bereits im Bereich des Erbes, d.h. der tradierten Formen, verweist Schmidt darauf, daß der klassische Kanon in der Stadt nicht unbesehen Gültigkeit besitzen kann:

Gesamterbe sieht denn auch vieldeutiger aus: (...) ein mehr neutrales Gebilde mit indes noch erkennbaren Zügen, die zur Einordnung nach Wesen und Herkunft berechtigen.« (Ebd., p.31)
[240] Ebd., p.121
[241] Ebd., p.21
[242] Ebd., p.26
[243] Ebd., p.28
[244] Ebd., p.29

*Die Systematik der Volkskunden landschaftlicher Art wird man freilich hier
wie bei jeder Großstadtvolkskunde nicht zu streng handhaben müssen, da
viele Themen hier nicht diese Rolle spielen wie auf dem Dorf, andere wieder
stärker hervortreten müssen, auch wenn wir hier noch vom Großstadtwuchs
absehen. (Schmidt 1940:31f)*

Aber auch Spamers Beschränkung auf »immateriell-geistige« Elemente der
Volkskultur als Kerngebiet gegenwartsvolkskundlichen Arbeitens spielt zwar
für Schmidt eine wichtige Rolle, greift aber letztlich zu kurz. Noch vor den
Darstellungen zur »brauchmäßigen Überlieferung« und zu »Volkskunst und
Volksleben« figurieren daher Überlegungen zur »Stadtheimat und ihrer Aufgliederung«, in denen einzelne Faktoren und Formen spezifisch städtischer
Verfaßtheit dargestellt werden. In den Bereichen »Siedlung«, »Kleidung«
(Schmidt spricht zwar in der Kapitelüberschrift von »Tracht und Schmuck«,
die Frage nach städtischen »Kleidungssitten« als »überindividuellen Formen«[245] dient aber im Grunde genommen nur der Vorbereitung der Ausführungen zur Rolle der Mode in den Überlegungen zum städtischen Neuwuchs) und »Nahrung« sieht Schmidt mit Hellpach »typenbildende Faktoren«[246], die sich von gleichlautenden Fragestellungen im ländlichen Raum
grundlegend unterscheiden. Als wesentliche Momente etwa im Bereich der
Siedlung erscheinen so einerseits Fragen des Stadtwachstums, da darin,
besonders im Großstadtausbau,

*doch der Mensch als Schöpfer und als Geschöpf stets zugleich zu betrachten
ist, und die gewordene Umwelt von einem nicht geringzuschätzenden Einfluß auf ihn ist, wie er sie denn auch wieder selbst geschaffen hat. So ist der
Städtebau vielleicht nicht gerade Emanation des Städters, aber doch nahe
daran. (Schmidt 1940:33)*

andererseits solche des »Bewußtseins von Gliederungen in der einheitlich
scheinenden Großstadt.«[247] Inhaltlich bleiben Schmidts Darstellungen zur
Stadtheimat, z.B. gerade im Nahrungsbereich, eher rudimentär, weisen aber
doch auf Fragestellungen und Themen hin, die über die damaligen Sichtweisen hinausreichen. In Abhebung zu den übrigen unter dem »Erbe« abgehandelten Bereichen – letztlich einer klassischen Sammlung der »brauchmäßigen Überlieferung« im Jahres- und Lebenslauf, allerdings unter dem einschränkenden Hinweis, daß deren Träger »jedenfalls nicht die Gesamtheit
des Großstadtvolkes«, sondern das »Kleinbürgertum«, der »kleine Mann«

---

245 Ebd., p.35
246 Ebd., p.37; zu Hellpach cf. Kap. 2.4.2
247 Ebd., p.34

darstelle[248] – gewinnen diese aber neue und neuartige Dimension dadurch, daß dort, wo Schmidt glaubt, Entsprechungen gefunden zu haben, der »Neu-« oder »Weiterwuchs« in diesen Themenkreisen zur Darstellung gelangt.

Die Überlegungen zum »Großstadtwuchs« sind es denn auch, die die Sonderstellung der Arbeit Schmidts begründen. Hier läßt er, als erster, den klassischen Kanon im Bereich großstadtvolkskundlichen Arbeitens hinter sich, indem er auf die Notwendigkeit, neue Kategorien zur volkskundlichen Beschreibung urbaner Realitäten beizuziehen, hinweist:

Das Erbe hat den Blick der bisherigen Großstadtvolkskunde jedoch nahezu restlos auf sich gezogen. Selbst allerjüngste programmatische Arbeiten wie die von Otto Lehmann kommen im Grunde nicht darüber hinaus. Bei ihnen hat höchstens der Träger des Erbgutes gewechselt und das Proletariat soll eine Art von anderem Bauerntum sein. Über diese Einstellung ist eigentlich nur Adolf Spamer hinausgelangt, der den Neuwuchs, das andere, gesehen hat, als Volksgut gesehen, während es bisher in tendenzhafter Weise nur als Fremdkörper betrachtet wurde und nicht in seiner Verbindung mit dem Großstadtmenschen, der es genau so besitzt, wie sein Ahne das städtische Gut besessen hat, das auch kein Bauerngut war. Hier liegt also das Kernproblem der Großstadtvolkskunde, hier wird alle weitere Arbeit anzusetzen zu haben, und hier merken wir auch zutiefst, daß wir ganz am Anfang stehen, da selbst die begrifflichen Formulierungen des Problems sich nicht einstellen wollen und wir daher gezwungen sind, bei Randerkundungen und vorläufigen Aufschreibungen zu bleiben. (Schmidt 1940:99)

Mit seinen Überlegungen zum »Großstadtwuchs« eröffnet Schmidt als erster konkrete Perspektiven auf gegenwartsvolkskundliche Fragestellungen. Der auf die bloße Ermittlung von Traditionslinien ausgerichtete, philologische Blick zurück verliert seine Ausschließlichkeit und wird zur Erklärung alltagskultureller Elemente und Gegebenheiten beigezogen:

---

248 Ebd., p.39. Eine Ausnahme bildet dabei die Darstellung des Praters (p.88-90) unter dem Stichwort »Volksvergnügungen«. Er bildet eine Art urbanen Ort par excellence oder zumindest einen Focus städtischer Verfaßtheit:
»Die Zahl der Möglichkeiten, hier den Geist des Großstadtvolkes zu erfassen, ist sehr groß. Ob es sich um Geschicklichkeit oder Erotik oder reine Belustigung handelt, jedenfalls ist hier der Bann gelöst. Manche Vergnügungen, wie die verschiedenen Freudenräder, oder reine Pikanterien, wie Guckkastenbilder oder andere von der »Vergnügungsindustrie« gebotene Entspannungsmöglichkeiten zeigen dieses Gesicht des Praterbesuchers besonders deutlich. Und dieser ist ja doch das Objekt der Volkskunde.« (ebd., p.90)

Es wird sich dabei (i.e. die Analyse des Großstadtwuchses im volkskundlichen Sinn, ThH) *meist darum handeln, Fäden aus dem Erbe in ihrer
neuen Gestalt aufzuzeigen. Denn das flüssige Volksgut, wie es im Großstadtwuchs vor uns steht, fließt, wenn wir es zutiefst betrachten, doch in alten Betten. Aus einem gewissen geistigen Gefüge kann ein echtes Volksgut
keinesfalls heraus. Nur steht es auf der Stufe der Großstadt und hat sich so
bis zur Unkenntlichkeit verkleidet. (Schmidt 1940:100)*

Entscheidend ist dabei, daß auch der von Spamer neu und recht eng gefaßte
Kanon nur noch bedingt zur Anwendung gelangt, gilt es doch für Schmidt
die volkskundliche Optik in der Stadt maximal weit zu definieren:

*Jedesmal muß sich die Frage erheben, ohne, daß sie immer ausgesprochen
werden müßte: Ist dies Volksgut, gehört dies der Volkskunde an? Es gehört ja
vielleicht viel mehr in den Rahmen der Volkskunde, als man glauben möchte. Streng genommen ist nur das individualistische Geistesgut und sein
künstlerischer Niederschlag auszuschließen. Die Zivilisationsgüter, welche
heute niemandem als volkskundliche Objekte auffallen, gehören in höchstem
Ausmaß hierher, wenn wir sie nur in ihrer geistesgeschichtlichen Stellung zu
betrachten verstehen. Der überindividuelle Geist, der als Hauptmerkmal
volkskundlicher Blickrichtung stets erforscht werden sollte, prägt sich im Tun
und Besitz des Großstädters am deutlichsten aus, wenn es sich um derartige
Erscheinungen handelt. Die ›M o d e‹ kann hiefür Symbol sein. (Schmidt
1940:100; Hervorhebung im Original)*

Schmidt selber gelingt die Umsetzung seiner programmatischen Forderungen nur bedingt. So spannt er zwar zur Beschreibung der Formierung der
»neuen Gestalt«, des Großstadtwuchses, einen weiten Bogen vom Prozeß
der Großstadtwerdung Wiens über Veränderungen im Wohnwesen, der
Nahrung und im Volksvergnügen bis hin zur »Sport- und Körperkultur-
welle«[249], die Darstellungen dieser Entwicklungen bleiben aber recht sche-
men- und schlagworthaft. Aus heutiger Sicht darf allerdings die Brisanz
solcher Aussagen nicht verkannt werden: Wenn Schmidt beispielsweise das
»Schlagersingen« als »eine der Erscheinungen, welche zu den Volkstums-
wellen der Großstadt gerechnet werden muß«[250], wenn er das Kino als Inbegriff modischer Freizeitfüllung[251] und Vorbild für das Freizeitverhalten,
den Spielfilm als »Form des großstädtischen Märchens«[252], wenn er Lesestoffe von Karl May bis Jack London, Detektivgeschichten, Tarzanbücher,

---

[249] Ebd., p.104
[250] Ebd., p.106
[251] Ebd., p.107
[252] Ebd., p.109

Courts-Mahler oder Zeitungsromane als Fortsetzung der »alten Volksbücher«[253] bezeichnet, das Vordringen der Virginia-Zigarre[254] oder Mauerkritzelein und Mauerinschriften[255] als großstädtische Lebensäußerung klassiert, so übertrifft er auch seinen Mentor Spamer mit in der Volkskunde der Zeit kühn anmutenden Analogien und Eingemeindungen von Themenbereichen.

Ähnliches gilt auch für die knappen Darlegungen von Elementen eines großstädtischen Lebensstils: Bescheiden im Vergleich zu den soziologischen Darstellungen Georg Simmels oder Werner Sombarts,[256] die im volkskundlichen Kontext nur ausnahmsweise (cf. Peuckert) rezipiert wurden, muten Schmidts Feststellungen, wonach (organisiertes uns unorganisiertes) Zuschauen, Inaktivität, oder aber besondere verbale Aktivitäten als stadttypisch zu bezeichnen sind, im fachlichen Diskurs ausgesprochen neu-, ja geradezu fremdartig an.

> *Das eigene Handeln (...) ist für den Großstädter ziemlich unbedeutend. Gewisse politische Vorgänge lassen sich wohl auch nur durch diese Inaktivität erklären. Aktiv ist bloß das B e s p r e c h e n der Dinge. Das Gespräch über den Fußball steht dabei dicht neben dem politischen Gespräch, während man über Buch und Kino weit weniger spricht. Diese Form der Beteiligung leitet zu einer anderen bezeichnenden Tätigkeit des Großstädters über, nämlich zum ›T r a t s c h ‹ der Frauen und zum Aufblühen des Witzes, besonders des politischen Witzes. (Schmidt 1940:112; Hervorhebungen im Original)*

Entgegen seiner programmatischen Aussage bleibt beim eben knapp skizzierten »Neuwuchs« der Bezug zu älteren volkskulturellen Äußerungen und Formen (auch für Schmidt selbst) oft recht vage. Als Gegenpol zu diesen wenig gefestigten, »in der Luft hängenden«[257] Facetten benennt Schmidt den »Weiterwuchs in Brauch und Glaube«[258], d.h. jene volkskulturellen Elemente, die als eindeutige Ausgestaltungen des städtischen Erbes benannt werden können. Obwohl in diesem Bereich das vergleichsweise reichste Vorbildmaterial existierte – so etwa Beitls Ausführungen zum Großstadtglauben –, bemüht sich Schmidt nicht um eine systematische oder reichhaltige Darstellung, sondern begnügt sich mit wenigen, praktisch unkommentierten Hinweisen auf die Ausschmückung älterer Feste, auf das Faschingbe-

---

253 Ebd., p.109
254 Ebd., p.108
255 Ebd., p.114
256 Cf. unten Kap. 5.2.4
257 Schmidt 1940:115
258 Ebd., p.115-120

graben, auf Hufeisen und Talismane als Äußerungen des modern-städti-
schen Volksglaubens oder auf die Zunahme der Astrologie.

So wenig wie Schmidt dieses «klassische» volkskundliche Forschungsfeld
ausschöpft, so sehr versagt er sich letztlich – nicht zuletzt angesichts der
Heterogenität seines Materials –, eine im (stadt)volkskundlichen Diskurs
der Zeit sehr hoch eingeschätzten Charakterologie der untersuchten Bevölkerung zu zeichnen. Vielmehr kreisen seine abschließenden Ausführungen
zu »Lebensform und Wesensart«[259], wo sie nicht historische Quellen referieren, v.a. um das Verhältnis von Erbe und Neuwuchs bzw. Statik und Dynamik. In einer kaum aus den übrigen Ausführungen abgeleiteten Schluß-
überlegung versucht Schmidt diese Spannungsfelder sowohl in Richtung auf
eine Vorstellung von Volkskunde als Agentur von Kontinuitäten volkskultureller Art als auch in jene Spamers, wonach oberstes Erkenntnisziel der
Volkskunde die Ermittlung volkstümlicher Geistigkeit und ihrer Ausdrucksformen sei, aufzulösen. Kontinuität, Stetigkeit im urbanen Umfeld entsteht
nicht im schnell ändernden Alltagsverhalten oder in sachkulturellen Bereichen, sondern manifestiert sich vielmehr in der geistigen Verfaßtheit, der
»geistigen Erscheinung«:

> Gerade bei diesen letzten Fragen wird also der Begriff des Volkstums mehr
> und mehr zu einem rein geistigen Prinzip. Von hier aus löst sich dann aber
> auch das ganze Problem der Dynamik und Statik, welches solange den Aus-
> schluß des Großstadtvolkes aus dem Gesamtvolk bedingt hat, vielleicht am
> ehesten. So wie Hellpach vom Gesamtcharakter der Großstädte aus ihr Volk
> in das Gesamtvolk einfügen kann, so müssen wir erkennen, daß die schein-
> bare Dynamik, der unruhevolle Wechsel sogar, nicht als das Wesentliche er-
> scheint. Die Stetigkeit, welche als Hauptmerkmal volkhaften Lebens zu for-
> dern ist, liegt nicht im Tun und Haben, sondern in der Dauer des Lebens-
> stils und der Wesensart. Die geprägte Form ist hier eine geistige Erscheinung
> und nur in diesem Sinn können wir auch die Lebensformen der Großstadt
> in Beharren und Fließen erkennen als Formen des Lebens der Nation.
> (Schmidt 1941:127)

Schmidts Werk, das trotz dieser finalen Referenz an Spamer nicht mehr rein
der psychologischen Schule zugeordnet werden kann, stand als geschlossene
Darstellung lange einzeln und unerreicht da. Dies hängt v.a. mit der Situation der Volkskunde nach Ende des Zweiten Weltkriegs zusammen: Für
einige Zeit rückte die Stadt wieder fast völlig aus der Optik des Faches, in
dem sie eben erst einen bescheidenen Platz eingenommen hatte. Nicht aber,

---

259 Ebd., p.121-127

um etwa einer dringend nötigen Auseinandersetzung mit der belasteten
jüngsten Vergangenheit Platz zu machen, vielmehr dominierte einerseits der
Blick auf die Gegenwart, wo namentlich das Themenfeld einer Volkskunde
der Heimatvertriebenen breiten Platz einnahm, andererseits lenkte die
»Münchner Schule«, Hans Moser und Karl-Sigismund Kramer, den volkskundlichen Blick in die Vergangenheit.

*Mit strenger Quellenkritik wurde vor allem methodisch den Ursprünglich-
keits- und Ewigkeitsvorstellungen der traditionellen Volkskunde der Gift-
zahn gezogen. Das Volksleben in einem abgegrenzten Raum wurde in seiner
zeitlichen Gebundenheit beschrieben, der Einfluß von wirtschaftlichen und
rechtlichen Gegebenheiten wurde angemessen in Betracht gezogen, daß (sic)
Volkstum zeigte sich nicht mehr als das Gegenüber der Geschichte, sondern
als Teil von ihr, ihren Bewegungen untergeordnet und eingefügt. (Jeggle
1994:66)*

Als besonders wichtig stellte sich daneben Richard Weiss' 1946 erschienene
Überblicksdarstellung über die »Volkskunde der Schweiz«[260] heraus. Sie
erlangte bald methodisch wie von ihrer inhaltlichen Ausrichtung her Vor-
bildcharakter, nicht zuletzt stellte sie aber auch

*von neutralem Boden einen Unbedenklichkeitsbescheid aus, der zudem auf
hohem Niveau gedacht und geschrieben war. (Jeggle 1994:65)*

Mehr als Weiss selber lieb war, wirkte sein Werk kanonbildend und prägend
für die Volkskunde bis in die 60er Jahre, vielerorts noch darüber hinaus.

2.3.4 Städtisches Massenleben als unvolkstümliches Leben?
       Richard Weiss' funktionsbezogene Sichtweise der Stadt

Angesichts der obigen Aussagen mag es auf den ersten Blick erstaunen, daß
Richard Weiss in einem wissenschaftshistorischen Abriß zu Geschichte und
Sichtweisen volkskundlicher Stadtforschung ein eigenständiger und darüber
hinaus breiter Platz eingeräumt wird. Lange hat aber die Volkskunde im
Weiss'schen Fahrwasser gerne übersehen, daß sie mit ihrem fast kompletten
Ausschluß städtischer Gegebenheiten aus dem volkskundlichen Arbeitsbe-
reich keineswegs Entsprechung bei Weiss selber findet. Andererseits prägte
Weiss insgesamt doch eher einseitiger Umgang mit dem Themenfeld ›Stadt‹
für fast zwei Jahrzehnte und darüber hinaus einen Großteil volkskundlicher
Überlegungen zu Phänomenen des urbanen Raums, der namentlich als Ge-

genfolie zur ländlich-gemeinschaftlichen Kultur, als Novations- und Strahlungszentrum, als Motor kulturellen Ausgleichs betrachtet wurde. Nicht
zuletzt legte Weiss mit den Grundstein für eine bis heute greifbare Forschungstradition, die im Quartier das Dorf in der Stadt suchte und be-
schrieb und damit einem ganzheitlichen Zugang zum Phänomen nicht eben
Vorschub leistete.

Vehementer noch als Spamer war es Weiss' erklärte Absicht, die Volkskunde als Geisteswissenschaft zu begreifen, als Geisteswissenschaft, deren
adäquates methodisches Konzept eine funktionsbezogene Sichtweise dar-
stellte:

> *Es handelt sich kurz gesagt darum, vom geisteswissenschaftlichen Standpunkt
> der Volkskunde aus, alle die verschiedenartigen Gegenstände der materiellen
> und der geistigen Volkskultur auf den Menschen, und zwar nicht auf eine
> bestimmte Menschenklasse, sondern auf das Volkstümliche in jedem Men-
> schen zu beziehen.*
> *Die funktionelle Betrachtungsweise, welche das Volksleben als
> die Gesamtheit der Wechselwirkungen und Beziehungen zwischen Mensch
> und Volkskultur sieht, gewährleistet die wissenschaftliche Einheit aller volks-
> kundlichen Forschungszweige. Sie verleiht den verschiedenartigen Dingen -
> Häusern, Kleidern, Speisen, Werkzeugen, Liedern, Erzählungen und Mei-
> nungen - ihren einheitlichen Sinn, indem sie ihre Bedeutung für den Men-
> schen und ihren wechselseitigen Zusammenhang im lebendigen Organismus
> des Volkslebens zeigt. (Weiss 1946:VIIf; Hervorhebung im Original)*

In dieser methodischen und theoretischen Ausrichtung nimmt, mit Weiss',
die *Siedlung* eine Schlüsselstelle ein. Weiss' Zugang zur und Interesse an
volkskundlicher Analyse von Aspekten der Urbanität - Stadt umfaßt für
Weiss Siedlung und Stadtbewohnende - läßt sich in drei sich thematisch
verengenden methodischen Schritten fassen:
1) Divergenzen im materiellen und im immateriell-geistigen Bereich.
   Zur Erfassung der in der Schweiz festzustellenden Lebensformen ist
   vordringlich der Gegensatz Stadt-Land als »auffälligster und bewußtester
   Gegensatz volkstümlicher Lebensformen überhaupt« zu erfassen und
   darzustellen und zwar als eine letztlich nicht auflösbare Spannung, als
   ein nicht ganz überbrückbarer, »naturbedingter Gegensatz«[261] volkskultureller Art. Der Stadt-Land Gegensatz in der eigenen Kultur ist für
   Weiss derart massiv, daß dieser in seiner inhaltlichen Gespanntheit gar
   über heteroethnische Gegebenheiten gestellt wird:

---

[261] Ebd., p.71

Man kann sich denken, daß ein Bündner oder ein Walliser Bergbauer in ei-
nem Hirtenbauerndorf im Himalaya zunächst mehr zuhause ist als in Zü-
rich oder Genf. (Weiss 1946:71)

2) Auf die Feststellung der unüberbrückbaren Gegensätzlichkeit von Stadt
und Land, der globalen Situierung und der Fixierung als Basiseinheit kultureller Unvereinbarkeiten läßt Weiss in einem zweiten Schritt erste Differenzierenden bzw. Konkretisierungen dieser Unterschiedlichkeit folgen.

Stadt und Land, bzw. Lebensformen in einem städtischen und einem
ländlichen Umfeld differieren nicht nur im Bereich der materiellen
Kultur, vielmehr wirken sich diese lebensweltlichen Divergenzen auch
auf den Bereich der geistigen Volkskultur, namentlich im Verhaltens-,
Sprach- und Mentalitätskontext aus:

Hand in Hand geht damit der Gegensatz städtischer und dörflicher Manie-
ren, städtischer und dörflicher Mundart, städtischer und dörflicher Menta-
lität und Weltanschauung. (Weiss 1946:71)

Für Weiss besteht so das »aktuelle Problem der Verstädterung« infolge
der wechselseitigen Verflechtung der Sphären materieller und geistiger
Kultur, nicht nur aus demographischen und wirtschaftlichen Veränderungen und Problemlagen, vielmehr geht, ganz im Sinne seines geistes-
wissenschaftlich-funktionsbezogenen Wissenschaftskonzepts, »mit der
äußerlich erfaß- und wahrnehmbaren Verstädterung «auch eine »geistige
Verstädterung« einher.[262]

3) Aus diesen Grundüberlegungen heraus leitet sich schließlich die Folgerung ab, daß der Untersuchungsgegenstand ›Stadt‹ bzw. ›Dorf‹ nur in einer
kombinierenden Sichtweise von Habitus und Habitat anzugehen ist:

Nicht Stadt und Dorf, sondern Städter und Dörfler in ihrem Verhältnis
zu Stadt und Dorf sind letzten Endes Gegenstand volkskundlicher Sied-
lungsforschung. (Weiss 1946:71f; Hervorhebungen im Original)

Dies beinhaltet konkret, als Grundlage für weiteres, oder besser: für ein
engeres volkskundliches Arbeiten nachbarwissenschaftliche Zugänge
zwecks Aufarbeitung und Analyse »naturbedingter Gestaltungskräfte«[263]
miteinzubeziehen. Darunter ragen namentlich heraus: Klima-, Pflanzen-,
Wirtschafts- und Siedlungsgeographie- sowie Siedlungsgeschichte (im
Verbund mit der Urgeschichte, Ortsnamen- und Sprachforschung). Was
bei Leopold Schmidt erst angedeutet ist – der Miteinbezug demographischer, geographischer und sozialer Komponenten – erfährt damit eine

---

262 Ebd., p.71f
263 Ebd., p.72

Ausweitung und explizite fachliche Legitimation. Sinn dieses Ausgreifens
in die Nachbarwissenschaften ist es, für eine »gegenwartsbezogene
Volkskunde« durch diese Übernahmen zu einer lebensnäheren Betrachtung der historischen Siedlungsvorgänge beizutragen, die »Wechselwirkungen zwischen Siedlung und Siedler«[264] zu erhellen:

in der dichtbevölkerten Schweiz (...), wo bäuerliche Bevölkerung von der
Stadt assimiliert wird oder wo ländliche Siedlungen durch Verkehr und
Zuwanderung von Industriebevölkerung der städtischen Siedlungs- und Le-
bensform angenähert werden (Weiss 1946:73)

verhilft, namentlich im Spannungsfeld Stadt-Land, »die Untersuchung
des Werdenden (...) zum Verständnis des Gewordenen.«[265]

Weiss' konkrete Ausführungen zur Volkskunde der Stadt, bzw. zur Volkskunde der Großstadt, bildeten knapp 25 Jahre nach ihrer Formulierung
Anlaß zu geharnischter methodischer Kritik – einer Kritik im übrigen, welcher Weiss, dem es nie darum gegangen war, selbst kanonbildend, sondern
vielmehr methodisch anregend zu wirken, wohl weniger scharf entgegen
getreten wäre, als dies von zahlreichen Fachkollegen der Fall war.[266] Mitverantwortlich dafür war, daß Weiss in eher kulturpessimistischer Weise (wenn
hier von »Kultur« die Rede ist, so ist darunter Alltags- oder bei Weiss besser:
Volkskultur zu verstehen) ein düsteres Bild der Auswirkungen großstädtischer Lebensweise zeichnet. Ländlicher Gemeinschaft steht städtischer Individualismus; ruraler Tradition urbane Modernität, Statik in ländlichen
Mobilität in städtischen lebensweltlichen Kontexten gegenüber, in welch
letzteren eindeutig innovative und inkonsistente Elemente überwiegen:

Die extreme Siedlungsform der m o d e r n e n G r o ß s t a d t mit ihrem soweit
als möglich rationalisierten und technisierten Leben trägt dazu bei, die
volkstümlichen Bindungen an Gemeinschaft und Tradition aufzulösen. Die
lokale Gemeinschaft der Siedler wird durch den Individualismus zersetzt,
und an ihre Stelle tritt die organisationsbeherrschte Masse. Die Tradition
verliert mit der Gemeinschaft ihren Boden und wird ersetzt durch den rast-
losen Fortschrittswillen, die Modernität. Diese Entwicklungstendenzen, wel-
che insbesondere der großstädtischen Siedlung eigen sind, führen dazu, daß
sich großstädtisches Leben in Westeuropa, in Rußland und in Amerika auf-

---

264 Ebd., p.73
265 Ebd.
266 Cf. die beinahe euphorisch zu nennende Kritik Weiss' zu Hermann Bausingers,
   Volkskultur in der technischen Welt, 1961. In: Schweizerisches Archiv für Volkskunde, Jg. 57 (1961), p.191f

fallend ähnlich ist, weil es sich eben von den Bindungen des lokalgeprägten, traditionsverwurzelten Volkslebens und den lokalen Naturgegebenheiten weitgehend gelöst hat. (Weiss 1946:73f; Hervorhebung im Original)

In dieser kurzen, programmatischen Textpassage tritt die wissenschaftliche Methode Richard Weiss', seine klare Ausrichtung auf die traditionalen Werte und Wertekosmoi in doppelter Hinsicht zutage: Volkskultur, Elemente der Volkskultur, (volks-)kulturelle Äußerungen stehen einander grundsätzlich in Gegensatzpaaren gegenüber. Im Falle volkstümlicher Siedlung – materiell und geistig zu fassen – stellt sich das Hauptgegensatzpaar des Theoriegebäudes Richard Weiss', das Spannungsfeld Volk (bzw. Volksleben) und Masse in besonders deutlicher Ausprägung dar, wobei der Vektor für ›Stadt‹ eher in Richtung »Masse«, derjenige für ›Dorf‹ eher in Richtung Volk/Volksleben tendiert. Volkstümlichem kommt denn auch eine besondere, konservierende Stellung im Gemeinschaftsgefüge zu:

Die volkstümlichen Gemeinschaftsbindungen sind ein Schutz vor individualistischer Zersplitterung und der daraus folgenden vielberufenen ›Vermassung‹. (Weiss 1946:12)

»Massenleben« und »Gemeinschaftsleben«, so die Terminologie Weiss', verfügen zwar vordergründig über wesentliche gemeinsame Eigentümlichkeiten:

In beiden ist der Mensch im Handeln, Reden, Fühlen und Denken unselbständig. (Weiss 1946:13)

Das heißt: »Massenleben« und »Gemeinschaftsleben« verfügen über keine individuelle Autonomie, sondern sind von der Autorität anderer abhängig. Dem – in der Nomenklatur Weiss' – »Massenmäßigen« fehlt hingegen, im Gegensatz zum Volkstümlichen die »Beständigkeit«. Phänomene der Massenkultur, Moden, sind »sobald sie sich blitzartig ausgebreitet« haben, »schon überlebt.«[267] In Weiss' pointierter Formulierung:

Die Massenreaktionen wirken auf das individuelle Bewußtsein wie eine Narkose, die Teilnahme an den volkstümlichen Äußerungen wie ein gesunder Schlaf. (...)
Das dauernde Zusammensein in der Gemeinschaft und die durch Wiederholung und Überlieferung geformte und gerechtfertigte Geltung der Gemeinschaftsäußerungen charakterisiert also das Volksleben im Gegensatz zum Massenleben. (Weiss 1946:13f)

Im Lichte dieser kurzen Bemerkungen zu einigen wesentlichen Punkten der grundsätzlichen globalen Forschungsstrategie Weiss' gilt es, seine konkreten

267 Alle: Ebd., p.13

Äußerungen zur Volkskunde der Stadt, bzw. zur Volkskunde in der Stadt zu rezipieren. Darüber hinaus ist aber zudem der wissenschaftshistorische Kontext, gerade im Bezug auf das Forschungsfeld Stadt, in Erinnerung zu rufen. Im wesentlichen erst mit Schmidt sind Novationen, der »Neuwuchs«, in das Blickfeld volkskundlicher Stadtanalyse gerückt. Weiss kommt so das Verdienst zu, das Spannungsfeld Tradition-Innovation erstmalig in mehr oder weniger systematischer Form in die Volkskunde eingebracht zu haben. Allerdings – und hierin ist Martin Scharfes fulminanter Kritik zuzustimmen –[268] wertet Weiss die Äußerungen der Massenkultur (Mode, Schlager, populäre Lesestoffe, moderne Sagen) als volkskundlich irrelevant, da sie an »keinerlei traditionelle Vorstellungen«[269] anknüpften. Sie stehen für ihn außerhalb des volkskundlichen Rahmens, den er in seinem Definitionsversuch inhaltlich recht eng gefaßt hatte:

Volkskunde ist die Wissenschaft vom Volksleben. Das Volksleben besteht aus den zwischen Volk und Volkskultur wirkenden Wechselbeziehungen, soweit sie durch Gemeinschaft und Tradition bestimmt sind. (Weiss 1946:11)

Weiss' Stellung zu urbanen Fragen ist ambivalent: Einerseits spricht er städtischen Gebilden die Zugehörigkeit zur Volkskultur ab, andererseits macht seine zwischen Gegensatzpaaren oszillierende Methodik einen Umgang mit den Bedingungen und Bedingtheiten städtischer Formen menschlicher Verfaßtheit fast zwangsläufig notwendig. Quasi als »Kehrseite des Kanons«, als extremste mögliche (in der Schweiz, ja grundsätzlich in Europa, aber selten anzutreffende) Ausformung alltäglicher Lebensgestaltung erscheint die moderne Großstadt als Ausdruck massenhaft-flüchtiger, d.h. letztlich eben auch nicht volkstümlicher Massenkultur. Mit Sombart[270] faßt Weiss dieses Verhältnis auf pointierte Weise:

Städtisch leben heißt also unvolkstümlich leben und ›städtisch siedeln heißt siedeln gegen die Natur‹. (Weiss 1946:74)

»Vermöge der technischen Beherrschung der Naturkräfte« erhält »städtisches Dasein« darüber hinaus neue Qualitäten: Es ist befreit von naturbedingten lokalen Gebundenheiten, d.h. ist herausgelöst aus einer verbindenden Gemeinschaft, und unterliegt statt dessen rationalem Zweckdenken und -handeln. Ausformungen dieser neuen Art städtischer Lebensgestaltung findet Weiss etwa in: einer produktions- und jahreszeitenunabhängigen Ernäh-

---

268 Cf. Scharfe 1970:v.a. 81f
269 Weiss 1946:293, mit Bezug auf die in der Nähe zum Gerücht stehenden modernen Sagen
270 Werner Sombart, Handwörterbuch der Soziologie. 1931, p.527

rung, der Verwendung von Kunststoffen anstelle von Naturprodukten in
der Kleidung, dem Vorhandensein eines »unübersichtlichen Apparats der
Zivilisation«,[271] dessen Eigengesetzlichkeiten, unter anderem ein Zwang zu
Tempo,[272] Bürokratie und Arbeitsteilung,[273] eine menschenbeherrschende
Maschinerie entstehen lassen.

Diese grundsätzlich skeptische Stadt- bzw. Großstadtsicht ist allerdings
eher programmatischer und idealtypischer Natur und mit Blick auf die
schweizerische, aber auch auf die europäische Städtelandschaft zu relativieren: Schweizer Städte, ja »selbst die großen europäischen Hauptstädte« stellen für Weiss »keinen vollwertigen Beleg« für rein massenkulturell geprägte
Gebilde und Lebensräume dar,[274] verleugnen - mit Berufung auf Joseph
Klapper[275] »in Siedlungsform und Lebensform nicht ganz ihre Bindungen
an Naturgegebenheiten und volkstümliche Tradition« verleugnen.

Unausgesprochen hat sich in dieser Sichtweise Wilhelm Heinrich Riehls
Konzeption von *natürlichen* gegenüber *künstlichen* Großstädten[276] in modi-
fizierter Form gehalten. Insgesamt haben sich die europäischen, gewachse-
nen Städte einen Rest an Natürlichkeit bewahrt. Ihnen stehen, für Weiss an
Künstlichkeit nicht zu überbieten, die Fremdenverkehrszentren gegenüber.
Mit Blick auf die Schweizer Verhältnisse geißelt er die

> *Hotel- und Fremdenmetropolen von Montreux bis nach Davos und St. Mo-
> ritz. Hier sind mit beziehungsloser Brutalität, z.T. mitten in naturwüchsige,
> volkstümliche Siedlungen hinein, hochrationalisierte Wohnmaschinen gestellt
> worden, welche bestimmt sind, eine saisonmäßig wechselnde Bevölkerung
> aufzunehmen (...). (Weiss 1946:74).*

Als Musterbeispiel dieser Entwicklung einer künstlichen, durch Standort
und Strukturvorgaben ermöglichten Städtebildung präsentiert sich Davos,
zumal die »Hotelmetropole seit Ende des letzten Jahrhunderts fast völlig die
einst rein bäuerliche Walser Siedlung Davos Platz und Davos Dorf (...)« be-
deckt.[277] Von diesen ›künstlichen‹ Ausnahmen abgesehen sind aber die übrigen großen Schweizer Städte durchaus noch als landschafts- und traditions-
gebundene Gebilde mit einem noch bedeutenden Anteil an Gemeinschafts-
bewußtsein zu begreifen. Dieses äußert sich in verschiedenen Formen, in
verschiedenen Bereichen und mit verschiedenen Ausprägungen:

271 Alle: Weiss 1946:74
272 Ebd., p.74
273 Ebd., p.334
274 Alle: Ebd., p.74
275 Cf. Kap. 2.2.3
276 Cf. Kap. 2.1.4
277 Weiss 1946: Legende zu Abb.1

- im Lokalbewußtsein (wichtige Elemente sieht Weiss besonders in den Stadtmundart[en], lokalen Varianten der Kleidermode, Verkehrssitten und Stadtfesten [Fasnacht, Sechseläuten, Escalade]);
- im Mentalitätsmäßigen (so stellen beispielsweise Lokalneckereien wie jene zwischen Zürich und Basel die Kehrseite des Ausdrucks eines lokalen Gemeinschaftsgeistes dar);
- im Stadtviertel. Die einzelnen Stadtteile bilden den Focus volkskundlicher Stadtbetrachtung, zumal sich gerade hier der Anteil volkskultureller Elemente und Überbleibsel am besten ermitteln läßt:

Im Innern scheiden sich die Städte wieder in ihre Quartiere, mit besonderem, meist sozial betontem Gepränge. (Weiss 1946:75; Hervorhebung im Original)

Mit dieser Ausrichtung auf Stadtteil- bzw. Quartierkultur als Ausdruck mehr oder weniger geschlossener Sozial- und Siedlungsgebilde, als Träger von Volkskultur und Gemeinschaftlichkeit, gelingt es Weiss, die Traditionssuche zu verlängern, bzw. eine Traditionsfixierung auch auf städtischem Feld festzumachen. Damit öffnete sich ein methodischer Weg, welcher die Volkskunde – aus dem Rückblick formuliert – für Jahrzehnte von einer Auseinandersetzung mit dem gesamthaften Phänomen ›Stadt‹ bzw. mit ›Urbanität‹ abhalten sollte. Die Suche nach dem Dorf in der Stadt und sein Auffinden im Stadtviertel sicherte aber gleichzeitig der Volkskunde zumindest einen bescheidenen Platz in der Erforschung städtischer Lebensformen, prägte gleichzeitig aber auch auf diesem Forschungsfeld eine Fixierung auf traditionale Welten und Ausdrucksweisen »grundständiger« Gemeinschaft. Dieser Ansatz Weiss', bis zu diesem Zeitpunkt oft zum methodischen und inhaltlichen Credo des Faches hochstilisiert, bildet denn auch in den – oft heftigen und erbittert geführten – Methoden- und Inhaltsdiskussionen der Volkskunde während der späten 60er und der 70er Jahre, einen dankbaren Angriffspunkt der Fachkritik. So merkte etwa Martin Scharfe unter direkter Bezugnahme auf Weiss und einige Beispiele aus der Volkskunde der Schweiz an:

Wenn es je ein Ziel der Volkskunde gewesen sein sollte, Wirklichkeit zu analysieren, so konnte das auf diese Weise nicht erreicht werden.
Die Wissenschaft war von der Wirklichkeit überholt und damit ideologisiert, sie hatte in der Tat ein ›falsches Kulturbewußtsein‹, ihr Ziel mußte zwangsläufig eine reaktionäre Kultur- und Gesellschaftskritik sein. (Scharfe 1970:82)

Anschauungen, wie diejenige Richard Weiss', leisteten nach Scharfe einer anschaulichen, konkreten, äußerlichen, derben, letztlich besonders undifferenzierten Volkskunde Vorschub, deren »Kanon nicht auf den Erkenntnisprozeß reflektiert.«[278] Auch Scharfes Äußerungen sind bereits Wissenschaftsgeschichte und es soll hier nicht darum gehen, verspätet zu einer Kritik der Kritik auszuholen;[279] »Volkskunde als Agentur des Ungleichzeitigen«[280] soll sich aber bemühen, zeitliche Lagen zu separieren – um deren Gemengenlagen in der Alltagskultur umso deutlicher herausarbeiten zu können. Was Weiss als Elemente der kurzlebigen Massenkultur apostrophierte, entsprang durchaus einem in seiner Zeit neueren, in seiner Durchgestaltung wegweisenden theoretischen Konzept. In der wertenden Beschreibung massenhafter und gemeinschaftlicher – oder in der neueren Terminologie alltags- und volkskultureller Elemente (wenn denn mit dieser Unterscheidung etwas gewonnen ist) –, besticht die Vielfalt der abgehandelten Themen, v.a. jene von mehr oder weniger herausgearbeiteten Gegensatzpaaren. Allerdings fällt auch das Arbeiten Weiss' unter die grundsätzliche Kritik Hermann Bausingers zu einer funktionsbezogenen volkskundlichen Arbeitsweise. In seiner »Kritik der Tradition« merkt er dazu an:

> *Man wird vielen von den funktionalen Untersuchungen in der Volkskunde den Vorwurf nicht ersparen können, daß sie diese Komplikation* (d.i. die Voraussetzung eines elaborierten theoretischen und empirischen Materials zur Beschreibung des Spannungsfeldes zwischen sozialen Voraussetzungen und kulturellen Objektivationen, ThH) *lediglich kurzschlüssig überwanden; vereinfachend läßt sich sagen, daß die einseitig positiv besetzte – man könnte sagen: tabuierte – Auffassung von ›Tradition‹ die schwierige Frage nach den wirklichen kulturellen Konfigurationen und nach dem Verhältnis von Funktion und Wert ebenso abschnitt wie die Auffassung von ›Gemeinschaft‹ die nach den wirklichen sozialen Differenzierungen. (Bausinger, eigentlich 1969, in: Gerndt 1988:230)*

Dennoch: besonders vor dem Hintergrund der bislang dargestellten volkskundlichen Zugänge zum Forschungsfeld »Stadt« erstaunt doch die Vielfalt der angeschnittenen Problembereiche, namentlich aber auch die ganze Palette an Versuchen, den Unterschied Stadt-Land auf verschiedene interpretative Muster hin zu reflektieren, Phänomene der Massenkultur als Umdeutungen, Fortsetzungen, Neubewertungen oder Neubildungen im urbanen, das heißt aber für Weiss auch immer schnellebigen und traditionsärmeren, Kontext zu beschreiben.

---

278 Scharfe 1970:84
279 Zur Kritik an Richard Weiss cf. auch Metzen 1970
280 Bausinger 1987

Unter diesen Gesichtspunkten sind die Äußerungen Weiss' auch heute noch mit Gewinn zu lesen: als Beobachtungen und Beschreibungen von Entwicklungen im städtischen Raum die nach wie vor, allerdings mit anderer Gewichtung, möglichen Bestandteil wahrnehmungsästhetischer Zugänge zur Erfassung von Urbanität darstellen.

Als eine wichtige Funktion der Größe Stadt beschreibt, oder besser weist Richard Weiss auf ihre Rolle als Motor für *kulturellen Ausgleich* hin:

Ausdruck dieser Tendenz, die für Weiss zur Einebnung volkskultureller Unterschiede führte – umgekehrt ließe sich aber auch formulieren: zur Herausbildung eines städtischen Lebensstils beitrug – ist etwa das Fallenlassen der Unterschiede in der Anrede zwischen Frau und Fräulein[281], der Schwund der Standeskleidung (d.h. das Wegfallen der Sichtbarkeit sozialer und lebenslaufbezogener Stellung), besonders aber auch die »Vermännlichung der Frauenkleidung«, d.h. das allmähliche Durchsetzen der Hosenmode[282]. Eine wichtige Rolle in diesem Prozeß weist Weiss den Konfektionshäusern zu, diesen »Gleichmachern der Kleidung«[283], deren Siegeszug in der Stadt allerdings, im Sinne der »Aneignung gesunkenen Kulturguts«[284] durch verschieden schnelle und verschieden intensive Rezeption von Modeströmungen etwas gebremst wird.[285]

Eine zweite wesentliche Eigenschaft von Städten bildet in der Darstellung von Richard Weiss deren Funktion als *Novationszentrum*. Die Ausstrahlungen städtischer Gegebenheiten auf das Umland zielen in der Optik Weiss' letztlich wiederum auf kulturellen Ausgleich und zwar in verschiedenen Hinsichten:

Musterfall zur Illustration der Strahlkraft von Städten bildet die Darstellung stadtsprachlicher Gegebenheit. Besonders aufgrund der Ausführungen von Heinrich Baumgartner[286] erscheint der sprachliche Ausdruck in der Stadt nicht nur als Medium geschichteter sozialer Verhältnisse (Baumgartner konstatiert im Bern seiner Zeit vier sozial segregierte sprachliche Schichten, vom patrizischen Stadtdialekt über eine weniger manierierte oberschichtliche Dialektrealisation, zu den Ausgleichsdialek-

---

281 Ebd., p.145 (Das immerhin bereits im Jahr 1945!)
282 Ebd., p.144
283 Ebd., p.148
284 Ebd.
285 Weiss glaubt im übrigen, klare regionale Unterschiede ermitteln zu können. So registriert er in Genf die schnellste und ausgeprägteste, in Basel die zurückhaltendste Aufnahme von Strömungen und Trends der Kleidermode.
286 Baumgartner 1943

ten von Zuwanderern bis zur Sprachschicht unterschichtlicher Bevölkerungskreise), vielmehr läßt sich gerade auch im Vorbruch städtisch berni-
scher Mundartmerkmale die Sogwirkung der Stadt illustrieren.[287]

287 Weiss 1946:255ff
Noch heute oder besser: heute immer mehr stellt die Stadtsprachenforschung ein
wichtiges Bindeglied zwischen der Erforschung einer Ethnographie der Kommunikation und der ethnographischen Beschreibung von Stadtteilen, die hier meist zum For-
schungsdesign gehört, dar. Es ist an dieser Stelle nicht möglich, die ganze Vielfalt von
Arbeiten zum soziolinguistisch seit Ende der 1970er Jahre äußerst wichtigen und ge-
wichtigen Thema der «Stadtsprachenforschung» angemessen zu beschreiben. Zu groß
ist ihre Fülle, zu groß auch das Spektrum der stadtsprachenbezogenen Themen, das
von der dialektologisch motivierten Analyse der Lautvariation von Ortssprachen bis
hin zu den in diesem Kontext besonders interessierenden ethnographisch ausgerichteten Arbeiten zur Erforschung der verbalen Interaktion und des Kommunikations-
verhaltens in ausgewählten urbanen Kontexten und Netzwerken reicht. Nicht zuletzt
wegen seiner methodischen Überlegungen und Darstellungen, aber auch wegen der
in einem eigenen Teilband ausgeführten Ethnographien von einzelnen Stadtteilen sei
hier lediglich stellvertretend auf den in vier Teilbänden erscheinenden 4. Band der
Schriften des Instituts für deutsche Sprache, »Kommunikation in der Stadt«, verwiesen. Bisher sind erschienen:
Bd. 4.1: Werner Kallmeyer (Hg.), Kommunikation in der Stadt. Teil 1: Exemplarische Analysen des Sprachverhaltens in Mannheim. Berlin/New York 1994;
Bd. 4.2: Werner Kallmeyer (Hg.), Kommunikation in der Stadt. Teil 2: Ethnographien von Mannheimer Stadtteilen. Berlin/New York 1995
Bd. 4.3: Inken Keim, Kommunikation in der Stadt. Teil 3: Kommunikative Stilistik
einer sozialen Welt »kleiner Leute« in der Mannheimer Innenstadt. Berlin/New York
1995
Für einen kurzen Überblick über die Entwicklung der soziolinguistischen Stadtforschung cf. Werner Kallmeyer, Das Projekt »Kommunikation in der Stadt«, im oben
angeführten Teilband 4.1, p.1-38, v.a. p.6-18 (wo auch eine Auswahlliste der wichtigsten deutsch- wie fremdsprachigen Arbeiten zum Thema) sowie, schon etwas älter:
Werner Kallmeyer, Stadtsprache als ein Schwerpunkt soziolinguistischer Forschung
in Europa. In: Sociolinguistica 1987, p.80-99 (hier auch mit einer nach Forschungsbereichen und -aufgaben gegliederten Darstellung).
Einen Einblick in die Breite des gegenwärtigen Arbeitens und Forschens bietet auch
der Band mit den Referaten des von Iwar Werlen veranstalteten Berner Symposiums
«Verbale Kommunikation in der Stadt». (Iwar Werlen [Hg.], Verbale Kommunikati-
on in der Stadt. Tübingen 1995. [Tübinger Beiträge zur Linguistik, Bd. 407] 1995).
Cf. dazu auch: Jürg Niederhauser, Symposium: Verbale Kommunikation in der
Stadt. In: Deutsche Sprache, Jg. 18 (1990), p. 365-375, wo auch kurze Hinweise auf
die nicht im Tagungsband publizierten Beiträge zu finden sind.
Für die Schweiz, speziell die Stadt Bern cf. Werlen 1992a et 1992b.
Von besonderem volkskundlichem Interesse schließlich ist Teilband 4.2.: Ethnographien von Mannheimer Stadtteilen des Bandes »Kommunikation in der Stadt«, wo
ethnographisch-sprachliche Portraits von zwei Mannheimer Stadtteilen sowie Text-
ausschnitte aus ethnographischen Interviews reiches Material aufarbeiten. Den Vergleich zu volkskundlichen Fragestellungen ermöglicht v.a. Werner Kallmeyers Darle-

Ähnlich gelagert stellt Weiss das Problem der Anrede dar: Neue Grußformeln wie *Tschau* und *salü*, ursprünglich aus der Arbeiter- und Schülersprache übernommen und demnach als Zeugen aufsteigend-vertikalen Kulturtransfers anzusprechen, bezeichnen »typische Entwicklungslinien brauchmäßigen Lebens überhaupt«[288], wirkt doch speziell im Fall der Grußformeln die Stadt als Einfallstor für die Innovation.

Weiss' Einschätzung der kulturellen Strahlkraft der Städte läßt sich zudem illustrativ anhand der Ausführungen zum Volkstheater vorführen: So schlägt sich in seiner Optik die »Richtungslosigkeit und Charakterlosigkeit der städtischen Spielpläne der Zwischenkriegszeit« in der Verbreitung des »morallosen Gesellschaftsstücks« nieder, dessen Themen vorzugsweise: »Ehebruch, amerikanische Kriminalreisser, wie z.B. ›der Hexer‹ von Edgar Wallace« allmählich auch Eingang auf das Land fanden.[289] Ex posteriori erscheint besonders interessant, daß gerade dank der minutiösen Beschreibung von Titeln und Inhalten sich auch ein Niederschlag eines allmählichen Wertewandels auf dem Feld der Laientheaterszene dokumentieren läßt.

Schließlich unterstreicht auch die Analyse von Erscheinungen im Umfeld des Tanzes die Rolle der Stadt als *Novationszentrum*: Tanz, so stellt Richard Weiss fest, ist stets als Ausdruck modischer, novativer Kreationen und des Kulturtransfers – bislang von oben nach unten – zu fassen; ein

---

gung: Ethnographie städtischen Lebens. Zur Einführung in die Stadtteilbeschreibungen (p.1-41), v.a. die Auseinandersetzung mit »methodologischen Fragen der Ethnographie« (p.25-38).
Ziel der ethnographischen Beschreibung ausgewählter Stadtteile im Band ist es, »die Entstehung und Auflösung städtischer Sozialwelten mit ihren sozialorganisatorischen, kommunikationsstrukturellen und sprachlichen Eigenschaften« zu zeigen. Damit werden »soziale und sprachliche Prozesse von Wandel und Kontinuität (...) ›vor Ort‹ in den Alltagsereignissen städtischen Lebens« (p.3). Methodisch orientiert sich das ethnographische Vorgehen v.a. an demjenigen der Chicago-School (cf. Kap. 4). Im Vordergrund steht der »sozialökologische Zugang zur Erfassung einer komplexen sozialen Situation (...), die Vorstellung von der interessen- bzw. handlungsgebundenen Dynamik sozialer Segmentierung und Integration sowie die Konzeption der stilbildenden Kooperationsprozesse in sozialen Welten« (p.39). Zur Darstellung gelangen so v.a.: »sozialräumliche Gliederung«, »Schauplätze«, »Formen spezieller Organisation«, z.B. »strukturelle und personale Netzwerke«, »soziale Kategorien und Segmentierung« und »soziale Ereignisse« (p.39).
Mit einer solchen methodisch-theoretischen Ausrichtung (wie sie längst nicht allen Arbeiten zur Stadtsprachenforschung eigen ist), ergibt sich eine Schnittstelle zur volkskundlichen Analyse der Stadt, ergänzen sich doch so der Blick auf die Alltagskultur und die alltägliche, stadtgebundene und geprägte Sprachkultur auf geradezu ideale Weise.

[288] Weiss 1946:270
[289] Ebd., p.206

Rezeptionsmodell das Weiss auch für seine zeitgenössischen Entwicklungen bezieht: »im städtischen Dancing verdrängt die amerikanisch-polynesische Modewelle alles Traditionelle«[290]. Neue Tänze – Foxtrott, Tango, One step als »schleichende Tänze« – und »kurzlebige Tanzformen mit extremen, expressionistisch verzerrten Bewegungen, bei denen man sich auf die exotischen Primitiven berief«, verdrängen ihrerseits die für Weiss harmonischen vitalen und bewegungsfreudigen, rhythmischen Drehtänze des Volkes. Diese Entwicklung wird im wesentlichen auch auf das Stadtumland getragen, wenngleich hier die zeitgenössischen Tanzformen, mit »vom ›ländlichen‹ Anstand diktierten Abwandlungen« rezipiert werden.[291]
In gleicher Art und Weise wertet Weiss Entwicklungen im Liedgut. Der Schlager, so beobachtet Weiss, nimmt in gewissen städtischen Kreisen »den wichtigsten Platz in der volkstümlichen Musik ein«[292]. Damit verdrängt ein generell kurzlebiges, traditionsloses Massen- und Modegut tradiertes Liedgut. Allerdings kann der Schlager, besonders in der Form des Evergreens aber durchaus den Charakter eines kommenden Volkslieds (analog zur Entstehung der Trachtenmode aus Kleidermoden) in sich tragen.

Wenngleich für Weiss die Stadt hauptsächlich Einlaßtor für Neuerungen darstellt, so präsentiert sie sich doch nicht ausschließlich als Novationszentrum. In ausgewählten Bereichen der bürgerlich-städtischen Kultur kommt es vielmehr zu neuen Traditionsbildungen oder zu Umdeutungen volkskultureller Elemente, ja gelegentlich tragen städtische Lebenswelten gar zur Bewahrung alten Traditionsgutes bei.
Paradebeispiel für die Etablierung einer *neuen Tradition* stellt die Ausgestaltung und Durchsetzung des Weihnachtsfestes dar, welches seinen Siegeszug in der heutigen Ausformung seiner Funktion dem urbanen Kontext zu verdanken hat, wo es sich als »modern-unkirchliches Fest der winterlichen Häuslichkeit und der bürgerlichen Familie« etablierte.[293]
Finden sich hier kaum Anstöße oder ältere Entsprechungen im umliegenden Raum oder gar auf dem Land, so gilt dies indessen nicht exklusiv. Städte können sich in einzelnen Bereichen vielmehr auch als *bewahrende Kräfte* erweisen, als Domänen, in denen sich ältere Verhaltensmuster und -normen konservieren. So erhalten sich Sterbesitten und Todesbrauchtum – im Gegensatz zu anderen brauchtümlichen Elementen – auch in

---

290 Ebd., p.218
291 Alle: Ebd., p.221
292 Ebd., p.246
293 Ebd., p.173

der Stadt, was Weiss darauf zurückführt, daß »der Tod noch immer einen tiefen Einbruch in das rationale Weltbild verursacht.«[294]
Als Kulturleistungen im urbanen Raum lassen sich schließlich *Umdeutungen traditioneller Inhalte* interpretieren. Solches ortet Weiss beispielsweise bei der städtischen Jugend, die ihr »Bedürfnis nach Wunderbarem« durch technische Wunder, etwa im »Trick-Film in der Art Walt Disneys« als »Märchenersatz, den sich auch Erwachsene gefallen lassen« befriedigt.[295] Als städtische Umdeutungen apostrophiert Weiss aber auch Astromantik und Horoskopie: Sie treten an die Stelle von Aberwissen, stellen Kalenderzeichen in städtischem Gewand dar.[296] Als letzten Faktor solcher Umdeutungen, deren Auswahl doch einigermaßen erstaunt – es fehlen die transformierten Elemente des Volksglaubens in der Großstadt, die beispielsweise Richard Beitl dargestellt hat – verweist Weiss auf das Aufkommen von Chiropraktoren. In seiner Optik sind diese als neue Träger der Volksmedizin zu werten.[297]

Mögen diese isoliert präsentierten Beispiele und Ansätze doch zuweilen etwas gar hausbacken wirken, so lassen sie sich doch häufig als Bestandteile, Regeln oder unbewußte Normen einer Verhaltensgrammatik im städtischen Kontext instrumentalisieren. So sieht er etwa angesichts grundsätzlich mehrheitlich individualisierter städtischer Lebensformen und -welten die Bedeutung von – in seiner Diktion – sittlichen oder brauchtümlichen Handlungen und Verhaltensweisen als von ent- und unterscheidender Bedeutung an:

Doch unterzieht sich häufig auch der individualisierte Großstadtmensch protestlos und unbewußt der Regelung von Sitte und Brauch, ja gewisse gesellschaftliche Konventionen brauchmäßiger Art – wie man sich begrüßt, wie man Beziehungen anknüpft, wieviel Trinkgeld man gibt, wie man sich Vorgesetzten und Untergebenen gegenüber verhält, welche Geschenke üblich sind, wie man sich anzieht zu bestimmten Gelegenheiten usw. – werden geradezu als unentbehrlich empfunden. In der feinen Sitte der ›guten‹ Basler Baslerfamilien, in den Umgangsformen des klassenbewußten Proletariers, im Comment der studentischen Korporationen oder des Offiziersstandes, soweit es bei uns einen solchen gibt, haben sich solche Konventionen in auffälliger Weise ausgebildet und erhalten. Der Bereich, in dem unser Handeln und Sein brauchmäßiger Regelung un-

---

[294] Ebd., p.181
[295] Ebd., p.287
[296] Ebd., p.321f
[297] Ebd., p.325

terliegt, reicht viel weiter, als wir uns gewöhnlich bewußt sind oder eingeste-
hen wollen: Viele unserer täglichen Arbeiten verrichten wir, ohne uns je zu
fragen, warum ›man‹ sie so verrichtet, unser Verhalten gegenüber den Mit-
menschen ist viel mehr durch brauchmäßigen Anstand als durch persönliche
Sittlichkeit oder Zweckmäßigkeit bestimmt (...). (Weiss 1946:156f; Hervor-
hebungen im Original)

In solchen interpretativen Zusammenhängen lassen sich Weiss' Äußerungen
zum modernen Stadtleben durchaus auch in einer zeitgemäßeren Form
fassen. Was eine angemessene Rezeption indessen erschwert, ist die letztlich
doch zu kulturpessimistische Grundhaltung, die v.a. die Lebensformen im
urbanen Bereich in zu abwertendem Licht erscheinen läßt.

2.3.5 Hans Commendas Linzer Stadtvolkskunde

Wie oben bereits kurz angeschnitten, stand in der Entwicklung der frühen
Nachkriegszeit die Stadtvolkskunde eher am Rand des fachlichen Diskurses.
Nur vereinzelt wurde die Thematik reflektiert, geschlossene Darstellungen
fehlen fast völlig. Eine Ausnahme hiervon stellt Hans Commendas 1958
und 1959 erschienene, zweibändige »Linzer Stadtvolkskunde«[298] dar. Programmatisch hält der Verfasser zu Beginn seiner Arbeit die Legitimation
seines Tuns fest:

Gut drei Viertel der Bevölkerung Österreichs leben heute bereits in der Stadt,
kaum noch ein Viertel wohnt auf dem Lande. Nun wird wohl niemand be-
haupten wollen, daß die drei Viertel Städter nicht zum österreichischen Vol-
ke gehören. Wer also das Volk Österreichs betrachtet, muß sich unbedingt
auch mit der Stadtbevölkerung befassen, sonst bleibt sein Werk nur Stück-
werk. (Commenda 1958:9)

Wenngleich Commendas Sammelwerk methodisch kaum neue oder weiterführende Aspekte enthält – nach Commenda auch nicht enthalten kann,
zumal »die Fülle des Stoffes« und fehlende Vergleichsmöglichkeiten mit
anderen Städten das »Zusammenschauen der Teilerkenntnisse und das Zu-
sammenfassen der Teilergebnisse (...) auf dem Gebiet der Stadtvolkskun-
de(...) derzeit unmöglich« machen[299] – stellt die Arbeit doch einen vom
Anspruch her facetten- und inhaltsreichen Versuch dar, eine Bestandsaufnahme volks- und alltagskultureller Gegebenheiten in Vergangenheit und
Gegenwart zu präsentieren. Dies mag dazu beigetragen haben, daß ihr trotz

---

298 Commenda 1958 (Bd.I) et 1959 (Bd.II)
299 Commenda 1958:14

des überaus reichen verarbeiteten Materials in der volkskundlichen Diskussion nur eine vergleichsweise bescheidene Stellung zukam, was wohl wesentlich durch Commendas wenig vernetzte wissenschaftstheoretische Verortung verstärkt wurde. Mit dem Regreß auf Riehl, dessen »biologischsoziologische Auffassung«, verbindet Commenda die Forderung nach gegenwartsvolkskundlichem Arbeiten, d.h. »im Gegenwärtigen (...) auch Züge des Eigenlebens und Ansätze des Künftigen zu finden«[300] und gibt damit ein weites und interdisziplinär ausgreifendes, gegenwartsvolkskundliches Fachverständnis vor, das aber im einzelnen bei einer erweiterten, v.a. historischphilologisch gestützten Gemeinschaftskunde stehenbleibt. In der »Vorschau« des ersten Bandes stellt Commenda sein Programm vor:

Der Forschungsbereich erstreckt sich nun, soziologisch gesehen, nicht bloß auf die alten Gemeinschaften des Hauses, der Familie, der Altersklassen und Standesgruppen, sondern erfaßt auch junge Gemeinschaften, wie Schulen, Vereine, Betriebe und neue Stände, wie Eisenbahner, Kraftfahrer, Flieger. Ökologisch eingestellt, beschäftigt sich die vorliegende Darstellung mit der vielfältigen Verzahnung zwischen Stadt und Land, die in Österreich das Aufkommen eines entwurzelten Proletariats bisher verhinderte; sie berücksichtigt ebenso das Pendeln zwischen Wohn- und Arbeitsplatz in und außerhalb der Stadt. Biologisch erschaut, erweist sich die Stadt als hohe Gemeinschaftsform, welche durch Lage, Geschichte und Bevölkerung bestimmt wird. Geographie, Geschichte und Anthropologie zählen daher ebenfalls zu willkommenen Helfern der Volkstumsforschung. Psychologisch erweist sich die Kenntnis vom steten Kreisen der Kulturgüter für die Volkskunde von größter Bedeutung. Die Stadt nahm und nimmt beständig Anregungen aus der Nähe wie der Ferne auf, formt sie um, baut sie aus; das Land hingegen erblickt im städtischen Leben oft das Vorbild und eifert daher städtischem Wesen nach. (Commenda 1958:10)

Dieser programmatische Anspruch wird indessen weder im ausführlichen zweibändigen Hauptwerk Commendas noch in den teilweise recht umfangreichen Vorarbeiten[301] überzeugend eingelöst. Zu sehr dominiert eine biologistisch-evolutionistische, gemeinschaftszentrierte, an Riehi.Riehl, Wilhelm Heinrich;l und Naumann orientierte Optik, zwar thematisch weiter gefaßt, im Kern aber doch auf die Kontinuität ländlicher Lebensformen ausgerichtet:[302]

---

[300] Beide: Commenda 1958:11
[301] Commenda 1950 et 1953
[302] Eine frühe Einschätzung der Verdienste Commendas liefert Schmidt 1954

> *Er versuchte möglichst viele Facetten des Alltagslebens aufzuzeigen, infor-*
> *mierte sich darüber in vielen Archiven, einschlägiger Literatur und Tages-*
> *zeitungen und gibt dies wissenschaftlich exakt wieder. (...) Commenda läßt*
> *sich aber dann doch zu oft verleiten, in eine Volkskunde des ländlichen*
> *Raumes mit Schwerpunkt Ästhetik abzugleiten. (Jalkotzy 1990:448)*

Trotz einleitender Darstellung geographischer[303], (sozio-)ökonomischer[304] und demographischer[305] Grunddaten stellt Stadt für Commenda im wesentlichen ein geschichtlich gewordenes Wesen von ausgeprägter Persönlichkeit[306] dar. Urbane Verfaßtheit ist bestimmt als »höhere Gemeinschaft«, und setzt sich »aus einer Vielfalt von Gemeinschaften« zusammen.[307] Menschen werden innerhalb dieser Stadtpersönlichkeit anhand »innerer und natürlicher« Vorgaben (»Arterhaltungstrieb«, »Erkenntnistrieb«, »Gesetze des Werdens und Vergehens«)[308] geprägt, so daß »Urgemeinschaftliches«, in angepaßter, um- und auch neugestalteter, auch von anderen Quellen gespiesener Form weiterlebt und neben neugewachsene, selbständige Gemeinschaften tritt.[309] Auf diesem Hintergrund entwickelt Commenda seine Darstellung der Linzer Volkskultur, beschränkt sich aber hauptsächlich auf eine nur wenig kommentierte oder gar interpretierende Kompilation von unterschiedlichen Quellen verschiedener zeitlicher Schichten.[310] So präsentiert sich die 750-seitige Arbeit im Grunde kaum als eigentliche stadtvolkskundliche, hauptsächlich – wie postuliert – gegenwartsbezogene Arbeit, sondern listet, getreu dem alten Kanon, materielle und geistige Elemente der Volkskultur auf. Ja, die sachkulturbezogenen Ausführungen beschränken sich hauptsächlich auf die Darstellung von «schönen Dingen»: Goldhaube und Tracht, Haussegensbilder und bemalte Einfahrtstore werden ausführlich, die Realitäten der 50er Jahre aber nur minim dargestellt. Die postulierte »biologisch-soziologische Betrachtung« hingegen erweist sich fast ausschließlich als Aufzählung von Elementen der geistigen Volkskultur, d.h. von brauchtümlichen Traditionen im Jahres-, Lebens- und Berufskreis, Ausführungen zu

---

[303] Commenda 1958:15-19
[304] Ebd., p.36-54
[305] Ebd., p.54-83
[306] Commenda spricht gar von einem »eigenen Seelenleben« (ebd., p.86)
[307] Ebd., p.84
[308] Ebd., p.86
[309] Cf. Commenda 1953:77
[310] Noch in seinem programmatischen Aufsatz von 1953 hatte Commenda besonders Fragen des Kulturtransfers (p.79ff), aber auch solche einer stadtvolkskundlichen Methodik (p.85ff) diskutiert, eine sichtende Ordnung seines in der »Linzer Stadtvolkskunde« dargestellten Materials auf diese Fragestellungen hin aber an dieser Stelle unterlassen.

Sprache, Dichtung, Erzählung, Lied, Musik und Tanz. Alle diese Phänomene werden zwar aufgrund eines akribisch aufgearbeiteten Quellenmaterials
dargestellt, aber kaum in die Gegenwart verlängert.

Hans Commendas Linzer Stadtvolkskunde stellt ein typisches Beispiel
des volkskundlichen Umgangs mit urbanen Fragestellungen in den 50er
und frühen 60er Jahren dar. Was aber aus heutiger Sicht als Beleg für einen
letztlich recht hilflosen Zugriff auf städtische Gegebenheiten erscheint, fand
in der Zeit durchaus Zustimmung und Anerkennung – Commenda selbst
hebt in seiner »Rückschau« die »in der Fachwelt ungewöhnlich einheitliche
und herzliche Aufnahme«[311] hervor. Und in der Tat: Bevor sich mit den
Fragestellungen der Kulturraumforschung neue Ansätze volkskundlicher
Stadtbetrachtung etablieren konnten, fand die Auseinandersetzung mit
städtischen Fragestellungen entweder nur punktuell, selektiv bzw. in den
gewohnten Bahnen, oder aber unter stark negativ wertenden Vorzeichen
statt.

2.3.6 Stadtvolkskunde in alten Bahnen:
Ansätze kanongeprägter Stadtbeschreibung der 50er und 60er Jahre

Vor der Auseinandersetzung mit der in der Volkskunde bis in die späten
1960er Jahre hinein latent vorhandenen Forschungs- bzw. Darstellungstra-
dition fachwissenschaftlicher Großstadtskepsis sollen hier summarisch ausgewählte Arbeiten einer traditions- und kanonbezogenen Stadtsicht kurz
dargestellt werden. Angestrebt ist dabei nicht eine – im Grunde unergiebige
– möglichst vollständige Aufzählung von Arbeiten mit stadtvolkskundlicher
Ausrichtung,[312] vielmehr nur von solchen, die nicht nur nominell, sondern

---

[311] Commenda 1959:305
[312] Exemplarisch sei hier auf das »Bayerische Jahrbuch für Volkskunde« aus dem Jahr
1958 verwiesen, das vollumfänglich der Volkskunde der Stadt München gewidmet
ist. Zwar beziehen sich alle Beiträge auf den geographischen Raum Münchens, mit
Ausnahme derjenigen Karl-Sigismund Kramers (Altmünchener Handwerk. Bräuche,
Lebensformen, Wanderwege, p.111-137) und Josef Dünningers (Die Jahrhundertwende. Volkskundliches in Münchener Selbstbiographien, p.138-142) berühr allerdings kaum eine Darstellung stadtspezifische Fragen. Gegenwartsvolkskundliches
wird gar bewußt ausgeblendet. In seiner Einleitung (Zum Geleit. Münchener Volkstum zwischen Dichtung und Wahrheit, p.7-23) beklagt Hans Moser nicht nur, daß
»in den neuerdings lebhaft geführten Diskussionen zur Frage der Großstadtvolkskunde (...) allzusehr nur die Darstellung der Gegenwartsverhältnisse im Auge« gehabt
würde, sondern er beklagt auch zugleich die »Nivellierungstendenzen im materiellen
und geistigen Leben«, welchen das Großstadtvolk ausgeliefert sei. Moser sieht »ein
nicht völlig normiertes volkstümliches Leben (...) heute auf die Familie und die Um-
weltgemeinschaften beschränkt.« Aus diesem Grund ist ihm volkskundliche Be-

v.a. auch sachlich wenigstens in einem Bereich auch tatsächlich urbane Fragen diskutierten. Insofern sind die Ausführungen in diesem Bereich gewollt lückenhaft, zumal sie auf Hinweise auf jene Werke verzichtet, die sich inhaltlich nicht oder nur marginal mit volkskundlichen Aspekten urbaner Verfassung und urbaner Verfaßtheit beschäftigen.

Wenig ergiebig sind beispielsweise die spärlichen Ansätze der *volkskundlichen Arbeiterforschung* der frühen Nachkriegszeit. Weder ein mit programmatischem Anspruch verfaßter Aufsatz Will-Erich Peuckterts[313] noch Wilhelm Brepohls ausgedehntes Schrifttum zu einer »Industrievolkskunde« bieten tatsächliche Ansätze zu einer fachlich neuen Sichtweise der Stadt. Brepohl, Soziologe und Volkskundler, der während der NS-Zeit regelmäßig Studien zum Ruhrgebiet unter rassenpolitischen Gesichtspunkten erstellt hatte,[314] widmete sich in der Nachkriegszeit v.a. der Erforschung der Arbeiterkultur, die in seinem großangelegten, 1957 erschienenen Werk »Industrievolk im Wandel« ihren Höhepunkt fand.[315] Auch wenn Brepohls Ansatz – ausgehend von der Feststellung, daß die statischen, einheitlich durch Tradition und Gemeinschaft geprägten Lebenswelten durch den Prozeß der Industrialisierung und die damit verbundenen Umwälzungen »den ganzen inneren Menschen mit neuen Strukturen durchwirkt«[316] und diesem »als Reaktion auf äußere ›Erlebnismodelle‹ kulturverändernde ›Modellerlebnisse‹ abverlangt hätten«[317] – im Keim auf eine mögliche Neubeurteilung städtischer Gegebenheiten hinweist,[318] fehlt darin im wesentlichen die Umset-

---

schäftigung mit städtischen Gegebenheiten wenig lohnend, allenfalls noch in der Erfassung der »lokalen Verschiedenheit der in der modernen Großstadt vereinigten Kleinstädte« (alle Zitate: p.23).
Zur Münchner Schule und ihrem Beitrag zur volkskundlichen Stadtbetrachtung cf. auch unten, Kap. 1.3.1

313 Will-Erich Peuckert, Probleme einer Volkskunde des Proletariats. In: Zeitschrift für Volkskunde, Jg. 55 (1959), p.11-23

314 Cf. dazu Scholze 1990:90f

315 Brepohl 1957. Eine kritische Würdigung des Arbeitens und der weltanschaulichen Haltung von Brepohl bei: Scholze 1990:121-131. Daselbst auch eine reiche Auswahl der Schriften Brepohls zu Fragen einer »Industrievolkskunde«.

316 Brepohl 1957:33

317 Peter Assion, Arbeiterforschung. In: Brednich 1994:243-272 hier p.245; das Zitat nimmt unmittelbar Bezug auf die vorangehend direkt zitierte Stelle bei Brepohl 1957:33

318 Brepohl wurde denn auch, ungeachtet seiner Vergangenheit und ideologischen Position als Impulsgeber für die Auseinandersetzung mit Fragen industrieller Lebensbedingungen rezipiert (so etwa bei Weber-Kellermann/Bimmer 1985:140), Peter Assion (Assion 1994:245f) weist aber nachdrücklich auf das Theorie-Praxis-Defizit im Arbeiten Brepohls hin.

zung seiner eigenen Forschungspostulate. Statt den Versuch weiter auszuarbeiten, »im Dynamischen feste geistige Strukturen«,[319] lies: das Werden einer neuen Gemeinschaftskultur, von »Lebensstil und Wesensart«[320] zu erkennen und damit auch praktisch den kulturpessimistischen Stimmen vom Untergang der Volkskultur durch die Industrialisierung entgegenzuwirken, beschränkte sich Brepohl hauptsächlich darauf, Relikte überkommener, traditionaler volkskultureller Gegebenheiten darzustellen.

Wenn auf dem Feld der Arbeiterkultur zumindest Ansätze zu einem theoretischen Vorwärtsschreiten auf dem Gebiet volkskundlicher Urbanitätsforschung erkennbar sind, so bewegte sich diese in anderen Bereichen während fast zwei Jahrzehnten in den vorgegebenen Bahnen. Ein Musterbeispiel hierfür stellen beispielsweise Hans Aurenhammers Ausführungen »Großstadtvolkskundliche Untersuchungen an Wiener Wohnungen«[321] dar. Vom Verfahren her modernen Methoden der empirischen Sozialwissenschaft verpflichtet – die soziologische Studie, deren volkskundliche Aspekte Aurenhammer referiert, arbeitet mit einer mehrstufig geschichteten Auswahl bei der Ermittlung der erhobenen Haushalte, dokumentiert die Wohnungseinrichtung in Bildern und Plänen und erhebt statistisch aufgearbeitete Daten zur Einstellung zur Wohnung[322] – bleibt die Darstellung selber in traditionellen, auf eine funktionsbezogene Analyse hin ausgerichteten Bahnen:

> *Das volkskundliche Problem der Wohnung kann ja nur darin bestehen, festzustellen, welcher kulturell überlieferten historischen Schicht sowohl die Funktion der Räume und der Möbel als auch die Art, diese aufzustellen, und sämtliche Elemente der Ausschmückung und Dekoration angehören.* *(Aurenhammer 1958:196)*

Da für Aurenhammer zudem »beim Erscheinungsbild der Großstadtwohnung mehr mit dem ›gesunkenen Kulturgut‹ der Stadtkultur als mit Elementen der bäuerlichen Gemeinschaftskultur«[323] zu rechnen ist, rückt außerdem die Suche nach historischen Stellplänen in den Vordergrund; Andeutungen zu geschmacklichen Vorbildern bzw. Moden oder zur Rolle von Verkaufszentren bleiben dagegen völlig am Rand und werden als wenig fachbezogen ausgegrenzt.

Großstadtvolkskundlich erscheint damit in Aurenhammers Darstellung nur mit Blick auf das Untersuchungsfeld; seine erkenntnisleitenden Interes-

---

[319] Scholze 1990:125
[320] So bereits bei Bach 1937:25-43
[321] Aurenhammer 1958
[322] Ebd., p.196
[323] Ebd., p.197

sen hingegen bleiben - mit Leopold Schmidt - auf das gemeinschaftliche
Erbe und allenfalls den Weiter-, nicht aber den städtischen Neuwuchs und
dessen Bedingungen ausgerichtet.

In ähnlichen Bahnen verläuft auch Reinhard Peeschs Studie zum Berliner Kinderspiel der Gegenwart:[324] Methodisch dank direkter, schriftlicher
Befragung von knapp 5000 Kindern in 22 Berliner Schulen auf breiter, u.a.
mittels Intensitätskarten für die einzelnen Spiele und ihrer Varianten über
einzelne Stadtteile festhaltend, teilweise auch statistischer Basis, steht inhaltlich besonders die schriftliche und bildliche Dokumentation der einzelnen Spiele im Vordergrund. Theoretisch verortet Peesch das Kinderspiel als
Erscheinungsform des Volkslebens einerseits global nach dem Muster der
psychologischen Schule – »die allgemeinen psychischen Faktoren (bewirken), daß uns das Kinderspiel überall und jederzeit in gleichen und ähnlichen Typen begegnet« – andererseits referiert er zur Erklärung der »Fülle
der Formen« und »lokalen Eigenentwicklungen«[325] auf eine funktionsbezogene Sichtweise:

> *Und wie sich unter dem Einfluß der gesellschaftlichen Entwicklungen die
> Formen des Menschlichen Zusammenlebens, von Sitte und Brauch, ständig
> wandeln, so werden auch die Formen des Kinderspiels durch Zeitströmun-
> gen, soweit sie das Leben des Kindes berühren, beeinflußt und verändert.
> Unter diesen Gesichtspunkten betrachten wir das Spiel der Großstadtkinder
> als eine Erscheinungsform des Volkslebens, die zu beschreiben und im Zu-
> sammenhang der Umwelt und des Zeitgeschehens darzustellen hier versucht
> werden soll. (Peesch 1957:5)*

Daß seine Studie, verfaßt mit dem Anspruch, »einen möglichst umfassenden und mehrere Aspekte berücksichtigenden Überblick für die Gegenwart
zu geben«, nur die «Oberflächenstruktur» wiederzugeben vermag, ist sich
Peesch indessen durchaus bewußt; so fordert er einen historischen Vergleich
ebenso wie einen solchen mit »dem Spielgut benachbarter Räume«, um
daraus das Großstädtisch-Berlinische zu extrahieren oder noch weitergehend
die Prägkraft des Spiels für die Ausbildung einer spezifischen »Berliner
Eigenart« herausarbeiten zu können.[326]

»Gesellige Formen in der Stadt« stehen auch im Vordergrund der Arbeiten zum (groß-)städtischen Vereinswesen.[327] Unter ihnen ragt Herbert

324 Peesch 1957
325 Alle: ebd., p.5
326 Alle: ebd., p.92
327 Schon vor Freudenthal hat Heinz Schmitt (Das Vereinsleben der Stadt Weinheim an
    der Bergstraße. Volkskundliche Untersuchung zum kulturellen Leben einer Mittel-
    stadt. Weinheim a.d.B. 1963) eine umfassende Monographie über das Vereinsleben

Freudenthals groß angelegte Erhebung zu den Vereinen in Hamburg[328] nicht nur hinsichtlich des Umfangs, sondern auch in methodischen Belangen heraus. Vereine erscheinen für Freudenthal als wesentliches urbanes Element, für die Großstadt »Geburtsstätte« und »zugleich seine eigentliche Heimat geblieben« ist[329]. Vereinszugehörigkeit andererseits ist letztlich »sozialpsychologisch« zu motivieren und zwar als Mittel, dadurch die »›Einsamkeit‹ des Großstädters«[330] zu überwinden:

Alleinsein und Gruppenleben sind gegenpolige Verhaltensweisen mit komplementären Funktionen. (...) Die Möglichkeit also, persönlich gewonnene Erkenntnisse und Gestaltungen vor anderen zu bekunden, erweitert und vertieft das Selbstverständnis des einzelnen; sie weckt seine Neigung, sich bei ihnen zu klären und zu bereichern. (Freudenthal 1968:417f)

Vereine erscheinen für Freudenthal als städtische Sozialisationsinstanzen und wichtige Möglichkeit sozialer Differenzierung und Identifikation:

Das Stadtvolk wird also durch die Vereine nicht dahingehend differenziert, daß sich eine Gesamtgesellschaft tausendfach zerspaltet. Diese besteht überhaupt nicht. Die Großstadt ist als Ganzes sozial amorph; sie stellt eine nur wohnlich und berufsmäßig gehäufte Summe von Individuen dar. Ihr Bedürfnis aber ist nun unermüdlich bestrebt, das bloße Nebeneinander in Kleingruppen aufzugliedern und sich hier zu sozialisieren. Und in diesem Sinne bedeuten Vereine neben anderen Möglichkeiten ein besonders sinnfälliges Mittel, die amorphe Masse auszukristallisieren. Als Spielarten einer frei gewählten Geselligkeit sind sie grundsätzlich und zahlenmäßig eines der stärksten Gegengewichte für alle auf Bindungslosigkeit drängenden Tendenzen; sie verflechten das Volksganze ebenso fest wie vielgestaltig und daher lebendig. (Freudenthal 1968:27f)

---

einer Stadt vorgelegt, die allerdings wegen ihrer Bevölkerungszahl (27'000) nur bedingt zum Vergleich mit großstädtischen Verhältnissen beigezogen werden kann. Zudem lagen bereits einige kleinere Beobachtungen zu Teilaspekten der Vereinsproblematik im urbanen Raum vor so z.B.: Barbara Pischel, Schlesier und Schlesiervereine im Berlin. In: Festschrift für Alfons Perlick. Dortmund 1960, p.97-107 oder die nachfolgend kurz gewürdigte Arbeit von Rudolf A. Hrandek (Hrandek 1958). Grundsätzlich zur volkskundlichen Vereinsforschung hat sich im übrigen bereits 1959 Hermann Bausinger (Vereine als Gegenstand volkskundlicher Forschung. In: Zeitschrift für Volkskunde, Jg. 55 [1959], p.98-104) geäußert.

[328] Freudenthal 1968; eine Kurzfassung ohne abweichende inhaltliche Gesichtspunkte bereits bei: Freudenthal 1966

[329] Freudenthal 1968:22

[330] Freudenthal 1966:109; cf. auch die knappe Diskussion des Problems der »einsamen Masse« in etwas ausführlicherer Form (Freudenthal 1968:23-26).

Beschäftigung mit Vereinen bildet so für Freudenthal einen wichtigen Zugang zur Überwindung des volkskundlichen »Unbehagens« gegenüber »modernen«, »eigenständigen Lebensformen anderer Mentalitätsgruppen«, besonders auch gegenüber städtischen Realitäten. Daß dann allerdings in den konkreten Ausführungen historisches Material und eine »volkskundlich-soziologische Phänomenologie«[331] auf eher deskriptiver Basis im Vordergrund stehen, ist indessen Beleg, daß eine vernetzte Sicht auf urbane Realitäten doch noch zuwenig in die fachliche Optik integriert war. Deutlich hinter dem jüngeren, vorsichtig auch neue methodische Anstöße[332] aufnehmenden Ansatz Freudenthals stehen Rudolf A. Hrandeks wenig systematische und eher impressionistische »Beiträge zur Kenntnis des Wiener Vereinslebens«[333] zurück. Während Freudenthal das spezifisch urbane Element des Vereinswesens wenigstens in seinen übergreifenden Überlegungen in den Vordergrund stellt, begnügt sich Hrandek mit der Aufzählung von herausgehobenen Aktivitäten im Vereinskreis. Er versteht Vereine denn auch noch v.a. als Substitut der alten, »zum größten Teil abgestorbenen« Formen des Gemeinschaftslebens« und entsprechend hebt er, anhand des Materials von sieben Wiener Vereinen, »die Ähnlichkeit der neuen Gemeinschaftsformen mit der alten«[334] hervor. Focus dieser Bemühungen bilden Beschreibungen von Vereinsfeiern und -festen, gegliedert nach dem Jahreslaufschema und anschließend nach »persönlichen Feiern« im Vereinskreis,[335] Überlegungen über die Ebene einzelner Phänomene hinaus sind dagegen inexistent.

Daß Freudenthal als Vertreter der Hamburger Volkskunde sich nicht allein mit stadtvolkskundlichen Belangen auseinandersetzte, belegt eine knappe Skizze von Walter Hävernick aus dem Jahr 1966 zur »Grosstadt-Volkskunde (sic) in der Praxis«.[336] Ohne allzu großen Anspruch auf theoretische oder methodische Reflexion weist Hävernick vorerst auf die Selbstverständlichkeit der volkskundlichen Beschäftigung mit dem urbanen Raum hin:

Für die Volkskunde betrachten wir (...) als Arbeitsgebiet in der Praxis die Kulturlandschaft, der unsere Universität zugehört, und das ist in unserem Falle der Bundesstaat Hamburg. Da Hamburg in praxi eine Stadt von 1,8

331 Freudenthal 1968:417 (die dazugehörigen Ausführungen: p.417-547)
332 V.a. die Arbeiten der – wenn der Ausdruck so gestattet ist – »Tübinger Schule« finden gelegentlich Eingang in Freudenhaus Arbeiten, so besonders Bausingers »Volkskultur in der technischen Welt« (Bausinger 1961), cf. unten, Kap. 3.1
333 Hrandek 1958
334 Alle: ebd., p.205
335 Ebd., p.217
336 Hävernick 1966

Millionen Einwohnern ist, lag es nahe, uns speziell der Großstadtvolkskunde
zu widmen. (Hävernick 1966:101)

Da im Blickwinkel der Volkskunde in Übereinstimmung mit Adolf Bach
die »Gemeinschaft aller Individuen (durch das Grundständige in Jedem
verbunden)« zu stehen habe, stellt Großstadtvolkskunde nach Hävernick
indessen »nur einen technischen Hilfsbegriff, nicht aber eine besondere
Sparte der Volkskunde« dar. Ebenso sind städtische Lebensformen und -be-
dingungen keineswegs als alleinige Angelegenheit einer Gegenwartsvolkskunde in Anspruch zu nehmen, vielmehr haben Städte - zumindest »seit
dem 12./13. Jahrhundert« - als Strahlungszentren für das umgebende Umland gewirkt.[337]
Hävernick bemüht sich allerdings im weiteren Verlauf seiner Darstellungen v.a. um die Skizzierung gegenwartsvolkskundlicher, stadtspezifischer
Forschungsaufgaben, nicht zuletzt, um damit »das Mißtrauen so vieler Kol-
legen gegen Volk, Volkstum und Volksgut der Gegenwart und der Stadt« zu
beseitigen.[338] Ja, angesichts der »erdrückenden Fülle« von »Erscheinungsformen städtischer Gemeinschaft und städtischer Volkskultur« fordert er gar
neue Quellen und erweiterte methodische Sichtweisen: Nötig ist zuvorderst
»statistisches Material, gegen das leider alle Geisteswissenschaftler zu Unrecht eine tiefe Abneigung besitzen«, gewinnt doch die Volkskunde im Umgang mit diesen quantitativen Verfahren, etwa durch sinnvolle Korrelationen, v.a. aber auch durch die volkskundliche »Vertrautheit mit der geschichtlichen Entwicklung« gegenüber den »fachlichen Nachbarn« aus der
Soziologie dennoch einen eigenen wissenschaftlichen Ort.[339] Neue Werte
sind nach Hävernick aber nicht nur im Methodischen, sondern auch im
Quellenbereich angebracht: Da eine »museale Erfassung« für die sachkulturellen Güter der Gegenwart ausscheidet, sind beispielsweise »die Kataloge
der großen Versandhausgeschäfte« als willkommene Indikatoren für Alltags-
geschmack und alltägliche Verbreitung zu erfassen und auszuwerten[340],
ebenso wie »die Zeitungen mit den großen Auflagen, die sich der Geistigkeit
des Herrn jedermann anpassen« reiche Bereiche der Volkskultur dokumentieren.[341] Allerdings bleibt für Hävernick trotz dieser Weiterungen das analytische Grundmuster inhaltlich unangetastet: hier genügen die »von Adolf
Bach in seinem Handbuch als die vier Fragestellungen«[342] charakterisierten

337 Alle: ebd., p.101f
338 Ebd., p.104
339 Alle: ebd., p.102
340 Ebd., p.102f
341 Ebd., p.103
342 Ebd., allerdings spielt die Frage der geographischen Verbreitung eine untergeordnete
    Rolle.

Zugänge. Hävernicks Überlegungen bilden insgesamt eine Mischung zwischen einer Offenheit für einen erweiterten Zugriff im Bereich von Quellen und Methoden einerseits und einem Festhalten an traditionellen fachlichen Grundkonzepten, die Volkskunde als eine »Grundwissenschaft« begreift, welche die Wechselwirkungen zwischen »Mensch und Gemeinschaft« analysiert, andererseits. Diese Geteiltheit spiegelt sich auch in der Haltung gegenüber der Einschätzung volkskundlicher Forschungsbereiche. So ist zwar der klassische Kanon zu eng[343] und volkskundliche Arbeit im Rahmen der Großstadt eine Selbstverständlichkeit, hat sich aber doch auf die vernachlässigte Kategorie der »Sitte« – in der Formulierung Josef Dünningers als »soziales Gebot« zu fassen –[344] und auf »Gebräuchliches«, dem das »Gruppenbrauchtum« beiseite steht, auszurichten.[345]

Eine ähnliche Gespaltenheit wohnt auch den inhaltlich bzw. methodisch innovativen, aber letztlich ebenfalls kaum explizit auf urbane Fragestellungen hinauslaufenden Arbeiten von Gerda Grober Glück zum großstädtischen »Volkslesestoff ›Sportberichte‹«[346] und von Ruth Lorbe zum »Kinderlied in Nürnberg«[347] inne. Ruth Lorbe arbeitet strukturorientiert und damit für den volkskundlichen Kontext der Zeit methodisch innovativ, indem sie ihr im städtischen Kontext erhobenes Korpus auf immanent hervortretende, überzeitliche Grundtypen bzw. deren Variationen und Transformationen analysiert. Das städtische Kinderlied erscheint darin als historisch und sozial transformierter und gegliederter Ausdruck einer ursprünglichen, prälogischen und damit auch volkstümlich-gemeinschaftlichen Welt. Ebenso führt Gerda Grober-Glück die von ihr analysierten Sportberichte auf gemeinschaftliche Grundmuster zurück: als Ausfluß einer geistigen Haltung, für die Sportgemeinde als Ausdruck moderner Kampf- bzw. Sensationslust und Heldenverehrung, sieht sie darin letztlich ein Funktionsäquivalent der Heldensage.

---

343 Cf. ebd., p.103, wo auch die angeführten Zitate
344 »Brauch ist soziales Handeln im Sinne kultischer Bindung und festlicher Ausgestaltung, Sitte ist soziales Gebot«, »Brauchtum ist gemeinschaftliches Handeln, durch Tradition bewahrt, von der Sitte gefordert, ein Inneres sinnbildlich ausdrückend, funktionell an Zeit oder Situation gebunden.« (Josef Dünninger, Brauchtum. In: Wolfgang Stammler (Hg.), Deutsche Philologie im Aufriß, Bd.III. Berlin (2) 1962, Sp. 2571ff, hier 2574f.) Illustrativ zu diesem Verständnis auch Wolfgang Brückners wesentlich jüngere Kategorisierung, die unter »Sitte die soziale Norm als überlieferte Ordnung« begreift. (Wolfgang Brückner, Sitte und Brauch. I. Sozialwissenschaftliche Aspekte. In: Staatslexikon, hg. von der Görres-Gesellschaft. Basel/Wien (8)1988, Sp. 1179ff, hier Sp. 1180)
345 Hävernick 1966:103f
346 Grober-Glück 1960
347 Lorbe 1956

All die eben dargestellten Arbeiten sorgten wenigstens für eine bescheidene
Präsenz urbaner Themen im fachlichen Diskurs, ohne diesen aber entscheidend weiterzubringen. Den – positiven – Schluß- und Höhepunkt dieses
langen, wenig neue Denkansätze vermittelnden Abschnitts urbanethnologischen Arbeitens bildet wohl Ingeborg Weber-Kellermanns Marburger Antrittsvorlesung aus dem Jahr 1963 zum Thema: »Der Berliner. Versuch einer
Großstadtvolkskunde und Stammescharakteristik«.[348] In ihren anregenden
Überlegungen versucht sie, dem Berlinertum – von ihr in Anlehnung an die
Forschungstradition als »Stammescharakteristik« bezeichnet[349] – verstanden
als eine »Spezifizierung des typisch Berlinischen innerhalb der deutschen
Landschaften und im Vergleich mit anderen Großstädten«[350], auf eine un-
prätentios-sachliche Weise beizukommen und damit ein Gegengewicht zur
weitverbreiteten Großstadtskepsis der und in der Volkskunde[351] zu setzen.
Methodisch gesehen beschreitet sie mit ihren stark auf literarisches, historisches und sprachliches Quellenmaterial abstützenden Darlegungen kaum
Neuland, sondern nimmt vielmehr die vorhandenen Ansätze weiter auf:

> *Drei große Komplexe sind m.E. zu berücksichtigen: 1. D i e   e t h n i s c h e*
> *Z u s a m m e n s e t z u n g   der Bevölkerung, 2. i h r   s o z i a l e s   u n d   ö k o n o -*
> *m i s c h e s   E r s c h e i n u n g s b i l d   und 3. der Bereich   d e s   ü b e r l i e -*
> *f e r t e n   g e m e i n s c h a f t l i c h e n   K u l t u r b e s i t z e s , - das alles einge-*
> *bunden in das Gespinst der politischen wie der Bevölkerungsg e s c h i c h t e ,*
> *denn ein entscheidendes Charakteristikum dieser Stadt ist ja ihr Schicksal,*
> *niemals zu sein, sondern immer zu werden. (Weber-Kellermann 1965:10f;*
> *Hervorhebungen im Original)*

Stadt, in diesem Fall Berlin, erscheint dabei durchaus als eigenständiges Gebilde mit gesellschaftlichen Gruppen, »deren Lebenswelt in gänzlich andere

---

348 Weber-Kellermann 1965. Bereits 1955 hatte sich Ingeborg Weber-Kellermann mit
der Sagenbildung in Berlin auseinandergesetzt. Cf. Ingeborg Weber-Kellermann, Sagenbildung in Berlin. In: Zeitschrift für Volkskunde, Jg. 52 (1955), p.162-179
349 Bereits Barbara Pischel (Pischel 1958), hat sich mit »Volksschlag«, »volkstümlicher
Überlieferung« und »Volkscharakter« der Berliner Bevölkerung auseinandergesetzt.
Sie bietet dabei vielfältiges, u.a. auch statistisches Material, schwankt aber zwischen
einer weitgehend unkommentierten Aufzählung von Einzelphänomenen und Einzel-
beobachtungen zum Berliner »Volksleben« sowie dem Versuch, die Konsistenz des
»Volksschlags« angesichts starker – älterer wie kriegsbedingter – Migration und darüber hinaus das »Verhältnis von Gemeinschaften und Gruppen zum Volksschlag«
(p.229 et 233) v.a. mittels Zahlenreihen zu ermitteln.
350 Weber-Kellermann 1965:10
351 Ebd., p.9 bzw. p.27 (Anm.1) referiert dabei auf Max Rumpf und Adolf Bach, cf. dazu das folgende Kapitel

wirtschaftliche und soziale Bindungen verflochten ist.«[352] Ihr Versuch einer
»konkreten, realen Typologie« ist damit bewußte Absage an eine auf romantische Ideale, auf das Auffinden bäuerlicher Relikte ausgerichtete
Volkskunde.[353] Dennoch: Auch wenn zwischendurch Ansätze zu Weiterungen (z.B. die Entwicklung bzw. Rolle der Verkehrsmittel als Ausdruck der
»dynamischen Mobilität« der Stadt)[354] durchaus zu finden sind, bleiben
doch die tradierten Darstellungsmuster erhalten. Nach der Erörterung sozialer (ethno-)demographischer und historischer Grunddaten diskutiert sie
v.a. das »kräftig konturierte stadttypische Wesensgepräge«[355], indem sie auf
Stadtsprachliches (v.a. unter Bezugnahme auf Agathe Lasch)[356], den be-
rühmten Berliner Witz und abschließend auf »eine Grundfrage volkskundlicher Gegenwartsforschung (...), die Frage nach den Gemeinschaftsbildun-
gen, die sich in der Stadt eben anders formieren als in ländlichen Strukturen«,[357] zu sprechen kommt. Auch hier betritt sie kaum Neuland, wenn sie
v.a. die Familie, Nachbarschaften, Interessengruppen und Vereine sowie die
»Dialoge des Volkslebens«[358], greifbar v.a. in den Volksfesten und Märkten,
als wesentliche städtisch-gemeinschaftsbildende Komponenten herausarbeitet. Ingeborg Weber-Kellermanns abschließender Blick auf die Aufgaben der
Stadtvolkskunde mutet denn auch weniger als Programm, sondern weit
mehr als knappes Resümee der vergangenen rund dreissig Jahre volkskundlicher Forschung im urbanen Raum an:

*Es bleibt die Aufgabe der Großstadtvolkskunde, die Erscheinungen nüchtern
und sachlich in ihrer ethnischen, sozial-wirtschaftlichen und volkskulturellen
Gestalt zu messen und zu wägen, wie sie sind, und nach ihren geschichtlichen Abläufen zu ergründen, wie sie geworden sind, um sie danach mit anderen ähnlichen Strukturen zu vergleichen. (Weber-Kellermann 1965:26f)*

Selbst dieser von einer wichtigen Fachvertreterin und an prominenter Stelle
eingerückte Ansatz vermochte aber kaum Impulse für eine breite und selbstverständliche fachliche Beschäftigung mit der urbanen Problematik zu vermitteln. So ist es für das Randdasein der Stadtvolkskunde geradezu bezeich-
nend, daß Gerhard Heilfurth auch in der dritten Auflage des Handbuchs
der empirischen Sozialforschung im Jahr 1974 in seinem Abriß über das

---

352 Ebd., p.14
353 Ebd., p.15
354 Ebd., p.18
355 Ebd., p.19
356 Agathe Lasch, Berlinisch. Eine Berliner Sprachgeschichte. Berlin 1928
357 Weber-Kellermann 1965:23
358 Ebd., p.25

volkskundliche Forschen und die fachlichen Arbeitsschwerpunkte[359] das Themenfeld ›Stadt‹ nur marginal berücksichtigt. Während die klassischen Themenfelder des Kanons ausführlich abgehandelt werden und auch die Wichtig- und Richtigkeit eines fachlichen Selbstverständnisses von Volkskunde als empirischer Kulturwissenschaft herausgestrichen wird –

> *Insbesondere hier zeigt sich die Bedeutung der Volkskunde in der Form empirischer Kulturwissenschaft als Ergänzung der Soziologie, vor allem dort, wo sie sich mit den ›Grundformen der Gesellschaft‹ wie Familie oder Gemeinde befaßt. (Heilfurth 1974:186)*

– findet sich für die unter dieser Rubrik eingeordnete Großstadtvolkskunde nur gerade ein gut vierzeiliger Hinweis (genannt werden bloß die Untersuchungen Leopold Schmidts[360] und Hans Commendas[361]) auf das Arbeitsfeld, ohne weiteren Hinweis auf inhaltliche oder methodische Möglichkeiten.[362]

2.4 Die Stadt als Problemfeld – Großstadtskepsis im volkskundlichen Umfeld

Ingeborg Weber-Kellermanns oben zitierter Aufruf zu nüchterner und sachlicher Stadtbetrachtung ist keineswegs reine Rhetorik. Schon in den bis hierher dargestellten Ansätzen beeinflussen Wertungsfragen den Zugang und die Offenheit gegenüber großstädtischen Gegebenheiten, indem sie die Darstellung zumeist auf die Ermittlung gemeinschaftlichen Traditionsgutes fokussieren. Selbst solche auf die Traditionssuche innerhalb der Großstadt ausgerichtete Arbeiten gingen aber für beträchtliche Kreise innerhalb des Faches zu weit. Der größere Teil von ihnen verschloß sich völlig gegenüber dem städtischen Raum und seinen kulturellen Äußerungen, ein kleiner Teil hingegen formulierte sein Mißtrauen gegenüber dem ›Massenphänomen‹ Stadt aus. Auf diese Linie expliziter volkskundlicher Großstadtskepsis oder -ablehnung gilt es nun etwas genauer einzugehen. Im Gegensatz zu den oft isolierten und inhaltlich wenig untereinander verknüpften Forschungen und Überlegungen zu städtischen Phänomenen bleibt die volkskundliche Großstadtskepsis und -ablehnung in ihrer Argumentation konsistent: Modellhaft erscheinen etwa die Überlegungen von Willy Hellpach oder Adolf Bach, auf

[359] Heilfurth 1974
[360] Schmidt 1940
[361] Commenda 1958f
[362] Cf. Heilfurth 1974:186f

die immer wieder rekurriert wird. Es erscheint daher legitim – und auch den
inhaltlichen Gegebenheiten angemessen – nur die markantesten Ansätze
herauszugreifen, nicht aber die Apologeten ebenfalls zu dokumentieren.
Wenn im übrigen mit Max Rumpf und Willy Hellpach Vertreter der Soziologie und der Sozialpsychologie mit in diesem Kontext dargestellt werden, dann v.a. wegen ihrer Affiliationen zur Volkskunde.[363] Sie verstanden
sich durchaus *auch* als Volkskundler – v.a. Max Rumpf, der sich etwa 1930
auf dem »Ersten Deutschen Volkskundetag« mit der Beziehung zwischen
Volkskunde und Soziologie auseinandergesetzt hatte –[364] und wurden, im
Gegensatz zu zahlreichen anderen Vertretern der »reinen« Soziologie, im
volkskundlichen Kontext rezipiert.

2.4.1 Max Rumpfs Kritik an der Volkskunde und sein
Eintreten für das Forschungsfeld ›Großstadt‹

Wohlgemeinte Volks- und Heimatfreunde von konservativerer Richtung sehen in
der modernen Großstadt allzu leicht lediglich den Ort sozialen Verfalls und der
Auflösung aller Ordnungen. – Das ist aber durchaus einseitig, durchaus schief
gesehen![365]

Als einer der ersten reflektierte Max Rumpf bei der eben genannten Gelegenheit 1930 das Verhältnis zwischen Soziologie und Volkskunde.[366] Dabei
kritisierte er namentlich die Ausrichtung der damaligen Volkskunde, die
sich inhaltlich wie methodisch fast ausschließlich nach hinten orientiere und
sich damit vor der Gegenwart und aktuellen Fragestellungen verschließe.
Rumpf selbst gibt indessen in seinen Ausführungen zur Frage: »Was ist
Volkskunde?« eine recht ausführliche Skizze vergangener ländlicher Lebenswelten.[367] Er legitimiert damit einerseits die Vergangenheitsvolkskunde als

---

363 Einzelne volkskundliche Darstellungen weisen Rumpf und Hellpach gar ohne weitere
     Einschränkungen als Volkskundler aus, so etwa Bausinger/Jeggle/Korff/Scharfe
     1978:92 (für Rumpf), Bausinger 1987:5 (für Hellpach) oder Assion 1994:244 (für
     Hellpach und Spamer).
364 Rumpf 1931, darin bezeichnet sich Rumpf selber als »auch für die Volkskunde inter-
     essierter Soziologe« (p.424)
365 Rumpf 1932:205
366 Zu Rumpf und seiner Stellung innerhalb bzw. für die Volkskunde cf. Eva Gilch,
     »Volkskunde« an der Ludwig-Maximilians Universität in den Jahren 1933-1945. In:
     Eva Gilch/Carmen Schramka, Volkskunde an der Münchner Universität. Zwei Stu-
     dien von E.G. und C.S. mit einem dokumentarischen Beitrag von Hildegunde Prütt-
     nig. München 1986 (Münchner Beiträge zur Volkskunde, Bd. 6), v.a. p.28ff
367 Rumpf 1931:408 et 418

»Hauptaufgabe deutscher Volkskunde«[368] andererseits führt er damit illustrativ die Diskrepanz zum »zeitgenössischen Volksboden« vor Augen. Als »eine zweite Aufgabe« plädiert Rumpf daher vehement dafür, die »Gegenwartsvolkskunde« als inhaltliches Pendant zu vergangenheitsbezogenen Darstellungen zu etablieren und damit auch eine »völlige geistige Umstellung« zuzulassen. Als geradezu idealtypischer Ort für solche Gegenwartsforschung unter neuen Gesichtspunkten erscheint die Großstadt:

> *Gegenwartsvolkskunde als Kunde vom Leben der breiten Volksschichten unserer Tage hat sich, will man sich überhaupt zu ihr bekennen, vornehmlich mit dem Leben unserer modernen großstädtischen Bevölkerung zu beschäftigen. (Rumpf 1931:407)*

Hier gilt es, »›Lebensform‹ oder ›Sozialform‹« zu untersuchen und die entscheidende »soziale Prägekraft« zu benennen.[369]

> *Die Großstadt selber, als eigene beständige Form verstanden, meint einmal, daß sie sich in bestimmter Weise – und zwar für eine empirisch-realistische Gesellschaftsbetrachtung auch geradezu: w i r k l i c h – a l s G e b i l d e erweisen läßt, und es meint sodann hier aber weiter auch noch, daß sie, da sie nun einmal, wie ja jede Gemeinde, aus Menschen aufgebaut ist, einen entscheidenden, wesensbestimmenden, formenden Einfluß, eine Prägekraft auf alle ihre Bewohner auszuüben vermag. (Rumpf 1932:207; Hervorhebung im Original)*

Für die Volkskunde, als »verstehende leibseelische und geistige, kultürliche Lebenswissenschaft«[370] forderte Rumpf daher, neben der archivalischen Aufarbeitung des gemeinschaftlichen vergangenheitlichen Erbes auch die Auseinandersetzung mit der Gegenwart in der Großstadt als Forschungsziel zu akzeptieren und anzugehen. Allerdings genügt für Rumpf für die volkskundliche Erhebung dieser »nie dagewesenen« und in völligem Gegensatz zum »vormärzlichen Land- und Bauernleben«[371] stehenden Lebensform weder die damalige Methodik noch der Kanon oder die fachliche Optik:

---

[368] Ebd., p.407
[369] Rumpf 1932; als Zitat hier p.207
[370] Rumpf 1931:418
[371] In der Einleitung zu seinem Aufsatz über die moderne Großstadt als Lebensform stellt Rumpf seine Sicht eines radikalen Wandels in pointierter Form dar: »Geringer kaum war seit alters her der Gegensatz des Lebens in Stadt und Land. Schier ungeheuer aber ist vollends der Gegensatz zwischen modernem Großstadtleben und altem – sagen wir: vormärzlichem Land- und Bauernleben. Etwas nie Dagewesenes ist in der Tat die Großstadt unserer Tage.« (Rumpf 1932:200)

Der bäuerliche, ländliche Tag- und Nacht- und Jahreslauf, sie sind in der Großstadt so gut wie abgedankt. (Rumpf 1932:209)

Im Unterschied etwa zu Spamers psychologischem, aber ebenfalls gegenwartsvolkskundlich ausgerichtetem Fachverständnis, das durch die Analyse der geistigen Güter der Volkskultur zeitlose, naturgegebene, formbildende Triebkräfte zu ermitteln suchte,[372] plädiert Rumpf für »eine planmäßige Entgegensetzung von gemeinem Volk und Großstadtvolk« als alte und neue »Schwerpunkte des Gesamtvolkslebens«.[373]

So steht ländlich-gemeinschaftliches »natürlich lebendes Kulturvolk« neben großstädtisch-gesellschaftlichem, »naturentfremdetem«, »zivilisatorischem Lebenstyp«; Abhängigkeit von kosmischen Gegebenheiten neben Maschinenabhängigkeit; christlich-brauchtümliche neben diesseitig-realistischer Lebensauffassung,[374] erweist sich die Großstadt als jener Lebenskreis[375], der mehr noch als Familie oder Staat bzw. Nation »am vielseitigsten und tiefsten von allen Leben, Seelentum und Geistigkeit des modernen Menschen beeinflußt und geprägt hat und dies auch heute immer noch weiter tut.«[376]

Der Gegenwartsvolkskunde, d.h. vor allem der Großstadtvolkskunde, so stellt Rumpf als abschließendes Fazit fest, tut »einige soziologische Durchsäuerung Not«.[377] Praktisch im Anschluß an seine Auseinandersetzung mit den Fragestellungen zukünftigen volkskundlichen Forschens stellte Rumpf auf knappem Raum seine eigene Zugangsweise zum Themenfeld vor,[378] wie um den – um im Bild zu bleiben – Sauerteig hierfür bereitzustellen. Dabei deutet er in Grundzügen seine »Soziale Lebenslehre«, verstanden als Erfassung der »durchaus erheblichen Dinge (...) in dem Untergeschoß des Menschen- und Soziallebens (...) unter den Vielen, Allzuvielen, die dort eng beieinander zu hausen pflegen«[379] an, auf deren Grundlage wiederum sein »so-

---

372 Suggestiv fragt etwa Rumpf: »Was bedeuten alte Volksüberlieferungen noch für ein Volk, das selber die ›Umstellung‹ von rückwärts nach vorwärts hin in sich so gründlich vollzogen hat?« (Rumpf 1931:417) oder stellt fest: »die Zauberwelt der alten Riten ist entzaubert.« (Ebd., p.418)

373 Alle: ebd., p.418

374 Alle: ebd., p.418f. Die Kategorisierung in Richtung gemeinschaftlich bzw. gesellschaftlich erfolgte erst in der »Nachschrift« (ebd., p.428), einem Zusatz zum abgedruckten Vortragsmanuskript, der auf die Reaktionen aus volkskundlichen Kreisen einzugehen suchte.

375 Zu Rumpfs Theorie der konzentrischen Lebenskreise cf. die Ausführungen im folgenden Abschnitt.

376 Ebd., p.422

377 Ebd., p.428

378 Rumpf 1932

379 Ebd., p.204

ziales Lebenskreis-System«[380] beruht (Familie, Gemeinde und Staat erscheinen als konzentrische gesellschaftliche Grundgrößen, bzw. »geborene Sozialformen«). Eine besondere, zentrale Rolle kommt darin der Gemeinde als »örtlicher Zusammenfassung und übergreifende Ordnung« zu,[381] als deren »Kernbereich« Rumpf die moderne Großstadt bezeichnet. Ja, diese beeinflußt als »Nahraum« das einzelne Individuum wesentlich nachhaltiger als der Staat bzw. das Staatsgebiet als »Fernraum«.[382]

Die moderne Großstadt ist aber für Rumpf nicht nur durch geborene, sondern ebenso durch »gekorene Sozialformen« geprägt bzw. verfaßt: Besonders die Verbandsformen verfügen hier über eine große Ausdehnung und starke Bindekraft. So erweisen sich namentlich die Hauptverbände wie Partei oder Gewerkschaft als »eigentliche soziale Saugverbände«. In ihrer Gesamtheit bewirken die Einzelverbände »so etwas wie eine gesellschaftliche Lebensintegration im Bereich des freien Soziallebens« und zwar im Gegensatz zur Trias Familie – Gemeinde – Staat in dynamischer Form.[383]

Als drittes verfügt für Rumpf die moderne Großstadt über eine Eigengestalt: Sie ist zwar »zunächst einmal auch Gemeinde, aber sie ist darüber hinaus noch etwas ganz Eigenes.« In diesem Eigenen – verstanden als Gegenwart und nächste Zukunft – gleichen sich sämtliche Großstädte in einem Allerweltsgesicht, die Analyse einer einzigen kann daher exemplarisch für alle weiteren stehen.[384] Zuvorderst manifestieren sich diese Eigenarten in »rationalem Gehalt und rationaler Gestalt«: Die (exemplarische) Großstadt erscheint als »naturfern« bzw. »naturwidrig«, da sie vom organischen Leben abgerückt ist und sich der »Gültigkeit der kosmischen Naturumschwünge« weithin entzieht.[385]

Denaturiert, wie sie negativ weithin ist, ist die rationale Großstadt positiv weithin technifiziert. (Rumpf 1932:209)

Für diese mit Rumpf positive Sicht und Eigenheit legt besonders die Industrie und speziell die Maschine als reales wie symbolisches Bild eindrücklich Zeugnis ab: Mensch und Maschine bilden im Betrieb eine – auf die alles gebietende Maschine hin angelegte – »technische Wirkungseinheit« und zwar sowohl auf dem industriellen wie dem Dienstleistungssektor. Die Großstadt erscheint so als Stätte rastloser, rationaler Berufs- und Betriebs-

---

380 Ebd., p.202
381 Ebd., p.204
382 Cf. ebd., p.219
383 Alle: ebd., p.205f
384 Ebd., p.207
385 Ebd., p.208f

Arbeit, als »Erzieherin zu (...) rational vereinseitigter, technifizierter Arbeitsweise und Wesenheit«:[386]

Der Betrieb, der rationale Betrieb als einer der bezeichnendsten und hauptsächlichsten Aufbaufaktoren innerhalb der modernen Großstadt als einer ihre Stadtbewohner und ihr Stadtgebiet, Menschen, Menschenmassen und Raum, möglichst intensiv ausgenutzten, möglichst raffiniert ausgestalteten Raum einschließenden und zu einer persönlich-sachlichen, sozialkultürlichen Form zusammenfassenden großen Lebenseinheit. (Rumpf 1932:213)

Aber auch als Raumgebilde erscheint Großstadt als rationale Form, für welche die Metapher der Riesenmaschine den adäquaten Ausdruck darstellt.[387]

Mit zu den metropolitanen Eigen-Arten gehört aber auch die Ausformung des Freizeitbereichs: Rumpf sieht diese in der Großstadt oft auf – politische, sportliche etc. – »Massenerlebnisse«, die ein hohes Maß an disziplinierender und disziplinierter Ordnung verlangen, ausgerichtet, oder aber durch Faktoren wie Presse oder Mode geprägt.[388]

Besonders diese verschiedenen Formen der Eigengestalt sind es, die eine nachhaltige Prägekraft auf den Menschen ausüben, ja die »Großstadt als Lebensform« recht eigentlich bestimmen:

Der Großstädter entspricht seinem Wesen nach dem ›zivilisatorischen Lebenstypus‹. Für diesen aber ist kennzeichnend eine vergleichsweise weite Entfernung von der Natürlichkeit des Lebens früherer Zeiten und einfacherer Kulturen, eine starke Technifizierung und Versachlichung und Rationalisierung seiner Welt, die dabei, da Leben immerdar in Einklang zu kommen strebt mit seiner Welt, zugleich all diese neuen Eigenschaften auch allen beteiligten Menschen, allen Großstädtern mitzuteilen weiß. Dabei ist die Massenhaftigkeit des großstädtischen Lebens auf der einen Seite das Medium, in dem sich jenen Eigenart zivilisatorischen Lebens um so leichter und sicherer allen daran teilhabenden Menschen mitteilt, auf der anderen Seite ist sie aber auch der unmittelbare Ausdruck einer höchst extensiven und zugleich höchst intensiven und überaus mannigfaltigen und vielverflochtenen Vergesellschaftung des Großstadtlebens. (Rumpf 1932:216f)

---

386 Alle: ebd., p.212f
387 Ebd., p.214
388 Ebd., p.215f

2.4.2 Städtisches Leben im Spannungsfeld zwischen »sensueller Vigilanz« und »emotionaler Indifferenz«. Zu Willy Hellpachs Verortung der Wahrnehmung des Großstädtischen

Stellt Rumpf der Großstadtskepsis der Volkskunde eigene, im Fach nur wenig aufgenommene Zugänge entgegen, so wurden die Ansätze Willy Hellpachs, Sozialpsychologe und recht radikaler Großstadtfeind, von der Volkskunde der Zeit, aber auch darüber hinaus weiterum geschätzt und rezipiert. In verschiedenen Schriften, vorab aus der Zeit zwischen 1935 und 1945 (aber auch schon früher)[389] setzt sich Hellpach mit der Stadt auseinander und deckt dabei ein Themenspektrum ab, das von Fragen der Großstadtwahrnehmung über solche der kulturellen und sozialen Integrationsmechanismen bis hin zu ethnophysiognomischen und erbbiologischen Darstellungen reicht.[390] Der Umgang mit den Schriften Hellpachs ist gerade aus der Tatsache heraus, daß dieser großstädtische Fragestellungen mit solchen der »Rassenforschung« im nationalsozialistischen Fahrwasser verknüpfte, nicht einfach. Die lange Nachwirkung Hellpachs macht aber doch nötig, zumindest auf ausgewählte und weiter rezipierte Gesichtspunkte einzutreten.

Am nachhaltigsten dürften wohl – was die Langzeitwirkung anbelangt – Hellpachs Überlegungen zu »Mensch und Volk in der Großstadt«, erstmals 1939 und in erweiterter (d.h. auch vom offensichtlichsten ideologischen Beiwerk befreiter) Fassung 1952 erschienen, gewirkt haben.[391] Sie stellen den Versuch dar, Großstadtspezifisches als »sozialbiologische Vorgänge« zu ergründen und zwar ausgehend von der Einstellung, daß Stadt vor allem »schädigend, widernatürlich und volkszerrüttend erscheint«[392]. In der Zeit selbst waren darüber hinaus auch die an vielgelesener Stelle publizierten Überlegungen zum »Volkstum der Großstadt« rezipiert worden,[393] in denen

---

[389] Z.B.: Willy Hellpach, Sozialpathologie als Wissenschaft. In: Archiv für Sozialwissenschaft und Sozialpolitik, Jg.21 (1905), p.275-307 (zur städtischen Nervosität)

[390] Nebst den im folgenden kurz besprochenen Arbeiten etwa: Willy Hellpach, Ethno- und geopolitische Bedeutung der Großstadt. In: Zeitschrift für Geopolitik 13 (1936), p.226-234; Willy Hellpach, Die Beschleunigung der Erlebniszeitmasse (»Psychophysische Akzeleration«) beim Großstadtmenschen. In: Bernhard de Rudder/Franz Linke (Hg.), Biologie der Großstadt. Dresden/Leipzig 1940 (Frankfurter Konferenzen für medizinisch-naturwissenschaftliche Zusammenarbeit. IV. Konferenz am 9. und 10.5. 1940), p.60-74, u.a.

[391] Hellpach 1952. Auf ein vergleichendes Eingehen auf die erste, 1939 erschienene, an nationalsozialistischen Versatzstücken reiche Auflage, wird hier verzichtet.

[392] Ebd., p.3

[393] Hellpach 1935. Dieser kurze Abriß, der sich v.a. der »ethnoplastischen Leistung« der Großstadt widmet, wurde, wie auch die eben angeführte Darstellung, besonders bei

v.a. die »ethnoplastische Leistung«[394], die, modern ausgedrückt, »soziale und kulturelle Integrationsleistung, welche eine Stadt zu erbringen«[395]hat, dargelegt werden.

Hellpachs Auseinandersetzung mit großstädtischen Fragestellungen[396] dienten besonders zwei Hauptzwecken:

Gerade also auch der grundsätzliche Gegner der großen Stadt wird zwar in dem Bemühen nicht ermatten, ihr soviel Volk wie möglich zu entwinden und in ein ländliches Dasein zu überführen oder darin zu bewahren, aber ebenbürtig dem wird sein Bemühen sein, die Lebensbedingungen der großen Stadt zu verbessern für alle, die in ihr leben müssen. (Hellpach 1952:3)

Interessant erscheinen Hellpachs Darstellungen vor allem deshalb, weil er nicht nur darauf bedacht war, die Schädlichkeit der Stadt bzw. großstädtischer Bedingungen zu ermitteln um diese »wirksam zu bekämpfen«[397], sondern besonders auch, weil Hellpach die Frage nach der Stadtwahrnehmung, nach den »sozialbiologischen« Veränderungen durch das Leben in der Stadt anging. Nur dieser ausgewählte, allerdings auch am nachhaltigsten weiterwirkende Aspekt soll im folgenden kurz dargestellt werden.

Als Grundbefindlichkeit des modernen, großstädtischen Menschen sieht Hellpach einen »Überreizungszustand«, »Nervosität«, »eine veränderte Art, auf die äußeren Reize anzusprechen, sie zu erfassen und zu verarbeiten.«[398] Deren Ursachen sind auf verschiedene Faktoren zurückzuführen. So einerseits auf »biochemische« Momente, d.h. »ausgeprägte Besonderheiten von Stadtluft und Stadtboden«[399] – sei dies das Fehlen »der beruhigenden Land-

---

einer skeptisch gegenüber der Großstadt eingestellten Volkskunde rezipiert und verarbeitet.

[394] Hellpach 1939:109

[395] Korff 1983:344. Belege wie dieser, die Hellpach zwar richtig, aber als reines Schlagwort außerhalb des Erörterungszusammenhanges darstellen, haben mit zu einer doch insgesamt eher verharmlosenden Rezeption Hellpachs beigetragen (wenngleich Korff im selben Aufsatz etliche Male auch ausführlicher auf Hellpach Bezug nimmt – immer aber in »positiver« Umsetzung der Hellpachschen Darstellungen). Auf der anderen Seite ist es dem Hellpach-Bild letztlich ebensowenig zuträglich, wenn mit genau derselben Methode Hellpachs fragliche Positionen in der NS-Zeit umrissen werden, wie dies Scholze 1990:90f tut.

[396] Sowohl im Vorwort zu Hellpach 1939 (p.6.) als auch in seinem Aufsatz von 1935 betont Hellpach »aus klarbewußter Wahl dem Lebensschicksal, in einer großen Stadt das Dasein zu verbringen, aus dem Weg gegangen« zu sein. (1935:639)

[397] Hellpach 1952:4. Im Vordergrund stand dabei – auch 1952! – die Frage nach möglichen »Abartungen« bzw. einer »ungünstigen Verschiebung der Arterhaltung« (p.4).

[398] Alle: ebd., p.69. Der Sachverhalt ist in seinen Grundzügen bereits im oben angeführten Aufsatz von 1905 formuliert.

[399] Hellpach 1935:643

schaftsfarben«, das infolge Gebäudedichte und Luftverschmutzung »Schwin-
den des Einflusses des Ultraviolett«[400] – besonders aber auf »sozialphysische
Standorteigentümlichkeiten der Stadt«[401]. Faktoren wie »Enge« und »Ge-
dränge«, »Gewühl«, hervorgerufen durch die »dynamischen, flutenden Menschenmassen« »auf der Straße«, »in den Kaufhäusern«, »in den Straßenbah-
nen« bewirken einen permanenten Wechsel von Wahrnehmungsimpul-
sen.[402] Die Wahrnehmung ihres Lebenskreises durch die großstädtische
Bevölkerung, bzw. die Modellierung der Bevölkerung durch die großstädtischen Gegebenheiten folgt denn auch eigenen Gesetzmäßigkeiten:

> *In der großen Stadt muß einer immerfort die Möglichkeit, vorwärts zu kom-*
> *men, wahrnehmen; die Sinne müssen bewußter sich öffnen und einem viel*
> *rascheren Wechsel von vorüberflitzenden Einheiten gewachsen werden.*
> *(Hellpach 1952:69)*
> *Die Großstadtsinne müssen mit höchst verkürzter Auffassungs- und Reakti-*
> *onszeit arbeiten. (...) Die Beobachtungsweise des Großstadtmenschen ist*
> *rasch und scharf, aber sie kann, denn sie darf, weder tief noch innig sein. Je-*
> *der der zahllosen Eindrücke ist nur dazu da, um erfaßt und bewältigt zu*
> *werden, keiner aber, um festgehalten und bewahrt zu werden. Der Gesam-*
> *tinnenzustand, der sich auf solche Art entfaltet, die ›sensuelle‹ Disposition des*
> *Großstädters, wird vorzüglich mit dem Wort ›Reizsamkeit‹ bezeichnet.*
> *(Hellpach 1952:71)*

Großstadt zeichnet sich demnach für Hellpach dadurch aus, daß in ihr permanent ein Überangebot an Reizen besteht, welche es zu verarbeiten gilt.
Dieser permanent überforderte bzw. überfütterte Reizhaushalt der Stadtbewohnenden wirkt sich prägend aus auf die Wahrnehmung: Schnelligkeit,
Kürze, hoher Verarbeitungsgeschwindigkeit der Reize stehen die Unmöglichkeit von Erinnerungen und Innigkeit und ein Mangel an Vertrautheit
entgegen. Diese Ansicht deckt sich in ihren Grundzügen mit derjenigen
Georg Simmels,[403] unterscheidet sich aber insofern, als Hellpach eine starke
Vielfalt in der Wahrnehmung annimmt, die zu einem »Bruch in der Psy-
chophysis«[404] des Großstadtmenschen führt:

> *(...) nirgends sonst (sind) so viele Mitmenschen äußerlich so nahe und inner-*
> *lich so fern, ihre Augen füreinander so aufgetan und ihre Gemüter füreinan-*
> *der so verriegelt. (Hellpach 1953:73)*

---

[400] Hellpach 1952:49; ähnlich auch 1935:643
[401] Cf. ebd., p.68; das Zitat: Hellpach 1935:642
[402] Hellpach 1952:67; ähnlich auch 1935:642
[403] Zu Simmel cf. unten, Kap. 5.2.2
[404] Hellpach 1952:73

Die »Sozialpsychophysis des Großstadtmenschen« ist demnach geprägt durch die beiden Pole »emotionale Indifferenz« - in der Art einer routinierten Abgestumpftheit bzw. habitualisierten Apathie passivierender Schutzmechanismus - und »sensuelle Vigilanz« - als schnelle, nicht zuletzt im Arbeitsleben gewonnene, Auffassungsgabe und Reaktionsvermögen, Wach- und Offenheit aktive Handlungsfertigkeit.[405]

Was für die Reize gilt, trifft auch für die Sinne zu: Auch das sinnliche Empfinden paßt sich den großstädtischen Realitäten an. Es kommt im urbanen Kontext zur Herausbildung einer unnatürlichen, »höheren Sensitivität« und »Rationalität« der im ländlichen Bereich natürlich-instinkthafte, gesunde Sinne entgegenstehen.[406] Der Großstadt wohnt so nach Hellpach eine gesetzmäßige Kraft zur Veränderung inne, die trotz aller Skepsis nicht nur negativ bewertet werden darf:

> *Die Großstädte, sie mögen sonst auf dem Gewissen haben, wieviel und was sie wollen, verrichten doch auch eine hochwichtige Volkstumsarbeit. (...) Sie formen Redeweise und Gehaben, Temperament und Antlitz immer wieder landschaftlich und gliedern alles das doch dem seine Landschaften übergreifenden Reich ein. Menge und Enge, Dünne und Blässe, lauter Großstadtnachteile, wie es scheint, bergen in sich, wie wir gesehen haben, gerade auch volkstumsbewahrende Kräfte (...). (Hellpach 1935:643)*

Mit der Verstädterung einher geht vielmehr auch ein «psychophysischer Urbanisierungsprozeß», der nicht nur allgemeines städtisches Verhalten und urban-massenhafte Verfaßtheit, sondern auch eine jeweilige stadt- bzw. stadtlandschaftliche Prägung vermittelt:

> *Wandert man durch unsere großen Städte, rastet man in ihren Innen- und Außenvierteln, weilt man unter ihren Menschen (...) so ist man überrascht von dem ausgesprochenen ›Gepräge‹, von dem echten ›Gesicht‹, das ein jedes dieser riesenhaften Gemeinwesen uns zeigt, nämlich dem Menschenantlitz, nicht nur der ›architektonischen Physiognomie, dem landschaftlichen oder baulichen Gepräge. (Hellpach 1935:639)*

Die Existenz dieser spezifischen »Städtephysiognomien«[407] führt Hellpach auf eine gesetzmäßige soziale, kulturelle, sprachliche, aber eben auch enger physiognomische Integrationskraft zurück.

> *Die Sozialpsychologie (...) kennt ein unerbittliches Gesetz, nachdem diese Umwandlungen vor sich gehen. Es heißt (...) das Carpentersche Gesetz und*

---

405 Ebd., p.74f
406 Ebd., p.69f
407 Hellpach 1935:639

besagt, daß jede Wahrnehmung eines Tuns in uns einen fast unwiderstehli-
chen unbewußten Antrieb zum Mittun erregen. (Hellpach 1935:641)

In diesem »Anähnelungsprozeß«, der durchaus auch nivellierende Züge tragen kann, sieht Hellpach eine Kraft der Großstadt gegeben, »die trotz aller
unvermeidlichen Gleichschaltung dem Volkstum seine Eigenfarbe bewahren
helfen« kann.[408] Daß Hellpach dann aber just in diesem Zusammenhang
auf erbbiologische Fragestellungen zu sprechen kommt, belegt die Zwei-
schneidigkeit und immanente Stoßrichtung seiner Ausführungen.

Hellpachs Ansichten stehen so des öfteren, das sei abschließend bemerkt,
in gefährlicher und nicht unverfänglicher Nähe zur NS-Ideologie, welche
Großstadtfeindlichkeit mit Intellektuellen-Haß kombiniert. Trotz dieser fatalen Entwicklungslinien stellt Hellpachs Leistung v.a. in Sachen Wahrneh-
mungstheorie einen zwar negativ eingefärbten, aber in einzelnen Punkten
nicht umgehbaren Versuch der Auseinandersetzung mit Phänomenen der
Großstadt dar, der im übrigen in der Volkskunde schnell aufgenommen
wurde.[409] Seine Ausführungen weisen nach hinten auf Riehl und Simmel;
nach vorn hingegen nicht nur direkt auf Bach[410], sondern daneben auch bis
hin zu Richard Weiss, der die Natürlichkeit städtischer Lebenswelten auch
nur in bedingtem Maß sah.

2.4.3 Stadt als «Unort». Zur Darstellung der Stadtproblematik
im »Wörterbuch der deutschen Volkskunde«

Großstadtskepsis braucht nicht in derart prägnanter, expliziter Form wie bei
Hellpach vorgebracht zu werden, sie äußert sich vielmehr häufig ›bloß‹ in
einer eingeschränkten Berücksichtigung einzelner Themenbereiche bzw. Zugänge, wie das etwa der Linzer Stadtvolkskunde von Hans Commenda eigen
ist. Geradezu exemplarisch für diese implizite Großstadtskepsis sind die
Einträge in Erich und Beitls »Wörterbuch der deutschen Volkskunde«[411].
Stellt eine Vielzahl von Stichworten oft nur ein Kondensat der diesbezügli-

---

[408] Ebd., p.642f
[409] Arthur Haberlandt, Großstadtvolkskunde. In: Wiener Zeitschrift für Volkskunde, Jg.
15 (1935), p.49-50 reagiert begeistert und unmittelbar auf Hellpach 1935 und
streicht v.a. die Existenz von »Volkspersönlichkeiten« der Großstädte hervor. (Zu
Haberlandt cf. Olaf Bockhorn, Von Ritualen, Mythen und Lebenskreisen: Volkskunde im Umfeld der Universität Wien. In: Jacobeit/Lixfeld/Bockhorn 1994, p.477-
526)
[410] Cf. Kap. 2.4.4
[411] Erich/Beitl 1955; Erich/Beitl 1974. Die erste Auflage von 1936 verweist unter der
Eintragung »Stadt« lediglich auf das Lemma »Bauer«.

chen Lemmata im »Handwörterbuch des deutschen Aberglaubens«[412] dar, so sind gerade die Einträge zur Problematik der Stadt als volkskundlichem Themenfeld von besonderem Interesse. Sie waren, da im HdA ein entsprechendes eigenes Stichwort fehlt, nicht nur neu zu konzipieren, mit Richard Beitl war auch ein auf städtischem Gebiet ausgewiesener Fachvertreter für die Bearbeitung zuständig.

Wer nun indessen in dem für die zweite Auflage neu erstellten Eintrag ein ausgewogenes Eingehen auf die ja ohnehin beschränkte Breite und Fülle volkskundlicher Ansätze der Stadtbetrachtung erwartet, wird enttäuscht. Nicht nur sind die Texte zu dem an Wichtigkeit doch zunehmenden und sich inhaltlich – wenn auch eher gemächlich – fortentwickelnden Forschungsbereich »Stadt« zwischen der zweiten Auflage aus dem Jahr 1955 und der dritten von 1974 praktisch identisch, sondern bereits die Ausführungen aus der Mitte der fünfziger Jahre stehen in einer eher überkommenen wissenschaftlichen Tradition: Nach einem langfädigen Abriß zur Geschichte des Städtebaus im Abendland erfolgt als erstes die u.a. auf Riehl zurückweisende Trennung in »natürliche« und »künstliche Städte«. Während jene geplant oder gewachsen sind, werden als Beispiele für letztere besonders die »wildwüchsigen Verkehrs- und Industriesiedlungen des 19. Jahrhunderts« und gegenwärtig die »Orte mit rasch wachsender Fremdenindustrie« dargestellt. Als illustrativ für die inhaltliche Ausrichtung erscheinen aber besonders die Versuche, »Stadt« begrifflich zu umschreiben. Trotz der Einsicht, daß bei volkskundlicher Betrachtung »das Wesen der Stadt nicht in der Größe der Siedlung, sondern in deren innerem Gefüge liegt«, definiert sich Stadt im Sinne Erich/Beitls fast ausschließlich in Abhebung zum Land:[413]

> *Die Volkskunde wird Stadt als eine Siedlung bezeichnen, in der die Bewohner in ihrer wirtschaftlichen, kulturellen und politischen Betätigung sich ganz oder teilweise von der unmittelbaren Bindung an die umgebende landwirtschaftliche Nährfläche und an die dieser eigentümlichen traditionellen Volksgemeinschaft gelöst hat. (Erich/Beitl 1955:724; 1974:767)*

Konkreter zu städtischen »Wesenszügen« fallen dann aber Ausführungen zu wichtigen Merkmalen der Stadt aus:

> *Kapitalsanhäufung, Entfaltung besonderer Wirtschaftszweige, Arbeitsteilung, hoher Lebensstandard (Komfort), scharfe Auslese der »Tüchtigsten«, aber*

---

412 Handwörterbuch des deutschen Aberglaubens. Herausgegeben unter besonderer Mitwirkung von E. Hoffmann-Krayer und Mitarbeit zahlreicher Fachgenossen von Hanns Bächtold-Stäubli. Berlin/Leipzig 1927ff

413 alle Zitate: Erich/Beitl 1955:724; 1974:767 (Abkürzungen aufgelöst)

auch Lösung vom eigenen Grund und Boden, Aufgabe des Heims und der Familie, die Ablehnung des Kindes, die Entwicklung der Bildung in die zivilisatorische Breite. (Erich/Beitl 1955:724; 1974:767)

Mit dieser negativen dominierten Kennzeichnung tritt die selbst hinter Hellpach zurückreichende Skepsis gegenüber der Großstadt nur zu deutlich hervor. Folgerichtig wird denn auch auf mögliche Gegenbewegungen zur Verstädterung hingewiesen: »Kleingartenkultur«, »Stadtrandsiedlungen mit Einfamilienhäusern«, »Anlagen und Sportplätzen«, »Eigentumswohnungen« und die »Wander- und Jugendbewegung« werden als dem Geist der Großstadt entgegenwirkend empfohlen.[414]

Der Umgang mit urbanen Problem- und Fragestellungen im einschlägigen (und bis heute einzigen) volkskundlichen Handbuch ist im Grunde genommen keiner. Gönnerhaft wird etwa, unter Hinweis darauf, daß die »allzu lange ausschließlich verfolgte historisch-philologische Forschungsrichtung« die Stadt und zumal die Großstadt »erst in den letzten Jahrzehnten in den Vordergrund des Blickfeldes« hätten treten lassen, hervorgehoben:

Es hat seinen Sinn, wenn ›Großstadtvolkskunde‹ oder ›Gegenwartsvolkskunde‹ nachdrücklich gefordert werden, obwohl diese Bereiche in einer Begriffsbestimmung der Volkskunde als Geisteswissenschaft eingeschlossen sind. (Erich/Beitl 1955:725; 1974:768; Abkürzungen aufgelöst)

um dann aber ausschließlich auf Forschungen hinzuweisen, die »auch die Großstadt als Volksiedlung mit angestammter und bewahrter Tradition verstehen lehren.« Berlin als Hort des Kinderbrauches, »die Bodenständigkeit eines großen Teils der Arbeiterkreise der Industriestädte,« Wien als »der größte Weinort Niederösterreichs«[415] sollen Stadt und volkskundliche Stadtforschung charakterisieren. Diese Beschränkung auf traditionalistisch-gemeinschaftliche Sichtweisen wird selbst bis in die ausführlichen Literaturangaben hinein verlängert. Zwar wird auf etliche soziologische oder soziographische Arbeiten hingewiesen, dafür fehlen etwa die Arbeiten von Schreiber, Spamers Untersuchungen zur Tätowierung oder in der Auflage von 1974 trotz einem Stichwortverweis »Vertriebene« die Untersuchung von Bausinger/Braun/Schwedt zu »Neuen Siedlungen«[416].

---

[414] alle Zitate: Erich/Beitl 1955:724; 1974:768 (Abkürzungen aufgelöst). Das Programm erinnert in fast allen Punkten an Klappers (Klapper 1935) volkserzieherische bzw. großstadtreformerische Vorschläge.
[415] Alle: Erich/Beitl 1955:725; 1974:768 (Abkürzungen aufgelöst)
[416] Bausinger/Braun/Schwedt 1959

2.4.4 »Primitivität des modernen Großstadtmenschen«?
Adolf Bachs Auseinandersetzung mit städtischen Fragestellungen

Erscheinen die Ausführungen im »Handbuch der deutschen Volkskunde« kaum der Problematik »Stadt« angemessen und in der Nähe verharmlosender Ausgrenzung städtischer Problemfelder, so stehen die Überlegungen Adolf Bachs zur »Volkskunde der deutschen Großstadt« bzw. zum »Volkstum des dt. Großstadtmenschen«[417] der Großstadt explizit »feindlich« gegenüber: Großstadt erscheint als ein Problemfall mit nur wenigen positiven Seiten, im Zentrum aber steht die »Primitivität des modernen Großstadtmenschen«[418]. Bachs Äußerungen, so verdeutlicht wohl schon die eben angeführte Kernstelle, sind nicht unproblematisch, sie sind, auch 15 Jahre nach Ende des Zweiten Weltkriegs einer stellenweise bedenklichen Volkstumsideologie verpflichtet und Beleg für das »Weiterleben volkspsychologischer Theorien nach 45«[419]. Dennoch: Bach steht nicht nur als Apologet Hellpachs , sondern als Vertreter einer insgesamt nicht zu unterschätzenden Strömung im volkskundlichen Schaffen der Nachkriegszeit – und als skeptischer Befürworter volkskundlichen Arbeitens in der Stadt.[420]

Der »›Großstädter‹, dieses ›ebenso großartige wie bösartige Phänomen‹« erscheint für Bach in enger Anlehnung an Hellpach einerseits geprägt durch die »physikalischen Lebensumstände«, andererseits und besonders aber durch die »Massendynamik, die sein Dasein ›durch Faktoren der Menge, der Enge der Fremdheit und des Wechsels beherrschen‹«. »Sensuelle Vigilanz‹« und ›»emotionale Indifferenz‹«, Spannungen zwischen Nivellierung und Subjektivität sind die Folge.[421] Läßt sich Bach bis hierhin noch von den Überlegungen Hellpachs leiten, so hebt er im folgenden bloß noch auf Schlagworte massenpsychologischer, negativer Stadtbe- bzw. -verurteilung

---

[417] Bach 1954; Bach 1960. Die Texte sind, von einigen unwesentlichen Kleinigkeiten abgesehen, identisch. Die Fassung in der »Deutschen Volkskunde (Bach 1960) ist jedoch mit genauen Nachweisen und Literaturhinweisen versehen. Im folgenden wird nur aus diesem Werk zitiert.

[418] Bach 1960:593

[419] Gerndt 1995:57 mit explizitem Bezug auf Bachs Äußerungen zur Volkskunde der Großstadt.

[420] »Dennoch ist nicht einzusehen, warum nicht Weltbild und Wesensart des dt. Menschen und seiner landschaftlichen Spielarten (...), selbst angesichts der Vermassung der großstädtischen Menschen erforscht und warum sie und die dt. Menschen des platten Landes, mit denen sich die Dt. Volkskunde lange vorzugsweise beschäftigt hat, nicht zu wechselseitiger Erhellung in fruchtbarer Weise unter den gleichen Gesichtspunkten betrachtet werden können, wie weit sie u.U. in Weltbild und Wesensart auseinandergehen mögen.« (Bach 1960:589)

[421] Alle: ebd., p.589

ab. »Verstädterung, Proletarisierung, Vermassung und Nihilismus« werfen
einen »tiefen Schatten« und sind verantwortlich für die »geistige Entwurzelung des Großstadtmenschen« – die »Auflösung« beispielsweise der »Heilig-
keit der Ehe« und der Familie, die »Erschlaffung« kirchlicher Bindungen,
den Bedeutungsverlust der stützenden und kontrollierenden Sitte – die
damit auch soziale Entwurzelung ist.[422] Damit ist die kultur- und urbanpes-
simistische Philippika aber noch nicht erschöpft. Vielmehr führt erst die
soziale und geistige Entwurzelung zur »Entfesselung der primitiven Urin-
stinkte«, was wiederum zum Ansteigen der Kriminalität führt. Im Vordergrund des materialistisch durchtränkten, städtisch-alltäglichen Lebens steht
so nur noch der »Kampf ums nackte Überleben«, steht seelische Überrei-
zung: Kurzum: diese Entwicklung kulminiert in der »Primitivität des modernen Großstadtmenschen«.[423]

Diesen negativen Seiten der »Formung des Großstadtmenschen durch
Verstädterung und Vermassung«[424] stellt nun Bach doch noch positive Werte gegenüber: Zunächst pauschal eine »instinktive oder bewußte Abwendung« von den großstädtischen Entwicklungen, sodann mit Hellpach die
Existenz bzw. das Aufkommen von Gemeinschaftsgefühl und Gemein-
schaftsbindung durch die integrative Kraft eines »städtischen Selbstbewußt-
seins«, Stadtteile als gemeinschaftliche Einheiten, Spielgemeinschaften,
Nachbarschaftshilfe und das Vereinswesen als Ausdruck gemeinschaftlicher
Bindungen bilden die positiven Momente dieser ansonsten negativen Bi-
lanz.[425]

Auf diese, die Urbanität und ihre Auswirkungen auf die großstädtische
Bevölkerung – oder mit Bach den »besonderen Menschentyp« – »erörtern-
den« Darlegungen läßt Bach in einem zweiten Teil »soziologisch-geogra-
phische« Überlegungen zu einer »Gruppierung und Gliederung des in den
Großstädten lebendigen Gemeinschaftsgutes«, d.h. zur Existenz »räumlicher
Gemeinschaften«, folgen:[426]

Großstädtische Verfaßtheit wird demnach mitgeprägt durch die Zugehörigkeit zum abendländischen Kulturraum (so v.a. in Kleidung, Wohnen,
Nahrung Unterhaltung),[427] zu nationalen Einheiten (politisch, sozial, bil-
dungsmäßig, sprachlich) und zu landschaftlichen Gemeinschaften (wirtschaftlich, konfessionell, Migrationsradien, geographische Gestalt).[428] Nicht

---

[422] Alle: ebd., p.591
[423] Alle: ebd., p.592f
[424] Ebd., p.600
[425] Alle: ebd., p.594f
[426] Alle: ebd., p.596
[427] Ebd., p.596f
[428] Alle: ebd., p.597f

zuletzt läßt nach Bach »jede Großstadt (...) individuelle Züge erkennen«, die Zusammenstellung bei Bach erweist sich aber bald als Sammelsurium von Stereotypen und Gemeinplätzen.[429]

Gegen Bachs Äußerungen zu urbanen Fragestellungen wurden, was bedenklich scheint, im fachlichen Kontext keine kritischen Stimmen laut. Niemand äußerte sich gegen die vergröbernde Aneinanderreihung kulturpessimistischer, massenpsychologischer Schlagworte, gegen die undifferenzierte und unkritische Weiterführung volkspsychologischer Ansätze. Mit seiner Sichtweise stand Bach aber auch keineswegs mehr im Zentrum des volkskundlichen Diskurses. Hier gerieten vielmehr zum selben Zeitpunkt die erstarrten Sichtweisen allmählich in Bewegung.

---

[429] Cf. ebd., p.598-600 (Zitat p.598)

3 Forschungsgeschichtlicher Abriß II: Vom Dorf in der Stadt zu urbanen Orten

Adolf Bachs (in ihrer Radikalität weit über diejenigen beispielsweise von Richard Weiss hinausgehenden) Ansichten, wonach Städte einseitig als Gefüge massenhafter, wenig differenzierter und differenzierbarer, traditionsloser Menschenballungen erscheinen, bilden den Schluß- und Höhepunkt eines Fachverständnisses, das urbane »Massenkultur« der eigentlichen Volkskultur entgegensetzt und als traditionslos aus dem Gegenstandsbereich der Volkskunde weitgehend ausgrenzt.

Daß gleichwohl auch für eine ›Großstadtvolkskunde‹ plädiert wurde, (so von Max Rumpf, Adolf Spamer, Willy Hellpach, Adolf Bach), war nur scheinbar fortschrittlicher. Denn dabei sollte es sich um die Beschreibung großstädtischer Massenkultur ohne soziale Differenzierung und folglich auch ohne Herleitung aus gesellschaftlichen Konstellationen und wirtschaftlichen Machtverhältnissen gehen, auf die allenfalls beiläufig verwiesen wurde. (Assion 1994:244)

3.1 (Um-)Wege zur Stadt

Auch wenn solche Sichtweisen nicht allenthalben geteilt wurden, so läßt sich ein wirklicher Fortschritt auf dem Feld der (Groß-)Stadtvolkskunde erst im Zusammenhang mit der Herausbildung neuer Ansätze im gesamten fachlichen Kontext beobachten. Dabei gilt es vor allem zwei Stränge zu diskutieren, die auf ganz unterschiedliche Weise der Volkskunde und auch der Volkskunde der Stadt – selbst ohne das Vorhandensein größerer selbständiger Arbeiten – neue Wege wiesen, aber doch größerenteils nebeneinander her liefen.

3.1.1 »Grundstrukturen des Volkslebens«

Sozioökonomische Fragestellungen, wie sie Peter Assion u.a. in Adolf Bachs Ausführungen zur Stadt vermißt, fanden erst über das Wirken der sogenannten »Münchner Schule« dauerhaften Eingang in die Volkskunde.

Zwar sind nur relativ wenige Arbeiten der Münchner Schule allein spezifisch städtischen Phänomenen gewidmet, doch hat deren ständige Mitbe-

rücksichtigung den Ergebnissen der Münchner Schule ganz andere Durchschlagskraft gegeben. (Mohrmann 1990:133)

Mit ihrer geforderten und praktizierten Einbettung und Einbindung sozioökonomischer, aber auch rechtlicher Fragestellungen als konstitutive Faktoren des – als geschichtlich erkannten, d.h. in den Wechselwirkungen zu den übrigen Entwicklungen, Konstellationen und kulturellen Konfigurationen stehenden – Volkstums haben die beiden Hauptexponenten der »Münchner Schule«, Karl-Sigismund Kramer und Hans Moser[430] einen entscheidenden Beitrag zur Weiterentwicklung der Volkskunde insgesamt geleistet. In der Beurteilung Utz Jeggles:

Das Volksleben in einem abgegrenzten Raum wurde in seiner zeitlichen Gebundenheit beschrieben, der Einfluß von wirtschaftlichen und rechtlichen Gegebenheiten wurde angemessen in Betracht gezogen, das Volkstum zeigte sich nicht mehr als das Gegenüber der Geschichte, sondern als Teil von ihr, ihren Bewegungen untergeordnet und eingefügt. (Jeggle 1994:66)

Die Arbeiten und Ansätze der Münchner Schule trugen wesentlich dazu bei, einer sorgfältig historisch argumentierenden und auf begrenzte Räume hin ausgerichteten Kulturforschung Bahn zu brechen. Nicht überall wurde dies gern gesehen, galt es doch auch für die »Vergangenheitsvolkskunde«, sich endgültig von einer mythologisch-überzeitlichen Sichtweise zu verabschieden. Daß die Ausrichtung auf überschaubare Lebenswelten nicht gerade zur Auseinandersetzung mit Fragen der Stadtvolkskunde animierte, liegt auf der Hand. Dennoch ist für die Untersuchung städtischer Phänomene (und hier schließe ich mich der Wertung von Ruth E. Mohrmann an) zumindest auf den »Lebensstil«-Ansatz Karl Sigismund Kramers hinzuweisen. Sein Bestreben, in einer Bevölkerungsregion, Stadt-Land-übergreifend »die hinter dem Großen und Kleinsten wirkenden Strukturen aufzudecken, die ›Grundstrukturen des Volkslebens‹ bloßzulegen«[431] und mit ihnen den »Lebensstil« zu erfassen, schließt die Betrachtung städtischer Verhältnisse fraglos mitein.

---

[430] Z.B. und v.a.: Moser 1954; Kramer 1961; Kramer 1967. Zur Entwicklung der Münchner Schule cf. Kramer 1989

[431] Mohrmann 1990:133. Kramer faßt unter Lebensstil die »Prinzipien«, die das individuelle wie das gemeinschaftliche Leben determinieren: »Sie sind bestimmbar als formgewordene, an Erfahrungen gereifte, durch Tradition gefestigte (auf die Gemeinschaft bezogene und für den einzelnen in der Gemeinschaft) verbindliche Gebärden und Regeln normativen Charakters. Sie manifestieren sich in der Art und Weise, wie das Volk sein Leben führte, wie es Krisen meisterte (oder vor ihnen versagte), wie es sich zu bewähren suchte im Spannungsfeld zwischen eigenem Wollen und den von außen wirkenden Kräften, wie es Feste feierte, Freud und Leid auf sich nahm und zwischen Altem und Neuem wägend schied, wie es arbeitete und wie es seinen Glauben lebte.« (Kramer 1967:279)

Obwohl die Größe »Stadt« weder im Schaffen Kramers noch demjenigen
Mosers[432] ein explizites Thema darstellt, ist sie damit doch immer wieder
implizit in das Forschen miteingebunden worden: Lebensstil als Ausdruck,
bzw. »Bezugsbasis« einer Region[433], miteinschließend Stadt und Land, ist
einer jener zentralen Punkte, welche in eine volkskundliche Stadt-Land-
Diskussion eingeflossen sind. Mit Bezugnahme auf Kramer, aber auch auf
weitere theoretische Zugänge, formulierte etwa Helge Gerndti.Gerndt,
Helge; auf dem Volkskundekongreß von 1975 zum Thema Stadt-Land-
Beziehungen:

> *Was ist eigentlich eine städtische Lebensform oder eine städtische Kultur-*
> *form? Ist das jede kulturelle Objektivation, die sich in einer Stadt vorfindet,*
> *oder nur diejenige, die in einer Stadt entstanden ist? Oder kann die – viel-*
> *leicht zufällige – Herkunft aus der Stadt nicht genügen und muß die Ob-*
> *jektivation durch städtische Lebensnormen bedingt sein? Was aber sind die*
> *städtischen Lebensnormen? Wo liegen ihre sozialen, psychischen, räumlichen*
> *und kulturellen Determinanten und welche von ihnen sind die belangvollen?*
> *(Gerndt 1975:36)*

Damit ist die Stoßrichtung und fachliche Wirkkraft dieses einen Teils einer
»erneuerten Volkskunde« bereits angedeutet: Sie führt hin zu der in den
1970er Jahren im Fach intensiv geführten Diskussionen um Stadt-Land-Beziehungen. Vor der Auseinandersetzung mit dieser wichtigen Forschungsrichtung, deren Bedeutung für eine Stadtvolkskunde da und dort übersehen
oder unterschlagen wurde,[434] bleibt aber noch der zweite wesentliche Faktor
volkskundlicher Öffnung darzustellen, und so das für den fachlichen Diskurs der 60er und 70er Jahre kennzeichnende gleichzeitige Nebeneinander
ebenfalls umzusetzen.

3.1.2 Volkskultur in der »städtischen Welt«

Setzten sich die Vertreter der Münchner Schule trotz neuer Ansätze nur
wenig mit gegenwartsbezogenen Fragestellungen auseinander, so kennzeichnet gerade eine solche Öffnung der Volkskunde, weg von den traditionalen
Welten hin zur Gesamtheit alltäglich-gegenwärtiger Ereignisse, eine Volkskunde, wie sie zuerst v.a. im Umkreis des Tübinger Ludwig-Uhland-
Institutes gepflegt wurde. Bereits 1959 erschien von Hermann Bausinger,
Markus Braun und Herbert Schwedt eine Studie zu »Neuen Siedlungen«

---

[432] Sieht man von den oben, Anm. 312 kurz vorgestellten Arbeiten einmal ab.
[433] Gerndt 1975:36
[434] So etwa bei Scholze 1990, wo dieser Bereich fast vollständig ausgeklammert ist.

mit dem programmatischen Untertitel »volkskundlich-soziologische Untersuchungen«.[435] Die Auseinandersetzung mit dem Komplex der Integration
und Assimilation von Kriegsvertriebenen und Ausgesiedelten, d.h. den unfreiwilligen Teilhabern der großen, kriegsbedingten Binnenmigration, in
neuen Siedlungen, die Untersuchung der Neuorientierung sozialer und
kultureller Ordnungen und Strukturen haben auf explizit nur wenig mit der
Volkskunde der Stadt zu tun. Aber auch diese Herangehensweise, die sich in
Siedlungseinheiten von der »Trabantenstadt« mit 17'000 Einwohnern bis
zur »weilerähnlichen bäuerlichen Ausbausiedlung«[436] um die Herausarbei-
tung der Wechselbeziehungen und -wirkungen zwischen Volkskultur und
sozialen Trägern bemüht, indem v.a. die sozialen Gruppen und Beziehungsnetze bzw. Beziehungsgefüge einer schärferen Analyse unterzogen wurden,
bot Möglichkeiten zur Übertragung: Durch die Ausrichtung auf die Verbindungen zwischen materiellen und immateriellen Gütern und bestimmten sozialen Gruppierungen. Im Falle der Neuen Siedlungen und ihrer Bewohnerinnen und Bewohner hieß dies, daß besonders die Wechselwirkungen zwischen den sozio-kulturellen Voraussetzungen und Existenzbedingungen der Neusiedler auf der einen und deren Gestaltung von resp. deren
Einbettung in kulturelle Objektivationen auf der anderen Seite untersucht
wurden; daß im weiteren das Kräftefeld zwischen dem Beharren auf, der
Übernahme und Neugestaltung von Verhaltensweisen, Normen und Wertvorstellungen ebenso angegangen wurde wie die Analyse der Rolle dieser
Verhaltensmuster in der persönlichen Legitimation des Alltags und der gesellschaftlichen Integration.[437]

Neue Ansätze volkskundlichen Denkens und Arbeitens bildeten den Gegenstand der richtungweisenden Studie Hermann Bausingers zur »Volkskultur
in der technischen Welt«,[438] die die Herangehensweise an Phänomene einer
markant veränderten, gegenwärtigen Alltagskultur paradigmatisch fokussier-
te. Stadt, Großstadt, wird in der »Volkskultur in der technischen Welt«
zwar nicht explizit thematisiert, sie bildet aber eine Basisgröße und ein ex-
emplarisches Tätigkeitsfeld, auf welchem sich sowohl der bisherige als auch
der zukünftige Umgang der Volkskunde mit der Gegenwart katalysiert. So
finden sich denn immer wieder Passagen zur Bedeutung der Stadt als volks-

---

435 Bausinger/Braun/Schwedt 1959
436 Ebd., p.12
437 Explizit mit Heimatvertriebenen in großstädtischen Kontexten setzt sich Herbert
    Schwedt, Heimatvertriebene in Großstadtsiedlungen. Untersuchungen zur Gruppen-
    bildung in Stuttgarter Wohngebieten. In: Jahrbuch für ostdeutsche Volkskunde, Jg. 7
    (1962, ersch. 1963), p.11-65 auseinander.
438 Bausinger 1961

kundlichem Forschungsfeld, so etwa in einigen kurzen Bemerkungen zur
Fachgeschichte, in denen Bausinger als mehr oder weniger einzige Vertreter
einer Stadtvolkskunde Leopold Schmidt und Hans Commenda benennt:

> *Die praktischen Arbeiten zur Großstadtvolkskunde sind (...) recht spärlich.*
> *Lange Zeit war der Aufriß zur Wiener Volkskunde von Leopold Schmidt*
> *wohl die einzige geschlossene Darstellung dieser Art; dazu kamen neuerdings*
> *die Volkskunde der Stadt Linz an der Donau von Hans Commenda sowie*
> *einige theoretische Sammelbände* (gemeint ist v.a. die Münchner Nummer
> des Bayerischen Jahrbuchs für Volkskunde aus dem Jahr 1958, ThH),
> *die das praktische Unverhältnis zwischen theoretischer Forderung und prak-*
> *tischer Ausführung auf diesem Gebiet nicht wesentlich mildern.* (Bausinger
> *1961:15)*

An den bisherigen Arbeiten zur Stadtvolkskunde bemängelt Bausinger insbesondere, daß das Spannungsfeld Stadt-Land als ein Nebeneinander zweier
idealtypischer Lebensformen dargestellt wird, womit nicht nur der Blick auf
Wechsel- und Austauschbeziehungen ausbleibt, sondern auch eine Beschränkung auf das »Althergebrachte« einhergeht:

> *Hinter der Forderung einer Großstadtvolkskunde steht vielfach die Oppositi-*
> *on Dorf-Großstadt als eine Opposition von Idealtypen. Beim manchmal et-*
> *was koketten Sprung über die Zwischenzonen weg führt der Großstadtvolks-*
> *kundler oft nur die bewährten Kategorien der Bauernkunde mit; insofern*
> *steht er dann doch demjenigen nahe, der Volkskunde auf die bäuerliche Welt*
> *beschränkt wissen will. (Bausinger 1961:15)*

Der volkskundliche Umgang bzw. Nicht-Umgang mit dem Phänomen
Stadt bzw. Großstadt steht damit exemplarisch für den Umgang der Volkskunde mit »geschichtlichen Untersuchungen einzelner volkskundlicher
Sachgebiete«: Der Blick, so Bausinger, bleibt im 19. Jahrhundert stehen,
oder »verengt« sich »auf wenige volkhafte Formen«, wobei sich gerade im
Falle der Stadt dieser zeitliche Schnitt als besonders schmerzhaft erweist, zumal damit die eigentliche Phase der Urbanisierung ausgeklammert bleibt.
Mit seinen Ausführungen versucht nun Bausinger die Vorstellung eines
unüberbrückbaren Gegensatzes zwischen einer als ungeschichtlich apostro-
phierten Volks- und einer zeitgebundenen Welt der Massenkultur (wie etwa
bei Richard Weiss) zu widerlegen[439] und setzt (mit Sachansätzen durchaus
aus dem klassischen Forschungskanon) einem rückwärtsgerichteten, gegen-
wartsabgewandten Zugriff auf Volkskultur die Analyse von »Volks- oder
Alltagskultur« im Spannungsfeld von technischer Zivilisation und industri-

---

[439] Alle: ebd., p.16f

eller Gesellschaft, von Gegenwarts- und traditioneller Kultur entgegen. Volkskultur in der Gegenwart präsentiert sich unter diesen Vorgaben nicht als Relikt, Imitat, bzw. folkloristische Nachahmung, existiert nicht nur in Koexistenz mit der Moderne, sondern es besteht eine Wechselwirkung zwischen Moderne und Volkskultur:

> *Volkskultur ist nicht als gewissermaßen vor-technische Veranstaltung zu sehen, sondern äußerst sich viel mehr in »mannigfachen Formen eines ›natürlichen‹ Umgangs mit der Technik im Alltag. (Bausinger 1961:3)*

Volkskultur läßt sich so als Komplex von Alltagserfahrungen und -ausdrucksweisen verstehen, die in einer gesamtgesellschaftlichen Perspektive und im Zusammenhang größerer Entwicklungstendenzen stehen und daraus ihr Profil und ihre Energien gewinnen.

Erkenntnisleitende Absicht Bausingers war es, das Neue, Veränderliche und Flexible als in den Rahmen dieser »Volkskultur« gehörig darzustellen. Die technische und damit auch die großstädtische Welt steht demnach als Paradigma für Dynamik, welche auch in der Volkskultur steckt und soll die Geschichtlichkeit der Kultur des Volkes belegen. Damit stellt Bausingers Ansatz stellt nicht nur den Versuch dar, die Volkskunde und die Untersuchung von Volkskultur zu den lebensweltlichen Gegebenheiten der Gegenwart hin zu öffnen, sondern gleichzeitig auch zur Geschichtlichkeit und zur Geschichte.[440]

Mit der Untersuchung der Technik – einer aus heutiger Sicht zu positiv gezeichneten Technik[441] – in ihrer alltagsweltlichen Verbreitung, soll »die technische Welt als ›natürliche‹ Lebenswelt«[442] dargestellt werden, sollen die Möglichkeiten, die Aus- und Einwirkungen der Technik etwa hinsichtlich Arbeitserleichterung in der Arbeitswelt, im Haushalt, in der Vergrößerung des Freizeitangebots oder im kulturellen Sektor aufgezeigt und als Gesetzmäßigkeiten, Transfer- und Transformations-, Integrations- und Segregationsstrategien unterworfen erkannt werden. Die Zeit- und Kontextbindung der verfahrenstechnischen Überlegungen, der Denk- und Interpretationsschemata aber auch der erkenntnisleitenden Absichten Bausingers ist dabei nicht zu übersehen: insbesondere was die Einschätzung der Technik, aber

---

440 Da zu diesem Zeitpunkt in Deutschland – ganz im Gegensatz etwa zu Frankreich – noch kaum namhafte, theoriegestützte und praxiserprobte sozialgeschichtliche Ansätze existierten, verdient dies, herausgehoben zu werden.

441 Bausinger selbst konstatiert diese zu positive Einschätzung der Technik in der Vorbemerkung zur Zweitauflage seines Buches. (Bausinger 1961/1986:3)

442 Bausinger 1961:13

etwa auch die Idee einer allmählichen Angleichung sozialer Klassen und Gruppen anbelangt.[443]

Diese Veränderung der Volkskultur durch die Technik verläuft mittels selbstverständlicher, alltagsweltlich- und alltagserfahrungsbezogener Adaptationsstrategien des Technischen; es erfolgt ein »selbstverständlicher Einbau des technischen in die Volkswelt«[444], Technik vermittelt dabei durchaus nicht nur progressive Impulse auf die Volkswelt, sondern ist ebenso auch »Auslöser von Regressionen«[445], was etwa die Rolle des »Aberglaubens« gerade in der Stadt eindrücklich belegt.[446] Mit dem Eingang der Technik in die Volkskultur entstehen so neue soziale und geistige Realitäten, kommt es zur Verwischung alter Horizonte, innerhalb derer ehedem die überkommenen Güter der Volkskultur ihre Geltung hatten. Diese Erscheinungen faßt Bausinger in drei Hauptteilen und in drei Richtungen als räumliche Expansion, als zeitliche Expansion und als soziale Expansion.

Im Rahmen dieses Fach- und Begriffsverständnisses wird Stadt zur selbstverständlichen Bezugsgröße und zum immer wieder aufscheinenden Themenfeld. Sie erscheint etwa, im Zuge der Darstellungen zur »zeitlichen Expansion«, – unter Berufung auf Willy Hellpach – als Ort der »Akzeleration«, d.h. v.a. der rasche Wechsel der Eindrücke in der Großstadt trägt zur Herausbildung eines urbanen Lebensstils bei.[447] Dieser äußert sich etwa im sprachlichen Bereich in jenem Phänomen, welches als Schlagfertigkeit rezipiert wird. Diese ihrerseits entsteht durch eine vorzugsweise in der Stadt anzutreffende Verhaltensbereitschaft – Hellpachs sensuelle Vigilanz – für und in jedem Situationswechsel. Ähnlich gelagert erscheint ein weiteres konstitutive Merkmal einer Stadtsprache: Der Einsatz der verschiedenen Register im sozialen und Situation Kontext, d.h. der Einsatz von Mundart, Umgangs- oder Standardsprache je nach Gesprächssituation oder -Partner. Als Ursache für solche akzelerativen Phänomene, welche Bausinger exemplarisch anhand der Stadtsprache beschreibt, erscheint die Auflösung des »sozialen Lebens des Großstädters« – eine Erkenntnis Georg Simmels – »in sehr viele Teilbegegnungen«;[448] Akzeleration, mithin Atomisierung von Wertekosmoi und Lebenswelten, heißt für Hermann Bausinger letztlich »Flüchtigkeit als allgemeine Signatur vieler der heutigen volkstümlichen Kulturgüter.« Komplementär zu dieser Flüchtigkeit steht nun allerdings, gerade auch in Städten, eine Erneuerung und Pflege der Volkskultur. Mit

---

[443] Auch dies selbstkritisch in der Zweitauflage angemerkt: Bausinger 1961/1986:4
[444] Bausinger 1961:37
[445] Ebd., p.42
[446] Cf. ebd., p.49
[447] Ebd., p.95
[448] Alle: ebd., p.96. Zu Simmel cf. Kap. 2.2.2

kompensativem Charakter finden so namentlich »sogenannte Volkslieder-singen, (..) gerade in großen Städten Widerhall«.[449]:

Kompensatives ortet Bausinger auch in dem Bereich der Volkskultur, dessen Wertmuster als einer sozialen Expansion unterworfen bezeichnet werden: Kompensationsmuster lassen sich auf verschiedensten Ebenen beobachten und interpretieren. Das beginnt etwa im Beobachten alltagsikonographischer Formen. An »überraschend vielen Geschäftsgebäuden und Industriebetrieben« Stuttgarts beobachtet Bausinger beispielsweise das Symbol des Sämanns als Außenschmuck, eine Tatsache, welche als symbolisch-alltagskultureller Ausdruck des Verlusts ständischer Bezugsraster interpretiert wird:

Kompensative Erscheinungen, wie sie gerade auch die Großstadt zu provozieren scheint: wie es eine Konzentration auf das Heimatliche zu gibt, welche der räumlichen Expansion zu begegnen sucht, so handelt es sich hier um Regression auf das Ständische, welche die soziale Expansion vergessen lassen möchte. (Bausinger 1961:142)

Volkskultur erscheint so bedingt durch die soziale Expansion, d.h. letztlich den Zerfall der Standeskultur und der Stände,[450] zu einem beträchtlichen Teil als »Imitationssystem«[451], welchem in großen Teilen Sentimentalisches und Kitschiges anhaftet.

In diesem Punkt aber unterschiedet sich Stadt ein weiteres Mal von den übrigen Gebilden, eignet ihr doch nach Bausinger eine größere Tendenz zur »Ironisierung des Sentimentalen« an, was beispielsweise Niederschlag bis ins Liedgut findet:

Unter den Großstadtliedern in den Volksliedarchiven finden sich besonders viele Parodien; nicht nur Volkslieder werden parodiert, sondern auch sentimentale Operettenlieder und Schlager, und oft wird durch das Auftreten einer Parodie die Vorlage verdrängt. (Bausinger 1961:160)

Die größere Häufigkeit ironischer Formen in den großen Städten findet beispielhaften Ausdruck in Großstadt»spielen«, namentlich im Vortäuschen des ortsunkundigen Landbewohners. Diese Form des ironischen Umgangs wird aber erst durch die städtische Lebenssituation ermöglicht: Wiederum im Rückgriff auf Simmel folgert Bausinger: Die Seltenheit der Wiederholung und die Kürze der Begegnungen von Stadtbewohnern untereinander führen dazu, daß sich die Bewohnenden einer Großstadt nicht kennen und letztlich andere Formen des Umgangs entwickeln müssen.

---

449 Ebd., p.108
450 Cf. ebd., p.135ff
451 Ebd., p.144

Einen letzten stadtspezifischen Punkt ortet Bausinger in seinen Äußerungen über den Zerfall ehedem starrer und festgefügter sozialer Horizonte. Diesen Wertewandel, das Aufbrechen starrer normativer Verhaltensmuster benennt Bausinger mit der Metapher des »Pygmalionproblems«, d.i. im Kern die Frage:

Was wird aus den einfachen Leuten, welche begonnen haben, sich mit der ganzen Kompliziertheit der gegenwärtigen Wirklichkeit einzulassen? (Bausinger 1961:170)

In der Stadt hat die »Auflösungen alter Bindungen« u.a. einen besonderen sprachlichen Aspekt, führt sie doch zu einer Erweiterung im Repertoire stadtsprachlicher Varietäten: Durch und nach dem Zerfall der sozialen Horizonte, d.h. nach dem Wegfall der Bindung einzelner – hier sprachlicher – Elemente an bestimmte soziale Konstellationen, kommt es zu einer allgemeinen Verfügbarkeit einer ganzen Reihe von Formen aus verschiedenen sozialen sprachlichen Schichten, welche vordem einer ganz bestimmten Stillage angehörten, durch das Verschwinden klar segregierter sozialer Einheiten aber zum Allgemeingut werden.[452]

Auch in Bausingers Ausführungen bildet die Stadt keine wirklich erkennbare Kategorie. Dies gilt auch für spätere Arbeiten, zum Beispiel der 1971 vorgelegten »Volkskunde«[453]. Hier wie dort aber macht Volkskunde nun nicht mehr wie selbstverständlich an Stadtgrenzen Halt, sondern wird in die Stadt hinein verlängert, etwa wenn auf die Probleme städtischen Zusammenlebens am Beispiel der Nachbarschaft eingegangen und die »Gleichsetzung von Nachbarschaft und Dorfgemeinschaft« in Frage gestellt wird. Gerade die städtischen Gegebenheiten sollen illustrieren, daß sich Nachbarschaft zum Teil auf kleinere räumliche Bezirke eingeschränkt hat,[454] daß sich

(...) hinter der Bezeichnung Nachbarschaft durchaus vereinsartige Zusammenschlüsse (verbergen,) *ohne ganz strenge räumliche Bindung und mit dem Ziel der Geselligkeitspflege oder auch mit spezifischeren Zwecksetzungen. (Bausinger 1971:103f)*

Nachbarschaft wird zudem als »städtebauliches Prinzip« angesprochen. Ausgehend von den Feststellungen der US-Soziologie, wonach sich Städte, auch oder gerade Großstädte mit nicht-europäischen Dimensionen, sich in präzis zu lokalisierende »communities« gliedern lassen, stellt sich die Frage, wie

---

452 Ebd., p.172-175 (Zitat p.175)
453 Bausinger 1971
454 Ebd., p.103

Nachbarschaft - oft städtebaulich geplant als »neighbourhood unit« als Vermittlungsinstanz »zwischen einer Sphäre intimer und abgeschlossener Privatheit und einer solchen weitgehend anonymer Öffentlichkeit« in Erscheinung tritt.[455] Problematisch erscheint, wenn Bausinger ausgerechnet in diesem Bereich auf den Gemeinschaftsbegriff referiert, andererseits aber erscheint ihm »eine gewisse Formung von Nachbarschaften im modernen Städtebau sicher unerläßlich«.[456]

Mag sich also auf den ersten Blick sowohl bei Bausinger wenig thematisch explizites Schaffen zur Stadtproblematik finden, so sind diese Arbeiten nicht nur deshalb von Wichtigkeit, weil sie eine tragende Rolle für die volkskundliche Forschungsoptik spielten, sondern auch, weil Stadt zwar kein explizites, aber ein selbstverständliches, in den fachlichen Diskurs integriertes und mitreflektiertes Forschungsfeld darstellt, was wiederum dem Konzept entspricht, die Gesamtheit alltagskultureller Erscheinungen ohne Ausgliederungen einzelner Teilbereiche zu erforschen. Die soeben kurz angetippten Ausführungen zur Nachbarschaft stehen etwa im Zusammenhang mit Auseinandersetzungen zum Vereinswesen, Stadt-Land Beziehungen werden in den »Grundzügen der Volkskunde«[457] am Beispiel der Mode etwas ausführlicher dargestellt. Ähnliches gilt auch für die bald zu einem anerkannten Forschungsfeld gewordene Arbeiterkulturforschung, die das städtische Umfeld ebenfalls öfters fraglos mitberücksichtigt.[458]

---

[455] Ebd., p.104. Zu den *neighbourhood units* cf. Kap. 5.3.1; zum Konzept der Öffentlichkeit und Privatheit (in der Form Hans Paul Bahrdts) cf. Kap. 5.4

[456] Bausinger (ebd., p.104) reagiert damit besonders auch auf Mitscherlichs Kritik über die Unwirtlichkeit unserer Städte. (Mitscherlich 1965)

[457] Bausinger in: Bausinger/Jeggle/Korff/Scharfe 1978:232-242 mit Bezügen u.a. zu Barthes, Simmel und König.

[458] Maßgeblich an der Erforschung von Arbeiterexistenzen gearbeitet haben etwa Peter Assion (Assion 1994), Gottfried Korff zum 1. Mai (Volkskultur und Arbeiterkultur. Überlegungen am Beispiel der sozialistischen Maifesttradition. In: Geschichte und Gesellschaft, Jg. 5 (1979), p.83-102 oder: »Heraus zum 1. Mai«. Maibrauch zwischen Volkskultur, bürgerlicher Folklore und Arbeiterbewegung. In: Richard van Dülmen/Norbert Schindler (Hg.), Volkskultur, Wiederentdeckung des vergessenen Alltags (16.-20. Jahrhundert. Frankfurt a.M. 1984, p.246-281), Dieter Kramer, Theorien zur historischen Arbeiterkultur. Marburg 1987), Albrecht Lehmann (Das Leben in einem Arbeiterdorf. Eine empirische Untersuchung über die Lebensverhältnisse von Arbeitern. Göttingen 1976, Wolfgang Emmerich (Proletarische Lebensläufe. Autobiographische Dokumente zur Entstehung der zweiten Kultur in Deutschland. 2 Bde. Reinbek b.H. 1974/1975), in der Schweiz etwa Paul Hugger (Lebensverhältnisse und Lebensweise der Chemiearbeiter im mittleren Fricktal. Eine Studie zum soziokulturellen Wandel eines ländlichen Gebiets. Basel 1976, sowie zahlreiche Volkskundlerinnen und Volkskundler in der ehemaligen DDR, namentlich Wolfgang Jacobeit und Ute Mohrmannn (Jacobeit/Mohrmann (Hg,), Kultur und Lebensweise

3.2   Die Diffusionsforschung und ihre Bedeutung
für den volkskundlichen Zugang zur Stadt

Bis zur Öffnung der Volkskunde, wie in den beiden vorangehenden Kapiteln beschrieben, erschien »Stadt« häufig als letztlich kontextlose Größe. Erfuhr nun Städtisches zunehmend eine Einbettung in lebens-, alltags- und sozialweltliche Zusammenhänge, d.h. wurde Stadtkultur als fragloser Bestandteil der gesamten Alltagskultur verstanden, so näherte sich die Diffusionsforschung der Kontextualisierung urbaner Gegebenheiten v.a. aus soziogeographischer oder besser: kulturräumlicher Sicht an. Stadt und Land erscheinen nun auch in dieser Hinsicht nicht mehr als sich jeweils ausschließende Größen. Einen wichtigen Impuls zu einer solchen kontextbezogenen Sichtweise auf Urbanes vermittelte der 19. Deutsche Volkskundekongreß 1973, der sich mit dem Thema der Stadt-Land-, bzw. Stadt-Umland-Beziehungen auseinandersetzte.[459]

Stadt-Land: Diese (stehende) Formel scheint ein unverrückbares Gegensatzpaar, eine Dichotomie vorauszusetzen; bereits zu Kramer und Bausinger war aber darauf hinzuweisen, daß damit ein »koketter Sprung über die Zwischenzonen weg«[460] stattfindet, daß Gemeinsamkeiten in den Grundstrukturen von Stadt und Land, die sich teilweise im Lebensstil festmachen lassen, vernachlässigt werden.

Daß die verkürzte Formel der Stadt-Land-Beziehungen keinen dichotomischen Gegensatz beinhaltet, sondern auf der Skala zwischen Großstadt und ländlicher Streusiedlung eine Vielzahl von Abstufungen liegt, sei nur am Rande erwähnt. Hinzuweisen ist aber noch darauf, daß im großräumigen regionalen Vergleich sich in unterschiedlichen Wohnmustern und anderen Kulturprägungen teilweise Stadt und Land übergreifende Einheitlichkeit zeigte. (Mohrmann 1990:143)

Helge Gerndt ging in seinem heftig diskutierten Kongreßreferat[461] gar soweit, das Paar Stadt-Land ganz aufzulösen, indem er der Größe »Land« den Wert als Erkenntnisobjekt absprach:

Es muß doch eigentlich verwundern, daß es zwar sehr viele Definitionsansätze für die Stadt gibt, aber praktisch keine für das Land, soweit sie nicht den Kontrast zur Stadt beschreiben und einzig aus solcher Spiegelung her-

---

des Proletariats. Kulturhistorisch-volkskundliche Studien und Materialien. Berlin (Ost) 1973.
[459] Kaufmann 1975
[460] Bausinger 1961:15
[461] Gerndt 1975

*vorgegangen sind. »Land« unmittelbar fordert keine Begriffsbestimmung,
weil ›Land‹ in einigermaßen klarer Begrenzung kein empirisches, kein er-
fahrbares Phänomen darstellt. (Gerndt 1975:37)*

Im Gegensatz zur Stadt kann »Land« weder als Ganzes überschaut noch in
repräsentative Teilbereiche zerlegt werden. Land erscheint als eine Größe
die nur ex negativo, als Nicht-Stadt gefaßt werden kann, aber stets in weitere Größen wie Dorf, Hof, Weide oder Ackerland zergliedert werden muß.

*Bemerkenswerterweise taucht in der geographischen Theorie über die Stadt-
Land-Beziehungen der Begriff ›Land‹ überhaupt nicht auf, während die
Stadt - wie auch das Dorf - im Begriff des zentralen Ortes enthalten ist.
Mag, wer will, die Stadt als Dämon begreifen, - sie ist auch eine (geogra-
phische, sozial- oder kulturwissenschaftlich faßbare) Realität; ›Land‹ aber ist
als Erkenntnisobjekt nichts als ein Mythos. (Gerndt 1975:37)*

Die Frage nach einer möglichen begrifflichen Faßbarkeit der Größen
»Stadt« und »Land« beinhaltet indessen nur einen Teilaspekt der Problematik. Es stellte sich daneben v.a. die Aufgabe, den volkskundlichen Ort in der
interdisziplinär geführten Diskussion zu bestimmen, d.h. ob – gemäß der
fachlichen Einschätzungen der Zeit – neben dem geographischen Ansatz,
welcher das Arbeitsfeld Stadt-Land »schwerpunktmäßig mit dem Blick auf
räumliche Gebilde« hin untersuchte und dem soziologischen Zugang zu
Stadt und Land, bzw. Dorf als »primär Signaturen für unterschiedliche
soziale Gebilde« auch ein speziell volkskundlichen Ansatz zu dieser Problematik herausgearbeitet werden kann.[462] Zentral für einen volkskundlichen,
von Soziologie und Geographie abgesetzten, Beitrag zur Erforschung des
Phänomens Stadt erscheint für Gerndt die Tatsache, daß aus geographischer[463] wie soziologischer Sicht[464] »das Phänomen ›Stadt‹ nur unter Berücksichtigung eines kulturellen Aspekts hinreichend zu fassen ist.«[465]

*Ausdruck dafür sind bei ihnen (d.s. die Soziologen und Geographen, ThH)
Begriffe wie ›städtisches Leben‹ oder ›städtischer Lebensstil‹, für deren inhaltliche Bestimmung sich der Geograph gemeinhin nicht kompetent fühlt*

---

[462] Ebd., p.31
[463] Gerndt diskutiert v.a. Schwarz (1966)
[464] Hingewiesen wird v.a. auf König 1969 als Urbansoziologe, der »unabdingbare kulturelle Merkmale« (Gerndt 1975:32) zur Beschreibung städtischen Lebens beizieht (zu
König cf. Kap. 5.5), und Bahrdt (1961), dessen Ausführungen zum Spannungsfeld
zwischen Öffentlichkeit und Privatheit als wesentlichen Verfaßtheitszuständen
Gerndt die Sicht auf Kulturelles weitgehend abspricht (zu Bahrdt cf. Kap. 5.4)
[465] Gerndt 1975:33

und der Soziologe nur insoweit, als ihm kulturelle Sachverhalte so etwas wie transformierte soziale Sachverhalte sind. (Gerndt 1975:33)

Vor diesem Hintergrund erhält für Gerndt die Volkskunde – als Wissenschaft, in deren Blickpunkt kulturelle Objektivationen stehen – eine wichtige ›Scharnierfunktion‹. Ihr kommt die Aufgabe zu:

Die Kraftfelder jener Gebilde Stadt und Dorf (...) aufzudecken. Anders gesagt: Wir müssen die städtisch und ländlich verteilten Kulturerscheinungen auf tieferliegende, die Stadt bzw. das Land bedingende Befindlichkeiten zurückführen. (Gerndt 1975:33)

Mit diesem Erfassen einer »Befindlichkeit« – er weist damit einerseits das Verständnis Richard Weiss', der mit Sombart von der »Art des Naturverhältnisses« »bestimmter ›Mentalitätsgruppen‹« sprach[466], zurück – versucht Gerndt andererseits weitere sinngeladene Begriffe zu umschreiben und zu umfassen, so namentlich »Lebensstil«, im Sinne Karl-Sigsimund Kramers verstanden als Stadt-Land übergreifende »Befindlichkeit einer Bevölkerungsregion;[467] »Lebenswelt« in der Diktion Friedrich Siebers mit Bezug auf ein Produktionsgebiet;[468] »Lebensweise«, in der Terminologie der marxistischen Volkskunde der damaligen DDR namentlich von Wolfgang Jacobeit mit Focus auf Subkulturen[469] und »Kulturstile«, nach Herbert Schwedt eine sozialräumliche Konstellation mit Bezug auf Stadt-Land-verwandte Gebilde beinhaltend.[470] Damit ist aber für eine inhaltliche Füllung und Umschreibung städtischer Lebens- oder Kulturformen noch wenig gewonnen. Erst die Erfassung von Städten als »kulturell mittels ihres charakteristischen Erscheinungsbildes und der Reichweite spezifischer Zweck-, Bedeutungs- und Sinnfunktionen« liefert hierzu erste Ansätze.[471]

Die Aufgabe der Volkskunde in der Analyse von Stadt-Land-Beziehungen stellt sich demnach für Gerndt zum einen im Bereich, kulturelle Gebilde in ergänzender Abhebung zu sozialen und geographischen Formationen zu untersuchen, daneben aber auch in der Erforschung gegenseitiger Bezie-

---

[466] Weiss 1946:76f; cf. auch oben Kap. 2.3.4
[467] Kramer 1967
[468] Friedrich Sieber, Die bergmännische Lebenswelt als Forschungsgegenstand der Volkskunde. In: Deutsches Jahrbuch für Volkskunde, Jg.5 (1959), p.237-242
[469] Wolfgang Jacobeit/Ute Mohrmann, Zum Gegenstand und zur Aufgabenstellung der Volkskunde in der DDR. In: Letopis, Reihe C, Jg. 11/12 (1968/69), p.94-103
[470] Herbert Schwedt, Kulturstile kleiner Gemeinden. Tübingen 1968. (Untersuchungen des Ludwig-Uhland-Institutes, Bd.21)
[471] Gerndt 1975:37

hungen und des jeweiligen kulturellen Einflusses und Austausches zwischen
den Feldern Stadt und Land.[472]

Zur Ermittlung der kulturellen Strahlfunktion und Strahlkraft der Städte
bediente sich die volkskundliche, aber auch die geographische Siedlungsfor-
schung der Theorie der zentralen Orte von Walter Christaller[473], welche
dieser zwar bereits im Jahr 1933 formuliert hatte, die aber erst zwei Jahrzehnte später zum Tragen kam. Diese seinerseits bezieht wesentliche Impulse von Johann Heinrich von Thünens (1783-1850) Modell des ökonomischen Gleichgewichts, welches das Land als Versorgungsraum der Stadt sah.
     Hauptbegriff der Christallerschen Theorie bildet der »Zentrale Ort«, ein
Neologismus Christallers, der damit einen Standort bezeichnete, der Einrichtungen mit zentralen Funktionen aufweist, konkreter

Einrichtungen, die eine Bedeutung für ein abgegrenztes Gebiet in der Um-
gebung des Standortes aufweisen. (Blotevogel 1975:2)

Zentraler Ort und Stadt sind demnach nicht a priori synonym, in praxi allerdings erweisen sich Städte in der Regel als zentrale Orte, der größte Teil
der zentralen Orte auch als Städte. Zentraler Ort meint demnach nicht eine
Stadt als Gesamtgebilde, sondern vielmehr diejenigen zentralen Funktionen
einer Stadt, welche diese für ihre Umgebung erfüllt, namentlich

Schulen, Kultur- und Bildungsstätten, Ärzte und Krankenhäuser und vor
allem die Einkaufsmöglichkeiten einer Stadt werden nicht nur von der
Stadtbevölkerung selbst, sondern auch von der Bevölkerung der Umgebung
wahrgenommen, ebenso wie Gerichte, Behörden und Verbände, die für das
Umland zuständig sind. (Blotevogel 1975:3)

Diese zentralen Dienstleistungen, in vielem deckungsgleich mit der soziologischen Kategorie der »Gelegenheiten«[474], erscheinen an bestimmten Standorten konzentriert, eben zentralen Orten, die Versorgung eines Gebiets
durch die Stadt ist als die zentrale Funktion einer Stadt anzusprechen. Notwendig hierzu ist vorab die Erfüllung zweier Bedingungen:
Zum einen das Vorhandensein einer »Schwellenwert-Bevölkerung«[475], d.h.
das Vorhandensein einer Minimalbevölkerung, welche einen Warenfluß
oder aber die Inanspruchnahme einer Dienstleistung garantiert, zum anderen die »Reichweite einer Ware oder Dienstleistung«, d.h. die Maximalent-
fernung, welche Menschen zurücklegen, um eine Ware an einem bestimm-

---

[472] Cf. ebd., p.38
[473] Christaller 1933/1968
[474] Cf. dazu speziell Kap. 5.5
[475] Cf. Carter/Vetter 1980:112

ten Ort zu kaufen oder eine angebotene Dienstleistung in Anspruch zu nehmen.[476] Schwellenwert-Bevölkerung und Reichweite einer Dienstleistung sind allerdings als idealtypische Größen aufzufassen (hierin liegt denn auch die Schwäche des Christallerschen Modells), die bezeichnen sollen, daß eine bestimmte Ware eine andere Reichweite wie eine andere hat. Christaller erstellt zu diesem Behuf eine Hierarchie »unterschiedlicher Reichweiten zentraler Güter und Diensten«:

> *Güter des täglichen Bedarfs wie z.B. Lebensmittel werden in geringerer räumlicher Entfernung gekauft als Güter des langfristigen Bedarfs, wie z.B. Möbel. (Blotevogel 1975:6)*

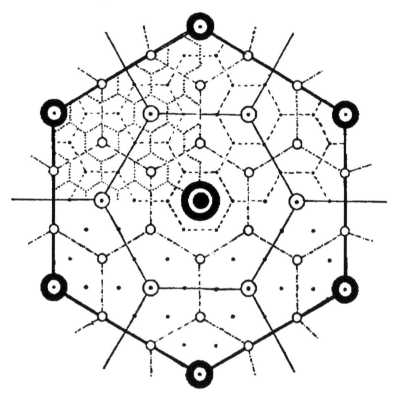

Abb. 1: Grundform eines Systems Zentraler Orte und zentralörtllicher Bereiche nach
          Christaller
Quelle: Blotevogel 1975:7

476 Cf. ebd., p.112 und folgende

Durch diese Stufungen ergeben sich unterschiedliche Netze von Anbietern: Dichte Netze von zentralen Orten niederen Ranges, welche Güter und Dienste von geringem Rang, weitmaschige Netze von zentralen Orten höherer Stufe, welche Güter und Dienste mit hoher Reichweite anbieten.

Das hier ganz knapp skizzierte Konzept zentralen Orte hat in der Volkskunde nachhaltig Wirkung hinterlassen und wurde sowohl zur Erklärung von Gegebenheiten im alltagskulturellen Leben als besonders auch zur Erforschung der Innovationsdiffusion, d.h. »zur Analyse von kulturräumlichen Entwicklungsprozessen wie dem Verlauf volkskundlicher und sprachlicher Neuerungen (...)«[477] in Anspruch genommen. Hans-Heinrich Blotevogel, von Haus aus Geograph, hat sich verschiedentlich mit den volkskundlichen Aspekten der Christallerschen Theorie auseinandergesetzt und folgende grundsätzlichen Anwendungsbereiche benannt:

Eine Verbindung von der Theorie der Zentralen Orte zur Volkskunde ergibt sich, wenn man bedenkt, daß die raumbezogene Betrachtungsweise, die teilweise in die historische Kulturraumforschung einmündete, eine lange Tradition in der Volkskunde besitzt. Insbesondere Fragen der Stadtfunktion und der Stadt-Land-Beziehungen, um die sich auch die Zentralitätsforschung bemüht, haben in den an der Kulturraumforschung beteiligten Disziplinen schon seit langem Beachtung gefunden, gehört doch gerade die Vorstellung der Stadt als kulturräumlichem ›Strahlungszentrum‹ zu den klassischen Ansätzen der Kulturraumforschung. (Blotevogel 1975:9)

Beispiele für solche Nutzanwendung wurden anläßlich des Volkskundekongresses von 1973 in Hamburg zahlreich vorgebracht: Das Spektrum reicht von Untersuchungen zur Rolle der Stadt als Innovationszentrum von metaphorischen Wendungen[478] oder popularen Liedern[479] über Ausführungen zur Stadt- und Landmedizin[480] oder des städtischen und ländlichen Einflusses in der Baukultur[481] und im Handwerk[482] bis hin zur Diskussion von stadt- bzw. landbedingten Unterschieden in der modernen Sagenbildung[483].
Die Diskussionen um das Wirkgefüge Stadt-Land, namentlich auch um die Theorie Christallers, zeitigten besonders intensive Auswirkungen auf die

---

477 Blotevogel 1975:11
478 Grober-Glück 1975
479 Klusen 1975
480 Schenda 1975
481 Gschwend 1975
482 Kaufhold 1975
483 Dégh 1975

Kulturraum-, Diffusions- und Novationsforschung.[484] Als Zwischenbilanz
eines laufenden Forschungsprojekts gedacht, erschien 1978 ein Band mit
Referaten einer Arbeitstagung zu »Kulturellen Stadt-Land-Beziehungen der
Neuzeit«[485], der sich jedoch als letzte geschlossene Publikation ausschließlich zu solchen Fragestellungen erweisen sollte. Unter Bezugnahme auf Helge Gerndts Bedenken hinsichtlich der Kategorisierbarkeit der Größen Stadt
und Land stellte Günter Wiegelmann einleitend fest:

> *Der gängige Begriff ›Stadt-Land-Beziehungen‹ steht für einen vielfältigen*
> *Komplex. Die verkürzte Formel soll nicht etwa einen dichotomischen Ge-*
> *gensatz suggerieren. Denn es besteht kein Zweifel, daß wir es stets mit vielfa-*
> *chen Abstufungen zwischen den Extremen Großstadt – agrare Streusiedlung*
> *zu tun haben, daß es keine exakte soziale oder kulturelle Trennlinie zwi-*
> *schen Stadt und Land gibt, daß städtische wie ländliche Bevölkerung in sich*
> *wieder stark different sind, daß die sozialen und kulturellen Stadt-Land-*
> *Skalen in jeder historischen Situation anders gegliedert waren. (Wiegelmann*
> *1978:3)*

Insgesamt bewegen sich indessen die Beiträge in diesem Band in ähnlichen
Bahnen wie jene der Hamburger Tagung von 1973, wenngleich ein erhöh-
tes theoretisches Bewußtsein auszumachen ist, das sich nicht zuletzt auch in
einer gewissen kritischen Distanz zur vormals euphorisch begrüßten Theorie
Christallers äußert.[486] In einem Abriß zur Forschungsgeschichte erscheint es
daher legitim, nicht noch einmal auf bereits in seinen Grundzügen Darge-
stelltes einzutreten. Vielmehr soll anhand eines ausgewählten, theoretisch
resümierenden Ansatzes von Peter Schöller das kritische Weiterschreiten
kurz beleuchtet werden.[487] Wenngleich nicht aus volkskundlicher Sicht
argumentierend, eignet sich Schöllers Beitrag am besten zur Charakterisierung der globalen Forschungslage, weil er nicht nur versucht, aus einer
übergreifenden Perspektive Ansätze zur Beurteilung der Stadt-Land-Pro-

---

484 Besonders im Sonderforschungsbereich 164, Vergleichende geschichtliche Städteforschung, widmete sich aus geographischer Warte Hans-Heinrich Blotevogel Fragen
der »Entwicklung zentraler Orte und Raumbeziehungen im Zeitalter der Industrialisierung«, aus volkskundlicher Sicht eine Projektgruppe unter der Leitung Günter Wiegelmanns der »Diffusion städtisch-bürgerlicher Kultur vom 17. bis zum 20.
Jahrhundert.« (z.B. Mohrmann 1990a; Roth 1978)
485 Wiegelmann 1978
486 Schon 1973 hatte Herbert Schwedt den wegen der »verspäteten und deshalb etwas
hektischen Popularisierung der Theorie der Zentralen Orte« eingetretenen »Glauben
an die Gottgegebenheit des Prinzips« (Schwedt 1975:245) kritisiert, d.h. die starr-
mechanistische Gliederung in »funktionsunterschiedene Räume« (p.252), die dem
Neben- und Ineinander unterschiedlicher Kulturen nicht gerecht wird.
487 Schöller 1978

blematik vorzutragen, sondern durch die Charakterisierung der kulturellen Dimension als überdachende Größe auch die Schwierigkeit einer abgegrenzten volkskundlichen Position implizit herausarbeitet.

Schöller macht vorerst darauf aufmerksam, daß weniger qualitative Unterschiede zwischen Dorf und kleiner Stadt, dagegen wesentlich mehr zwischen kleiner Stadt und Großstadt existieren. Volkskunde der Stadt hat damit klar zu unterscheiden zwischen landbezogenem Dasein in Kleinstädten und industriell-großstädtischem Dasein. Darüber hinaus sind diese qualitativen Unterschiede auch für eine inhaltliche Fassung des Stadtbegriffs zu berücksichtigen:

Wir wissen ohnehin seit längerer Zeit, daß der komplexe Stadtbegriff für bestimmte Zeiten und für bestimmte Räume neu definiert werden muß. Wenn wir dagegen auf Zentren abstellen, auf zentrale Orte, dann kommen wir zu einem konkreten Ansatz, der für Kommunikation und Raumbeziehungen eine Schlüsselstellung besitzt und den wir in seinen Formen und Korrelationen zum Umland und einem weiteren Hinterland und Einflußgebiet analysieren und bewerten können. (Schöller 1982:32)

Schöller versucht im folgenden, eine allgemeine Systematik in den kulturellen Stadt-Land-Beziehungen in vier Hauptpunkten zu skizzieren. Als ordnende Größen kommen dabei in Betracht:
- Eine geographische, d.h. räumliche Dimension – sie setzt sich v.a. mit Fragen des zentralen Ortes, und der Beurteilung und Klassifizierung der Zentralität auseinander.
- Eine soziologische Dimension – diese zielt auf die Erhebung sozialer Schichtung oder besser: möglicher Muster sozialräumlicher Beeinflussungs-, Zuordnungsbereiche und Lebenskreise unter Berücksichtigung historischer, demographischer und ökonomischer Parameter.
- Eine Art »psychologischer« Dimension – d.h. zu erwägen sind »Fragen der Lebensform zwischen Stadt und Land«, wie sie sich nicht nur aus sozialen Schichtungen, sondern unabhängig davon aus der psychologischen Einstellung zur Lebensführung ableiten.
- Eine historische Dimension - »untersucht« werden »nach verschiedenen Zeitschichten das Verhältnis und der Wandel von Stadt-Land Beziehungen.«[488]

Fazit solcher Überlegungen:

Als Ergebnis bleibt, daß jede umfassende Untersuchung bestimmter Formen der Stadt-Land-Beziehungen alle vier Dimensionen zugleich kombinieren müßte. So versucht die Innovationsforschung die raumzeitliche Ausdehnung

[488] Ebd., p.33f

zu erfassen und mit präzisen Fragestellungen zu verbinden. Wichtig ist, daß dabei die Stadt-Land-Beziehung nicht einseitig als Gefälle von der Stadt zum Land gesehen wird, sondern daß man auch in seinen Prämissen unabhängig bleibt. Auch hier sollte man von neutraleren Begriffen wie Innovationszentren ausgehen. (Schöller 1978:34)

Daß keiner der volkskundlichen Beiträge sich um eine theoretische Auseinandersetzung bemühte, hängt mithin wohl mit der Betulichkeit der Volkskunde (nicht nur) der 70er Jahre zusammen, anregende Forschungsergebnisse über eine engere, für die Diskussion einzelner Phänomene hinaus theoretisch zu durchleuchten und zu systematisieren, was schon Günter Wiegelmann in seinen einleitenden Bemerkungen zur Problematik hervorhob:

Da in den volkskundlichen Beiträgen einige Diskrepanzen in der Terminologie und im Generalisieren zutage treten, die in den Beiträgen anderer Wissenschaften ausgeglichen scheinen, werde ich genauer auf volkskundliche Texte eingehen. Die Diffusionskonzepte der Sprachwissenschaft[489] und die Zentralitätstheorie der Geographie sind relativ ausgereifte, in zahlreichen Diskussionen abgeklärte Ansätze. Gleiches kann man von der Diffusionsforschung zur Sachkultur nicht sagen. Noch stehen ganz unterschiedliche Thesen und Begriffe undiskutiert nebeneinander. (Wiegelmann 1978:3f)

Daß das be- und verarbeitete Material durchaus Anlaß und Stoff zu übergreifender Reflexion beinhaltet hätte, belegen in der Sache die volkskundlichen Beiträge zur historischen Wohnkultur von Konrad Bedal[490] oder der an anderer Stelle abgedruckte Beitrag von Helmut Ottenjann[491], bzw. zur Diffusion von Mobiliar von Klaus Roth[492] und Ruth E. Mohrmann[493]

---

[489] Cf. den Beitrag von Friedhelm Debus, Stadt-Land-Beziehungen in der Sprachforschung. Theoretische Ansätze und Ergebnisse. In: Wiegelmann (1978), p.115-157 (auch in: Zeitschrift für deutsche Philologie, Jg. 97 (1978), p.362-393), worin ein kompetent kommentierter (Literatur-)Abriß über kulturräumliche Ansätze bei der Erforschung von Diffusionsprozessen in der Dialektologie vorgelegt wird; oder auch Klaus J. Mattheier, Sprachliche Diffusion im sozialräumlichen Bereich. In: Cox/Wiegelmann (1984), p.151-159, wo der Begriff der Diffusion vom soziolinguistischen Standpunkt her auf seine Aussagekraft und Tragfähigkeit hin befragt wird.

[490] Konrad Bedal, Bäuerliche und bürgerliche Wohnkultur Nordostbayerns in Inventaren des 16. und 17. Jahrhunderts. In: Wiegelmann (1978), p.175-248

[491] Helmut Ottenjann, Möbeltischlerei im nordwestlichen Niedersachsen. Städtische Einflüsse und ländliches Eigenverhalten. In: Museum und Kulturgeschichte. Festschrift für Wilhelm Hansen. Münster 1978, p. 197-216. (Schriften der volkskundlichen Kommission für Westfalen, Bd.25)

[492] Roth 1978

[493] Ruth E. Mohrmann, Die Eingliederung städtischen Mobiliars in braunschweigischen Dörfern, nach Inventaren des 18. und 19. Jahrhunderts. In: Wiegelmann (1978), p.297-337

sowie in theoretischer Hinsicht die Einleitung Günter Wiegelmanns zu verschiedenen methodischen Aspekten und Konzepten.

Dominiert in den genannten Beiträgen aus Gründen der Projektanlage v.a. die historische Sicht, so zeigt eine Durchsicht der im Kongreßband von 1975 vereinigten Beiträge, daß die Erforschung von Stadt-Land-Beziehungen – obwohl gegenüber der vorherigen, punktuellen Beschäftigung mit urbanen Themen ein nicht zu unterschätzender Fortschritt – doch insgesamt für eine Volkskunde der (Gross-)Stadt wenig Impulse vermittelte.[494] Namentlich die schnelle Möglichkeit, eine Themenstellung unter der Kategorie Stadt-Land zu rubrizieren, erscheint als eine der Schwächen des Ansatzes, konnte er doch als – damals – einigermaßen moderner Tarnmantel dafür dienen, die Themenfelder des Kanons unter nur leicht modifizierten Aspekten weiterzupflegen, ohne beispielsweise die Frage nach spezifisch urbanen – oder auch spezifisch ländlichen Bedingungen und Bedingtheiten zu stellen oder aber den »Urbanisierungsprozeß als Mentalitätswandel«[495] zu untersuchen.

3.3   Empirische Kulturforschung in der Großstadt. Ein Aufbruch?

»Nicht-Stadt« - damit hatte Helge Gerndt auf dem Volkskundekongreß von 1973 die ›Ungröße‹ Land charakterisiert. Er hatte dabei zwar der Stadt eine inhaltliche Faßbarkeit und Umschreibbarkeit zugestanden, nicht aber ihrem begrifflichen Pendant, dem Land, welches nur als heuristisches Denkmodell, ohne inhaltliche Schärfe zu fassen sei.

»Kein Dorf«[496] – den genau umgekehrten Weg beschritt Hermann Bausinger 10 Jahre später in seiner Eröffnungsansprache zum Volkskundekongreß von 1983, welcher unter dem Motto »Großstadt. Aspekte empirischer Kulturforschung« stand.

»Kein Dorf« – damit faßte Bausinger einen volkskundlichen Zugang zu Stadt, einen explizit volkskundlichen Zugang, wie er hervorhebt:

---

494 Daran ändert auch die Tatsache wenig, daß Helge Gerndt zu Beginn der 80er Jahre noch einmal in etwas überarbeiteter Form auf seinen Beitrag von 1973 zurückkam (Städtisches und ländliches Leben. Beschreibungsversuch eines Problems. In: Gerndt 1981:47-55) – oder umgekehrt: Die Tatsache, daß Gerndt auch 8 Jahre nach seinem Diskussionsanstoß noch keinen Anlaß sah, eine modifizierte Zugriffsstrategie zu entwerfen, kann auch als Ausdruck für die ›Trägheit‹ des stadtvolkskundlichen Diskurses gewertet werden.

495 Mohrmann 1990:143

496 Bausinger 1985:9

*Ich (...) versuche anzudeuten, warum die Großstadt – auch und gerade die
Großstadt – durchaus ein Forschungsfeld und Gegenstand der Volkskunde
ist. (Bausinger 1985:8)*

»Kein Dorf« – damit versucht Bausinger genau genommen nicht einen,
sondern ein breites Spektrum von Zugängen zur volkskundlichen Stadtforschung zu zeichnen, deren ›literale Ebene‹ das Suchen (und Finden) von
Verhaltens- und Brauchtumsmustern darstellt, welche als Elemente länd-
lich-dörflicher Kultur in die Stadt und Kontexte städtischer Lebenswelt
Eingang gefunden haben. Im übertragenen Sinn umreißt Bausingers Fragestellung »kein Dorf« Problemkreise, wie etwa den Versuch, städtische
Kommunikationsstrukturen nachzuzeichnen und dabei herauszufinden, daß
weniger die von Georg Simmel beschriebene Flüchtigkeit von Kontakten
und Oberflächlichkeit von Begegnungen städtische Kommunikationsstrukturen dominieren, sondern vielmehr,

*(...) daß die Kommunikationsstrukturen des Großstädters sehr wohl in ge-
ordneten Figuren nachzuzeichnen sind und daß sie in vielen Fällen nicht
hoffnungslos verschlungene und weite Netze führen, sondern in einer Nachbarschaft, in Straßen, Ecken und Quartieren mit ihrem besonderen Habitus
angesiedelt sind. (Bausinger 1985:9).*

»Kein Dorf« – damit umfaßt Bausinger auch die Tatsache, daß Stadtteil-
strukturen, auch wenn sie »nicht immer« als dörflich hinterlegt erfaßt werden können, diesen Untereinheiten der Stadt ein nach wie vor virulentes
eigenes Gepränge vermittelten, welches sich, gerade angesichts der Entwicklung metropolitaner Strukturen, nach wie vor erhalten hat.

»Kein Dorf« – darunter fällt für Bausinger als letztes die Herausbildung
kleiner Identitäten als Ausdruck einer Suche nach »greifbaren Erscheinungsformen von Heimat«. Diese Identitätssuche kann sich beispielsweise auch
im Protest gegen die Zerstörung historischer Substanzen einer Stadt äußern,
oft aber in einer »Aktivierung von Zugehörigkeiten, die lange vergessen
waren oder schienen – Nachbarschaft, Straße, Quartier.«[497]

Bausingers Zugang zu Stadt beinhaltet demnach eine Sichtweise, welche
einen volkskundlichen Zugriff auf Urbanität v.a. von einer Mikroebene ›gemeinschaftlicher‹ Bindungen und Äußerungsformen her angeht, auf Makro-
aspekte alltäglich-städtischer Lebensgestaltung aber im Grunde nur wenig
eingeht. Einen klarer umrissenen Zugang als Bausingers letztlich nicht unbedingt hilfreiche Umschreibungen versuchte Helge Gerndt in seinem Ein-
leitungsreferat zum Kongreß zu skizzieren. (Daß letztlich immer wieder

---

497 Ebd.

dieselben Namen auftauchen, ist im übrigen kein Zufall, sondern Ausfluß der Tatsache, daß sich die Volkskunde ein Fach mit Opinion-Leaders von ausgesprochener *longue durée* erweist.)

Gerndt, dessen Beitrag hier ausführlicher diskutiert werden soll, weil er in den 1980er Jahren praktisch die einzige »klassisch-volkskundliche«[498] Auseinandersetzung mit den methodischen und forschungsstrategischen Zugängen zur Erfassung von Stadtkultur und Urbanität darstellt,[499] rekapituliert in seinen Ausführungen ganz kurz die Wissenschaftsgeschichte, um feststellen zu können, daß sich »volkskundliche Großstadtforscher bis nahe an unsere Tage heran kaum je auf »eigenmächtige Erfahrungen« eingelassen hätten, Stadt, die Erforschung von Stadtkultur sich lediglich in Polaritäten bewegte, welche die Größe Land theoretisch oder methodisch immer mitreflektierte.

Gerade angesichts der Inkonsistenz der Literatur zu urbanen Fragestellungen, d.h. angesichts mittlerweile zahlreicher »volkskundlicher Beschreibungen von Stadtfesten, von Wohnungen und Kinderspielen in der Stadt, Darstellungen über städtische Vereine und Dienstboten, (...) Einzelfalluntersuchungen von Sagen oder Liedern im städtischen Milieu« fordert Gerndt eine »Strukturanalyse einer Stadt, als kulturellem Wirkgefüge insgesamt«, das heißt die Untersuchung von »Faktoren, die städtische Ausdrucksformen in charakteristischer Weise beeinflussen.« Ist dieses Bedürfnis nach strukturierender Reflexion urbaner Gegebenheiten im volkskundlichen Rahmen einmal akzeptiert, stellt sich aber v.a. die Frage, »ob und in welcher Hinsicht sich überhaupt übergreifende volkskundliche Erforschung von Großstadt realisieren läßt«[500]. Zu berücksichtigen ist dabei, daß sich eine Annäherung an die Stadt als ein »komplexes Kultursystem« aus verschiedenen Zugangs- und Zugriffsebenen zusammenzusetzen hat:

Ein erster Basis-Zugriff erfolgt über die Bestimmung von sicht- und greifbaren Elementen. Bei solcher Betrachtung erscheint

Stadt als Mikrokosmos von Erscheinungen: steingeworden im Stadtbild, aber nicht minder gegenwärtig in den Wohnungseinrichtungen, in den Klei-

---

[498] Zu den in teilweise anderen methodischen Referenzrastern stehenden Zugängen der Frankfurter Kulturanthropologie cf. Kap. 3.6.3; zur »Wiederentdeckung der Stadtkultur« (cf. Lindner 1990) im Sinne der Chicago-School cf. Kap. 4 und 5.3

[499] Erst mit Matti Räsänens Überlegungen (Räsänen 1988), die Ansätze der nordischen Folklorismusforschung und solche der urban anthropology referieren und der bereits mehrfach angesprochenen Antrittsvorlesung von Ruth E. Morhmann (Mohrmann 1990) fanden wieder theoretische Erörterungen der Problematik statt, die aber wenig Widerhall fanden.

[500] Alle: Gerndt 1985:12

dungsmoden, dem Nahrungsangebot, einem Vorrat von Witzen, Liedern,
Erzählungen usw. (Gerndt 1985:12)

Durch diese Gegenstände und Erscheinungen wird die städtische Lebenswelt, werden die »Rahmenbedingungen alltäglichen Lebens abgesteckt«,
innerhalb derer sich soziale Netzwerke, d.h. ständige Vermittlung und per-
manenter Austausch, etablieren und erhalten. Auf der Makroebene hingegen
ist Urbanes besonders in Vorstellungen und Wertsetzungen zu erfassen.
Zwischen diesen beiden Bereichen bestehen zwar nur mittelbare Verbindungen, gleichzeitig existieren aber doch permanente Wechselbeziehung
zwischen den Elementen dieser ungleichen Ebenen.[501]

Auf der Basis dieser recht knappen und wenig theoriegestützten Überlegungen entwickelt Gerndt ein Betrachtungsmodell eines themenstrategi-
schen Zugriffs auf das Forschungsfeld Großstadt:

Volkskundliches Forschen in empirisch-kulturwissenschaftlichem Sinn
kann die Größe Stadt vorab in dreierlei Hinsicht angehen, indem sie

1. Großstadt als kulturelles Gebilde, ein Gefüge, das eine mehr oder weniger
   geschlossene Alltagswelt umfaßt, betrachtet oder
2. Großstadt als ein kultureller Vermittlungsraum, ein Handlungsfeld, in
   dem sich ein relativ eigengeprägtes Alltagsleben entfaltet, erscheint oder
3. Großstadt als ein kultureller Bedeutungsraum, eine Wertewelt, mit von
   Einzelfall zu Einzelfall typisch erscheinenden Vorstellungsbildern« sich
   fassen läßt. *(Gerndt 1985:13)*

Zu diesen drei Themenbereichen wirft Gerndt selber Fragen auf, denen er
für einen aktuellen Zugang zur Volkskunde der Stadt Relevanz zuspricht,
daneben ergeben sich daraus Fragen, die auch in der gegenwärtigen Volkskunde der Stadt diskutiert werden müssen. Beide Bereiche werden im folgenden im gleichberechtigten Nebeneinander dargestellt.

1. Die Erfassung und Interpretation von Großstadt als kulturellem Gebilde
   ist nicht viel mehr als eine idealtypische, letztlich statische Modellvorstellung von Stadt. Stadt, »Großstadt erscheint als kulturelles Gebilde, in
   dem unterschiedlichste historische Elemente kondensiert sind.«[502] Darunter fallen besonders auch die subjektiven Wahrnehmungsmuster städtischer Gegebenheiten: prägend bzw. vermittelnd für einen äußerlichen,
   aber bestimmenden Eindruck städtischer Erscheinungen sind nach
   Gerndt »Baulichkeiten«. Sie vermitteln

---

[501] Cf. ebd., p.12
[502] Ebd., p.14

(...) und zwar im Regelfall die der Repräsentationskultur (...) den prägenden Stadteindruck, nicht zuletzt aber deshalb, weil die bildungsbürgerliche Stadtliteratur in Feuilletons, Reportagen, Fotobänden und Stadtführern uns so zu sehen anleitet. (Gerndt 1985:13)

Stadtkultur, vorab in einem nachbarwissenschaftlichen Zugriff, präsentiert sich u.a. aus dem »baulichen Stadtbild«; dahinter aber liegt die »Alltagswelt der Stadtbewohner mit ihrer eigenen Zeichenhaftigkeit.«

Mit der volkskundlichen Erfassung von Großstadt als »kulturellem Gebilde« und einer damit geforderten Erstellung einer jeweiligen »Topographie der Alltagskultur«[503] verbinden sich aber einige Probleme: Hans Paul Bahrdt ortet als eine der Grundkonstellationen städtischer Gegebenheiten eine Spannung zwischen extremer Öffentlichkeit und extremer Privatheit.[504] Dem privaten Bereich, wesentlich weniger offenliegend und zugänglich als in nicht-städtischen Gebilden, ist nicht nur methodisch entsprechend schwierig beizukommen, sondern daneben ist auch die Ermittlung des Stellenwerts alltagskultureller Äußerungen im kulturellen Gefüge einer Stadt, besonders aber auch die Frage, ob Alltagskulturelles allenfalls »die Atmosphäre einer Stadt wesentlich mitbestimmt«[505] schwer zu entscheiden. Über Gerndt hinaus wäre an dieser Stelle auch zu fragen, ob und allenfalls welche Rolle im Wirkgefüge alltagskultureller Äußerungen und deren Interpretation Stereotypen zukommt.

Die Wahrnehmung der Stadt als zeichenhaftem Gebilde wird aber im weiteren auch durch Vorgaben historischer Art gesteuert. Bleiben wir beim Beispiel des Baulichen: Mit dem Sozialhistoriker Klaus Tenfelde[506] fragt Gernd in Anbetracht einer sich klar abhebenden und klassierbaren Sprache der Architektur von Gebäulichkeiten der Bildung, namentlich einer doch in sich recht geschlossenen Schulhausarchitektur, wie sich eine Stadt in ihren städtischen Bauten darstellt, wie Bauten der Bildung, der Verwaltung aber auch der kommunale Wohnungsbau kulturelle, macht- und herrschaftspolitische Ansprüche repräsentieren. Bezogen auf die von Gerndt geforderte Topographie der Alltagskultur heißt das, daß in diesem Bereich ähnliche Strukturen der Erscheinungs-, bzw. der Lebenswelt sichtbar zu machen wären.

Daß der Ausdruck dieser kulturell geprägten Wahrnehmungsmuster sich aber – entgegen Gerndts Darstellung – nicht nur auf das »hochbauliche«

503 Alle: ebd., p.14
504 Bahrdt 1961, cf. dazu Kap. 5.4
505 Gerndt 1985:14
506 Tenfelde 1983.

beschränken muß, belegen eindrücklich die von und im Anschluß an
Kevin Lynch[507] entstanden, neuerdings teilweise auch volkskundlich genutzten[508]Arbeiten zu subjektiven Stadtplänen. Wege, Wegmarken und
urbane Teilbereiche nehmen einen ebenso wichtigen Einfluß auf den
subjektiven Stadteindruck wie Wahrzeichen, ganz abgesehen von den re-
gelhaften Verzerrungen von Distanzen.

2. Stadt als einen kulturellen Vermittlungsraum zu begreifen, als ein
Handlungsfeld, in dem sich ein relativ eigengeprägtes Alltagsleben entfaltet, versucht, über die topographische Statik hinaus, die Dynamik sozialen Lebens als weiteres großstädtisches Merkmal namhaft zu machen.
Das heißt: Städte werden verstanden als Orte, Räume, die nicht nur
über eine »spezifische kulturelle Ausstattung« (wie beispielsweise die
eben kurz angesprochene Architektur) verfügen, »sondern mit spezifischer kultureller Aktivität ausgestattet sind.«[509] Diese Sichtweise nimmt
letztlich in funktionsanalytischer Weise die Frage nach der Strahlkraft
von Städten, nach der Einordnung in ein – wie auch immer zu füllen-
des – Stadt-Land-Raster auf. Ob aber mit solchen Fragen nach der Rolle
städtischer Zentren in der Diffusion von Novationen (Städte als Produ-
zenten und als Katalysatoren von oder als Bedingungen für die Ausbreitung von Innovationsschüben) eine neue Qualität für die Stadtbetrachtung gewonnen ist, erscheint, wie nicht zuletzt aus den Ausführungen im
letzten Kapitel hervorgehen dürfte, fraglich.
Fraglich erscheint auch, ob Faktoren, welche als prägend und geradezu
konstituierend für die kulturelle Erfassung des Urbanisierungsprozesses
vor einem nicht immer expliziten Vergleichshorizont »Land« angesehen
werden – also beispielsweise ein geringer Integrationsgrad der Bevölkerung, »Anonymität in einer Mehrzahl von Alltagssituationen, überlokale
Orientierung und starke Mobilität« – und die »zuerst besonders in groß-
städtischem Milieu höheren Lebenstempos, größerer Enge, strengerer
Fremdheit ausgemacht und gleich auf dieses Bedingungsfeld zurückgeführt wurden«, als Indikatoren von Urbanität nur raumgebunden betrachtet werden dürfen. »Erfassen wir« – so Gerndt – damit »die Typik
eines kulturellen Raumes oder die einer kulturgeprägten Zeit?«[510] Während Gerndt vermutet, daß die Erfassung städtischer Lebenswelten des
öfteren dazu führe »quasi Paradigma-Aussagen für den gesamten All-

---

507 Lynch 1965, cf. dazu Kap. 6.2.4.1
508 Am ausführlichsten und methodisch reflektierend cf. Ploch 1994
509 Gerndt 1985:14
510 Cf. ebd., p.15, wo auch die Zitate

tag«[511] zu machen, erschiene doch als weitaus konsequentere Folgerung, neben die notwendige Ausrichtung auf räumliche Muster die Ermittlung urbaner Realitäten, Bedingungen und Verfaßtheiten wesentlich auch raum-zeitlich zu begreifen und zu analysieren.

3. Stadt, Großstadt ist, neben den genannten Zugängen, für volkskundliche Analysen v.a. als kultureller Bedeutungsraum, als Wertekosmos mit von Einzelfall zu Einzelfall typisch erscheinenden Vorstellungsbildern zu fassen.

Zentraler Punkt bildet hier die Frage, wie sich Stadtbilder aufbauen, welche Werte ›der Stadt‹ schlechthin und jeweils einzelnen Städten im besonderen zukommen. Für Helge Gerndt bauen sich Stadtbilder zwar einerseits aus »individuell verschiedenartig ausgeprägten Erlebnisfeldern« auf, verfügen aber im spezifischen Fall jeweils auch über »etliche, besonders prägnante ›Situationssymbole‹, die allen Stadtbewohnern bekannt sind und damit zu Bestandteilen eines gemeinsamen Selbstbildes werden.« Nicht gesichert ist, ob tatsächlich von gemeinsamen situativen Merkmalen bzw. Symbolen gesprochen werden darf – womit letztlich doch eine gefährliche Nähe zu den landschaftsgebundenen Gemeinschaftsmerkmalen der älteren Stadtvolkskunde besteht – oder ob es sich dabei nicht bloß um stereotype Bilder handelt, weniger Ausdruck eines Identitätsbezuges, sondern vielmehr schnell abrufbare und instrumentalisierbare Bestandteile von dessen Verschleierung. So fragt sich, ob die für München genannten Autoidentifikationsmerkmale

Frauenkirche, Hofbräuhaus, (...) schöne Mädchen, Studenten Künstler, (...) Bier, Biergarten, Oktoberfest, Fasching, Weißwurst, Maßkrug, Lederhose (Gerndt 1985:16)

tatsächlich als Indikatoren eines Selbstbildes gewertet werden dürfen, oder bloß als Gegenbilder lediglich den ›folkloristischen‹ Bestandteil davon bilden.[512] Gerade die Erfassung solcher mentaler Stadtbilder – erinnert sei in diesem Zusammenhang noch einmal an Kevin Lynchs »mental mapping«, das zu oft auf seine Schauseite hin reduziert wird, zu dessen Methodik aber auch die qualitative Erhebung in der Gesprächssitua-

---

511 Ebd., p.16
512 Schon Richard Weiss hat, in ganz anderem Zusammenhang, auf solche Mechanismen des Rückgriffs auf an sich überkommene Gegenbilder als Bestandteil aktueller Sinngebung hingewiesen, wenn er konstatierte, daß die zahlenmäßig »verschwindende Minderheit der Hirten« das Schweizbild nach Innen wie nach Außen repräsentierten (Richard Weiss, Alpiner Mensch und alpines Leben in der Krise der Gegenwart. In: Schweizerisches Archiv für Volkskunde, Jg. 58 (1962), p.232-254, p.232

tion gehört – bietet aber einen verfolgenswerten Zugang, die «Stadt im Kopf» zu erheben.

Aus der Problematik der drei skizzierten möglichen Stoßrichtungen spezifisch volkskundlicher Stadtbetrachtung lassen sich weitreichende methodische Schlüsse ableiten. Wie bereits oben sollen dabei die Folgerungen Gerndts im Verbund mit weiterführenden Überlegungen dargestellt werden.

- Als Forschungsgegenstand einer Großstadtvolkskunde benennt Gerndt

die Alltagswelt der breiten Unter- und Mittelschichten, ihr kultureller Besitz, der für eine adäquate Kenntnis der tatsächlichen Lebensverhältnisse die Grundlage bildet. (Gerndt 1985:18)

Aus heutiger Sicht ist allerdings wohl nicht mehr stur auf eine ohnehin nur mehr schwer zu leistende, eine kaum gegebene Homogenität gesellschaftlicher Schichtungen voraussetzende, soziale Abgrenzung zu referieren. Wichtiger aber als diese Weiterung erscheint, bei der Erfassung lebensweltlicher Horizonte nicht von einem einseitigen, rezeptiven Verständnis kultureller Verfaßtheit auszugehen, sondern darin kulturbedingte wie kulturbedingende Muster und Formen zu erkennen.[513]

---

[513] Da im volkskundlichen Kontext mit Lebensstil, Lebensweise, Kulturstile, etc. etliche verschiedene, inhaltlich je anders gefüllte Begrifflichkeiten zur Erfassung »volkskultureller« Figurationen und Konstellationen nebeneinander stehen, ja selbst der Begriff der Lebenswelt bei Friedrich Sieber in einem produktionsgebietsbezogenen Sinn vorgeschlagen wurde, scheint hier doch Anlaß gegeben, den von Husserl initiierten, in der hier vorgestellten Form von Alfred Schütz, Peter Berger und Thomas Luckmann inhaltlich geprägten Begriff der Lebens- oder Alltagswelt wenigstens ganz knapp anzudeuten. Lebens- oder Alltagswelt,
»die Wirklichkeit der Alltagswelt erscheint bereits objektiviert, das heißt konstituiert durch eine Anordnung der Objekte, die schon zu Objekten deklariert worden waren, längst bevor ich (d.h. das handelnde Subjekt) auf der Bühne erschien.« (Berger/Luckmann 1969:24)
Lebenswelt ist um das »Hier« meines Körpers und das »Jetzt« meiner Gegenwart herum angeordnet.
»Sie (d.h. Lebenswelt) ist einfach *da* - als selbstverständliche, zwingende Faktizität.« (Berger/Luckmann 1969:26)
Für das Ich, d.h. für das handelnde Subjekt, präsentieren sich diese »fraglosen« Gegebenheiten in der alltäglichen Wirklichkeit der Lebenswelt, nach Schütz/Luckmann in der natürlichen Einstellung des Alltags als folgende:
»a) die körperliche Existenz von anderen Menschen;
b) daß diese Körper mit einem Bewußtsein ausgestattet sind, das dem meinen prinzipiell ähnlich ist;
c) daß die Außenweltdinge in meiner Umwelt und in der meiner Mitmenschen für uns die gleichen sind und grundsätzlich die gleiche Bedeutung haben;

- Die Forschungsoptik ist ausgerichtet auf den Komplex kultureller Vermitteltheit.
Weiterungsmöglichkeiten ergeben sich hier in verschiedenen Hinsichten, die sich aber wohl insgesamt auf Fragen der Wahrnehmung im und des Urbanen, auf diejenige nach dem Beitrag einer großstädtischen Bevölkerung zur Formierung und Ausgestaltung städtischer Kultur sowie auf die Ermittlung sozialräumlicher Strukturen und ihrer Relevanz bündeln lassen.
- Theoretische Fragestellungen ergeben sich zum einen in der Frage nach möglichen Adaptationen von Fragestellungen der Diffusions- und Novationsforschung, sowie einer Ausrichtung hin zur Erfassung kultureller Wertsysteme städtischer Unterschichten und bestimmter Subkulturen.
Auch in diesem Bereich sind die Forschungspostulate zu erweitern, hier liegen auch bereits teilweise namhafte Ergebnisse vor. So ist nicht nur die Beschränkung auf einzelne Gruppen- oder Schichtenkulturen auszuweiten, sondern namentlich die Verknüpfung mit bislang eher nebenherlaufenden Arbeiten mit Kultur- bzw. urbananthropologischem Ansatz zu vertiefen.[514] Daneben erweist sich auf dem urbanen Feld v.a. die Notwendigkeit, die sozialwissenschaftliche Theorie auf breiter Basis zur Kenntnis zu nehmen und auf die fachliche Applizierbarkeit hin zu befragen.
- Methodisch gesehen stehen die Techniken der empirischen Sozialforschung im Vordergrund, allerdings verbunden mit der Forderung nach einer starken theoretischen Hinterfragung von Untersuchungsanlagen und Ergebnissen:

Ein Stadtvolkskundler muß sich darüber im klaren sein, daß die Leute, die er studiert, ihm über die Schulter gucken. Seine Untersuchungen können ihn (...) rückbefragen. Die Grenze was gesagt werden muß und was nicht, wird

---

d) daß ich mit meinen Mitmenschen in Wechselbeziehung und Wechselwirkung treten kann;
e) daß ich mich - dies folgt aus den vorangegangenen Annahmen - mit ihnen verständigen kann;
f) daß eine gegliederte Sozial- und Kulturwelt als Bezugsraum für mich und meinen Mitmenschen historisch vorgegeben ist, und zwar in einer ebenso fraglosen Weise wie die 'Naturwelt';
g) daß also die Situation, in der ich mich jeweils befinde, nur zu einem geringen Teil eine rein von mir geschaffene ist.« (Schütz/Luckmann 1979:27).
Das Konzept der Lebenswelt thematisiert also alltagsrelevante Bereiche fragloser kultureller Sinnsetzung und hat auch im volkskundlichen Diskurs Eingang gefunden, ist aber oft zur reinen Floskel verkommen oder aber eingleisig im Sinne eines normativen Settings verstanden worden.
514 Cf. dazu die knappen Hinweise in Kap. 3.6

zum Problem. Empirische Kulturforschung soll natürlich nicht nur die Ge-
meinde der Wissenschaftler erreichen. (Gerndt 1985:18)

Insgesamt, so belegen auch die seit diesem Zeitpunkt erschienenen Arbeiten, erweist sich dabei ein qualitativer Zugang für volkskundliche
Forschungen auf städtischem Terrain als besonders fruchtbar, einmal
davon abgesehen, daß heute teilnehmende Beobachtung in unterschiedlichen Partizipationsgraden einen ebenso selbstverständlichen wie unab-
dingbaren methodischen Zugang für urbanethnologisches Schaffen darstellen.

Gerndts Ausführungen waren nicht nur mit Blick nach vorn konzipiert,
sondern v.a. in Hinsicht auf die Forderung auch einer Abkehr von der Suche nach funktionalen Zusammenhängen in größeren Kulturkomplexen:

Komplexere Systeme sind so vermascht, daß Aussagen über Funktionszusam-
menhänge entweder in ihrer Brauchbarkeit höchst zufällig sind oder schnell
trivial werden. (Gerndt 1985:18)

Mit der Abwendung von reinen Funktionsanalysen war damit eine Annäherung an das kulturelle Alltagsleben, an die lebensweltlichen Gegebenheiten
eingeleitet: Eigen- und Fremdbilder von Städten, Alltagserfahrungen, Stadt-,
Stadtviertel- und Straßenwahrnehmung, Wechselwirkungen zwischen städtischen Gegebenheiten und Alltagsverhalten sind Themenkreise, die schon
Gerndt als spezifisch volkskundliche zukünftige Forschungsfelder erachtete.

Die Ausführungen Helge Gerndts, die hier mit Weiterführungen präsentiert wurden, bilden eher eine Ausnahme in der nach wie vor auf die
Darstellung einzelner Phänomene und Erscheinungen ausgerichteten volkskundlichen Stadtforschung, erscheinen aber insofern dennoch als typisches,
aber positiv zu wertendes Beispiel, was den Grad theoretischer Reflexion
anbelangt: den eher spärlichen theoretischen Bezügen in die nachbarwissenschaftlichen Felder, die zur Klärung theoretischer Zugänge beitragen könn-
ten, stehen indessen immerhin Reflexionen über einen spezifisch volkskundlichen Zugang zur Stadtproblematik gegenüber. Nicht zuletzt spiegelt
sich, und hier darf der Beitrag Gerndts durchaus als paradigmatisch angesehen werden, in seinen Ausführungen letztlich jene gewisse Hilf- und Ratlo-
sigkeit gegenüber dem komplexen, ausufernden und schlecht faßbaren Forschungsfeld Stadt, die den Großteil volkskundlichen Arbeitens zu Fragen
der Urbanität auszeichnet - und die allenfalls auch dazu beigetragen hat,
daß angesichts der Fülle möglicher Forschungsfelder und der Notwendigkeit einer vertieften Auseinandersetzung zwar vermehrt stadtbezogene Arbeiten entstanden, sich aber kaum ein diesbezüglicher Diskurs entwickelt
hat.

Trotz dieser einschränkenden Bemerkungen: Die Themenfelder und Fragestellungen volkskundlichen Arbeitens erfuhren im vergangenen Jahrzehnt Erweiterungen: Die Frage nach kulturellen Stadt-Land Beziehungen und der Strahlkraft der Städte trat in den Hintergrund gegenüber der Erfassung entweder einzelner Aspekte städtischen Lebens oder aber der Darstellung von Elementen einer Stadtteilkultur, wie sie sich auch in der Mehrheit der einzelnen Beiträge zum Kongreß widerspiegelt.[515]

Das Spektrum der dort erörterten Themen und Fragestellungen reicht neben etlichen Länderüberblicken von Ausführungen über Gartenstädte[516], Wohnmilieus[517], Quartiervolkskunde[518] und Stadtteilkultur[519] über Fragen der Freizeitgestaltung[520], der musealen Aufbereitung großstädtischer Kultur im Museum[521], dem Erzählen[522] und Singen[523] in der Stadt und Darlegungen zum Nahrungs-[524] und gruppenspezifischen Kleidungsverhalten in der Großstadt[525] bis hin zu Fragen schichtspezifischer Lebensstile[526].

Neben diesen inhaltlich teilweise originellen, aber vom Ansatz her eher weniger innovativen Ansätzen existierten allerdings - und darauf ist zumindest kurz hinzuweisen - bereits 1983 Ansätze, aus den starren Formen neokanonischer Stadtbetrachtung auszubrechen und sich in einem breiteren theoretischen Rahmen mit der Großstadt auseinanderzusetzen.

Dietmar Sauermann[527] und Andreas Kuntz etwa reflektieren in ihren Beiträgen zur Freizeitbewältigung die »Problematik der Kategorie ›Großstadt‹«. Während Sauermann zum Schluß gelangt, daß (gebundene) Freizeit als Bestandteil des urbanen Alltagslebens nicht mit der Kategorie Großstadt, sondern allenfalls kleineren Einheiten (Stadtviertel, Straßenzüge) gefaßt

---

515 Wie wenig übrigens aus Schweizer Sicht das Forschungsfeld Stadt ein volkskundliches Thema darstellt, belegt der materialienreiche Beitrag von Ueli Gyr (Gyr 1985). Er kommt, wie bereits eingangs dieser Arbeit zitiert, angesichts des Schweizer Schaffens zum Schluß, daß, gemessen an den diesbezüglichen Veröffentlichungen Städte in der Schweiz gar nicht zu existieren scheinen.
516 Heller 1985
517 Sievers 1985
518 Hugger 1985
519 Ruppert 1985
520 Sauermann 1985; Kuntz-Stahl 1985;
521 von Dücker 1985; Schmidt-Linsenhoff 1985; Lauterbach 1985
522 Volbrachtovà 1985; Wehse 1985
523 Schepping 1985
524 Fielhauer/Hörandner 1985
525 Baumunk 1985
526 Gruppe 1985; Kramer 1985
527 Sauermann 1985

werden müsse,[528] fordert Andreas Kuntz aufgrund seiner Überlegungen zur
offenen Freizeitbewältigung in der Form des Flanierens und seiner modernen Nachfolger, Großstadtvolkskunde nicht flächendeckend, sondern in
»Zentren von höchster Bedeutsamkeit« als den wahren Orten von Urbanität
zu begegnen. Weiter über die Fachgrenzen hinaus wagte sich Rolf Lindner
in seinem Beitrag über »das andere Ufer. Zwei-Kulturen-Metapher und
Großstadtforschung«[529] und zwar in zweierlei Hinsicht. Zum einen themati-
sierte Lindner als einer der ersten im volkskundlichen Kontext explizit die
Ergebnisse und Strategien der Chicago School – namentlich von Robert
Ezra Park – die heute im Fach vermehrt rezipiert wird[530], zum anderen
reflektiert der Beitrag frühe soziologische (und am Rand auch ethnologische) Zugänge zu einzelnen Aspekten der Stadtproblematik, zum »anderen
Ufer« – einer Metapher, welche zu Beginn unseres Jahrhunderts nicht in
dem uns bekannten Wortsinn, sondern zur Kennzeichnung der Differenz
zwischen den verschiedenen, in einer Großstadt anzutreffenden sozialen
Ebenen verwendet wurde:

> *Damit wird auf der Ebene sozialer Gebilde ein Thema variiert, das bestim-*
> *mend für die Beschreibung großstädtischer Begegnungsformen überhaupt ist:*
> *das Ineinander von körperlicher Nähe und Geistiger Distanz (Simmel), von*
> *äußerer Nähe und innerer Fremdheit (Hellpach). (Lindner 1985:298)*

Während Lindner in einer neuen Weise über das Fach hinausblickt, setzte
sich Gottfried Korff in seinem Beitrag »Mentalität und Kommunikation in
der Großstadt. Berliner Notizen zur »inneren« Urbanisierung«[531] als einziger
in einer vertieften Art und Weise mit der Dimension der Mentalität, mit
dem Problem der ›Stadt im Kopf‹ auseinander. Mentalität umreißt Korff in
der Formulierung Rolf Reichardts (in dessen wiederum auf Lucien Fèbvres
Überlegungen zur »outillage mental« zurückgehenden Überlegungen) folgendermaßen:

> *Mentalität steht für ein ›kognitives und affektives System‹ zwischen ›Ideen*
> *und Verhalten, Doktrin und Stimmung, an der Verbindungsstelle von Indi-*
> *viduellem und Kollektivem, Absichtlichem und Unwillkürlichem, Außerge-*
> *wöhnlichem und Durchschnittlichem‹.*

---

[528] Ebd., p.110
[529] Lindner 1985
[530] Cf. dazu die 1990 erschienene großangelegte Studie zu den prägenden Einflüssen der
Reportage auf die inhaltliche Ausgestaltung, thematische und methodische Ausrichtung v.a. im Wirken Robert Ezra Parks (Lindner 1990).
[531] Korff 1985

Mentalitäten ›sind mehr als Lebensgewohnheit, Sitte und Brauchtum und nicht nur eine bloße Widerspiegelung der sozio-ökonomischen Verhältnisse, sondern etwas Dynamisches, eine z.T. eigengesetzliche Kraft, eine Geisteshaltung, die ein Werturteil über bestimmte Dinge impliziert, ein Komplex affektiv geladener Erwartungs- und Verhaltensdispositionen, die sich nicht zuletzt in irrationalen Emotionen und Frömmigkeit, Furcht, Mythen, Haß und Aggression äußern.‹ (Korff 1985:345)[532]

Den Vorteil einer solch ausgesprochen weiten Definition von Mentalität sieht Korff v.a. und gerade in der begrifflichen und inhaltlichen Weite, wird es so doch möglich, die »Frage nach dem Handeln, Denken und Fühlen im Urbanisierungsprozeß« (...), welcher seinerseits »äußerst komplex ist und die unterschiedlichsten wirtschaftlichen, sozialen und kulturellen Prozesse umfaßt«[533], angemessen anzugehen. Mit Blick auf die historischen Berliner Stadtrealitäten benennt Korff einige der Faktoren von Urbanisierung, welche auf mentale Verfaßtheiten Einfluß nahmen: So einerseits das dichtgedrängte städtische Wohnen in den Arbeiter- und Handwerksquartieren am Stadtrand von Berlin, das eine »Reduktion von Erfahrungsmöglichkeiten«, Apathie und Resignation als »mentale Anpassungsregler« festlegte oder andererseits die Tatsache, daß »Großstadt als Ort eines vergrößerten Möglichkeitshorizontes, als Ort (...), wo man es zu etwas bringen konnte«, erscheint. Entscheidend hierfür ist aber, daß das städtische Leben »Erlebnismodelle« (ein Terminus von Wilhelm Brepohl) bereitstellt - wie etwa die Begeisterung für die Eisenbahn – »mit denen Chiffren der Urbanität und des Fortschritts plausibel in die individuellen Orientierungen vermittelt werden konnten, gemäß der Mentalitätsdefinition Rolf Reichardts, Kollektives mit Individuellem verknüpft werden konnte.« Als Grundkonstanten, als Grundmuster für die »Zurichtung der outillage mental« in der großstädtischen Lebenswelt« lassen sich so »Apathie und Energie« (d.i. eine begriffliche Neufassung von Hellpachs »sensueller Vigilanz und »emotionaler Indifferenz«) als »Zuschnittlinien für die Ausprägung von Mentalitäten« benennen.[534] Urbanisierung, dies die Quintessenz der dichten Ausführungen Korffs, »die äußere und »innere«, hat »die Gesellschaft und den Menschen verändert.« Die Beschreibung eines städtischen Lebensstils, städtischer Lebenswelten, hat demnach, dies wird aus den Beschreibungen Korffs deutlich ersichtlich,

---

532 Der Hinweis auf Reichardt bezieht sich auf: Rolf Reichardt, »Histoire des Mentalités«. Eine neue Dimension der Sozialgeschichte am Beispiel des französischen Ancien Régime. In: Internationales Archiv für Sozialgeschichte der deutschen Literatur, Jg. 3 (1978), p.130-166.
533 Korff 1985:345
534 Alle: ebd., p.348

nicht auf eine äußere, auf Einzelphänomene ausgerichteten Ebene beschränkt zu bleiben und hat ebenso über die von Gerndt in den Vordergrund gerückte rein raumbezogene Sichtweise hinauszugehen. Eine Erkenntnis die nicht nur im stadtvolkskundlichen Rahmen der frühen achtziger
Jahre, sondern auch heute noch immer zu wenig selbstverständlich ist.

Überblicken wir noch einmal gleichsam das »Stichjahr« 1983, indem wir
kurz den theoretischen Horizont der verschiedenen Beiträge betrachten: Die
Dominanz geographischer Fragestellungen, welche noch zehn Jahre vorher
auf dem Kongreß über Stadt und Land vorgeherrscht hatte, ist geschwun-
den. Strahlungsmodelle oder Christallers Überlegungen zu den zentralen
Orten und deren Funktion sind nur noch marginal vertreten; wird überhaupt auf einen theoretischen Rahmen Bezug genommen, so dominieren
vielmehr Ansätze, die sich primär am soziologischen und sozialhistorischen
Bereich orientieren. Die theoretischen Bezugsfelder lassen sich dabei un-
schwer kategorisieren: Großstadtskeptiker – Riehl, Nietzsche, Henri Lefeb-
vre oder Alexander Mitscherlich; urbansoziologische Zugänge – Max Weber, Georg Simmel, Hans-Paul Bahrdt oder René König und wahrneh-
mungsbezogene Fragestellungen – Willy Hellpach, Kevin Lynch oder Stanley Milgram stecken neben dem allgemeinen Miteinbezug wissenssoziologi-
scher Literatur den Rahmen ab. Meist blieb es indessen bei bloßen Anlei-
hen; von den wenigen vorgestellten Arbeiten abgesehen versucht kaum einer
der Beiträge, in einem übergreifenderen Rahmen die genannten Ansätze
auch ausreichend zu diskutieren.

3.4   Empirische Kulturforschung im Stadtteil. Eine Sackgasse?

Die vorsichtige Öffnung der Volkskunde zu Modellüberlegungen der Nachbardisziplinen fand nur wenig Widerhall im stadtvolkskundlichen Arbeiten.
Sie blieben im fachlichen Diskurs weitgehend marginal oder wurden, wie
etwa Gottfried Korffs Konzept der »›inneren‹ Urbanisierung«, in der Folge
in der volkskundlichen Diskussion kaum weiter aufgenommen. Zu leicht
fiel die Versuchung, sich nach wie vor, zwar mit verfeinerten Methoden und
veränderten Sichtweisen, aber eben doch im gewohnten und sicheren Rahmen innerhalb der Stadt zu bewegen, den Blick hier auf ›Dörfliches‹ in der
Stadt zu heften, also Einheiten mit – um an die Kategorien Richard Weiss'
zu erinnern – Traditionsbezug und Beharrungsvermögen an erster Stelle zu
berücksichtigen. Bausingers Wunsch, daß der Kongreß von 1983 »Auftakt

bilden möge für künftige intensive Forschungen auf dem weiten Feld der Großstadtkultur«[535] blieb weitgehend unerfüllt.

In diesem Licht erstaunt es weiter nicht, daß die Problematik volkskundlichen Arbeitens in der Stadt bis heute eher punktuell und in unterschiedlicher Intensität reflektiert wurde.[536] Eindrückliches Indiz für diese eingeschränkte Sichtweise des und Zugriffs auf das Forschungsfeld Stadt stellt etwa die Tatsache dar, daß selbst im gegenwärtig aktuellsten Handbuch zur Volkskunde/Europäischen Ethnologie[537] nur der Gemeinde- und Stadtteilforschung, nicht aber der (Groß-)Stadtvolkskunde Platz eingeräumt wurde.

Auf diesen Mißstand, oder besser: auf die Verlängerung dieses Defizits selbst in den Rahmen einer Stadtteilforschung hinein, weist auch Paul Hugger in seinem Abriß zur volkskundlichen Gemeinde und Stadtteilforschung[538] im oben genannten Handbuch hin. Unter der sprechenden Kapitelüberschrift »Das Stadtquartier - Stiefkind volkskundlicher Feldforschung«[539] beklagt er die schleppende Auseinandersetzung der Volkskunde mit dem Forschungsfeld und weist zugleich auf die beschränkte «Strahlkraft» des Impulses von 1983 hin:

Erst spät hat die Volkskunde erkannt, in welchem Maße sie den städtischen Lebensraum aus ihrer Forschungsperspektive ausgeklammert hatte. Trotz verschiedenen Anläufen in den letzten Jahren, vor allem im Zusammenhang mit dem 24. Deutschen Volkskundekongreß in Berlin 1983 (...), hat es die Stadtforschung bis heute nicht zu einem besonderen Stellenwert innerhalb des Fachs gebracht. Die Gründe sind mehrfach: Zum einen hat die Volkskunde kein eigenes Forschungsinstrumentarium entwickelt, um städtische Phänomene in geeigneter Weise anzugehen, zum anderen schrecken die Komplexität und die Verschlungenheit städtischer Lebensstrukturen und damit die gegebenen Schwierigkeiten kognitiver Art den Feldforscher ab. (Hugger 1988:279)

Diese Schwierigkeiten trugen entscheidend dazu bei, daß sich volkskundliches Forschen in der Stadt im Verlauf der 80er Jahre mehrheitlich auf aus-

---

535 Bausinger 1985:10

536 Die Sonder- und Ausnahmestellung, die dabei die Volkskunde mit kulturanthropologischem Ansatz einnimmt, wird weiter unten, Kap. 3.6.3, dargestellt

537 Brednich 1994, erste Auflage 1988. Die meisten Beiträge wurden für die Zweitauflage nicht oder nur bibliographisch überarbeitet. Um aber einen möglichst breiten Zugriff auf dieses momentan einzige Überblickswerk sicherzustellen, wurde bereits weiter oben und wird im folgenden nach der zweiten Auflage zitiert.

538 Hugger 1994 (= Fassung von 1988 mit bibliographischen Ergänzungen)

539 Hugger 1994:279

gewählte alltagskulturelle Teilbereiche und schon erheblich weniger auf ausgewählte Teilräume und kaum auf übergreifende urbane Fragestellungen
bezog. Wenn Stadt überhaupt als (sozial- und kultur)räumliches Gebilde
erfaßt wurde, dann bedeutete Stadtbezug allerdings oft Stadtteilbezug. Hinter der Beschränkung auf diese Fragestellung verbarg sich nur zu oft der
Wunsch, die für den Umgang mit dörflichen Gemeinschaften entwickelten
methodischen und theoretischen Strategien praktisch unverändert auf die
Stadt zu übertragen. Die Tatsache, daß sowohl »in städtischen wie in ländlichen Gesellschaften (...) die kulturelle Aneignung des Raums und seine
soziale Ausgestaltung«[540] eine gemeinsame Grundoptik bilden, versperrte
wohl oft die Einsicht, daß urbane und stadtteilbezogene Arbeiten in größere
gesellschaftliche und kulturelle Zusammenhänge einzubetten sind,[541] die
sich deutlich von denjenigen ländlicher Gesellschaften unterscheiden. Zu
lange versuchte demgegenüber die Volkskunde, auch die moderne Volkskunde, in den Stadtbewohnenden letztlich verkappte Dörfler, im Stadtviertel das Dorf in der Stadt zu suchen.[542] In diesem Sinne hebt sich die volkskundliche Stadtteil- bzw. Quartierforschung teilweise noch heute gegenüber
den Ansätzen einer Volkskunde der Stadt deutlich ab, namentlich durch
den Anspruch, einen städtischen Teilbereich klar ausgrenzen und holistisch
erfassen und darstellen zu können. So stellt auch Paul Hugger in seinen
grundsätzlichen Überlegungen zum Thema auf diese sozialräumliche Segre-
gierbarkeit ab:

*Stadtteile (Quartiere) sind historisch gewachsene und/oder administrativ
ausgegrenzte Siedlungs- und Verwaltungseinheiten in Städten, deren Bewohner ein mehr oder minder entwickeltes Raum- und Zugehörigkeitsbe-
wußtsein aufweisen. ›Echte‹ (und nicht nur rein administrative) Stadtteile
strukturieren sich sozial, ethnisch, wirtschaftlich, baulich in charakteristischer Weise und unterscheiden sich so. Markante architektonische und topographische Merkmale und Orientierungspunkte helfen dabei. Als wichtigste
Bereiche der Sozialisation entsprechen Stadtteile funktionell den früheren
Dörfern. Stadtteile sind die größten Siedlungseinheiten, die sich noch über
empirische Zugänge als Ganzes darstellen lassen. (Hugger 1994:274)*

[540] Hugger 1994:280
[541] Wie beispielsweise von Lehmann (Lehmann 1982) gefordert, der sowohl auf die
Übertragbarkeit volkskundlicher und soziologischer Arbeitsmethoden auf städtische
Mikroorganismen als auch auf die Notwendigkeit zur sozialen und kulturellen Kontextualisierung und Verortung hinweist.
[542] Cf. z.B. Paul Hugger, Das Weiterleben dörflicher Strukturen in der heutigen Stadt
Zürich. In: Heinz Heineberg (Hg.), Innerstädtische Differenzierung und Prozesse im
19. und 20. Jahrhundert. Geographische und historische Aspekte. Köln/Wien 1987,
p.85-104. (Städteforschung, Reihe A: Darstellungen, Bd. 25)

Stadtteilforschung steht so weniger in einem spezifisch urbanen Diskurs, sondern erscheint mehr als Verlängerung der Gemeindeforschung. Aber: Trotz zahlreicher Forschungsunternehmen in ländlichen Kontexten in den 60er und 70er Jahren[543] erwuchs aus diesen Arbeiten kaum ein ausgewachsener Anstoß zur Erforschung städtischer Viertel.[544] Im Gegensatz etwa zum französischen Sprachraum[545] ist Stadtteilforschung in der deutschsprachigen Volkskunde stark untervertreten,[546] in der Schweiz steht gar Paul Huggers Monographie über Basels Hafenquartier Kleinhüningen, in der er aufgrund narrativer, biographischer Interviews und der Aufarbeitung von Quellenmaterial den (späten) Prozeß der Vereinnahmung des Hafenquartiers von Kleinhüningen durch politische und wirtschaftliche Kräfte darstellt, als einzige geschlossene volkskundliche Untersuchung da.[547]

Angesichts dieses »volkskundlichen Nachholbedarfs« in Sachen »Erforschung von Stadtgemeinden, städtischen Vororten und Stadtquartieren«, bedingt durch eine hauptsächliche Ausrichtung auf »thematische Einzelstudien«[548], scheinen die Aufgaben künftiger Betätigung in städtischen Teilgebieten klar. Hugger, aber auch Gyr, formulieren ähnliche Desiderate:

Die Stadtteilforschung wird sich in Zukunft besonders für Fragen der Raumnutzung und der Raumaneignung durch die Bevölkerung interessieren, für Tradition und Innovation, das Kontaktverhalten, die besonderen sozialen und kulturellen Muster, die Rituale des öffentlichen Lebens, die Selbstdar-

---

543 Für die Schweiz cf. etwa die Zusammenstellung bei Gyr 1992, p.702-706

544 Diesem Manko an expliziter Auseinandersetzung mit Stadtteil-Fragen steht allerdings die Tatsache entgegen, daß Quartiere oft den Bezugsrahmen für Untersuchungen von Einzelphänomenen im städtischen Raum bilden. Cf. dazu exemplarisch die »Stadtkultur, Lebensräumen und Alltagswelten in Zürich« gewidmete Nummer des Schweizerischen Archivs für Volkskunde, Jg. 82, Heft 1/2 (1986): Sämtliche Beiträge sind zu Einzelthemen (Fasnacht, Flohmarkt, Friedhöfe, Bahnhof, St. Nikolaus-Brauch, Naherholungsgebiet), fast die Hälfte davon setzt als Bezugsfeld die Größe Quartier an (mit Bezug auf Wallfahrt, Stadt- bzw. Quartiergeschichte, Stadtquartier als Heimat, Feste).

545 Cf. dazu Kap. 5.3.3

546 Herausragend v.a. die Arbeiten von Ina-Maria Greverus/Heinz Schilling et al. zum Frankfurter Stadtteil Bergen-Enkheim (Greverus/Schilling 1982) oder die unter der Leitung von Martin Scharfe entstandene historische Untersuchung zur Tübinger Unterstadt (Scharfe 1978).

547 Mit Bärtschis Untersuchung zum Zürcher Arbeiterquartier Aussersihl (Bärtschi 1983), Röllins Auseinandersetzung mit Stadtveränderung und Stadterlebnis im 19. Jahrhundert am Beispiel St. Gallens (Röllin 1981) oder Fritzsches grundsätzlichen Überlegungen zum Quartier als Lebensraum oder zur Quartiergeschichte (besonders Fritzsche 1981 und 1986) ist aber immerhin auf nachbarwissenschaftliche Zugänge hinzuweisen, die auch volkskundlich mit Gewinn in Anspruch zu nehmen sind.

548 Gyr 1992:701

stellung der Bevölkerung, die Inszenierung der sozialen Unterschiede, die ethnischen Strukturen, Probleme der Sub- und Hegemonialkultur, Initiativen zur Selbstbestimmung und Selbstgestaltung von Quartierkultur, örtliche Symbolbildungen usw. (Hugger 1994:281)

Wichtig aber erscheint, bei deren Umsetzung die Fixierung auf eine vor allem räumlich hinterlegte Einheit und damit auch auf quasi-dörfliche Strukturen fallen zu lassen. Einen Ausweg aus dieser möglichen Sackgasse in der volkskundlichen Analyse von städtischen Teilgebieten bietet wohl die Ausrichtung darauf, »das speziell Urbane«[549] oder die Alltagskultur in – so die Formulierung von Ueli Gyr – »städtischen Mikrokosmen«[550] zu ermitteln und gerade auch deren Formanten und Ausgestaltungen als wesentlichen Punkt mitzuerfassen.[551] Darüber hinaus gilt es, sowohl auf sozialökologische Überlegungen wie auf solche der »ethnologie urbaine« vermehrt zurückzugreifen.[552]

3.5   Urbanes im Nichtalltäglichen?
Ansätze zur Erfassung von Urbanität
in exemplarischen Kontexten

Die überwiegende Zahl der bislang diskutierten neueren Beiträge ist in ihrer Grundhaltung auf ein Alltagskultur- oder Alltagskonzept hin ausgerichtet, versucht demnach, Urbanität von alltäglichen Konfigurationen her zu fassen. Demgegenüber existieren aber Zugriffsstrategien, die Urbanität beson-

---

[549] Hugger 1994:280
[550] Gyr 1992:701
[551] Cf. dazu auch: Kramer 1990. Für ausgewählte Anwendungsbereiche cf. Kap. 6.3.2
[552] Erste Ansätze in dieser Richtung skizziert beispielsweise Ursula Rellstab (Rellstab 1992). Zur Hauptsache auf die Auseinandersetzung mit Quartiervereinen ausgerichtet, reflektiert sie im ersten Teil ihrer Ausführung einige wichtige Stationen der Quartierforschung, wo sie v.a. auf die Ansätze der »ethnologie urbaine« eintritt. Wenngleich nicht systematisiert, erscheinen aber besonders die Überlegungen zu möglichen stadtteilrelevanten Größen erwägenswert, wie namentlich: eigener Name, statistische Erfassung ›harter‹ Daten, Erhebung einer im subjektiven Empfinden der Stadtteilbewohnenden eingeprägten Struktur (topographischer, baulicher, verkehrstechnischer, wegnetzbedingter, infrastruktureller und (alltags-)historischer Art); Erfassung von Merkmalen sozialer Segregation und Raumnutzung (allenfalls bzw. häufig mit Verschiebungen und damit einhergehende Verteilung von »Gelegenheiten«); Ermittlung eines Bewußtseins subjektiver Stadtteilgrenzen bei den Bewohnenden; Ermittlung des Erlebniswertes (d.h. Möglichkeiten standortgebundener Aktivitäten) u.a. (Rellstab 1992:450f)

ders vor einem außeralltäglichen, aber als exemplarisch-städtisch bewerteten Hintergrund angehen.

3.5.1 Randkulturelle Existenzen als Ausdruck und Ausfluß städtischer Lebensformen?

Ein Beispiel, sich dem Urbanen von den sozialen Rändern her zu nähern, stellen die Überlegungen des Kulturanthropologen und Soziologen Roland Girtler dar: Während er bei den »feinen Leuten« (aller Schichten, von der Halb- bis zur Adelswelt) v.a. die »übliche Schichtungstheorie der Soziologie in Frage« stellt,[553] bietet ihm gerade die Kultur städtischer Randexistenzen, konkret der Wiener »Sandler«[554], Halbweltangehörigen und Prostituierten[555] Anlaß, diese als Bestandteil städtischen Lebens oder weiter gefaßt des »Stadtbildes« zu begreifen:

> *Vagabunden und Dirnen sind uralte Symbole der Stadt. Bereits Homer beschreibt sie und sie prägten wesentlich die Stadtbilder des frühen Mittelalters und der Neuzeit. Vagabunden, Dirnen und fahrendes Volk schufen eine Kultur, die über Jahrhunderte weitergetragen wurde. (Girtler 1994:203)*

Für Girtler gehören diese Gruppen »insofern zum Zentrum des städtischen Lebens, als es die Plätze vor den großen Kirchen, die belebten Fussgängerbezirke, verrufene Restaurants, die Straßen um die Bahnhöfe und ähnliche Gebiete sind, in denen sich ihr Alltag abspielt.«[556] Das heißt: Die Anonymität der Großstadt[557], oder besser: die maximale Öffentlichkeit[558] der genannten Räume ermöglicht gerade den Aufbau von weitgehend unbehelligten, weil kaum wahrgenommen und auch keine sozialen Verantwortlichkeiten abrufend, ›Rand‹existenzen im Herzen der Stadt.[559]

Mit dieser thematischen Ausrichtung steht Girtler im deutschsprachigen Raum noch weitgehend isoliert da. Er kann sich aber mit Paul Henri

---

553 Roland Girtler, Die Feinen Leute. Von der vornehmen Art, durchs Leben zu gehen. Frankfurt a.M./ New York 1990, Zitat p.441

554 Girtler 1980

555 Girtler 1985

556 Girtler 1994:189

557 Zu dieser als Grundgegebenheit urbaner Verfaßtheit benannten Kategorie cf. Simmel 1952/1991:228ff; Anschlußmöglichkeiten zum existentiellen Problem von Anonymität und Einsamkeit bietet etwa auch Martin Heidegger, Sein und Zeit. Tübingen 1986, p.128.

558 Bahrdt 1961:60, cf. unten, Kap. 5.4

559 Zur ›Randkultur‹ cf. auch: Roland Girtler, Randkulturen. Theorie der Unanständigkeit. Wien/Köln/Weimar 1995, v.a. p.19-40

Chombart de Lauwes schon Anfang der 50er Jahre propagierten »ethnologie sociale«[560] und besonders Robert Ezra Parks »nosing around« in subkulturellen urbanen Kontexten[561] auf gewichtige Vorläufer sowohl in methodischer wie inhaltlicher Hinsicht berufen. Die Ausrichtung auf besondere, ›außeralltägliche‹ Existenzen führt aber nicht – und soll dies auch gar nicht leisten – aus einer letztlich doch auf urbane Alltagskultur hin fokussierten Sichtweise heraus.

3.5.2 Stadt und Fest – Feste als urbane Ereignisse?

Vom Anlaß, bzw. vom Forschungsgegenstand her scheint ein innerer Zusammenhang bei der volkskundlichen Auseinandersetzung mit dem Komplex Stadt und Fest schon vom Gegenstand her immanent gegeben. Eine kurze Auseinandersetzung mit dem erstaunlich reichen Diskurs erscheint daher gegeben, widerspiegelt doch darüber hinaus der Umgang mit bzw. die Sichtweise von Festen in städtischen Kontexten in hohem und gerafftem Maß die Verlaufslinien der Beschäftigung der Volkskunde mit städtischen Fragestellungen schlechthin.

Hatte sich die Festforschung während längerer Zeit mit jahres- und lebenslaufbezogenen Fragestellungen im kleinen, dörflichen oder familiären Kreis auseinandergesetzt, so erfuhr sie in den 70er und bis über die Mitte der 80er Jahre hinaus nicht nur eine quantitative, sondern v.a. auch eine inhaltliche Ausweitung. Ansätze, die auf Umsetzung in der Kulturpraxis intendierten – »Brauchen wir Feste?«[562] fragte etwa Ina-Maria Greverus –, die Auseinandersetzung mit Festbesuchern als einer lange zu Unrecht vernachlässigten Größe[563], die Annäherung an kommunikative,[564] semiotische[565] oder sozialstrukturelle[566] Aspekte bildete nun Gegenstand der Auseinandersetzung mit Festfragen.[567] Dabei rückte auch diejenige nach den

560 Paul Henry Chombart de Lauwe, Méthodes de recherche pour l'étude d'une grande cité. Paris 1951
561 Cf. unten, Kap. 4.1
562 Greverus 1977:1
563 Bimmer 1980
564 Sievers 1986
565 Sievers 1983
566 Bausinger 1988
567 Neben den bereits genannten Werken cf. darüber hinaus an allgemeinen neueren Überlegungen zur volkskundlichen Auseinandersetzung mit Festen über Jahres- und Lebenslauffragestellungen hinaus: (Autor-Jahr-Angaben für in der Bibliographie aufgeführte Werke mit implizitem Bezug zu städtischen Fragestellungen; volle Zitierweise für weitere, für den Diskurs im engeren Themenfeld relevante Titel): Kramer

Bezügen zwischen Fest und städtischen Gegebenheiten allmählich in den Blickpunkt.

Wie in der allgemeinen Stadtvolkskunde auch, bedeutete auch in der Stadt-Fest-Forschung Stadtbezug vorerst einmal Stadtteilbezug. Die »integrative Wirkung auf das Sozialgefüge eines Stadtteils«[568] oder umrissener städtischer Gruppen[569], Stadtteilfeste als Formen großstädtischer Geselligkeit[570] in ihren Wechselwirkungen zur Stadtstruktur[571], oder in offener, »partizipatorischer« Form als Gegenstand kommunaler Kulturpolitik[572] bildeten Gegenstand verschiedener Untersuchungen[573], die sich damit besonders mit Fragen des Aufbaus von Sozialstrukturen in relativ kleinräumigen, isolierbaren Untereinheiten im städtischen Raum auseinandersetzten.[574]

Ein ›Paradigmenwechsel‹, weg von einer Beschäftigung mit Festen als lokalen hin zu ihrer Analyse als urbane Ereignisse, zeichnet sich indessen seit der Mitte der 80er Jahre ab:

Zwar verflacht die volkskundliche ›Festbegeisterung‹ was die Anzahl der hierzu publizierten Arbeiten anbelangt, auf der anderen Seite aber wird die »eminente Rolle« der Städte bei der »Herausbildung einer europäischen Festkultur«[575] – Georges Duby hatte 1977 gar das Fest als wesentlich urban begriffen –,[576] die Bedeutung des Festes für das Urbane bzw. das Fest als urbanes Ereignis vermehrt in den Vordergrund gerückt.[577] Stadt und Fest:

1977; Bimmer 1977; Gerndt 1978; Bimmer/Gruppe-Kelpanaides 1977; Gerndt 1980; Gerndt 1981:28-25, 85-97;
Helge Gerndt, So feiern die Bayern. Bilder, Texte und Untersuchungen zum öffentlichen Festwesen der Gegenwart. München 1978
Ingeborg Weber-Kellermann, Volksfeste in Deutschland. Hamburg 1981;
Ingeborg Weber-Kellermann, Saure Wochen - Frohe Feste. Fest und Alltag in der Sprache der Bräuche. München/Luzern 1985;
Für die Schweiz, besonders die nationalen Feste: Schader/Leimgruber 1993
[568] Frankfurter Feste 1979:199; auch: Hierschbiel et al. 1980
[569] Gyr 1982, wo auch auf die Integrationskraft für Ausländerinnen und Ausländer durch solche kleine Stadtteilfeste hingewiesen wird (Gyr 1982:51)
[570] Schmitt 1977
[571] Schwedt 1979
[572] Warneken 1980, zum Begriff des offenen Stadtfests, bei welchem »die Entfremdung von Fest und Alltag« überwunden und eine »Verlängerung der Festkommunikation in die alltägliche Kommunikation der Stadt« stattfinden kann cf. v.a. p.113f.
[573] cf. zudem: Schmitt 1982; Gastberger 1986
[574] Auf den Aspekt der Bedeutung von Festen in großstädtischen Nachbarschaften als »Selbstdarstellung der Nachbarschaftsinitiative nach außen« weist z.B. auch Engelhard 1986:152-160 (Zitat p.159) hin, bleibt allerdings hauptsächlich aufzählend.
[575] Hugger 1987a:23
[576] Georges Duby, Vorwort zu: Fêtes en France. Paris 1977, p.10f
[577] Cf. u.a.: Guth 1985; Hugger 1986a; Bausinger 1987a; Lipp 1987; Mohrmann 1990

Hier boten sich die idealen Voraussetzungen für den festlichen Dekor, für ein Publikum, ohne das Feste nicht bestehen können, für die Zurschaustellung, hier standen die materiellen Mittel für den geforderten Aufwand zur Verfügung. (Hugger 1987a:23f)

Dabei ist besonders die Stilisierung und dramaturgische Ausgestaltung als besondere städtische Leistung namhaft zu machen. Frühe Zugänge zu solcherart nach Urbanem in der Festkultur fragenden Ansätzen finden sich insbesondere in der volkskundlichen Erforschung der Fastnacht. So hatte namentlich Herbert Schwedt die Mainzer Fastnacht explizit als Stadtfest untersucht und sich dabei besonders nach ihrer Offenheit für alle Bevölkerungsgruppen und damit deren »demokratischen Charakter« gefragt,[578] oder hatte Werner Mezger die Struktur einer kleinstädtischen Fasnacht genauer analysiert.[579] Nicht zuletzt trugen Paul Huggers Untersuchungen zur Genese und zum Revival der Zürcher Stadtfastnacht[580] dazu bei, daß gerade über die Frage des Karnevals das urbane Fest als Thema aufzuscheinen begann:

Festforschung in der Stadt? Sie muß, soll sie sinnvoll und aussagenstark sein, der Komplexität städtischer Lebensformen Rechnung tragen, sie darf nicht den Blick auf die Ganzheit kollektiver Lebensbezüge verlieren. Mit anderen Worten: es gilt die Metafunktionalität soziokultureller Erscheinungen zu erhellen. Dann aber dürften solche Untersuchungen einiges zur bessern Erkenntnis spezifisch städtischer Lebensweisen beitragen. (Hugger 1986:116f)

Nach wie vor fehlen aber Darstellungen volkskundlicher Sichtweisen großstädtischer Festkultur aus einer übergeordneten Perspektive. Einzig der volkskundlichen Fragen offen gegenüberstehende Kultursoziologe Franz Lipp[581] und Hermann Bausinger[582] reflektieren bislang Festkultur im großstädtischen Kontext in einem etwas ausführlicheren Rahmen. Aus einer rein gesellschaftsbezogenen Perspektive geht etwa Lipp auf die Modernität von Großstadtfesten ein und diskutiert vorerst begriffliche Aspekte. Bezogen auf Festkultur faßt »Modernität«: Ökonomisierung, Demokratisierung und Vermassung, Technisierung, Organisierung sowie Administrierung[583] – »Urbanität« hingegen besonders Veränderungen im Spannungsfeld von Öffentlichkeit und Privatheit:

---

[578] Schwedt 1977; Schwedt 1979 (Zitat: Schwedt 1979:170)
[579] Werner Mezger, Narretei und Tradition. Die Rottweiler Fasnet. Stuttgart 1984
[580] Hugger 1985; Hugger 1986
[581] Lipp 1987
[582] Bausinger 1987
[583] Lipp 1987:234

Feste sind modern in diesem Sinne dort, wo sie den unmittelbaren, bald privaten, bald rollenverengten sozialen Lebenskreis transzedieren und dem Menschen Anlaß geben, unter die Leute zu kommen, die Welt zu sehen und neues zu erfahren. (Lipp 1987:235)

Aus diesen Vorgaben heraus läßt sich der Gehalt moderner Großstadtfeste auf einer allgemeinen Ebene beschreiben, erst sie sind es, die ermöglichen, »dem Menschen verzweigtere, komplexere, auch spektakulärere Erlebnisse zu vermitteln, die ihn ›öffnen‹.«[584] Dazu treten auf einer weiteren Ebene typologische Momente. Modernen großstädtischen Festcharakter vermitteln die Messe, Freizeit- bzw. Vergnügungsparks (als »zitative Bezugnahmen aufs Urbane«)[585], Festivals, die Szene und Happenings. Sie bieten Anlaß zu Festformen und Festkultur, die sich nur als urban bedingte Ereignisse fassen lassen.[586] Fest und Alltag stehen so letztlich nicht mehr als unversöhnliche Größen nebeneinander, vielmehr erlauben Partizipation, Animation und Identifikation die Eroberung und Durchdringung des Alltags durch Feste und zwar in einem spannungsgeladenen Prozeß, der zwischen den Polen Provokation und Überraschung oszilliert.

Gerade die große Spannweite zwischen widersprüchlichen Elementen und Motiven, deren Umsetzung im Hinblick auf die gesellschaftlichen und kulturellen Bedürfnisse, ist es, die Hermann Bausinger in seinen Überlegungen zur städtischen Festkultur in den Vordergrund stellt. Nach Bausinger bewegt sich das städtische Fest zwischen den Spannungszonen der Gegensatzpaare »Ordnung und Chaos«, »Organisation und Spontaneität«, Tradition und Innovation«, »Sinngebung und Sinnlichkeit«, »Abgrenzung und Ausgleich«, »Teilbereich und Totalität«[587], stellt aber – im Gegensatz zu Lipp – letztlich eine alltagsabgehobene Größe dar:

Das Fest wird wohl immer dadurch definiert sein, daß es die Ausnahme, die Steigerung ist in einem anders geprägten Zeitalter. (Bausinger 1987:267; Hervorhebung im Original)[588]

---

584 Ebd., p.235
585 Ebd., p.238
586 Aus heutiger Sicht wäre den zahlreichen Beispielen bei Lipp wohl noch die alljährliche Berliner Love-Parade oder die Techno-Streetparade in Zürich zuzugesellen, die mit ihren Love-Mobiles, ihrer schrillen Kostümierung und als »fahrende Beschallung« der Stadt schnell einen herausragenden Platz in der städtischen Festlandschaft eingenommen haben, aber wohl – teils Happening, teils Szenenfest, teils Festival – keiner der vorgeschlagenen Klassifikationen eindeutig zuzuordnen sind.
587 Zusammengestellt: Bausinger 1987:266
588 Die Anspielung auf »Zeitalter« nimmt bezug auf eine Textstelle bei Nietzsche.

Mit diesen ersten Überlegungen zur volkskundlichen Auseinandersetzung mit Fragen der großstädtischen und der Festkultur wäre an sich eine mögliche Sichtweise auf urbane Fragestellungen vorgezeichnet gewesen. Aber selbst die pointierte Frage von Ruth E. Mohrmann ob nicht das Phänomen Stadt am reinsten in seiner Festkultur zu greifen sei, zumal hier städtisches Leben und städtischer Lebensstil am offenbarsten lägen,[589] trug kaum dazu bei, daß diese Problemlage im Fach weiter aufgenommen wurde. Sie bildete vielmehr den vorläufigen Schlußpunkt hinter das eben erst auf die Ermittlung des besonderen urbanen Gehalts hin spezifizierte Forschungsfeld Stadt und Fest,[590] obwohl etwa die Beziehungen zwischen den Polen Alltag und Fest – ihre mögliche Durchdringungen oder deutliche Separation – gerade im volkskundlichen Kontext Anlaß zu einer eingehenden Auseinandersetzung böte.

3.6 Neue Horizonte? Stadt und Urbanität in der aktuellen volkskundlichen Diskussion

Zwei auf den ersten Blick ausgesprochen kontroverse Thesen –

1) Stadt als Forschungsfeld ist heute im engeren volkskundlichen Kontext über weite Strecken inexistent; und

2) Stadt als Forschungsgegenstand ist heute auf volkskundlichem Gebiet ausgesprochen präsent

– vermögen die gegenwärtige Situation volkskundlichen Arbeitens auf urbanem Feld wohl am sinnfälligsten einzufangen. Anders formuliert: Volkskunde der Stadt bildet kaum ein geschlossenes, kohärentes und ganzheitlich reflektiertes Themenfeld; Volkskunde in der Stadt hingegen hat sich selbstverständlich und in unterschiedlichsten Facetten etabliert, und zwar weit über eine bloß nominelle Anbindung an städtische Kontexte hinaus. Zudem lehrt ein Blick auf die regelmäßig erscheinenden Verzeichnisse über das

---

[589] Mohrmann 1990:144; cf. oben Kap. 1.1.2

[590] Nicht weiter eingegangen wird hier auf die Frage politischer Feiern. Einerseits aufgrund einer – bei allen Überschneidungen – idealtypischen Unterscheidung, wonach Feiern der Vektor eines geplanten und geordneten, vom Sinn her definierten, Festen dagegen ein Vektor in Richtung eines ungeplanten und als Ausdruck eines überbordenden Lebensgefühls zu fassenden Anlasses innewohnt (cf. Winfried Gebhardt, Fest, Feier, Alltag. Über die gesellschaftliche Wirklichkeit des Menschen und ihre Deutung. Frankfurt a.M. 1987), andererseits u.v.a., weil sich die volkskundliche Erforschung von Feiern nur wenig mit dem Bezug zwischen Feiern und urbaner Verfaßtheit auseinandergesetzt hat. Zur Symbolik der Straße (gerade im Bereich politischer Manifestationen und Feiern cf. aber: Warneken 1991)

volkskundliche Lehrangebot im deutschsprachigen Raum, daß über die in publizierter Form greifbaren Überlegungen hinaus städtische Themen bevorzugt auch in empirische Projektarbeit Eingang finden. Mithin kennzeichnet damit eine gewisse Diskrepanz zwischen der Forschungspraxis und theoretischer Reflexion das gegenwärtigen Schaffens in seinen Grundzügen, was mit einem Blick auf die Themen aktuellen stadtvolkskundlichen Arbeitens als vorläufiger – als Appendix ist eine kurze Auseinandersetzung mit den in der Volkskunde erst spät rezipierten Ansätzen der Chicago-School beigegeben – Abschluß dieses forschungsgeschichtlichen Überblicks illustriert werden soll.

3.6.1 ›Klassisch‹-volkskundliche und europäisch-ethnologische Zugänge. Vom Fehlen einer übergeordneten Perspektive

Die bereits mehrfach zitierte Antrittsvorlesung von Ruth E. Mohrmann zum Thema *Die Stadt als volkskundliches Forschungsfeld* bildete bis vor kurzem[591] den letzten greifbaren Versuch, im Rahmen des ›klassischen‹ volkskundlichen Arbeitens verschieden gelagerte Impulse für weitere Betätigung in der Erforschung metropolitaner Lebensformen zu vermitteln.[592] Drei unterschiedlich gewichtete Punkte erscheinen Mohrmann zur Erforschung urbaner Gegebenheiten relevant: Zum ersten eine Rückbesinnung auf die Arbeiten der Münchner Schule, d.h. v.a. auf Karl Sigismund Kramers Lebensstilkonzept, von welchem Ruth E. Mohrmann einen Bogen zur Habituskonstruktion Pierre Bourdieus schlägt, zumal dank der Bourdieuschen Darstellung des Habitus für den volkskundlichen Lebensstilbegriff eine neue »Trennschärfe für verschiedene Lebensstile und die Art ihrer Bestimmung«[593] gewonnen werde. Als zweiter wichtiger Ansatzpunkt zur Erfassung städtischer Realitäten erscheint Mohrmann die Stadt-Land-Problematik (ein Zugang, dessen Weiterungspotential in der Tat in den vergangenen Jahren kaum erwogen worden ist); als geradezu paradigmatischer Zugang erscheint indessen drittens, wie oben dargelegt, der Zugriff auf die Stadt vom Außeralltäglichen her, konkret von der Untersuchung der Zusammenhänge zwischen Stadt und Fest, der paradigmatischen Bedeutung von Festen für Urbanes.

---

[591] Cf. aber neuerdings: Hugger 1996, Lindner 1997

[592] Damit sollen weder die Arbeiten Rolf Lindners zur Chicago-School (Lindner 1990, cf. Kap. 4) noch diejenigen am Frankfurter Institut für Kulturanthropologie um Ina-Maria Greverus (cf. Kap. 3.6.4) willkürlich ausgeklammert, sondern gerade die fruchtbar umzusetzenden anders gelagerten Bezüge herausgehoben werden.

[593] Mohrmann 1990:136

Bemüht sich Mohrmann v.a. darum, auf die noch nicht ausgeschöpfte Tragweite älterer Ansätze für das Forschungsfeld Stadt hinzuweisen, so vermitteln die vereinzelten thematischen Zusammenstellungen in Sammelbänden und Themenheften volkskundlicher Periodika einen Einblick in die Tragweite und Vielfalt des Forschungsgegenstandes Stadt. In einer – aus Anlaß der 2000-Jahr-Feier im Jahr 1986 – der Volkskunde in der Stadt Zürich gewidmeten Nummer des Schweizerischen Archivs für Volkskunde dominiert noch die Sicht auf »überschaubare Lebenswelten und Segmente« des Lebens- und Forschungsraumes Stadt«,[594] d.h. die Sicht auf den Stadtteil, auf Feste und Brauchartiges (allerdings finden sich auch Überlegungen zu möglichen städtischen Orten – weniger noch im Sinne Marc Augés[595], sondern eher in Anlehnung an die »ethnologie urbaine« – namentlich den Fried-[596] und den Bahnhof[597]). Demgegenüber beruft sich Elisabeth Katschnig-Fasch in ihrem Editorial zu einer acht Jahre später erschienenen Nummer der volkskundlichen Kulturzeitschrift Kuckuck gerade darauf, in der Urbanität nicht mehr die gemeinsame Erfahrungswelt zu sehen:

(...) heute wird unter Urbanität soziokulturelle Bedingung als alltägliches Verhalten des vielen Gegen-, Mit- und Durcheinanders, als Stadtmuster, Hoffnung auf Heimat und Identität und gleichzeitig als ihre Bedrohung durch Fremdheit, Mischung, Anonymität verstanden.[598]

Entsprechend widmen sich die Beiträge etwa den Auswirkungen von Raumstrukturen auf das Leben von Frauen[599], dem Großstadtbild im Kopf der Urbanitätstheoretiker[600], oder der U-Bahn als paradigmatischem Ort[601],

594 Ueli Gyr, Zur Einführung, Stadtkultur, Lebensräume und Alltagswelten in Zürich, In: Schweizerisches Archiv für Volkskunde, Jg. 82 (1986), p.1-3, hier p.2
595 Augé 1994, cf. dazu Kap. 7.2
596 Margrit Wartmann, Leben auf Zürcher Friedhöfen. Impressionen, Gespräche, Beobachtungen. In: Schweizerisches Archiv für Volkskunde, Jg. 82 (1986), p.30-40
597 Nikolaus Wyss, Blickfeld Hauptbahnhof Zürich. Treffpunkte und Durchgangsorte. In: Schweizerisches Archiv für Volkskunde, Jg. 82 (1986), p.128-134
598 Elisabeth Katschnig-Fasch, Editorial. In: Kuckuck. Notizen zu Alltagskultur und Volkskunde, Jg. 9 (1994), Heft 1: Metropolis, p.3
599 Ilse Wieser Frauenstadtspaziergänge. In: Kuckuck. Notizen zu Alltagskultur und Volkskunde, Jg. 9 (1994), Heft 1: Metropolis, p.27-30
  Ulla Langer, Arbeits- und Wohnformen - Auswirkungen von Raumstrukturen auf das Leben von Frauen. In: Kuckuck. Notizen zu Alltagskultur und Volkskunde, Jg. 9 (1994), Heft 1: Metropolis, p.31-37
600 Heinz Schilling, Die Metropole im Kopf. In: Kuckuck. Notizen zu Alltagskultur und Volkskunde, Jg. 9 (1994), Heft 1: Metropolis, p.4-9
601 Rolf Lindner, Die U-Bahn als paradigmatischer Ort/Mandy Letsch, Metropolis Metro. U-Bahn Ethnologie. In: Kuckuck. Notizen zu Alltagskultur und Volkskunde, Jg. 9 (1994), Heft 1: Metropolis, p.20-22/23-26; Lang 1994

Traditionsbildung als Interpretation der Gegenwart im Milieu puertoricani-
scher ›Häuslebauer‹ in New Yorker Wüstungen[602] oder der Volkskunde im
geteilten und geöffneten Berlin[603].

Daß bei derart divergenten Ansätzen kein gemeinsamer, übderdachender
Nenner, keine fachspezifische Stadtsicht bzw. Zugriffsstrategie auf Urbanes
zu finden ist, erstaunt letztlich wenig – trägt aber auch entscheidend zu
einer momentanen Beliebigkeit im fachlichen Selbstverständnis und der
theoretischen wie inhaltlichen Verortung einer Stadtvolkskunde bei. Auf der
anderen Seite erscheint indessen ebenso fraglich, ob dem volkskundlichen
Forschungsfeld Stadt damit mehr gedient ist, bloß die klassischen Themenfelder (materielle Erscheinungsformen, mündliche Überlieferung) in die
Stadt hinein zu verlängern und im Verbund mit bewährten Ansätzen (Stadt-
Land, Stadt und Markt) zu präsentieren, wie dies Helge Gerndt in seinen
Überlegungen zu »Stadt – Gegenstand und Forschungsfeld empirischer Kulturwissenschaft«[604] tut, oder ob damit letztlich Urbanes nicht zum Verblas-
sen gebracht wird bzw. zur bloßen Kontext-Metapher verkommt.[605]

Besteht also bezüglich einer Makroperspektive auf bzw. für Urbanes ein
virulentes Defizit, so stehen dem auf der Gegenseite zahlreiche Impulse zur
Erarbeitung und Auseinandersetzung mit einzelnen städtischen Themen
und Themenfeldern entgegen.

3.6.2 Städtisches. Auseinandersetzungen mit
urbanen Teilaspekten und Teilbereichen

Städtisches erscheint im gegenwärtigen volkskundlichen Arbeiten in verschiedenen Qualitäten. Einen Strang, auf den hier wegen der meist nur implizit mitreflektierten Auseinandersetzungen mit dem spezifisch urbanen
Gehalt nicht näher eingetreten werden soll, stellt die Verlängerung von

---

602 Gisela Welz, Casitas in New York. Großstadt, Tradition und Volkskunde. In: Kuk-
kuck. Notizen zu Alltagskultur und Volkskunde, Jg. 9 (1994), Heft 1: Metropolis,
p.16-19
603 Thomas Scholze, Die »eingebildete« Metropole. Anmerkungen zum Thema: Berlin
und die Volkskunde. In: Kuckuck. Notizen zu Alltagskultur und Volkskunde, Jg. 9
(1994), Heft 1: Metropolis, p. 10-15
604 Gerndt 1990:119-126
605 Einschränkend ist aber immerhin darauf zu verweisen, daß Gerndts Darstellungen –
in einer Einführung in das Fach als exemplarischer Themenkreis eingerückt – in
zweierlei Hinsicht auf wichtige und innovative Momente im fachlichen Umgang mit
der Stadt hinweisen: So bei der kurzen Erörterung gegenstandsadaequater Darstellungsformen (Dichte Beschreibung, Reportage) und besonders der Möglichkeiten
kulturwissenschaftlicher Praxis in der Stadt, wo Gerndt fordert, daß diese »die konkreten Handlungsprozesse kritisch begleiten« könne und müsse. (p.125)

Fragestellungen der klassischen Arbeitsfelder in den (groß-)städtischen Bereich hinein dar, einen weiteren die oben[606] kurz skizzierten Forschungen zu Stadtteil und Quartier. Aber selbst dort, wo Stadt nicht als räumlich-geographisch strukturierte Einheit betrachtet wird, reflektieren die vorhandenen Ansätze selten mögliche Bezüge und Bezugsmöglichkeiten zur ganzen Realität urbanen Daseins.

Die mittlerweile erreichte Breite der Darstellung weist aber doch, in Einzelteilen und einzelnen Facetten, auf die umfassenden Möglichkeiten volkskundlicher Stadtbetrachtung und Reflexion des Urbanen hin. Ohne Anspruch auf Vollständigkeit sowohl hinsichtlich Zugängen, besonders aber auch Titeln, seien zumindest einige ausgewählte Sichtweisen herausgegriffen:

- In einem recht bescheidenen Maß scheinen immer wieder *handlungsorientierte Ansätze* auf: Kennzeichnend für diese ist es, daß sie sich v.a. auf erfaßare Einheiten beschränken, mit entsprechenden Chancen, tatsächlich Veränderungen in Gang bringen zu können. Klein-[607] und mittelstädtische Kultur[608] scheint so am griffigsten und wirkungsvollsten zu analysieren, im großstädtischen Kontext allenfalls Stadtteile[609] oder Nachbarschaften[610]..

- Ebenfalls zahlenmäßig wenig vertreten, aber über längere Zeit im Forschen präsent, erscheinen *Auseinandersetzungen mit städtischer Wohnkultur*. Namentlich die hierzu in Graz entstandenen Arbeiten[611] oder aber solche aus dem Forschen der Frankfurter Kulturanthropologie[612] versuchen, Parameter des städtischen Wohnens in unterschiedlichen sozialen, ökonomischen, stadtgeographischen architektonischen oder Geschlechterkontexten aufzuspüren und zu beschreiben.

- *Exemplarische Orte* oder exemplarische städtische *Medien* lassen sich als überdachende Begriffe eines weiteren Zweigs urbanvolkskundlichen Arbeitens benennen: Die Auseinandersetzungen etwa mit Bedeutung und Funktion der Straße[613] – als Interaktions- und Alltagsraum[614] – bzw. des

---

[606] Cf. Kap. 3.4
[607] Haindl 1983
[608] Ploch/Zens-Petzinger 1991; Hug 1986, mit Blick auf die Freizeitpolitik
[609] Kramer 1990; Rellstab 1992
[610] Engelhard 1986; Fehlmann-von der Mühll 1992
[611] Katschnig-Fasch, z.B. 1985 und v.a. 1998; Moser 1994
[612] Ausgewählte Exponentinnen sind etwa: Ulla Langer, Arbeits- und Wohnformen - Auswirkungen von Raumstrukturen auf das Leben von Frauen. In: Kuckuck. Notizen zu Alltagskultur und Volkskunde, Jg. 9 (1994), Heft 1: Metropolis, p 31-37; Ulrike (sic) Langer, Wohnen am Rottweiler Platz. Wohnerfahrungen im Sozialen Wohnungsbau der 90er Jahre, In: Greverus/Moser/Salein 1994, p.121-141; Lauer 1994
[613] Scharfe 1985, Warneken (Hg.) 1990 mit v.a. politischem Bezug; Stubenvoll 1994

Bahnhofs als Focus urbanen Lebens[615] oder der Kneipe als exemplarischem städtischem Soziotop[616] reflektieren spezifisch städtische Orte, diejenigen mit der U-Bahn[617] hingegen eher das Dazwischen.

- *Stadtspezifische Verhaltensweisen* bzw. *-angebote*: Mit diesen Begriffen läßt sich ein weiterer Strang umschreiben, der spezifisch urbane Momente einzufangen sucht. Sei dies auf dem kindlichen Schulweg[618], im Nach(er)leben[619] oder in den Ernährungs-[620] und Einkaufsgewohnheiten[621], überall in diesen Arbeiten kristallisieren sich spezifische städtische Momente des Verhaltens als prägende Faktoren heraus.

- Ein letztes Moment, auf welches hier hingewiesen werden soll, bilden schließlich *Fragen der Wahrnehmung des und im urbanen Raum*. Stadt als heimatlicher Raum[622] oder als Gebilde mit gewaltbeladenen oder potentiell gewaltbesetzten Orten[623], aber auch der Ausdruck der die Wahrnehmung städtischer Gebilde in mental maps[624] stellen ausgewählte Fragestellungen dar, die diesen Bereich in seiner ganzen Tragweite zu charakterisieren vermögen.

All die hier stellvertretend genannten Arbeiten setzen sich mit wichtigen Facetten volkskundlicher Stadtbetrachtung auseinander (auf etliche von ihnen wird denn auch weiter unten bei der Auseinandersetzung mit einzelnen Sachbereichen noch einmal einzugehen sein), meist fehlen aber systematische Weiterungen hin zur Erörterung der Frage der Stadt als volkskundlichem Forschungsfeld. Dieses Manko gilt allerdings nur für ein ›klassisch‹ volkskundlich ausgerichtetes Selbstverständnis. Im Gegensatz dazu hat sich nämlich gerade im Verlauf der 90er Jahre die Kulturanthropologie des Themas in einem intensiver Auseinandersetzung angenommen, auf die es im folgenden etwas näher einzutreten gilt.

---

614 Welz 1991 et 1992
615 Hengartner 1994
616 Gyr 1991; auch Dröge/Krämer-Badoni 1987 (allerdings ohne explizit volkskundlichen Zugang)
617 Lindner 1994; Letsch 1994
618 Civelli 1992
619 Schlör 1991
620 Welz 1993
621 Gisela Welz (Hg.): Einkaufen. Ethnographische Skizzen, Konsumentenkulturen in der Region Tübingen. Tübingen 1996; Burckhardt-Seebass, unpubl.
622 Lehmann 1983
623 Welz 1994a
624 Ploch 1994; Greverus 1994a; Schilling 1995

3.6.3 Stadtgedanken:
Kulturanthropologische Blicke auf die Stadt

1990 entdeckten und analysierten Mitarbeiter und Studierende unseres Instituts ›Urbane Zeiten‹. (Greverus 1994:12)

schreibt Ina-Maria Greverus im Rückblick auf rund vier Jahre stadtbezogenen Arbeitens am Frankfurter Institut für Kulturanthropologie und Europäische Ethnologie. Es ist hier nicht der Ort, die Unterschiedlichkeit des v.a. von der Kulturanthropologie beeinflußten Ansatzes zum Gros der – im übrigen recht heterogenen – volkskundlichen Produktion zu diskutieren,[625] sondern im Gegenteil die fruchtbare Auseinandersetzung mit Ansätzen, die im übrigen volkskundlichen Kontext kaum rezipiert werden, hervorzustreichen. Wichtig scheint aber doch, daß sich die zentrale Forschungsperspektive von den sonst im Fach gebräuchlichen (alltags-)kulturbezogenen und/oder empirisch sozial- und kulturwissenschaftlichen Zugängen[626] deutlich abhebt. Mit Blick auf die Stadt meint etwa Heinz Schilling in seinem Vorwort zum Band *Urbane Zeiten*:

Urbanität ist ein intentionaler Begriff. Er erweist sich als abhängig vom biographisch-personalen, temporären und situativen Kontext dessen, der ihn verwendet und der ihn hört. (Schilling 1990:9)

Urbanität erscheint so als »kulturelles Muster für den Wandlungsprozeß unserer Gesellschaft«, als eine Art qualitativer Füllung der Stadt.[627] Noch pointierter (und grundlegender) formuliert Ina-Maria Greverus:

Was sucht der Anthropologe in der Stadt? Sich selbst!
Nun, das mag vereinfacht klingen und sein. Aber was ich damit vor allem zum Ausdruck bringen möchte, ist der selektive Blick auf den potentiellen Wahrnehmungsraum Stadt, der bei den MenschenforscherInnen (Anthropologen) wie bei den Menschen - weil erstere eben vorrangig auch Menschen

---

[625] Mit Bezug auf unterschiedliche volkskundliche Forschungsrichtungen hat dies Wolfgang Brückner (Brückner 1987) in seinem Abriß über die jüngsten Strömungen im Fach 1987 unternommen.

[626] Die Vagheit dieser Umschreibung drängt sich angesichts der Diskussionen um die gegenwärtige und zukünftige Ausrichtung des Fachs (Lipp 1993, Kaschuba 1995; Scharfe 1995; Köstlin 1995) und einem weitgehend fehlenden expliziten Fachverständnis auf.

[627] Urbanität bleibt indessen, so Schilling, nicht auf städtische Gebiete beschränkt, sondern ist auch in ihrer Strahlkraft auf das Land - in den jeweiligen Weisen und Wegen der Ausbreitung, den Aufnahmeinstanzen und Aufnahmemechanismen von Urbanität in bisher noch nicht urbanen Bereichen - zu ermitteln. (Schilling 1990:9 [auch Zitat])

sind - von differenten eigenen Erfahrungen und Ängsten und Hoffnungen ausgeht. (Greverus 1994:23)

Ähnlich wie der Blickwinkel unterscheiden sich auch die Bezugs- und Zitier-›Kartelle‹ grundlegend vom übrigen fachlichen Bereich, sind die methodischen Fixpunkte deutlich anders gesetzt. Im Bezug auf urbane Fragestellungen heißt dies, daß neben Georg Simmel v.a. die Ansätze der Chicago-School und daraus hervorgehende erweiterte Ansätze einen nachhaltigen Einfluß auf die Sicht-, Interpretations- und Darstellungsweise ausüben.

Stellvertretend für diesen methodisch-theoretischen Aspekt sei ausschnittsweise auf den wohl elaboriertesten diesbezüglichen Ansatz, Gisela Welz' Ausführungen zum »Street Life«[628] (Welz 1990), der v.a. auf »neue Ansätze in der Nachfolge der Chicago School« abstützt,[629] eingegangen. Aufbauend auf 1985 vorgenommene Feldforschungen »in einem multiethnischen Slum von Brooklyn«[630] folgert Welz:

Street Life ist Alltagsleben. So wie diese Straße in Brooklyn, New York, von den hier ansässigen Menschen zum Schauplatz ihrer Aktionen und Interaktionen gemacht wird, lassen sich in den öffentlichen Freiräumen der meisten amerikanischen Großstadtslums vielfältige Strategien beobachten, mit Hilfe derer die Bevölkerung die Lebensbedingungen in infrastrukturell unterversorgten, von Stadtzerstörungsprozessen heimgesuchten Wohnstandorten städtischer Unterschichten ausgleicht, sich ihnen anpaßt oder sie gar überwindet. Die Straße wird genutzt, um ein breites Spektrum von Bedürfnissen anzusprechen und zu befriedigen. Menschen jeden Alters, Mädchen und Jungen, Frauen und Männer, sind oft und lange vor den Türen, auf den Treppen, an Straßenecken und auf den Bürgersteigen vor den Häusern. Street Life prägt das Denken und Handeln der Menschen; seine Zeitrhythmen und Raumeinteilungen strukturieren ihren Alltag. (Welz 1991:16)

In diesem Zusammenhang – ausgewählt sei lediglich ein Problem der aktiven und passiven Wahrnehmung des Raumes – spielt die Frage der Handlungs- und Identifikationsraum-Aneignung durch die Bewohnenden eine zentrale Rolle. In der Nachfolge der vorerst auf die Ermittlung von natural bzw. social areas angelegten Chicago School wurde ein Modell der »social construction of communities« erarbeitet, dessen Grundprämisse davon ausgeht,

daß auch sozial uns ethnisch gemischte Bevölkerungen innerhalb der Grenzen eines gemeinsamen Raumes fähig sind, den Stadtteil als Identifikations-

---

[628] Welz 1990, thematisch ähnlich auch: Welz 1991 und Welz 1992
[629] Welz 1991:34
[630] Ebd., p.35

und Handlungsraum kollektiv anzueignen und so community sozial zu konstruieren. (Welz 1991:34)

Dieses Muster nun spielt in Welz' Untersuchungsbereich nicht, verantwortlich dafür sind u.a. ethnische, aber auch sozioökonomische Differenzen, fehlender räumlicher Anspruch bzw. fehlendes zusammengehöriges räumliches Territorium für einzelne ethnische oder sozioökonomische Gruppen; armutsbedingte soziale Abstandnahme, bauliche Zerstückelung, fehlende Institutionen lokaler Öffentlichkeit.

Community, Gemeinschaft, kommt nach Welz nur in der untersten Stufe der sozialräumlichen Hierarchie, den *blocks*, d.i. ein Straßenabschnitt zwischen zwei Querstraßen, auf:

> (Hier) *kann man Ansätze zur Konstruktion gemeinsamer Handlungs- und Identifikationsmuster beobachten. Das raumbezogene Paradigma der Identitätsbildung in einem gemeinsam konstruierten und im Alltag vollzogenen Territorium behält damit seine Gültigkeit, wird aber, was die Größenordnung angeht, erheblich modifiziert. (Welz 1991:36)*

Neben diesem Anschluß an Sicht- und Deutungsweisen der urban anthropology spielen v.a. Fragen des wahrnehmungsästhetischen Diskurses eine zentrale Rolle. Einerseits werden sie in zahlreichen Einzelstudien anhand exemplarischer, Themen und Themenaspekte in unterschiedlicher Intensität angedeutet oder diskutiert[631], andererseits stellen sie den Focus übergreifen-

---

[631] Cf. die Beiträge zu den nachstehenden Sammelbänden: Die darin enthaltenen Arbeiten sind von ausgesprochen unterschiedlichem Gewicht und zu zahlreichen Facetten von Urbanität, stehen aber fast ausnahmslos in den zu beschreibenden diskursiven patterns: Abgehandelt werden etwa:
In: STADTgedanken (Greverus/Moser/Salein 1994):
Der Transitraum des Frankfurter Flughafens (Brigitte Nutz/Annette Stumpf), Heterotopien im Sinne Michel Foucaults (Kirsten Salein), die B-Ebene der U-Bahnstation Hauptwache (Joachim Fuchs) als Nicht-Orte im Sinn Augés (Augé 1994); Wohnerfahrungen im sozialen Wohnungsbau (Ulrike Langer), die Gesichtsveränderung einer Quartierstrasse (Pia Wagner-Theurer); die Geschichte eines Hauses im Bahnhofsviertel (Martin Bach/Georgia Kouki/Maria Murillo-León/Desirée Weiß); Frankfurter Trinkhallen (Ursula Neeb/Dirk Schricker/Karlheinz Schweitzer/Philipp Wallauer); ein städtisches »Problemviertel« im Umbruch und als Begegnungsmöglichkeit für Jugendliche im öffentlichen und im halböffentlichen Raum (Jörn Rebholz) als urbane Orte;
Eine Galerie (Gabriele Müller); eine Kirche (Andrea Mohr); ein Licht- und Luftbad (Irmel Meier), der GrünGürtel Frankfurt (Kirsten Salein) als Möglichkeits-Orte.
In: Kulturtexte (Greverus/Moser/Ploch/Römhild/Schilling/Schult 1994)
Zur Logik von kulturellen Strömungen in Großstädten (Werner Schiffauer); der Umgang mit einem kulturökologischen Raumorientierungsmodell (Ina-Maria Gre-

der Überlegungen dar.[632] Immer wieder wird der theoretische Horizont zur Auseinandersetzung mit urbanen Fragestellungen zwischen Antagonismen aufgespannt: Distanz und Nähe; die Stadt als Focus und Locus; Differenz vs. Flüchtigkeit und Indifferenz; Orte und Nicht-Orte stellen zentrale Begriffspaare dar, in deren Spannungsfeld sich Urbanität entfaltet, manifestiert und ausgelebt wird. Zentral sind also etwa die Überlegungen von Ulf Hannerz, nicht nur sein Konzept der Stadt als Focus und Locus[633], sondern auch die damit verbundenen Überlegungen zu verschiedenen Netzwerktypen bzw. Typen urbanen Lebensstils. Distanz und Nähe oder Einkapselung bzw. Einsamkeit als eigentlich untypische städtische Verhaltensweisen, denen diejenige der »Integrativity« gegenübersteht als eine Lebensform, die vom Verfügen über ein großes und in unterschiedlichen Situationen einsetzbares Rollenrepertoire[634] lebt. Die »Integrativler« erscheinen als die eigentlichen Städter, »sie stehen für Flexibilität, Innovation, kurz für den Fluß (›Flow‹) der urbanen Kultur oder das Fließende des urbanen Lebens (›fluidity of urban life‹)[635], produzieren damit aber ebenso Distinktion und letztlich Distanz.«[636]

Von diesen Ansatzpunkten aus spannen sich denn auch weitere Fäden in das theoretische Bezugsnetz: Es ist dies zum einen die kritische Aneignung der Distinktionsthese Pierre Bourdieus von den feinen (und weniger feinen)

verus); Mental maps in ihrer Bedeutung für die Kulturanthropologie (Beatrice Ploch): kulturelle Differenzierungen in der Großstadt (Gisela Welz); Wohnkultur in einer Altbausiedlung (Johannes Moser), die Straße (Willi Stubenvoll) v.a. mit Bezug zur Frage von Lebensräumen
In: Urbane Zeiten (Schilling 1990)
Die urbane Verortung aufsteigender städtischer Subkulturen (Klaus Ronneberger); zum urbanen Heimatbegriff (Irmelin Demisch); der Umgang mit dem öffentlichen Raum (Elisabeth Mohn), urbane Gaumenfreuden (Doris Hirschmann/Pamela Passano), Stadt-Land-Vorstellungen bei Partnersuchenden (Martin Schwoerer); Urbanität als Projektion des Städtischen (Reiner Krauß); eine Zeitung als Promotor des Städtischen (Marcus Heide); urbane Elemente in lebensgeschichtlichen Erzählungen (Thomas Wagner); wohnen in der Agglomeration (Ulla Langer/Monika Rohweder/Ralf Walther); das Verhältnis von Planern und Urbanität (Horst Blaschko/Beatrice Dick); die Bedeutung des Städtischen bei Bürgermeistern und Architekten (Heinz Schilling) als v.a. Urbanität ungebrochen positiv bewertende Darstellungen.

632 Cf. auch: Urban Europe. Themenheft des Anthropological Journal on European Cultures. 1993

633 Hannerz 1980, cf. Kap. 7.1

634 Hannerz spricht vom »Supermarkt des Rolleninventars der Stadt« (ebd., p.249).

635 Greverus 1994:20

636 Cf. auch: Ulf Hannerz, Stockholm. Doubly Creolizing. In: Ake Daun/Billy Ehn/Barbro Klein (Hg.), To Make the World Safe for Diversity. Stockholm 1992, p.91-106

Unterschieden[637], aber auch die Auseinandersetzung mit Richard Sennnets
These von Urbanität als Ausdruck von Differenz respektive und vor allem
Flüchtigkeit und Indifferenz.[638] »Die Differenz und die Indifferenz gegenüber den anderen Menschen (bilden) ein eng umschlungenes, unglückliches
Paar«[639], wobei sich der gegenwärtige urbane Lebensstil v.a. als Abkapselung, als »Tyrannei der Intimität« präsentiert, als Abkapselung gegenüber
der Vielfalt und damit gegenüber dem fremden Anderen.

Fragen der mentalen wie der tatsächlichen Raum-Aneignung und -wahr-
nehmung prägen schließlich einen zweiten Komplex von konzeptuellen
Überlegungen zu Urbanität, die im kulturanthropologisch-volkskundlichen
Schaffen eine zentrale Rolle einnehmen. Angeregt durch Marc Augés dies-
bezüglichen Überlegungen[640] erscheinen Orte wie Nicht-Orte als zentrale
Brennpunkte für die Verortung von Beobachtungen und Ermittlungen im
städtischen Raum. Orte, verstanden als sozio-kulturelle Raumaneignungen,
einerseits als mentale Konfigurationen (v.a. als Focus von Beheimatung und
Beheimatungswünschen), aber auch als real gebaute Wohn, Verweil- und
Aufenthaltsräume für die Menschen in der Stadt, stehen idealtypisch Nicht-
Orten entgegen, »Räumen, die selbst keine anthropologischen Orte sind«[641],
aber gerade zum Urbanen – als U-Bahnhöfe oder Flughäfen beispielsweise –
unabdingbar beitragen. Damit ergibt sich fast organisch ein, im übrigen
auch von Augé eingebrachter, Bezug zu den (nicht explizit stadtbezogenen)
Raumüberlegungen Michel Foucaults, die darin gipfeln, den klassischen
Orten die »Heterotopien« entgegenzustellen, »andere Räume«, »Orte außerhalb aller Orte, wiewohl sie tatsächlich geortet werden können«[642],

> *die die sonderbare Eigenschaft haben, sich auf alle anderen Plazierungen zu*
> *beziehen, aber so, daß sie die von diesen bezeichneten oder reflektierten Ver-*
> *hältnisse suspendieren, neutralisieren oder umkehren. (...) Räume, die mit*
> *allen anderen in Verbindung stehen und dennoch allen anderen Plazierun-*
> *gen widersprechen (...). (Foucault 1990:10)*

Ausschließlich mit mentalen Konfigurationen, mit der Wahrnehmung des
urbanen Raumes beschäftigt sich das mental mapping, v.a. seit Kevin
Lynch[643] als Zugang zur Erfassung von Stadtvorstellungen instrumentali-

---

[637] Bourdieu 1984, cf. Kap. 6.2.1.3
[638] Sennett 1983; Sennett 1991
[639] Sennett 1991:169
[640] Augé 1994, cf. Kap. 7.2
[641] Augé 1994:93
[642] Foucault 1990:10
[643] Lynch 1965, cf. Kap. 6.2.4.1

siert. Lange Zeit allenfalls als »illustratives Schaubild«[644] eingesetzt, wird gerade in jüngster Zeit die methodische Tragweite des Vorgehens ausgelegt und fruchtbar angewandt.[645]

Dieser knappe Hinweis auf wesentliche Linien einer kulturanthropologischen Herangehensweise an das Forschungsfeld Stadt (ausgeblendet blieben aber z.b. einige bislang im deutschsprachigen Raum noch wenig rezipierte Überlegungen der kulturanthropologischen Urbanitätsforschung in den USA) mag wohl verdeutlichen, daß hier Ansätze und Denkweisen eingebracht werden, die für das weitere urbanvolkskundliche Arbeiten von großer Bedeutung sein können bzw. sind und es sich lohnt, die da und dort gezogenen Grenzen zwischen unterschiedlichen Sichtweisen des Faches zu überspringen.

3.6.4 Ethnologie urbaine.
Ein Hinweis auf eine vernachlässigte Forschungstradition

Daß sich beim Blick über die engeren Grenzen des Faches hinaus Lücken offenbaren (müssen), ist evident. Erstaunlich erscheint aber trotzdem, daß die deutschsprachige Volkskunde bisher die Überlegungen der *ethnologie urbaine* im frankophonen Bereich nur bescheiden rezipiert hat.[646] Meist fehlt der Blick auf die und/oder die Befragung der entsprechenden Zugänge, ungeachtet der Tatsache, daß sich schon seit den späten 1970er Jahren, unter anderem mit Bezugnahme auf die damals schon seit fast einer Generation vorliegenden Ansätzen von Paul-Henry Chombart de Lauwe[647], ein sehr schnell florierender Forschungszweig entwickelt hatte.[648] Übereinstimmend zeichnen Alain Morel und Gérard Althabe, v.a. letzterer ein früher und ausgewiesener Vertreter ethnologischer Forschungen über die und in

[644] Ploch 1994:113

[645] Z.B. Ploch 1994; Greverus 1994; Schilling 1995

[646] Cf. im übrigen die Ausführungen zum »kleinen Quartier« in Kap. 5.3.3, die wenigstens ausgewählte Impulse der »ethnologie urbaine« weiter vermitteln sollen.

[647] Z.B. Chombart de Lauwe 1952, 1959/1960, 1965, 1965a

[648] Bereits früher haben sich etwa J. Monod (Les barjots. Essai d'ethnologie des bandes de jeunes. Paris 1968) oder Colette Pétonnet (Ces gens-là. Paris 1968; Réflexions au sujet de la ville vue par en dessous. In: Année sociologique, Jg. 21 (1970, p.181-185) mit städtischen Fragen auseinandergesetzt.
Das Aufkommen urbanethnologischer Fragestellungen belegen verschiedene thematische Sammel- und Zeitschriftenbände, so etwa: Vie quotidienne en milieu urbain, colloque de Montpellier de février 1978. Paris 1978 (Supplément der Annales de la recherche urbaine - recherches et débats); Ethnologie française, Bd. 12, Nr. 2 (1982): Anthropologie culturelle dans le champ urbain; Terrain. Carnets du Patrimoine ethnologique, Nr.3: Ethnologie urbaine.

der Stadt,[649] in der Mitte der 1980er Jahre ein Bild der sich etablierenden fachlichen Auseinandersetzung. Mit den Themenbereichen:

> *rapport à l'espace, processus de segmentation sociale et différenciation cultu-relle, socialisation et acculturation en milieu urbain, mode de sociabilité et rapports sociaux, représentation et imaginaire de la ville (Morel 1984:43)*

sind bereits wesentliche Eckpfeiler der Auseinandersetzung mit städtischen Phänomenen benannt. Gérard Althabe sieht zu diesem Zeitpunkt das französische urbanethnologische Schaffen in drei Kernbereichen kondensiert:
- *Ethnologie urbaine* ist »ethnologie dans la ville« - sie untersucht den Raum des Zusammenlebens und die sich darin abspielenden sozialen Beziehungen und die Wechselwirkungen zu Arbeit und Familie;
- als »ethnologie de la ville« setzt sie sich, in Fortsetzung der Chicago School und der von Louis Wirth entwickelten Ansätze mit den Verflechtungen des Individuums wie seiner gleichzeitigen Autonomie in der Verschiedenheit auseinander;
- mit der Untersuchung des »imaginaire de la ville« trägt sie der Tatsache Rechnung, daß zwischen städtischem, gebautem Raum und der Wahrnehmung durch die Bewohnenden eine Inkongruenz besteht. Ziel ist dementsprechend »d'appréhender le travail de l'imaginaire (...) produisant la ville pour ceux qui l'habitent.«[650]

Die Ansätze der *ethnologie urbaine*, deren frühen Ansatzpunkte eben kurz angetönt wurden, wurden schnell in das französischsprachige Schaffen zu urbanen Fragen in der Schweiz integriert, namentlich in den soziologischen, aber auch den ethnologischen Bereich.[651] Hinzuweisen ist, um bei den frühen Bezügen zu bleiben, etwa auf Michel Bassands[652] rege Publikationstätigkeit, die zur Hauptsache einer stadtteilbezogenen, auf die Darstellung des kulturellen Eigengehalts und des Zusammenspiels zwischen den einzelnen Stadtteilen verpflichtet ist. Die Volkskunde im deutschen Sprachraum hin-

---

[649] Cf. z.B. Gérard Althabe, Investigations ethnologiques appliquées aux phénomènes urbains: rapports sociaux dans l'espace résidentiel et processus d'insertion. Paris 1983; G. Althabe/C. Mercadet/M. de la Pradelle/M. Selim, Approches ethnologiques dans le monde urbain et industriel. Paris 1984; Gérard Althabe/Bernard Légé/Monique Selim, Urbanisme et réhabilitation symbolique. Ivry Bologne Amiens. Paris 1984

[650] Althabe 1984:4

[651] Darauf hinzuweisen ist immerhin, daß hier eine explizite Volkskunde nicht existiert, sondern diesbezügliche Ansätze vielmehr in den ethnologischen Rahmen eingebettet sind.

[652] Cf. etwa, um nur auf einige frühe Publikationen aus dem überaus reichen Schaffen Bassands zu urbansoziologischen Fragestellungen hinzuweisen: Bassand 1974, Bassand/Fragnière 1978, zum Blick auf urbane Teilgebiete besonders Bassand 1982

gegen war bis vor kurzem weit davon entfernt, die Arbeiten der *ethnologie urbaine* über punktuelle Bezüge hinaus wahrzunehmen.[653] Am ehesten ist dies noch in der Deutschschweizer Volkskunde der Fall, wo einzelne Anstöße, besonders die Auseinandersetzung mit der *région urbaine*, der Erfassung und Darstellung von »Eigensinn«, Interferenzen und Dependenzen von und zwischen Stadtteilen, bzw. dem *espace restreint* gelegentlich aufgenommen wurden.[654] Ansätze hierzu finden sich namentlich in der von Paul Hugger favorisierten Quartier- bzw. Stadtteilforschung, unlängst in den der Darstellung von Quartierstrukturen gewidmeten Beiträgen im Handbuch der Schweizerischen Volkskultur.[655] Im übrigen steht aber eine breitere Auseinandersetzung mit den Fragestellungen der *ethnologie urbaine* noch weitgehend aus.

[653] Eine erste gemeinsame Tagung hat mittlerweile in Berlin stattgefunden, für Rezeptionsansätze cf. auch Lindner 1997.

[654] So namentlich Colette Pétonnets Studien zur Ethnologie des banlieues (Pétonnet 1979 et 1982), Sabine Chalvon-Demersays über ein Pariser Stadtquartier (Chalvon-Demersay 1984) oder auch mit Blick auf Kleinstädtisches die Arbeiten von Michel Bozon über Villefranche-sur-Saône (z.B.: Michel Bozon, Vie quotidienne et rapports sociaux dans une petite ville de province. La mise en scène des différences. Lyon 1984)

[655] Rellstab 1992; Fehlmann-von der Mühll 1992

4 Annex: Die *Chicago School.* Eine Rückbesinnung auf Stadtbetrachtungsmodelle mit Folgen für die Stadtvolkskunde

In den vergangenen Jahren hat in der volkskundlichen und volkskundenahen Forschung im deutschsprachigen Raum mit dem Rückgriff auf die Ansätze der *Chicago School of Sociology* eine Rückbesinnung auf eine Tradition der Stadtbetrachtung und Stadtinterpretation stattgefunden, welche zwar auch im europäischen, nicht aber in unserem Raum seit längerer Zeit Eingang gefunden hatte.

Ein sprechendes Beispiel hierfür liefert der Abriß von Matti Räsänen[656] zu stadtvolkskundlichen Betrachtungen im skandinavischen und namentlich im finnischen Kontext, der 1988 als Beitrag in der Festschrift für Günter Wiegelmann veröffentlicht wurde. Räsänen listet darin nicht nur zahlreiche skandinavische, an der sozialökologischen Tradition der Chicago School oder den daraus hervorgewachsenen Richtungen orientierte Einzelarbeiten auf,[657] sondern beschreibt auch die Wege der Aneignung und Umsetzung und Weiterentwicklungen von Modellen und Theorien der Stadtforschung im Sinne der auf Park, Burgess, McKenzie, Redfield u.a. zurückgehenden Ansätze, ohne sich selber einen Vorschlag für eine konkrete Forschungsstrategie festzulegen.

Als prägend für den kritischen und weiternden Umgang für die aus der Chicagoer Tradition herausgewachsenen Ansätze, Stadt vor allem aus der Beziehung des Individuums zu der psychischen und sozialen Umgebung in der Stadt zu betrachten, erscheint für Räsänen namentlich Louis Wirths Aufsatz zur Urbanität als Lebensform.[658] Danach definieren Größe, Dichte, Stabilität und soziale Heterogenität Stadt als Ansiedlung von Individuen und bestimmen Urbanismus als charakteristische Lebensform, wobei besonders der soziale Charakter einer Stadt als formbildend herausgestrichen wird. Entscheidend für den anthropologischen Approach wirkte nun nach Räsänen insbesondere Robert Redfields Auseinandersetzung mit den Vorgaben Wirths, die wesentlich in die Formulierung des »folk-urban-Kontinuums« mit eingeflossen sind.[659] Urbanem als Ausdruck von sozialer Heterogenität, Individualität, Arbeitsteilung und Spezialisierung, Geldwirtschaft, unpersönlichen Beziehungen und der Dominanz weltlicher Kontrollinstan-

---

[656] Räsänen 1988
[657] Ebd., p.114-116
[658] Wirth 1974, cf. dazu Kap. 5.3.2
[659] Cf. dazu Robert Redfield, The Folk Culture of Yucatan. Chicago 1941

zen steht am anderen Ende die Folk-Gemeinde gegenüber, von der aus ein Entwicklungsvektor in Richtung auf das Urbane hin festzustellen ist. Auf dieser Grundlage nun haben zwei sich ergänzende Sichtweisen etabliert: eine holistisch-makrostrukturelle Zugangsstrategie zu urbanen Fragestellungen einerseits, eine auf individuelle, (klein)gruppen- bzw. lokalgemeinschaftliche Kulturspezifika ausgerichtete andererseits. Während bei ersterer v.a. Traditions- und Kontinuitätsfragen (Grad und Intensität dieser Faktoren als typologische Merkmale) im Vordergrund stehen[660], widmen sich letztere der Darstellung örtlicher/lokaler oder häufig auch subkultureller Strukturen und Gegebenheiten (und dem Grad ihrer Relevanz für Schlüsse auf die Gesamtheit urbaner Kultur).[661]. Daß keine dieser Positionen allein der Darstellung urbaner Gegebenheiten gerecht werden kann, stellt für Räsänen die Grundlage für weiteres volkskundliches Forschen im städtischen Bereich dar:

> *Die jeweilige Kulturform entsteht aus dem gemeinsamen Einfluß von Makrostruktur (Gesellschaft) und Mikrostruktur (Individuum). Dem Problemfeld kann man sich nur dadurch nähern, daß man die Rolle des einzelnen im Vermittlungsprozeß zwischen Makrostruktur und Alltagswirklichkeit untersucht. (Räsänen 1988:114)*

Obwohl in vielen Bereichen eine rege Auseinandersetzung der deutschsprachigen Volkskunde mit den Ansätzen der nordischen Folkloristikforschung[662] stattfindet, gingen von Räsänens knapper Überblicksdarstellung wenig Im-

---

660 Cf. etwa die von Robert Redfield und Milton Singer vorgeschlagene Dichotomie zwischen orthogenetischer («traditioneller») und heterogener (kommerziell, modern-innovatorischer, kosmopolitischer) Stadt (Robert Redfield/Milton Singer, The Cultural Roles of Cities. In: Economic Development and Culture Change 3. 1954), aber auch die Vorschläge Ronald Frankenbergs »lokal-kosmopolitisch« (Ronald Frankenberg, Communities in Britain. Social Life in Town and Country. Suffolk 1971 [Erstausgabe 1966]) und Margaret Staceys »traditionell-modern« (Margaret Stacey, Tradition and Change. A Study of Banbury. Oxford 1970 [Erstausgabe 1960] zielen in ähnliche Richtung. Eine Typologie erarbeitet Richard G. Fox, Urban Anthropology. Cities in their Cultural Settings. New Jersey 1977.

661 Cf. z.B. die Frage nach der Kultur der Armut, wie sie Oscar Lewis (z.B. The Culture of Poverty. In: Scientific American 215/4 [1966]) verschiedentlich dargestellt hat.

662 Die Begrifflichkeit hat zu einiger Verunsicherung im deutschsprachigen Raum geführt. Als Dach- und Fachbezeichnung tritt etwa Folkloristik in Osteuropa neben die Ethnographie (Erforschung der materiellen Kultur), in Skandinavien neben die Ethnologie, während sie im deutschsprachigen Raum als ein bedingter Parallelbegriff von Folklore, im wesentlichen beschränkt auf die sprachliche Überlieferung erscheint. (Cf. Hermann Bausinger, Folklore, Folkloristik. In: Enzyklopädie des Märchens, Bd. IV, 1984, Sp. 1405-1410)

pulse auf das Gebiet volkskundlicher Stadtbetrachtung aus. Vielmehr ist es
zu einem nicht unerheblichen Teil Rolf Lindner[663] zu verdanken, daß die
erstaunlich lange außerhalb des stadtvolkskundlichen Interesses stehenden
Denkweisen der Chicago School, ihre Verbindungs- und Übertragungsmög-
lichkeiten, auch im deutschsprachigen volkskundlichen Kontext reflektiert
werden. Eine gemeinsame Optik ist grundsätzlich dadurch gegeben, daß
sich auch die Chicago School der Beschreibung sozialer Phänomene in der
Ermittlung von Lebenswelten, widmet:

> Sie *läßt sich auf den Gegenstand ein, statt ihn durch die normativen Filter
> und kulturelle Selbstverständlichkeiten der Herkunftskultur von vornherein
> zu denaturieren.* (Lindner 1990:265)

Diesem Umstand, dessen Wurzeln Lindner auf den Einfluß der Sozialre-
portage zurückführt, wie sie v.a. durch Robert Ezra Park in die Chicagoer
Soziologie eingeflossen sind, steht auf der anderen Seite einschränkend ent-
gegen, daß sich als zweiter Strang der Ausrichtung urbansoziologischen
Arbeitens in Chicago ein sozialreformerischer Ansatz benennen läßt. In den
Worten Lindners:

> *Die Chicagoer Soziologie weist diese Spannung auf: Sie fragt noch, was zu
> tun sei (›Prävention‹), und sie fragt schon, was Menschen tatsächlich tun.
> (›Verstehen‹).* (Lindner 1990:254)

Obwohl Lindner in seiner Darstellung ebenfalls Kernpunkte der Chicagoer
Urbansoziologie herausmodelliert, seien hier einige der wichtigsten metho-
dischen Settings kurz angesprochen. 1925 erschien unter dem Namen *The
City* [664], ein Buch, das programmatisch die Hauptpunkte der »Goldenen
Ära der Chicago School 1918-1933«[665] umreißt, welches als

> *gewaltiges Forschungsprogramm (Madge), als die definitive Darstellung des
> Departements* (sc. of Sociology, ThH) *(Kucklick) oder als Manifest und
> Programm dessen bezeichnet, was die ›Chicago School‹ werden sollte (Bell/
> Newsby).* (Lindner 1990:98)

eingeschätzt wurde. Anders etwa die Beurteilung von Gerd Albers: lakonisch
kurz handelt er in seiner praxisorientierten Einführung in die Stadtplanung
die Ansätze, wie sie namentlich in *The City* vorgebracht wurden, unter dem
Stichwort »historische Wurzeln der Stadterneuerung« ab:

---

[663] Lindner 1985 und besonders 1990
[664] Park/Burgess /McKenzie 1925
[665] Lindner 1990:264

1925 veröffentlicht eine Gruppe amerikanischer Wissenschaftler – Park, Burgess und McKenzie, Zentralfiguren der Chicago School of Sociology – ein Buch unter dem Titel ›The City‹, in dem die Gesetzmäßigkeiten solcher Verdrängungsprozesse (d.i. die Konzentration von Büronutzung im Stadtkern, die ›City-Bildung‹ und daraus resultierende Verdrängungserscheinungen, ThH) *und die daraus resultierenden wirtschaftlichen Anreize zur Slumbildung durch Vernachlässigung und Verwahrlosung der Gebäude dargestellt werden.* (Albers 1988:239)

Mag diese Einschätzung auch mit Blick auf stadtplanerische Problemlagen genügen, so erweisen sich für urbanethnologische Fragestellungen besonders zwei Ansätze, welche u.a. im Rahmen von *The City* abgehandelt wurden, als von besonderer Tragweite: Robert Ezra Parks human- in späterer Weiterung sozialökologisches Konzept einerseits, Ernest W. Burgess' Theorie der konzentrischen Zonen oder Kreise andererseits.

4.1   Robert Ezra Parks humanökologisches Konzept

In seinem Beitrag *The City: Suggestions for the Investigation of Human Behaviour in the Urban Environment* sucht Park der Großstadt v.a. in ihrer Spannung zwischen Struktur (physischer Organisation) und Kultur (sittlicher Ordnung) nachzugehen. Mit anderen Worten: der »Dualismus Raum und Verhalten«[666] bestimmt die Vorgehensstrategie im Untersuchungsfeld Großstadt. Dieses Ziel versucht Park in vier Teilschritten zu erreichen:

I   *The City Plan and Local Organization*
II   *Industrial Organization and the Moral Order*
III *Secondary Relationships and Social Control*
IV   *Temperament and the Urban Environment*

ad 1) Großstadt, so die Kernüberlegungen Parks im ersten Problembereich von *City Plan and Local Organization*, ist *kein* künstliches Produkt stadtplanerischer Gegebenheiten, vielmehr werden die architektonischen Vorgaben (auch der nordamerikanischen «Schachbrett-Stadt») sowohl im Architektonischen, im Block, als auch im Administrativen (Bezirk) »durch Prozesse menschlicher Natur« unterlaufen, »so daß sich ungeplante, ›natürliche Areale herausbilden« können.[667]. Deren Zustande-

666 Ebd., p.101
667 Ebd., p.99

kommen beruht auf der Tatsache, daß sich Populationen, Bevölkerungsgruppen, auf gewissermaßen »natürliche Weise« auf bestimmte Stadtteile, Quartiere und Wohngebiete verteilen, wozu namentlich ökonomische und berufliche, ethnische und kulturelle Faktoren beitragen.
Scheinbar ›naturgegeben‹ entstehen dadurch räumliche Gebilde, Areale,
cities within cities, deren Bevölkerung eigene Normen, Traditionen und
Verhaltensmuster herausbildet, die eigentliche kulturräumliche Muster
beinhalten und sowohl als »topographisch lokalisierbare« wie »räumlich
definierbare Areale«[668] in Erscheinung treten. Diese stadtstrukturellen
Einheiten faßt Park mit dem aus der Ökologie entlehnten Terminus der
natural area. In einem im selben Jahr 1925 erschienen Aufsatz führte
Park seine Gedanken zur Stadt als räumliche Struktur und als sittliche
Ordnung[669], namentlich die Idee der *natural areas* etwas eingehender
aus.

Stadtstruktur, die Struktur einer Gemeinde als »lokale Gemeinschaft«,
entwickelt sich nach einem bestimmten Muster, das sich »unweigerlich
in der Konstellation typischer Stadtgebiete (...), welche geographisch fi-
xierbar und räumlich definierbar sind«, erweist.[670]

*Natürliche Gebiete sind die Heimat natürlicher Gruppen. Jedes typische
Stadtgebiet hat wahrscheinlich eine Auswahl der Bevölkerung aus der Gemeinde im Ganzen gesehen. In Großstädten sind die Abweichungen in bezug
auf das Verhalten, den Lebensstandard, und die allgemeinen Lebensan-
schauungen in den verschiedenen Stadtgebieten oft ganz erstaunlich. Die
Differenz der Geschlechts- und Altersgruppen, vielleicht der bedeutendste Index des Sozialllebens, weicht in den verschiedenen natürlichen Gebieten voneinander auffallend ab. (Park 1983:314)*

Faktoren, in welchen sich solche klar segregierten Gebiete unterscheiden,
sind z.B.: Kinderzahl (tiefe Kinderzahl in Gebieten mit hohem Anteil
von Wohnhotels – erinnert sei an Riehls soziales Junggesellentum –
hoher Kinderanteil in Slum- und Mittelstandsgebieten), Alter, Scheidungsrate, Vereinswesen (Jugendbanden vs. Sportvereine und politische
Klubs), Selbsmordrate, etc. Wohnlage, Position und Mobilität werden
so zu wichtigen Faktoren, zum »Index für Messungen, Beschreibungen
und schließlich Erklärung sozialer Phänomene«[671], wobei Mobilität in

---

[668] Ebd., p.100
[669] Park, eigentlich 1925, hier nach der Textsammlung von Klaus M. Schmals zitiert als
Park 1983.
[670] Ebd., p.314
[671] Ebd.

diesem Kontext eine Meßgröße für sozialen Wandel und soziale Desorganisation umschreibt,

denn sozialer Wandel folgt fast immer zufälligen räumlichen Positionsänderungen und jeder soziale Wandel, auch wenn wir ihn als Fortschritt bezeichnen, bringt in einem gewissen Grad soziale Desorganisation mit sich. (Park 1983:314)

Mit Rückgriff auf seinen Fachkollegen aus dem selben Departement, Ernest W. Burgess, weist Park auf die Korrelationen zwischen dem Wandel im Stadtleben, zu beschreiben und begreifen als Mobilität, und verschiedenen Formen der so benannten sozialen Desorganisation hin:

Seitdem so vieles, was die Erforscher der Gesellschaft im allgemeinen interessiert, in so enger Beziehung zu sozialer Position, Verteilung und Bewegung der Bevölkerung im Raum zu stehen scheint, ist es nicht unmöglich, all die Dinge, die wir normalerweise als soziale bezeichnen, schließlich in Begriffen von Raum und Positionsveränderungen der Individuen innerhalb der Grenzen eines natürlichen Gebiets zu fassen und zu beschreiben, d.h., innerhalb der Grenzen eines Gebietes mit wettbewerblicher Zusammenarbeit. (Park 1983:314f)

Das heißt: natürliche Zonen, *natural areas*, stellen eine Art Basiseinheit innerhalb eines größeren Sozialgefüges ›Stadt‹ dar, innerhalb derer sich mehr oder weniger einheitliche kulturelle und strukturelle Figurationen ergeben, deren Zustandekommen durch Faktoren des Wandels – sozialer und ökonomischer etc. Art –, also letztlich nicht strukturgebundener Merkmale bedingt ist.

ad 2) Großstadt, um wieder auf die Ausführungen Parks in *The City* zurückzukommen, läßt sich durch eine Reihe von Eigenschaften näher begreifen und beschreiben. Auf die Wechselwirkungen zwischen Geschäftsleben und Geldwirtschaft und einer daraus resultierenden Individualisierung und Spezialisierung der Stadtbewohner geht Park in seinen Ausführungen zu *Industrial Organization and the Moral Order* ein. Die spezifisch großstädtischen Gemengen- und Lebenslagen erwachsen v.a. aus wachsender Arbeitsteilung, Krisensituationen als Ausfluß individueller Mobilität sowie Einrichtungen, »die als Regulative der Interdependenz der Individuen in der Marktökonomie Rechnung tragen.«[672]
Das heißt konkret: Stadt als Lebensraum bietet denjenigen, die sie bewohnen die Chance, ihre besonderen Fähigkeiten zu entwickeln und

---

[672] Lindner 1990:100

einzubringen. Die Großstadt bietet den Markt auch für ausgefallenere Tätigkeiten, weist jedem Beruf – selbst dem des Bettlers, wie Park formuliert – den Charakter einer Profession zu. Ein zweiter Punkt erweist sich als wesentlicher für die *moral order* der Stadtbewohnenden: die wechselseitige Abhängigkeit bzw. die Wechselwirkungen zwischen Individuen, die auf sich selbst gestellt sind. Damit entsteht eine neue Art solidarischer Gemeinschaft, deren gemeinsame Basis nicht mehr emotionaler Natur ist, sondern vielmehr auf gemeinsamen Interessen beruht. Unter dem dritten Punkt, Krisensituationen als Ausfluß individueller Mobilität, ist vorab zu verstehen, daß in Gesellschaften mit hohem Mobilitätsgrad, wie ihn Park ja als Charakteristikum der Stadt herausgearbeitet hat, Krisensituationen weniger z.B. ökonomisch, sondern vielmehr psychologisch bedingt erscheinen.

Unter den Ausführungen zu Einrichtungen schließlich, die als Regulative der Interdependenz der Individuen in der Marktökonomie Rechnung tragen, entwickelt Park die Vorstellung, daß kollektives Verhalten Kontroll- und Steuerungsmechanismen unterworfen ist, die etwa durch politische Meinungsträger oder Agitatoren der Arbeiterschaft gelenkt bzw. beeinflußt werden.

ad 3) Die Spannung zwischen Raum und Zeit bildet auch den Ansatzpunkt für den dritten Teil der Ausführungen Parks, betreffend *Secondary Relationships and social Control*. Ausgehend von den durch die in der industriellen Organisation vorgegebenen Veränderungen werden Veränderungen in den Beziehungen und Gewohnheiten der Großstadtbevölkerung hervorgerufen: Primäre, direkte Beziehungen werden ersetzt durch sekundäre, indirekte. Traditionelle Institutionen wie Kirche, Schule oder Familie werden unter dem Einfluß großstädtischer Bedingungen und Lebensweisen ebenso angepaßt wie sittlich-moralische Vorstellungen, etc. Konsensstiftend wirken in dieser »babylonisch anmutenden Konfusion der Sprachen, der Weltbilder, der moralischen Codes« die »Mittel der modernen Kommunikation (Nachrichten- und Pressewesen, Agenturen zur Erhebung und Verbreitung der öffentlichen Meinung).«[673]

ad 4) Der »Verteilung der Bevölkerung gemäß ihres Naturells, ihrer ›Geschmäcker‹ und ihrer ›Temperamente‹«[674], widmet sich schließlich das letzte Kapitel der Ausführungen Parks in *The City* zu *Temperament and the Urban Environment*. Hier werden großstädtische Themen, wie sie

---

673 Ebd., p.102
674 Ebd.

Park etwa von Georg Simmel kennengelernt hatte, etwas eingehender dargestellt. (Soziale) Segregation und Mobilität der einzelnen Individuen als Formanten des Großstadtlebens bereiten jenen eine persönliche Freiheit, aber ebenso eine «Steigerung des Nervenlebens», führen zur »Herausbildung eines spezifisch urbanen Typs mit eigener mentaler Ausstattung« und zur »Ausbildung der persönlichen Sonderart, wie sie in den spezifisch großstädtischen Extravaganzen zutage tritt.«[675]

4.2 Ernest W. Burgess' Theorie und Modell der konzentrischen Kreise bei der städtischen Flächennutzung

Streicht Rolf Lindner in seiner Arbeit bewußt die eben in isolierten Teilen vorgeführten Anteile Robert Ezra Parks an der Theorie der Chicago School heraus, so vor allem im Bestreben, den Anteil, welchen Parks journalistische Herkunft, namentlich das Genre der Sozialreportage – das à la modische Genre der nordamerikanischen Hochglanz- und Gesellschafts-Presse um die Jahrhundertwende par excellence – am Zustandekommen und der Durchschlagskraft der Ideen der Chicago School hatten, hervorzuheben. Parks »nosing around«, das »Herumschnüffeln«, weist Lindner als aus diesem Metier hervorgehend nach, überhaupt macht er die Rollenverteilung oder besser die Anteile der einzelnen Forscherpersönlichkeiten am Programm der *Chicago School* für den deutschsprachigen Raum wohl erstmals klar, während der Name Chicago in der älteren Forschung zu urbanistischen Themen besonders für die

> *Vorstellung von der Fragmentierung und Segmentierung der Großstadt in ein Mosaik kleiner Welten (...)* als *Ausgangspunkt für die Erkundung großstädtischer Sozialwelten. (Lindner 1990:104f)*

steht. Wesentlichen Anteil am Chicagoer Programm, besonders im Bereich der Entwicklung von Modellvorstellungen, hat aber neben Park und weiteren, hier nicht ausführlicher dargestellten Persönlichkeiten, besonders Ernest W. Burgess. Sein Modell der konzentrischen Kreise darf – ähnlich wie die Theorie Christallers – als idealtypische, in vielem modifizierbare, aber nach wie vor anregende Diskussionsgrundlage für die Auseinandersetzung mit urbanen Strukturen angesprochen werden.

In seinem Modell, entwickelt aufgrund der Chicagoer Gegebenheiten, aber idealtypisch präsentiert, versucht Burgess, Nutzungs- und Bevölke-

---

[675] Ebd., p.103; zu den Weiterungen dieses Konzepts cf. Kap. 5.3.2

rungsstruktur großstädtischer Siedlungen in fünf konzentrischen, deutlich unterscheidbaren Zonen zu fassen und zu typisieren.

Im Stadtkern liegt der zentrale Geschäftsbezirk, der *Central Business District* (CBD) als erste Zone – ausgestattet mit großen Warenhäusern, Spezialgeschäften, Hotels, Restaurants, Unterhaltungsbetrieben und Verwaltungsgebäuden großer Dienstleistungsunternehmen, namentlich von Banken und Versicherungen. In dieser Zone sind die Bodenpreise am höchsten, permanente Wohnbevölkerung dementsprechend selten.

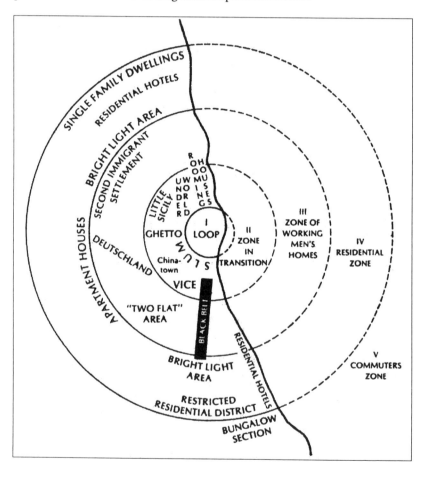

Abb.2: Das idealtypische Diagramm der Großstadt von Ernest W. Burgess
Quelle: Lindner 1990:107

Um diesen *Central Business District* herum erstreckt sich eine zweite, sogenannte Übergangs-, oder mit Chombart de Lauwe »Akkulturationszone«[676]. In dieser sind Betriebe der leichten Industrie und des Handwerks, einige Geschäfte und Vergnügungsbetriebe untergebracht. Hauptsächlich jedoch stellt diese *Zone in Transition* ein Wohngebiet vorab junger, alleinstehender Erwachsener, Studierender, Angehöriger ethnischer Minderheiten, tendenziell unterschichtlicher Wohnbevölkerung dar. Diesen Gebieten kommen ganz bestimmte Eigenschaften zu: hohe Scheidungsrate, hohe Kriminalitätsraten, Prostitution, psychosozial bedingte Krankheitsbilder.

Einen weiteren Ring städtischer Struktur bilden die »Arbeiterwohngebiete«, welche sich rund um diese *Zone in transition* legen. Sie sind Wohnort insbesondere von Facharbeitern; an Gebäulichkeiten dominieren Mehrfamilienhäuser, deren Wohnungen vermietet werden. In Chicago waren dies meist zweigeschossige Wohneinheiten, in Europa entspricht dies den Mietskasernen.

Die an diese Arbeiterwohngebiete anschließende vierte Zone ist diejenige, welche als Zone der besseren Wohngebiete (*Zone of Better Residences*) bezeichnet werden kann. Sie stellt den Lebensraum wohlhabender mittel- und oberschichtlicher Bevölkerungsteile dar, meist überbaut mit Einfamilienhäusern oder aber modernen luxuriösen Großwohnungen.

Die fünfte Zone, diejenige der Pendler, bezeichnet Lebensraum, welcher im wesentlichen mittelschichtliche Neubausiedlungen am Stadtrand umfaßt. Bevölkert wird diese fünfte Pendler-Zone zu großen Teilen von Familien mit meist kleinen Kindern, die Tagesbevölkerung allerdings besteht, da hier oft Rollentrennung herrscht, vorwiegend aus Frauen und Kindern.

Burgess' Modell »gibt eine idealtypisches Beschreibung der räumlichen Verteilungsmuster in Städten.«[677] Gerade wegen seiner Einfachheit sind ihm in der Folge öfters konkurrierende Modelle gegenübergestellt worden, von denen sich aber ein Großteil mit dem Modell konzentrischer Zonen vereinbaren läßt. Burgess' sozialökologisches Modell läßt sich als »ideale Konstruktion des typischen Prozesses der Stadtentwicklung«[678] beschreiben. Es stellt eine in sich gestufte Abfolge verschiedener Annahmen und daraus abgeleiteter Hypothesen zur Stadtentwicklung dar, die Wachstums-, Binnengliederungs-, ökonomische, individuelle, binnenstrukturelle und auf Solidaritätsstrukturen bezogene Momente umfaßt.

Grundlegend erscheinen dabei in einem ersten Schritt Fragen bzw. Annahmen zum *Wachstum*[679]:

[676] Chombart de Lauwe 1952:40
[677] Hamm 1982:68
[678] Friedrichs 1983:101f
[679] Zu dieser Gliederung cf. ebd., p.101-103

Der Prozeß des Großstadtwachstums vollzog bzw. vollzieht sich nach verschiedenen Parametern. Entscheidend sind:
- Die Entstehung von Großstädten aus einer Agglomeration von Landstädten und Immigrantenkolonien;
- Eine ursprüngliche Konzentration bzw. Vereinigung der heute in verschiedenen Zonen angesiedelten Nutzungen innerhalb der innersten Zone, der City;
- Konzentration und Dezentralisierung als gleichzeitige Folgen von Stadt- und Bevölkerungswachstum;
- Ein konzentriertes Angebot an Stimulation, Abenteuer und Vergnügen.

Aus diesen Grundannahmen läßt sich generalisierend folgern, daß Stadtwachstum (im territorialen Sinn) einerseits von innen nach außen, andererseits tendenziell in allen Richtungen gleichmäßig erfolgt.

Aus den grundlegenden Annahmen zum Wachstumsprozeß lassen sich in einer nächsten Stufe Aussagen zu Struktur der *inneren Gliederung städtischer Lebensräume* postulieren:
- Jede Stadt verfügt demnach über eine innere Gliederung, die sich idealtypisch in einem Modell konzentrischer Zonen abbilden läßt;
- in jeder dieser Zonen überwiegen bestimmte Nutzungen und Bevölkerungsgruppen, d.h. Nutzung und Bevölkerungsgruppen sind ungleichmäßig über das städtische Gebiet verteilt.

Diese globalen Befunde lassen sich indessen, gestützt auf Folgerungen aus empirischem Material noch weiter verdichten:
- Stadtwachstum, so eine der ersten Hypothesen, erfolgt durch das Eindringen von Nutzungen und Bevölkerungsgruppen in die nächstangrenzende äußere Zone. Nutzungen, die in der City vertreten sind, erfahren dabei die stärkste Ausdehnung. Expandieren diese, dringen sie in die um den CBD liegende Zone und verdrängen hier Wohnraum.
- Hohe Einwanderung führt zur Expansion der Stadt und ihren industriellen Arbeitsplätzen, zur Vermischung und zum Verfall der zentrumsnahen Zone, zu Wanderungen der Wohnbevölkerung in die jeweils nächstentlegenere Zone, bzw. in noch nicht besiedelte Gebiete außerhalb der bewohnten oder genutzten Zonen.
- Erfolgt die Bevölkerungszunahme einer Stadt mehr durch natürlichen Wachstum (Geburtenzuwachs vor Zuwanderung), sind die individuellen Akkulturationsbedingungen am höchsten.
- Stadtwachstum kompliziert die Stadtstruktur, aber differenziert gleichzeitig die städtischen Gebiete. Damit wiederum wird die Kooperation und werden die wechselseitigen Abhängigkeiten als Aufgaben- und Bereichsteilung zwischen diesen Gebieten größer.

Auf *ökonomischem Feld* sind v.a. zwei Annahmen für die Formierung städtischer Strukturen von Bedeutung. So zum einen die Setzung, daß der Arbeitsteilung der Bevölkerung eine Teilung der Bevölkerung in soziale Schichten, kulturelle Gruppen und Freizeitvereinigungen entspricht. Zum anderen ist dies das Axiom, wonach berufliche Differenzierung zu räumlichen Verschiebungen und zu Trennungen der einzelnen Berufe und Berufsgruppen führt. Aus diesen Annahmen geht nach Burgess hervor, daß bei der Ausdehnung einer Stadt eine Segregation der Bevölkerung nach neuem Wohnort und Beruf auftritt. [680]

Auf das *Individuum* bezogen spielen sich im Prozeß der Stadtentwicklung an dieser Stelle regelhafte Prozesse ab. Dadurch, daß die Gebiete einer Stadt tendenziell bestimmte Züge betonen und bestimmte Personen anziehen, findet darin eine innere Entwicklung statt, was zu weiterer Ausgestaltung dieser Differenzierung führt.

Diese Differenzierungsmuster haben wiederum in zwei Richtungen wahrscheinliche Konsequenzen.

- Auf das Individuum bezogen: Steigt eine Person aus der zentrumsnahen Übergangszone zwei auf, zieht sie in die nächstweitere Zone.
- Auf die Stadtentwicklung bezogen: Dehnt sich eine Stadt aus, so entstehen in den alten Gemeindekernen neue Geschäftsgebiete, deren Entwicklung wiederum abhängig ist von den Einflüssen der City, des *Central business district.*

Städtische Räume verfügen demnach über eine *komplexe Binnenstruktur,* die sich v.a. dadurch beschrieben läßt, daß eine Großstadt, welche das bisher beschriebene Wachstum durchlief, ein zentralisiertes dezentrales System lokaler Gemeinschaften darstellt.

Dieses wiederum folgt idealtypisch folgenden Ordnungskriterien:

- Geographisch-topographisch: Liegt eine Stadt in einer Ebene, dann liegen die am meisten geschätzten Wohnquartiere außerhalb; liegt sie in hügeligem Gelände, liegen die bevorzugten Wohnzonen zuoberst.
- Sozioökonomisch und soziogeographisch: Nehmen die Wachstumsanreize zu, so besteht für das einzelne Individuum die Gefahr der Verunsicherung und Verwirrung
- Ist die Mobilität hoch, so brechen die primären Kontrollen zusammen, entwickeln sich Gebiete mit höherer Kriminalitätsrate oder größerem Anteil an »Lastern«.

---

680 Als Beleg für diese Hypothese können etwa die sozio-ökonomischen Strukturen städtischer Vorortssiedlungen stützend beigezogen werden.

Eine letzte Annahme betrifft schließlich die *Solidarität unter den Stadtbewohnenden:*
- Die grundlegenden infrastruktureller Einrichtungen wie Gas, Wasser,
  Elektrizität schaffen zwar eine Solidarität unter den Stadtbewohnern,
  aber nur durch ihre Benützung, nicht aber als kulturelle Einheit.

Nicht nur aufgrund seiner Wirkungsgeschichte steht Burgess' Modell der
konzentrischen Zonen, entwickelt aufgrund der Gegebenheiten in Chicago,
in einer gewissen Parallele zu Christallers Theorie der zentralen Orte, dedu-
ziert aus den Gegebenheiten im süddeutschen Raum: In beiden Modellen
werden »Raum und Standort« als sozialwissenschaftliche Erklärungsmuster
eingebracht,[681] beide arbeiten mit der Strahlkraft von urbanen Elementen,
wenngleich mit anderer Gewichtung. Beide sind auf mannigfache Art und
Weise modifiziert worden; beiden eignet aber weiter an, grundsätzliche – im
Falle Burgess' als human- oder sozialökologisch bezeichnete – Modelle darzustellen, die auch heute noch zur kritischen Auseinandersetzung anregen.
    Das frühe Forschungsprogramm der *Chicago School,* aus dem die eben
kurz dargelegten Beispiele stammen, findet sich in konzentrierter Form im
Sammelband *The City.* Die Anregungen, welche davon ausgingen, zielten
vorab in drei Richtungen: Auseinandersetzung mit der

> *Großstadt als einer Konstellation räumlich verorteter sozialer Welten;
> Herausbildung neuer, Großstadtspezifischer Berufs- und Persönlichkeitsty-
> pen, Mentalitäten und Verhaltensweisen*
> und mit dem *Wandel der Institutionen mit den damit einhergehenden Pro-
> blemen sozialer Kontrolle. (Lindner 1990:108)*

Die Ansätze der Chicago School wurden in unterschiedlicher Intensität aufgenommen: In Nordamerika entwickelte sich aus den Ansätzen Parks, Burgess', Redfields, McKenzies, etc. eine soziologische Richtung, die sich der
Ethnographie der Stadt mit einem feinen Instrumentarium annahm. Im
deutschsprachigen Raum hingegen blieben die Arbeiten der Chicago School
– außer im siedlungssoziologischen und stadtgeographischen Bereich – ohne
länger anhaltende Wirkung, von einem Einfluß auf die Volkskunde im
deutschsprachigen Raum kann bis Ende der 80er Jahre kaum gesprochen
werden. Erst heute werden bei Vertretern eines eher kulturanthropologischen Fachverständnisses, besonders aber auch auf dem ethnologischen
Feld, die Ansätze der Chicagoer Schule vermehrt wahrgenommen.

---

[681] Cf. Carter 1980:25

Daß Parks, Burgess', McKenzies, u.s.w. Ansätze gerade im kontinentalen Europa[682] wenig Resonanz gefunden haben, ist aber durchaus erklärbar, und es stellt sich auch als gravierendes Problem die Frage nach der Übertragbarkeit methodischer und inhaltlicher Strategien der Chicago School, zumal nordamerikanische und europäische Städte über eine ganz andere Stadtstruktur verfügen.[683] Die Ursachen hierfür liegen in der Entwicklung dieser beiden Städtetypen begründet. Europäische Städte, auch wenn die eigentliche Wachstumsphase bei vielen Städten erst im 19. Jahrhundert auszumachen ist, weisen eine andere Tiefen- und Siedlungsstruktur, einen anderen Aufbau der Bereiche städtischer Aktivität und städtischer Segregation auf.

Trotzdem schien der Umstand, daß Betrachtungsmodelle der oder auf der Grundlage der *Chicago School* sich allmählich im fachlichen Diskurs zu etablieren beginnen, einen knappen Blick auf die Anfänge dieser Forschungsrichtung zu rechtfertigen. Ganz außerhalb einer Ansätze der Volkskunde reflektierenden Optik stehen indessen weiternde Überlegungen zur Sozialökologie und Stadtforschung Chicagoer Prägung, die in der Regel kaum oder nur sehr eingeschränkt in die Volkskunde Eingang gefunden haben. Auf diese wird daher an anderer Stelle im anschließenden Teil zu Zugängen zur Urbanität einzugehen sein.

---

682 Zur Sonderstellung der Forschungen im skandinavischen Raum cf. oben die einleitenden Bemerkungen zu Kap. 4

683 Hiervon wären, wenn unter Amerika der nordamerikanische Halbkontinent zu verstehen ist, einzelne frankophone Städte Kanadas, namentlich Québec und Montréal, auszunehmen.

II. Stadt-Ansichten

Wegmarken der Auseinandersetzung
mit städtischen Strukturen und
urbanen Lebensformen

Vorbemerkung

Der Überblick über die volkskundliche Auseinandersetzung mit urbanen Fragestellungen im vorangehenden Teil hat wohl deutlich vor Augen geführt, daß zwar mittlerweile eine breite Palette an volkskundlichen Arbeiten zum Thema besteht, diese sich indessen weder in der Frühzeit noch heute (zu) wenig um eine theoretische Reflexion oder Abstützung bemüht haben. In diesem zweiten Teil nun sollen im Sinne einer ›Ideengeschichte‹ Zugänge, Modelle und Überlegungen erörtert werden, die nachhaltig die Art und Weise, wie ›Stadt‹ gedacht und wie urbane Lebensformen untersucht wurden, mitgeprägt haben und denen eine bestimmende Rolle als Bestandteile eincs historisch-wissenschaftlichen Stadtbildes zukommt. Eine zentrale Rolle im Umgang mit städtischen Fragen kam dabei über lange Zeit den Sozialwissenschaften, namentlich der Soziologie, zu. Dieser sozialwissenschaftliche Diskurs entfaltete eine hohe Wirkmächtigkeit, bestimmte lange Zeit weitgehend unangefochten wissenschaftliche ›Stadt-Ansichten‹.

Mit der Darlegung einiger wesentlicher Wegmarken und Deutungsangebote dieses Diskurses soll der vorangegangenen Beschäftigung mit der Innensicht, das heißt dem Blick auf das Forschungsfeld Stadt als Blick auf die Geschichte der Erforschung städtischer Lebensformen in der Volkskunde – und damit einem Fach, das sich von jeher auf interdisziplinäre Zugänge berief[684], und auch heute noch darin einen wesentlichen Bestandteil seiner Legitimation findet[685] – jener Kontext entgegengestellt werden, auf den

---

684 Cf. bereits das 1890 von Karl Weinhold erstellte Anforderungsprofil an die sich formierende Volkskunde: »Es gehört zur Volkskunde eben mehr als die Herren Folkloristen ahnen. Es gehört Vertrautheit mit Geschichts- und Sprachwissenschaft, mit Anthropologie und Psychologie, mit historischer Rechtskunde, mit Geschichte der Volkswirtschaft, der Technik und der Naturkunde, der Literatur und der Kunst dazu, und vor allem ein natürlicher klarer Verstand.« (Karl Weinhold, Was soll die Volkskunde leisten? In: Zeitschrift für Völkerpsychologie und Sprachwissenschaft, Jg. 20 [1890], p.1-5, hier p.1f. [Cit. nach dem Quellenband von Gerhard Lutz, Volkskunde. Ein Handbuch zur Geschichte ihrer Probleme. Berlin 1958, p.38f])

685 In seiner Wiener Antrittsvorlesung reflektiert Konrad Köstlin den Anspruch der Volkskunde in der (Post-)Moderne als »Lust aufs Ganze« (p.274). Wie kaum eine weitere Disziplin macht sie deutlich, daß Wissenschaft »ein Teil des Lebens, des Ganzen« ist, das nur im interdisziplinären Zugriff erfaßt, dargestellt und analysiert werden kann: »Ich bin damit beim Gegenstand der Volkskunde, einem Alltag, mit dem auch die Akteure, die Wissenschaftler und Wissenschaftlerinnen, durch ihren eigenen Alltag wie durch ihre Wissenschaft verbunden sind. Die Lust aufs Ganze gewinnt ihre Konturen erst vor der Vieldeutigkeit der Moderne. Unsere Chancen steigen, wo dies als Herausforderung empfunden wird. Die Lust aufs Ganze kann Leiden produzieren, hält aber für uns die guten Ahnungen davon wach, wie Leben sein könnte. Der Ver-

das Diktum eines »durchgängigen Verweigerungsverhaltens«[686] am ehesten
zutrifft.

Es geht mit den folgenden Darlegungen also sowohl um die weitere
Kontextualisierung der Geschichte der Erforschung des Forschungsfeldes
Stadt als auch darum, handbuchartig auf wichtige Elemente der Entwick-
lung stadtbezogener Modellüberlegungen zu verweisen.

5 Zwischen Ablehnung und Analyse. Zur Entwicklung des Blicks auf die ›Stadt‹ der Moderne

Es ist weder sinnvoll noch möglich, auf sämtliche Versuche, ›Stadt‹ oder
›Urbanität‹ definitorisch zu fassen, einzugehen. Eine umfassende Darstellung der Auseinandersetzung mit Urbanität in ihrer ganzen vielfältigen
Breite ist hier auch gar nicht angestrebt; vielmehr geht es darum, wichtige
und herausragende, spätere Forschungen besonders auch interdisziplinärer
Art beeinflussende Theorien und Gedankengänge aufzuzeigen. Als erstes soll
dies anhand eines Schlaglichtes auf jene Einstellung geschehen, die angesichts der modernen Großstadtwerdung mit ihrer Kritik nicht zurückhielt.

5.1 Präludium: Kurze Vorbemerkungen zu vermeintlichen und echten Großstadtfeinden

Großstadtskepsis und Großstadtfeindschaft, wie sie auch der Volkskunde in
expliziter wie impliziter Form (vor allem im ›Rettungsgedanken‹) eigneten,
sind eingebettet in eine Traditionslinie der Ablehnung oder aber zumindest
der kritischen Beurteilung des Urbanen. Dabei spielen aber doch graduelle
Unterschiede in der kritischen Haltung gegenüber dem Großstädtischen
eine wichtige Rolle. Anhand dreier ausgewählter früher Beispiele soll dies
ganz knapp veranschaulicht werden: an Friedrich Nietzsches radikaler Be-
schimpfung der großen Stadt, mit einem kurzen Rückweis auf Riehls Ein-

---

such, das Ganze im Blick zu behalten, das Heiße nicht kalt zu machen, mag es sein,
der das Fach anziehend macht. Wenn eine Wissenschaft versucht, zusammenzuste-
hen, was im Leben nicht mehr zu bändigen ist: denn wenigstens das Leben ist interdisziplinär.« (Konrad Köstlin, Lust aufs Ganze. Die gedeutete Moderne oder die Moderne als Deutung - Volkskulturforschung in der Moderne. In: Österreichische Zeitschrift für Volkskunde, Bd. 98 [1995], p.255-275, hier p.275)
[686] Lauterbach 1996:95

stellung gegenüber der Großstadt sowie einem solchen auf die Äußerungen Willy Hellpachs zum großstädtischen Menschen und Leben.

5.1.1 Pro memoria I: Riehls Großstadtbild

Wenn hier noch einmal kurz von Riehl die Rede sein soll, dann nicht, um nachträglich Retouchen am weiter oben[687] gezeichneten Bild der Beurteilung und Darstellung städtischer Realitäten vorzunehmen, sondern v.a., um auf die wichtige Rolle der Riehl-Rezeption für eine skeptische, ja, Abwehrhaltung gegenüber urbanen Gegebenheiten hinzuweisen. Riehls ambivalent einzuschätzende Vorreiterrolle für die Volkskunde spiegelt sich geradezu in der Aufnahme der Überlegungen hinsichtlich der Rolle des Städtischen. Eher selten wurden die mannigfaltigen – oft allerdings nur angetönten und »socialpolitisch« verbrämten – Anregungen Riehls zur Erfassung urbaner Realitäten, etwa hinsichtlich großstädtischer Berufs- und Persönlichkeitstypen, Mentalitäten und Verhaltensweisen, Lebens- und Daseinsformen[688] oder des Wandels der Institutionen mit den damit einhergehenden Problemen sozialer Kontrolle, aufgegriffen. Dagegen wurde häufig die grundsätzlich negative Einschätzung urbaner Gebilde übernommen. Wasserkopf- und Monströsitäts-Metapher fanden nicht nur Platz in fast jeder Darstellung zu Sichtweisen der Urbanität, sondern eroberten sich darüber hinaus einen festen Platz im kulturkritischen oder kulturpessimistischen Diskurs der Zeit und bis weit in unser Jahrhundert hinein.

5.1.2 »Speie auf die große Stadt und kehre um!«: Friedrich Nietzsches Stadtbeschimpfungen

In ihrer wohl radikalsten Form präsentiert sich eine Kritik der Großstadt als Kritik der Moderne in Friedrich Nietzsches »Also sprach Zarathustra«. Im Angesicht Zarathustras wird wahrhaft vernichtende Kritik an der »Großen Stadt«[689] geübt. Ohne näher auf die literarischen Aspekte einzugehen, interessiert vielmehr die kulturkritische Attitüde, welche hinter der Schmährede gegenüber dem Städtischen steht, d.h. die in der Großstadtkritik des 19. Jahrhunderts angelegte negative Sichtweise der Stadt, zu der kulturkritische

---

687 Cf. Kap. 2.1.4

688 Punkte, wie sie etwa im Rahmen der Chicago School in prägnanterer und programmatischer Form als Forschungspostulate eingebracht wurden. (Cf. zu diesen Parallelen Lindner 1990:108, wenngleich nicht weiter ausgeführt).

689 Nietzsche 1980:222

oder kulturpessimistische Äußerungen sozialwissenschaftlicher oder proto-
volkskundlicher Prägung beigetragen haben, welche in der Großstadt das
Denaturierte, Monströse, das Kulturlose und Schnellebige orteten. Oder,
um es in den Worten Hermann Bausingers auszudrücken:

> *Ich will Friedrich Nietzsche hier nicht für die Volkskunde reklamieren. Aber
> er bringt eine kulturkritische Attitüde zum Ausdruck, an deren Ausformung
> die Volkskundler des 19. Jahrhunderts, (allen voran Wilhelm Heinrich
> Riehl) beteiligt waren, eine Attitüde, die bis weit ins 20. Jahrhundert hinein
> das Verhältnis zur Großstadt prägte und bestimmte. Die Großstadt, das hat
> man inzwischen längst erkannt, wurde stellvertretend angeklagt für die
> Mängel der spätkapitalistischen Industriegesellschaft. (Bausinger 1983:8)*

So warnt Nietzsches Narr, »welchen das Volk ›den Affen Zarathustras‹
hieß«, Zarathustra vor dem Eintritt in die große Stadt, indem er ihm ein
wahres Pandämonium vor Augen führt:

> *Oh Zarathustra, hier ist die große Stadt: hier hast du Nichts zu suchen und
> Alles zu verlieren.*
>
> *Warum wolltest du durch diesen Schlamm waten? (...) Hier ist die Hölle für
> Einsiedler-Gedanken: hier werden große Gedanken lebendig gesotten und
> klein gekocht.*
>
> *Hier verwesen alle großen Gefühle: hier dürfen nur klapperdürre Gefühlchen
> klappern!*
>
> *Riechst du nicht schon die Schlachthäuser und Garküchen des Geistes?
> Dampft nicht diese Stadt vom Dunst geschlachteten Geistes?*
>
> *Siehst du nicht die Seelen hängen wie schlaffe schmutzige Lumpen? - Und sie
> machen noch Zeitungen aus diesen Lumpen!*
>
> *Hörst du nicht, wie der Geist hier zum Wortspiel wurde? Widriges Wort-
> Spülicht bricht er heraus! - Und sie machen noch Zeitungen aus diesem
> Wort-Spülicht. (...)*
>
> *Hier fließt alles Blut faulicht und lauicht und schaumicht durch alle Adern:
> speie auf die große Stadt, welche der große Abraum ist, wo aller Abschaum
> zusammenschäumt!*
>
> *Speie auf die Stadt der eingedrückten Seelen und schmalen Brüste, der spit-
> zen Augen, der klebrigen Finger —*
>
> *— auf die Stadt der Aufdringlinge, der Unverschämten, der Schreib- und
> Schreihälse, der überheizten Ehrgeizigen: —*
>
> *— wo alles Anbrüchige, Anrüchige, Lüsterne, Düstere, Übermürbe, Ge-
> schwürige, Verschwörerische zusammenschwärmt: —*
>
> *— speie auf die große Stadt und kehre um! (Nietzsche 1883/1980:224)*

Nur präludierend soll hier Nietzsche beigezogen werden, nur hinweisend auf die Elemente Nietzschescher oder besser Zarathustrischer Stadtkritik: Stadt erscheint nicht einfach als Ort der Laster oder der Unmoral, vielmehr werden ganz konkrete Elemente von Urbanität kritisiert: Die soziale und ökonomische Struktur von Städten, das Raummuster, stadtspezifische Daseinsformen, die »fluidité urbaine«. Nicht zuletzt werden besonders die Zeitungen als Informationsmedien, im 19. Jahrhundert wichtige Elemente städtischer Kultur – und, wie etwa im Falle der Chicago School, maßgebliche Prolieferanten thematischer und methodischer stadtsoziologischer Fragestellungen – als Ausfluß zerstörerischen städtischen Daseins bzw. städtischer Strukturen verunglimpft. Allein diese knappe Textstelle verdeutlicht: Nietzsches Stadtkritik ist trotz ihrer Radikalität nicht einfach pauschalisierend, sondern richtet sich vielmehr gezielt gegen zentrale Formen städtischer Verfaßtheit und damit gegen die moderne Gesellschaft.

5.1.3 Pro memoria II: Willy Hellpachs
Auseinandersetzung mit der Großstadt

In anderer Weise ebenso elementar wie Nietzsche, in fast gleich kräftiger Ablehnung – gepaart aber mit der Frage nach den Leistungen und Errungenschaften – hat sich Willy Hellpach mit dem Phänomen ›Stadt‹ beschäftigt. Hellpachs Auseinandersetzung mit städtischen Gegebenheiten, auf die bereits an anderer Stelle eingegangen wurde,[690] gehen von der Prämisse der Schädlichkeit urbaner Gebilde aus. Trotz dieser Grundhaltung beschränkt sich Hellpach aber nicht darauf, wie Nietzsche bloß Kritik an der Stadt zu üben, und er weist auch über die Haltung Riehls hinaus, der zwar wichtige Ansätze in der Stadtkultur sah, diese aber kaum positiv würdigte.

Wie bei zahlreichen anderen, auch späteren Theoretikern urbanen Lebens und urbaner Lebensbedingungen präsentiert sich Hellpachs Haltung gegenüber der Großstadt als ambivalent: Der Erkenntnis der Herausbildung einer eigenen, spezifischen Lebensform steht eine tiefe Skepsis gegenüber den Folgen der sozialen, demographischen und geographischen wie der physischen und auch geistigen Verstädterung entgegen, sei dies in der »Beschleunigung der Erlebniszeitmasse«, der »psychophysischen Akzeleration«[691] oder deren Kehrseite, einer Abstumpfung, ja Apathie im Emotiona-

---

690 Cf. Kap. 2.4.2

691 Am ausführlichsten dazu: Willy Hellpach, Die Beschleunigung der Erlebniszeitmasse (»Psychophysische Akzeleration«) beim Großstadtmenschen. In: Bernhard de Rudder/Franz Linke (Hg.), Biologie der Großstadt. Dresden/Leipzig 1940 (Frankfurter

len. Da Hellpach gerade in diesem Gegensatzpaar eine ernsthafte Bedrohung für den Einzelmenschen sieht, wertet er Urbanes letztlich negativ, als
schädigend und widernatürlich. Die Großstadt als Lebensform öffnet damit
– und in diesem Punkt unterscheidet sich Hellpach wohl am deutlichsten zu
anderen Interpretationen ähnlicher Beobachter urbaner Phänomene wie
etwa Georg Simmel oder Louis Wirth – keine neuen Horizonte, sondern
läßt für das Individuum letztlich nur einen doch beschränkten Handlungsspielraum zu.

5.2   Von der Stadt als Einheit zur Urbanität als Lebensstil. ›Klassische‹ Sichtweisen des Urbanen

Stellen die Beobachtungen Riehls, aber auch die Beschimpfungen Nietzsches eine jeweils recht originäre Leistung dar, so ist Hellpach in einem
weiteren Diskurs zu verorten. Namentlich der deutschsprachigen Soziologie
kam bei der theoretischen Auseinandersetzung mit städtischen Realitäten
eine entscheidende Bedeutung zu, diskutierte sie doch die sich unter dem
Einfluß der zunehmenden Verstädterung verändernden Lebensbedingungen
in einem übergreifenderen Rahmen. Einem Rahmen übrigens, ohne den
auch die Sichtweise der Chicago School nicht in dieser Ausprägung zustandegekommen wäre. Besonders die Ansätze Ferdinand Tönnies', Georg
Simmels, Max Webers, Werner Sombarts oder etwa auch Emile Durkheims
waren nicht nur im soziologische Denken der Zeit (und darüber hinaus)
prägend, sondern sie beeinflußten auch in einem breiteren Rahmen die Art
und Weise des Blicks auf die Stadt sowie das Verständnis von Stadt und
Urbanität.

Diese Ansichten und die Beurteilungen der Stadt, namentlich der Großstadt, sind durchaus ambivalent, sie reichen von einer recht gespaltenen
Beurteilung der positiven Auswirkungen und Leistungen aber auch der
»negativen Dissoziationseffekte«[692] der Großstadt auf das Geistesleben bei
Georg Simmel über historisch-entwicklungssoziologische Analysen bei Weber und typologische Überlegungen bei Sombart bis hin zur Zusammensicht
von Arbeitsteilung und Stadtanalyse bei Emile Durkheim oder der noch
weiter ausgreifenden und bisheriges synthetisierenden Darstellung bei Louis
Wirth.

Konferenzen für medizinisch-naturwissenschaftliche Zusammenarbeit. IV. Konferenz am 9.
und 10.5.1940), p.60-74
[692] Schilling 1994:9

5.2.1 Die Großstadt als Abbild der Gesellschaft.
Ferdinand Tönnies' Überlegungen zum Wesen der Großstadt

Überlegungen zur Unterschiedlichkeit von Gemeinschaft und Gesellschaft als grundlegend voneinander getrennten Erscheinungsformen des sozialen Lebens, wie sie hier anhand der Ausführungen von Ferdinand Tönnies betrachtet werden sollen, haben inhaltlich auf die Sichtweise der sich herausbildenden wissenschaftlichen Volkskunde maßgeblich eingewirkt. Gemeinschaft erscheint als das vertraute, ausschließliche Zusammenleben ohne Interessenausrichtung (z.B. in Ehe, Familie, Verwandtschaft, Nachbarschaft, etc.) organisch-naturhaften Charakters; Gesellschaft dagegen als zweckgerichtete, auf wachsende Rationalisierung des Lebens, auf Mechanisierung, Verstädterung und Anonymität der modernen Massengesellschaft hin ausgerichtete Lebensform.

Tönnies hat seine erstmals 1887 erschienen Ausführungen zu »Gemeinschaft und Gesellschaft«[693] explizit auch auf die Stadt bezogen. Zum Verständnis der diesbezüglichen Ausführungen bedarf es indessen der klärenden Einführung einiger Begriffe im Sinne Tönnies': Gemeinschaft und Gesellschaft stellen – wenn hier dieser Ausdruck erlaubt ist – zwei in binärer Opposition stehende Größen dar: Gemeinschaft und Gesellschaft fungieren als Gegensatzpaare sozialer, ökonomischer, politischer, rechtlicher ideologisch-ethischer, moralischer etc. Gegebenheiten:

Gemeinschaft und Gesellschaft stehen sich zum ersten als Gegensätze des natürlichen Rechts, d.h. in einer Ordnung des Zusammenlebens, gegenüber. Gemeinschaft beruht als »Übereinstimmung der Willen« auf »Eintracht«, ist durch Sitte und Religion ausgebildet; Gesellschaft hingegen ist auf »Konvention«, (vereinigten »Kürwillen«) gegründet, durch politische Gesetzgebung abgesichert, durch die öffentliche Meinung manifestiert und legitimiert.[694]

Gemeinschaft und Gesellschaft bilden zum zweiten einen Gegensatz des Rechts schlechthin. Gemeinschaft beruht auf »positivem Recht«, »als eines Systemes von erzwingbaren Normen in bezug auf die Verhältnisse der Willen zu einander«, dieses wurzelt im Familienleben und schöpft seine Inhalte aus der Tatsache des Grundbesitzes. Die Form des positiven Rechts wird durch Sitte wesentlich und wesenhaft bestimmt, durch Religion überhöht und legitimiert. Gesellschaft beruht ebenfalls auf positivem Recht, welches seine Voraussetzungen aus der konventionellen Ordnung des Handels und -Verkehrs bezieht, durch die Macht des Staates und den »souveränen Kür-

---

[693] Tönnies 1978
[694] Ebd., p.207

willen« legitimiert und als politisches Werkzeug des Staates instrumentali-
siert wird, Gesellschaft formiert und seinerseits durch gesellschaftliche Gegebenheiten geprägt und beeinflußt wird.[695]

Gemeinschaft und Gesellschaft stellen zum dritten Gegensätze des idealen Rechts, d.h. der Moral dar, wobei darunter »ein durchaus ideelles oder
mentales System von Regeln des gemeinsamen Lebens« zu verstehen ist.
Gemeinschaftliche Moral ist »wesentlich Ausdruck und Organ der religiösen
Vorstellungen und Kräfte«, welche ihre inhaltliche Füllung aus den Wertekosmoi von Familie und Sitte bezieht. Gesellschaftliche Moral hingegen ist
»das Produkt und Werkzeug öffentlicher Meinung« und bezieht die inhaltlichen Muster aus gesellschaftlicher Konvention und politischer Konstellation.[696]

Gemeinschaft und Gesellschaft funktionieren im Grunde nur im »Zustand der gesellschaftlichen Zivilisation«, d.h. in einer Situation, in der
»Friede und Verkehr durch Konvention und in ihr sich ausdrückende gegenseitige Furcht erhalten wird.«[697] Gesellschaftliche Zivilisation wird durch
den Staat beschützt, durch Gesetzgebung und Politik ausgebildet, durch
Wissenschaft und öffentliche Meinung legitimiert und als »Fortschritt zur
Vollkommenheit« idealisiert. Gemeinschaftliche Lebensarten hingegen stützen und erhalten »das Volkstum und seine Kultur«, stehen also des öfteren
abseits oder im Gegensatz zum gesellschaftlichen Zustand, von Tönnies als
»Staatstum« bezeichnet. Gemeinschaft und Gesellschaft (»Wesenwille und
Kürwille«) stehen so nicht in absoluter Opposition, sondern im wechselwir-
kenden Mit-, Neben- und Gegeneinander.[698]

Stadt und Großstadt stehen nun bei Tönnies als Schlußpunkte am Ende der
Entwicklung von »ursprünglich gemeinschaftlichen Lebensformen (...) der
Kultur des Volkstums« zur »Zivilisation des Staatstums«, d.h. zum gesell-
schaftlichen Zustand.[699] Diese Entwicklung läuft – gerafft – in folgenden
Stufen:

Als erstes sind Wandlungen vom gemeinschaftlichen zum gesellschaftlichen Zusammenleben aufgrund ökonomischer Gegebenheiten zu beobachten. Am Anfang, auf gemeinschaftlicher Stufe, stehen – immer als Sozialgebilde zu verstehen – Haus, Dorf, Landstadt als aus der »Substanz des Volkes« gebildet. Motor zur Veränderung bildet die Ökonomie: War ursprüngliche Herrschaft auch bereits ökonomische Herrschaft, so war sie doch

[695] Ebd.
[696] Ebd.
[697] Ebd., p.208f
[698] Ebd., p.209
[699] Ebd.

– oder gerade – an die Gemeinschaft gebunden, d.h. sozial bedingt und bestimmt durch die Gesamtheit des Volkes. Über die Kaufleute, die Handelsklasse, gelangt nun ökonomische Herrschaft aus gemeinschaftlichen in gesellschaftliche Bahnen: Zum einen passierte die kaufmännische Vereinnahmung ökonomischer Herrschaft durch »Unterwerfung der Arbeitskräfte der Nation« mit den Zielen kapitalistischer oder industrieller Produktion, der Herstellung der Verkehrsbedingungen für die nationale Einigung der »Willkürlich-Freien« und der Bedingungen und Formen kapitalistischer Produktion. Zum andern findet die Internationalität und Großstädtischheit, d.h. die Gesellschaftlichkeit der Kaufmannschaft Eingang bei den »bisherigen Ständen und Würdenträgern, zuletzt, wenigstens der Tendenz nach«, beim »ganzen bisherigen Volk«.[700]

Mit diesem Fortschritt und Wandel der sozialen Ordnung gehen Veränderungen in den verschiedensten Lebensbereichen einher. So zum ersten im »Temperament« – dieses wird hastig und durch unruhiges Streben wechselnd –; zum zweiten im natürlichen Recht, das mehr und mehr auf Kontraktbasis gestellt und den Konventionen (dem Kürwillen) der Gesellschaft unterworfen wird; im positiven Recht zum dritten:

Der Staatswille befreit sich mehr und mehr von der Überlieferung , vom Herkommen und dem Glauben an dessen maßgebende Bedeutung. So verwandelt sich Recht seiner Form nach , aus einem Gebilde der Sitte, *oder aus* Gewohnheitsrecht, *zuletzt in ausschließliches Gesetzesrecht, ein Produkt der* Politik. *(Tönnies 1978:210, Hervorhebungen im Original)*

Der »Staat und seine Abteilungen« ersetzen so die natürlich gewachsenen gemeinschaftlichen Strukturen von »Genossenschaften, Gemeinden und Gemeinwesen.« Für das einzelne Individuum bedeutet dies den Verlust der Stütze der Sitte. Schließlich bedingt dieses Fortschreiten Wandlungen im »geistigen Leben«; dessen »vollkommene Verkehrung « bildet die letzte Konsequenz des Fortschritts der sozialen Ordnungen in Richtung Gesellschaft: Denken verdrängt Phantasie, Wissenschaft Religion.[701]

Als zweite Stufe auf dem Weg zur gesellschaftlichen Verfaßtheit steht die Entwicklung von der Stadt zur Großstadt. Diese markiert den wesentlichen Bruch im gesellschaftlichen Zusammenleben.

Die Stadt ist die höchste, nämlich komplizierteste Gestaltung menschlichen Zusammenlebens überhaupt. Ihr ist mit dem Dorfe die lokale Struktur gemein, im Gegensatz zur familiaren des Hauses. Aber beide behalten die Merkmale der Familie, das Dorf mehrere, die Stadt mindere. Erst wenn die

---

[700] Ebd.
[701] Ebd., p.210

Stadt sich zur Großstadt *entwickelt, verliert sie diese fast gänzlich, die vereinzelten Personen oder doch Familien, stehen einander gegenüber und haben ihren gemeinsamen Ort nur als zufällig gewählte Wohnstätte.* (Tönnies *1978:211; Hervorhebung im Original)*

Aber auch innerhalb der Großstadt leben, allerdings mit abnehmender Intensität, Elemente der Gemeinschaftlichkeit fort.[702] Mit fortschreitendem Grad der Vergesellschaftung wird in immer größeren Kreisen und Bereichen Großstädtisches virulent: Oberschichtliche Dominanz über die unteren Klassen, Klassenkampf, Flüchtigkeit und Zweckgerichtetheit von Begegnungen, Aufgabe gemeinschaftlicher, familiär-ländlicher Werte stehen als sichtbarer Ausdruck dieser Entwicklung. Die Großstadt wird damit zum unmittelbaren Ausdruck des Gesellschaftlichen:

Die Großstadt ist typisch für die Gesellschaft schlechthin. Sie ist daher wesentlich Handelsstadt *und, insofern der Handel die produktive Arbeit darin beherrscht,* Fabrikstadt. *Ihr Reichtum ist Reichtum an Kapital, welches in Gestalt von Handels-, Wucher oder Industrie-Kapital durch seine Anwendung sich vermehrendes Geld ist; Mittel zur Aneignung von Arbeitsprodukten oder zur Ausbeutung von Arbeitskräften. Sie ist endlich Stadt der Wissenschaft und Bildung, als welche auf alle Weise mit dem Handel und der Industrie Hand in Hand gehen.* (Tönnies *1978:212; Hervorhebungen im Original)*

Einen eindrücklichen Beleg dieser umfassenden Vergesellschaftung bildet für Tönnies die Tatsache, daß selbst die Künste in der Großstadt zweckgerichtet sind, d.h. dem ökonomischen Denken unterliegen. Seine spezifischen Ausdrucksformen findet Großstädtisches – spätere Zugänge sind hier bereits im Keim angelegt – in Geschwindigkeit (z.B. als Geschwindigkeit im Denken und Meinen) und, oft im Verbund damit, Massenhaftigkeit. (»Reden und Schriften werden durch massenhafte Verbreitung die Hebel ungeheurer Erregungen.«)[703]

Von der Großstadt heben sich schließlich zwei weitere Stadttypen deutlich ab: Zum einen die *Hauptstadt*, der kraft Funktion – auch wenn die äußerlichen Bedingungen nicht erfüllt sind – großstädtische Eigenschaften zufallen und als zweites die *Weltstadt*, die nicht nur eine nationale, sondern die globale Gesellschaft in nuce in sich enthält:

---

[702] Erinnert sei in diesem Zusammenhang an Richard Weiss' Konstruktion der beschränkten Weiterexistenz volkskultureller Gegebenheiten in der Großstadt (cf. Kap. 2.3.4
[703] Tönnies 1978:212

In ihr (sc. der Weltstadt, ThH) ist Geld und Kapital unendlich und allmächtig, sie vermöchte für den ganzen Erdkreis Waren und Wissenschaft herzustellen, für alle Nationen gültige Gesetze und öffentliche Meinungen zu machen. Sie stellt den Weltmarkt und den Weltverkehr dar; Weltindustrien konzentrieren sich in ihr, ihre Zeitungen sind Weltblätter, und Menschen aller Stätten des Erdballes versammeln sich geldgierig und genußsüchtig, aber auch lern- und neugierig in ihr. (Tönnies 1978:212)

Im Gegensatz zu den dörflichen und städtischen Gemeinschaften, wo das »Familienleben die allgemeine Basis der gemeinschaftlichen Lebensweisen«[704] bildet, zeigt sich großstädtisches Leben, dies der dritte Entwicklungsschritt, von einer anderen Seite. Es ist bar gemeinschaftlicher Bindungen und beruht im wesentlichen auf Konvention:

Jeder ist, was er ist, durch seine persönliche Freiheit, durch sein Vermögen und durch seine Kontrakte. (Tönnies 1978:213)

Die in der ländlichen oder städtischen Gemeinschaft durch Sitte festgelegten Normen werden in der Großstadt gebrochen, einerseits durch die Macht der Oberschicht, andererseits durch die Macht des Geldes. Aber: »Wenn auch alle gemeinschaftlichen Mächte hinweggedacht werden, so erheben sich doch die gesellschaftlichen Mächte über die freien Personen«[705], das heißt tritt Konvention an die Stelle, »welche Sitte und Religion leer gelassen haben; sie verbietet vieles, als dem gemeinsamen Interesse schädlich, was diese als an und für sich böse verdammt hatten.« Konvention normiert so gesellschaftliches Tun und Handeln. Auch der Staat wirkt durch die Gesetzgebung konventionenbildend, durch das teilweise Machtmonopol des Staates liegt die Gefahr des Mißbrauchs nahe, jedoch sollte der Staat »als die Vernunft der Gesellschaft« diese in Hinblick auf eine Erneuerung der Gesellschaft einsetzen.[706]

Tönnies' Betrachtungen schlagen spätestens zu dem Zeitpunkt in Kulturpessimismus um, wo es darum geht, die Entwicklung der öffentlichen Meinung oder der öffentlichen Moral in Gesellschaft und Großstadt, die vierte Entwicklungsstufe zum gesellschaftlichen Zustand, darzustellen. Ausgehend von Beobachtungen des Machtmißbrauchs einer Oberschicht zu Lasten unterschichtlicher Bevölkerungskreise kommt Tönnies zum Schluß:

So ist Großstadt und gesellschaftlicher Zustand überhaupt das Verderben und der Tod des Volkes, welches umsonst sich bemüht, durch seine Menge mächtig zu werden, und, wie ihm dünket, seine Macht nur zum Aufruhr

---

704 Ebd.
705 Ebd., p.213f
706 Ebd., p.214

gebrauchen kann, wenn es seines Unglücks ledig werden will. Die Menge gelangt zur Bewußtheit, vermöge einer mannigfachen, durch Schulen und Zeitungen eingegebenen Bildung. (Tönnies 1978:215)

Endpunkt dieser Entwicklungen bildet der Klassenkampf und damit die Zerstörung von Gesellschaft und Staat, das Ende der Kultur. Ein Prozeß, der letztlich nur durch Neuentwicklung von Gemeinschaftlichkeit gestoppt werden kann.

In der Kulturentwicklung stehen sich, so Tönnies, damit ein Zeitalter der Gemeinschaft und eines der Gesellschaft gegenüber. Ersteres ist bestimmt durch »Familie = Eintracht«, »Dorfleben = Sitte« und »städtisches Leben = Religion«; jenes der Gesellschaft durch »großstädtisches Leben = Konvention«, »nationales Leben = Politik« und »kosmopolitisches Leben = öffentliche Meinung«.[707] Dieser Prozeß spiegelt sich auch im Zusammenleben: Mit zunehmender Entwicklung nimmt, zulasten des älteren zeitlichen Prinzips der Familie, das räumliche Prinzip des Zusammenlebens überhand. Es dominiert bereits im Dörflichen und Städtischen, ist hier aber noch gebunden durch das Zeitliche. »Im gesellschaftlichen Zeitalter reißt es sich los, und dies ist das Dasein der Großstadt«[708], d.h. Großstädte stehen paradigmatisch für die neue gesellschaftliche Ordnung. Die skizzierten Entwicklungen sind damit, soviel abschließend, zu fassen als Bewegung

von ursprünglichem (einfachem, familienhaftem) Kommunismus und daraus hervorgehendem, darin beruhendem (dörflich-städtischen) Individualismus zum unabhängigen (großstädtisch-universellen) Individualismus und dadurch gesetzten (staatlichen und internationalen) Sozialismus. (Tönnies 1978:219; Hervorhebungen im Original)

Tönnies' Ausführungen konnten von einer frühen Volkskunde, die sich v.a. als Gemeinschaftskunde verstand, sehr leicht als (einseitig rezipierte) Legitimation für die Ablehnung des Umgangs mit dem Urbanen in Anspruch genommen werden. Auch wenn der Gemeinschafts- oder gar der Gesellschaftsbegriff nirgends ausführlich diskutiert wird, haben sich nicht nur terminologische, sondern auch wesentliche inhaltliche Versatzstücke implizit in das volkskundliche Denken eingeschlichen. Für die volkskundliche Beschäftigung mit der Stadt stellen so Tönnies' Überlegungen zentrale Aussagen dar, allerdings meist bloß zur Ausgrenzung von urbanen, großstädtischen Fragestellungen und Sachverhalten. Die »Unnatürlichkeit« der Groß-

---

[707] Ebd., p.216
[708] Ebd., p.217

städte, die bereits Riehl ins Feld geführt hatte, konnte so auf eine fehlende Gemeinschaftlichkeit hin fokussiert, großstädtisches Leben als unvolkstümlich ausgeschlossen werden. Mehr noch: Selbst volkskundliche Bemühungen um die Reform des Großstadtlebens finden in Tönnies Gedankengängen erste Nahrung, aus denen die Forderung, den Prozeß der inneren und äußeren Urbanisierung zu stoppen oder gar in gewissem Maß rückgängig zu machen, leicht erwachsen konnte. Auf der anderen Seite finden sich aber auch, was die Wahrnehmung des Großstädtischen anbelangt, bereits wichtige Elemente angesprochen, so namentlich Geschwindigkeit und Massenhaftigeit, Ansätze, wie sie etwa Georg Simmel in seinem Essay zum Großstädtischen weiter ausführen sollte.

5.2.2 Urbanes Dasein zwischen »Steigerung des Nervenlebens« und größtmöglicher »persönlicher Freiheit«. Georg Simmels Sicht des großstädtischen Geisteslebens

Ähnlich den Überlegungen Tönnies' wurden auch Georg Simmels soziologische bzw. philosophische Betrachtungen des Großstädtischen[709] von der zeitgenössischen Volkskunde nur mittelbar rezipiert. Während hier die Überlegungen zum Gemeinschaftsbegriff zumindest indirekt in den fachlichen Diskurs einflossen, läßt sich dort allenfalls in der gebrochenen Vermittlung durch Willy Hellpach ein Zugang zur Volkskunde herstellen. Daran hat sich allerdings nicht erst seit einem momentan allgemeinen ›Revival‹ Simmels einiges geändert. Seit der Öffnung der Volkskunde gegenüber gegenwartsbezogenen und auch städtischen Fragestellungen[710] hat sich die Volkskunde immer wieder an Simmel erinnert und sind seine Erkenntnisse in den aktuellen stadtvolkskundlichen Diskurs eingeflossen.[711] Die Stellung der Großstadtbewohner angesichts neuer gesellschaftlicher Entwicklungen bzw. die Herausbildung spezifischer Verhaltensweisen im urbanen Milieu stehen im Vordergrund der kurzen, erstmals 1903 erschienenen essayhaften Betrachtung zu Großstadt und Geistesleben.

---

[709] Simmel 1903; hier zitiert nach der Textsammlung von Schmals 1983 als Simmel 1983
[710] cf. Kap. 3.2
[711] Außer bei Bausinger 1961 (z.B. p.96) hat u.a. Lehmann 1980 seine Ausführungen zu prominenten Zeitgenossen als Identifikationsangebot für Großstädter explizit an Simmel verortet (p.53f), auf den Stellen- und Erkenntniswert Simmels haben in der jüngsten Literatur u.a. Greverus 1994:14, Schilling 1994:9 oder Hengartner 1994:197 hingewiesen.

Die Auswirkungen der Großstadt auf das Geistesleben verlaufen nach Simmel in zwei hauptsächlichen Stoßrichtungen: Die urbanen Gegebenheiten
vermitteln einerseits eine Erweiterung des Handlungshorizontes bzw. die
Lösung von traditionellen Bindungen, führen aber andererseits auch zu
reaktiven Verhaltensmustern, zu einem Verhaltensdispositiv bzw. Schutzmechanismus von Stadtbewohnern gegenüber der Außenwelt, v.a. gegenüber stets wechselnden mannigfachen Umweltreizen oder, mit Simmel, zum
»Widerstand des Subjekts, in einem gesellschaftlich-technischen Mechanismus nivelliert und verbraucht zu werden«.[712]
Die Grundbedingungen der Herausbildung städtischer Individualitäten
liegen dabei wesentlich in einer Steigerung des Nervenlebens begründet:

> *Die psychologische Grundlage, auf der der Typus großstädtischer Individua-*
> *litäten sich erhebt, ist die* Steigerung des Nervenlebens, *die aus dem ra-*
> *schen und ununterbrochenen Wechsel äußerer und innerer Eindrücke her-*
> *vorgeht. Der Mensch ist ein Unterschiedswesen, d.h. sein Bewußtsein wird*
> *durch den Unterschied des augenblicklichen Eindrucks gegen den vorherge-*
> *henden angeregt; beharrende Eindrücke, Geringfügigkeiten ihrer Differen-*
> *zen, gewohnte Regelmäßigkeit ihres Ablaufs und ihrer Gegensätze verbrau-*
> *chen sozusagen weniger Bewußtsein, als die rasche Zusammendrängung*
> *wechselnder Bilder, der schroffe Abstand innerhalb dessen, was man mit ei-*
> *nem Blick umfaßt, die Unerwartetheit sich aufdrängender Impressionen. In-*
> *dem die Großstadt gerade diese psychologischen Bedingungen schafft – mit*
> *jedem Gang über die Straße, mit dem Tempo und den Mannigfaltigkeiten*
> *des wirtschaftlichen, beruflichen, gesellschaftlichen Lebens –, stiftet sie schon*
> *in den sinnlichen Fundamenten des Seelenlebens, in dem Bewußtseinsquan-*
> *tum, das sie uns wegen unserer Organisation als Unterschiedswesen abfor-*
> *dert, einen tiefen Gegensatz gegen die Kleinstadt und das Landleben, mit*
> *dem langsameren, gewohnteren, gleichmäßiger fließenden Rhythmus ihres*
> *sinnlich geistigen Lebensbildes. (Simmel 1983:237; Hervorhebung im Ori-*
> *ginal)*

Die ganze, vielzitierte Darstellung Simmels zur Frage städtischer Lebensweise findet sich in der eben wiedergegebenen Textpassage vorgezeichnet: Eine
Steigerung des Nervenlebens, akzelerierter Lebens- und Wahrnehmungsweisen, dies der Grundtenor oder besser der Grundakkord des Aperçus Simmels, steht als Ursache der Entwicklung eines spezifisch großstädtischen
Geisteslebens:
Zentral und direkt leitet Simmel so als ersten Punkt »den intellektuali-
schen Charakter des großstädtischen Seelenlebens« aus der Reaktion auf die

712 Simmel 1983:237

städtische Lebensbedingungen ab: Die Verlegung auf Intellektuelles ist nichts weniger als ein Schutzmechanismus des Großstadtbewohners, ein »Schutzorgan gegen die Entwurzelung, mit der die Strömungen und Diskrepanzen seines äußeren Milieus ihn bedrohen; statt mit dem Gemüte reagiert er auf diese im wesentlichen mit dem Verstande.« Verstandesmäßigkeit erscheint demnach, noch einmal in den Worten Simmels, »als ein Präservativ des subjektiven Lebens gegen die Vergewaltigung der Großstadt.« Großstadt – im Gegensatz zur Landstadt oder zum Land – erscheint damit als der Ort, wo die Entfaltung von Sinnlichkeit und Individualität nicht gewährleistet ist, wo sich »reine Sachlichkeit in der Behandlung von Menschen und Dingen, eine formale Gerechtigkeit oft mit rücksichtsloser Härte paart«. In solchen Passagen wird einsichtig, daß Simmel die Auswirkungen der Großstadt auf das Geistesleben durchaus in ihrer Gesamtheit, d.h. auch in ihren nur negativen Folgen zu beschreiben sucht. Diese ambivalente Haltung spiegelt sich auch in einem weiteren zentralen Punkt der Überlegungen Simmels: Warenverkehr und Geldwirtschaft, die Dominanten des großstädtischen Wirtschaftslebens, sind von »unbarmherziger Sachlichkeit«[713], sie führen aber »in der Tiefe der Seelen« zu »Richtungslinien«, die mit den »letzten Entscheidungen über Sinn und Stil des Lebens verbunden sind«[714]:

> Die Pünktlichkeit, Berechenbarkeit, Exaktheit, die die Komplikationen und Ausgedehntheiten des großstädtischen Lebens ihm aufzwingen, steht nicht nur in engstem Zusammenhange mit ihrem geldwirtschaftlichen und ihrem intellektualistischen Charakter, sondern muß auch die Inhalte des Lebens färben und den Ausschluß jener irrationalen, instinktiven, souveränen Wesenszüge und Impulse begünstigen, die von sich aus die Lebensform bestimmen wollen, statt sie als eine allgemeine, schematisch präzisierte von außen zu empfangen. (Simmel 1983:239)

Städtisches Leben in einer solcherart schematisch vorgeprägten, gefilterten Art und Weise ist nicht nur für den »leidenschaftlichen Haß von Naturen wie Ruskin und Nietzsche gegen die Großstadt« verantwortlich, vielmehr resultiert daraus »Unpersönlichkeit«, »Blasiertheit«, »Abstumpfung gegen die Unterschiede der Dinge«, die so »in einer gleichmäßig matten Tönung« erscheinen, »keines wert, dem andern vorgezogen zu werden.«[715]

Zeichnet sich die äußere Haltung des Städters durch Blasiertheit – ein heute eher »irritierender« Terminus[716] – aus, so entspricht dieser in geistiger

---

713 Alle: ebd., p.238
714 Ebd., p.239
715 Ebd., p.240
716 Lehmann 1980:53

Hinsicht eine »Reserviertheit«[717], hervorgegangen aus einem notwendigen Schutz gegenüber der Vielzahl flüchtiger Kontakte im Urbanen:

Wenn der fortwährenden äußern Berührung mit unzähligen Menschen so-viele innere Reaktionen antworten sollten, (...) so würde man sich innerlich völlig atomisieren und in eine ganz unausdenkliche seelische Verfassung ge-raten. (Simmel 1983:241)

Eine solcherart verfaßte Reserviert- oder Distanziertheit, »mit dem Oberton versteckter Aversion«, oder aber großstädtisch motivierte Gleichgültigkeit ist indessen Ausdruck eines allgemeinen Zuges, einer Grundkonstante des »Geisteswesens der Großstadt«.

Sie (sc. die Großstadt, ThH) gewährt nämlich dem Individuum eine Art Maß persönlicher Freiheit, zu denen es in anderen Verhältnissen gar keine Analogie gibt: sie geht damit auf eine der großen Entwicklungstendenzen des gesellschaftlichen Lebens überhaupt zurück, auf eine der wenigen, für die ei-ne annähernd durchgängige Formel auffindbar ist. (Simmel 1983:241)

Der Bewohner der Großstadt ist frei und handlungsautonom gerade da-durch, daß »gegenseitige Reserve und Indifferenz« als geistige Lebensbedin-gungen großer Kreise geistige Distanz geradezu herausfordern, zumal »im dichtesten Gewühl der Großstadt, wo körperliche Nähe und Enge auf Schritt und Tritt begegnen«, diese immer wieder anschaulich vor Augen geführt wird. Die Herausbildung individueller Freiheit wird weiter dadurch begünstigt, daß die große Stadt nicht nur für eine »höchst mannigfalte Vielheit von Leistungen aufnahmefähig« ist,[718] sondern parallel dazu den Zwang zur Spezialisierung geradezu herausfordert. Im Verhalten des Einzel-nen heißt dies, daß Möglichkeit und Notwendigkeit, seine Persönlichkeit zur Geltung zu bringen, sich herauszuheben, maximal sind, was durch die Kürze und Seltenheit der Begegnungen, deren Flüchtigkeit, noch verstärkt wird.

Die Großstadt ist schließlich auch der Ort, wo sich objektive, überper-sönliche Kultur entfalten kann: »in Bauten, Lehranstalten, in den Wundern und Komforts der raumüberwindenden Technik, in den Formungen des Gemeinschaftslebens und in den sichtbaren Institutionen des Staates, als überwältigende Fülle, kristallinzierten, unpersönlich gewordenen Geistes«[719]. Damit geht allerdings auch eine Zurückdrängung der subjektiven, persönli-chen Kultur einher – eine Tatsache, die leidenschaftliche Ablehnung des Urbanen hervorgerufen hat:

---

717 Simmel 1983:241
718 Alle: ebd., p.243
719 Alle: ebd., p.245

*Die Atropie der individuellen durch die Hypertrophie der objektiven Kultur
ist ein Grund des grimmigen Hasses, den die Prediger des äußersten Individualismus, Nietzsche voran, gegen die Großstädte hegen, aber auch ein
Grund, weshalb sie gerade in den Großstädten so leidenschaftlich geliebt
sind, gerade dem Großstädter als die Verkünder und Erlöser seiner unbefrie-
digten Sehnsucht erscheinen. (Simmel 1983:245)*

Simmel sieht, und damit hebt sich letztlich die Stadt dennoch aus den Bereichen profaner Kritik heraus, die Funktion der Städte darin,

*den Platz für den Streit und die Einigungsversuche beider (sc. persönlicher
und überpersönlicher Kultur, ThH) herzugeben, indem ihre eigentümli-
chen Bedingungen sich uns als Gelegenheit und Reize für die Entwicklung
beider offenbart haben. (...) Damit aber treten sie (sc. die Städte, ThH),
mögen ihre einzelnen Erscheinungen uns sympathisch oder antipathisch berühren, ganz aus der Sphäre heraus, der gegenüber uns die Attitüde des
Richters ziemte. (Simmel 1983:246)*

Simmels Überlegungen, besonders was die Verfaßtheit des urbanen Menschen, seine großstadtbedingten Handlungsweisen und Freiheiten anbelangt,
sind bis heute für die Volkskunde, gerade in ihrer historisch argumentierenden Dimension, nach wie vor von Relevanz: Als Ausdruck eines weithin wirksamen Stadtbildes aus einer Zeit rasanter Umwälzungen im Weich-
und Menschenbild ebenso wie als Anregung bei der Beschäftigung mit der
›Verstädterung‹ des Menschen. Dennoch ist erstaunlich, wie bis heute die
Beobachtungen Simmels (aber etwa auch Willy Hellpachs) oft nur fortgeschrieben und unkritisch als nach wie vor fraglos dominierende Verhaltensweisen in den Räumen städtischer Öffentlichkeiten postuliert werden.

5.2.3 Max Webers »Typologie der Städte«

Um Max Webers Ausführungen zur Stadt[720] ist kaum eine der Disziplinen
mit Bezug zu sozialwissenschaftlichen Fragestellungen bei der Beschäftigung
mit urbanen Gegebenheiten herumgekommen.[721] In der Volkskunde blieb

---

720 Weber 1980, erstmals als: Die Stadt. In: Archiv für Sozialwissenschaft und Sozialpo-
     litik, Bd. 47 (1921), p.621ff.
721 Stellvertretend für das vielfältige diesbezügliche Schrifttum cf.: Alain Bour-
     din/Monique Hirschhorn (Hg.), Figures de la ville. Autour de Max Weber. Paris
     1985; Song - U Chon, Max Webers Stadtkonzeption. Eine Studie zur Entwicklung
     des okzidentalen Bürgertums. Göttingen 1985; Jürgen Kocka (Hg.), Max Weber, der
     Historiker. Göttingen 1986. (Kritische Studien zur Geschichtswissenschaft, Bd. 73)
     oder den darin enthaltenen Beitrag von Klaus Schreiner (Die mittelalterliche Stadt in

allerdings die Resonanz der Weberschen »historischen Analyse der Stadtentwicklung, ausgehend von der ökonomischen Funktion des Marktes«[722]
weitgehend unberücksichtigt. Als Grund hierfür ist wohl vor allem die Tatsache ins Feld zu führen, daß Weber industrialisiert-städtische Gebilde gar
nicht erwähnt und auch die frühneuzeitliche Stadt nur kurz streift. In der
Tat erscheint für engere, gegenwartsbezogene stadtvolkskundliche Fragestellungen der Ansatz Webers nur bedingt operationalisierbar. Aufgrund des
Weberschen Erkenntnisinteresses, in der Beschäftigung mit der Stadt namentlich die »Herausbildung des bürgerlich-kapitalistischen Charakters
seiner abendländischen Welt mit ihrem universalen Geltungsanspruch«[723]
zu entwickeln, scheint aber zumindest eine knappe Auseinandersetzung mit
einigen wichtigen Zügen der Überlegungen zur globalen begrifflich-
inhaltlichen Füllung des Stadtbegriffs opportun.

Als Gemeinsamkeit aller Stadtdefinitionen sieht Weber lediglich Kon-
sens darin, daß Stadt als geschlossene Siedlung erscheint. Ein erstes, sehr
allgemeines Kriterium zur Beschreibung der Stadt besteht demnach darin,

> (...) daß sie jedenfalls eine (mindestens relativ) geschlossene Siedelung, eine
> ›Ortschaft‹ ist, nicht eine oder mehrere einzeln liegende Behausungen. Im
> Gegenteil pflegen in den Städten (aber freilich nicht nur in ihnen) die Häu-
> ser besonders dicht, heute in der Regel Wand an Wand zu stehen. (Weber
> 1980:727)

Nach dieser basalen, aber wenig konkreten Eigenschaft erörtert Weber in
»absteigender«, d.h. an Differenzierung zunehmender Reihenfolge weitere,
bezüglich ihrer Eignung als Konstituenten städtischer Gegebenheiten in
Frage kommende Faktoren, so zunächst den Faktor ›Größe‹.

> Die übliche Vorstellung verbindet nun mit dem Wort ›Stadt‹ (...) rein
> quantitative Merkmale: sie ist eine g r o ß e Ortschaft. (Weber 1980:727;
> Hervorhebung im Original).

Auch Weber lehnt eine solche Eingrenzung nicht grundsätzlich ab. Quan-
titatives kann für die inhaltliche Fassung durchaus von Belang sein, wenn es
auf seine soziale Bedeutung hin befragt wird. Unter diesem Blickwinkel
wäre Stadt demnach zu fassen als

Webers Analyse und Deutung des okzidentalen Rationalismus. Typus, Legitimität,
Kulturbedeutung, p.119-150) oder neuerdings Ay 1993.
Zu Max Weber cf. u.a.: Dirk Käsler, Max Weber. Eine Einführung in Leben, Werk
und Wirkung. Frankfurt a. M./New York 1995; Johannes Weiß (Hg.), Max Weber
heute. Erträge und Probleme der Forschung. Frankfurt a.M. 1989
[722] Friedrichs 1983:20
[723] Ay 1993:80

*eine Ortschaft, also eine Siedlung in dicht aneinandergrenzenden Häusern,
welche eine so umfangreiche zusammenhängende Ansiedelung darstellen, daß
die sonst dem Nachbarverband spezifische, persönliche gegenseitige Bekanntschaft der Einwohner miteinander f e h l t. (Weber 1980:727; Hervorhebung
im Original)*

Größe als Kriterium zur Erfassung von Stadt ist aber weder hinreichend
noch ausschließlich notwendig. Dagegen spricht, daß kleine Ortschaften
den Stadtstatus aufgrund rechtlicher Gegebenheiten aus der Vergangenheit
besitzen können, und auch, daß andererseits Großdörfer trotz hoher Einwohnerzahl keine städtischen Eigenschaften besitzen, das heißt »es hängt
von den allgemeinen Kulturbedingungen ab, bei welcher Größe dieses
Merkmal beginnt.«[724]

Zentraler als diese beiden ehcr globalen Faktoren stellt sich für Weber
indessen der Zugriff auf die Größe Stadt via ökonomische Gesichtspunkte
dar. Der grobe Zugriff –

*Versucht man, die Stadt rein ökonomisch zu definieren, so wäre sie eine An-
siedlung, deren Insassen zum überwiegenden Teil von dem Ertrag nicht
landwirtschaftlichen, sondern gewerblichen oder händlerischen Erwerbs leben. (Weber 1980:727)*

– vermag allerdings auch hier nicht zu genügen, selbst wenn als weiteres
Merkmal jenes »einer gewissen ›Vielseitigkeit‹ der betriebenen Gewerbe«[725]
hinzugefügt wird. Auch damit ist kein reines Kriterium erfaßt, aus dem
historischen Verfolg aber zeigt sich, daß damit ein fruchtbarer Zugang für
eine typologische Sicht der Städte[726] gewonnen ist. Dadurch, daß Gewerbe-
vielfalt grundsätzlich aus zwei unterschiedlichen Wurzeln oder zwei Arten
von Bedingungen entstehen kann: Oikos und Markt, das heißt

*durch das Vorhandensein eines grundherrlichen, vor allem eines Fürstensit-
zes als Mittelpunkt, für dessen ökonomischen oder politischen Bedarf unter
Produktionsspezialisierung gewerblich gearbeitet und Güter eingehandelt
werden. Oder aber durch das Bestehen eines nicht nur gelegentlichen, sondern regelmäßigen Güteraustausches am Ort der Siedelung als ein wesentlicher Bestandteil des Erwerbes und zur Bedarfsdeckung der Siedler: eines
M a r k t e s. (Weber 1980:728; Hervorhebung im Original)*

Von einer Stadt in einem ökonomischen Sinne kann aber, so Weber, auch
bei der Existenz eines Marktes, erst dann gesprochen werden, wenn die

---

724 Weber 1980:727
725 Ebd.
726 Zum Typen-Begriff cf. ebd., p.9f

»ortsansässige Bevölkerung einen ökonomisch wesentlichen Teil ihres All-
tagsbedarfs auf dem örtlichen Markt befriedigt, und zwar zu einem wesentlichen Teil durch Erzeugnisse, welche die ortsansässige und die Bevölkerung
des nächsten Umlandes für den Absatz auf dem Markt erzeugt oder sonst
erworben hat.«[727]
      Fürstenstadt und Marktsiedlungen sind demnach zwei städtische Ideal-
typen. Zu ihnen gesellen sich, nimmt man die Beziehungen zum Markt als
Einteilungskriterium, weitere dazu (so Rentner-, Gewerbe-, Konsumenten-,
Produzenten- und Händlerstadt), während sich aus den Relationen zur
Landwirtschaft namentlich der Typus der Ackerbürgerstadt ergibt.

Städtische Wirtschaft hat nach Weber stets nicht nur eine rein ökonomische, sondern damit verbunden immer auch eine wirtschaftspolitische Seite.

*Der Grund liegt darin, daß die bloße Tatsache des zusammengedrängten
Wohnens von Händlern und Gewerbetreibenden und die regelmäßige Dek-
kung von Alltagsbedürfnissen auf dem Markt* allein *den Begriff der ›Stadt‹
nicht erschöpfen. (Weber 1980:731; Hervorhebung im Original)*

Auch diese Tatsache, das heißt, daß Stadt nicht nur eine Anhäufung von
Wohnstätten, sondern nach Weber immer auch einen Wirtschaftsverband
oder einen wirtschaftsregulierenden Verband darstellt, trägt zwar zu einer
möglichen qualitativen, nicht aber zu einer grundsätzlichen Unterscheid-
barkeit von Stadt zur Größe Land bei. Ja, selbst der von Weber als wesentliches Merkmal einer Stadt angesprochene Markt kann nicht in Ausschließlichkeit als städtisches Phänomen reklamiert werden; dennoch bildet dieser
das wohl entscheidende Kriterium zur Fassung von Städten auf einer ökonomischen Basis.
      Neben diese ökonomischen Faktoren gesellt sich ein politisch-admini-
strativer Faktorenstrang. Stadt erscheint – in Verbindung mit Größen wie
Stadtgebiet oder Stadtobrigkeit – als ein »in irgend einem Umfang autono-
mer Verband: Eine ›Gemeinde‹ mit besonderen politischen und Verwal-
tungseinrichtungen (...)«[728]. Politisch-(administrative) Faktoren stehen damit in Abhebung und im Unterschied zu einer ökonomisch fundierten
Betrachtungsweise der Stadt. Erst eine politisch-administrative Sichtweise
umschließt mit Stadt etwa auch ein Stadtgebiet, v.a. aber ist durchaus möglich, daß »im politisch-administrativen Sinn« eine Ortschaft als Stadt gelten
kann, »welche diesen Namen ökonomisch nicht beanspruchen könnte.«[729]

---

[727] Ebd., p.728
[728] Ebd., p.732
[729] Ebd.

Aus diesem politisch-administrativen Blickwinkel erscheint namentlich »die Art der Regelung der Grundbesitzverhältnisse«[730] als einer der wichtigsten Unterschiede zwischen Land und Stadt, ist diese doch hier v.a. auf Häuser und nicht auf Grund hin ausgerichtet, was sich nach Weber administrativ besonders in abweichenden Besteuerungsgrundsätzen manifestiert. Parallel dazu setzt Weber aus der Tatsache,

> *daß die Stadt im Sinne der Vergangenheit, der Antike wie des Mittelalters, innerhalb wie außerhalb Europas eine besondere Art von Festung oder Garnisonort war. Der Gegenwart ist dieses Merkmal der Stadt völlig abhanden gekommen. (Weber 1980:733; Hervorhebungen im Original)*

einen weiteren Stadttyp ab.

Schließlich hebt Weber hervor, daß nicht jede Stadt im ökonomischen und auch nicht jede im politisch-administrativen Sinn als Festungsstadt zu verstehende Stadt eine Gemeinde darstellt:

> *Eine Stadtgemeinde im vollen Sinn des Wortes hat als Massenerscheinung vielmehr nur der Okzident gekannt (...). Denn dazu gehörte, daß es sich um Siedlungen mindestens relativ stark gewerblich-händlerischen Charakters handelte (...). (Weber 1980:736)*

Bedingungen hierzu bildeten Befestigung, Markt, eigenes Gericht und mindestens teilweise eigenes Recht, Verbandscharakter und »mindestens teilweise Autonomie und Autokephalie«[731]. Zur Stadt im politischen Sinn gehört demnach auch ein gesonderter Bürgerstand als ihr Träger.

Diese kurzen grundlegenden globalen Aussagen Webers zur allgemeinen begrifflichen Fassung müssen hier genügen, ja selbst die Auseinandersetzung mit der Stadt des Okzidents unterbleiben.[732] Auch wenn die typologisch-grundsätzlichen Überlegungen Webers wenig unmittelbaren Einfluß auf die

---

[730] Ebd., p.733
[731] Ebd., p.736
[732] Für die Stadt nördlich der Alpen weist Weber v.a. auf die folgenden Merkmale hin: Sie ist Marktort (analog zur asiatischen oder orientalischen Stadt), enthielt Fronhöfe und Sitze von Geschlechtern mit außerstädtischem, grundherrlichem, oft auch städtischem Bodenbesitz (wie die antike Stadt), kannte v.a. Schutzherren und Beamte eines politischen Herrn, verfügte über frei veräußerliches, zinsfreies oder mit einem festen Zins belegtes Bodeneigentum in der Stadt (im Unterschied zu Asien oder zur Antike), enthält Elemente verschiedener ständischer Stellung, war Ort des Aufstiegs aus der Unfreiheit in die Freiheit durch geldwirtschaftlichen Erwerb (wie in der Antike oder in Rußland), was zu einer gesellschaftlichen Dynamik – angelegt in der wirtschaftlichen Funktionsdifferenzierung und geldwirtschaftlichem Erwerb – ja zu Umwälzungen führte. (Cf. ebd., p.741-757)

volkskundliche Beschäftigung mit der Stadt zeitigten,[733] so ist doch seine
Auseinandersetzung mit der Größe ›Stadt‹, der Unmöglichkeit ihrer exakten
definitorischen Faßbarkeit und der statt dessen angeregten Idealtypen – Größen, die realiter auch in Mischform zu greifen sind – auch für die Grundlegung einer volkskundlichen Urbanitätsforschung in Betracht zu ziehen,
selbst wenn keine direkte Inanspruchnahme, wie für andere Fächer, möglich
scheint.

5.2.4 Werner Sombart: Industriestadt und Stadttypen

Bereits vor Weber hat sich Werner Sombart ein erstes Mal 1902 mit der
»Genesis der kapitalistischen Stadt«[734] auseinandergesetzt. Er diskutiert bei
diesem Anlaß die ökonomische Bedeutung der Stadt vorab im Rahmen
seiner Bemühungen um eine Kapitalismustheorie. Ähnlich wie nach ihm
Max Weber erörtert auch Sombart verschiedene Stadttypen und ebenfalls
ähnlich wie bei Weber nimmt die ökonomische Determination des Stadtbegriffs eine zentrale Stellung ein. Im Vordergrund der Überlegungen steht
einerseits die Handelsstadt als »Mutter der modernen Stadt«[735] und andererseits die Industriestadt, deren Entstehung den »Übergang aus dem Früh- in
den Hochkapitalismus kennzeichnet.«[736]
Ohne allzu ausführlich auf Sombarts fakten- und zahlenreichen Beitrag
einzugehen, seien in diesem Zusammenhang, in dem die Entwicklung wissenschaftlicher Stadt-Ansichten, das heißt auch der begrifflichen Annäherung an die Größe Stadt, im Vordergrund steht, nur die Hauptmerkmale
des neuen Stadttypus nach Ansicht Sombarts kurz eingeführt. Unter »Industriestadt« ist zunächst und grundsätzlich »eine entsprechend mächtige Agglomeration von Menschen«, die der Initiative der kapitalistischen Industriellen »ihr Zusammenleben und ihren Unterhalt verdanken«, zu fassen.[737]
Die Bildung von Industriestädten, in Deutschland vorab in der zweiten

---

[733] Diese Aussage versteht sich vor allem für den Bereich des Urbanen. Weber selbst hat
sich in seinen Aufsätzen zur ländlichen Arbeitsverfassung (Max Weber, Die ländliche
Arbeitsverfassung. In: Gesammelte Aufsätze zur Sozial- und Wirtschaftsgeschichte.
Tübingen 1924, p.444-469) und zur Lage der ostelbischen Landarbeiter (Max Weber, Entwicklungstendenzen in der Lage der ostelbischen Landarbeiter. In: Gesammelte Aufsätze zur Sozial- und Wirtschaftsgeschichte. Tübingen 1924, p.470-507)
grundsätzlich und kritisch mit der Volkskunde auseinandergesetzt.
[734] Sombart 1902
[735] Sombart 1902:259 hier zitiert nach der Textsammlung von Schmals 1983 als Sombart 1983
[736] Ebd., p.265
[737] Ebd.

Hälfte des 19. Jahrhunderts, verdankt ihr Zustandekommen einigen ökonomisch bedingten Faktoren, so besonders der Zentralisation der Betriebe, der Zentralisation der Unternehmungen sowie der Strahlkraft einzelner Unternehmungen. Diese Entwicklung führt schließlich zur Angliederung anderer Industriezweige (Hilfs-, Komplementär- und Supplemetärindustrien). Als Folge dieser Entwicklung kommt es zur Herausbildung der reinen, primären Industriestadt, die sich v.a. durch rasantes Wachstum auszeichnet.[738] Damit erweist sich die primäre Industriestadt als eine idealtypische Setzung, deren konkrete Füllung von den jeweiligen spezifischen Kontextbedingungen abhängig ist:

> *Es gibt so viele ökonomisch verschiedene Städtetypen, als es Arten giebt, das zum Unterhalt der städtischen Bevölkerung notwendige Überschußprodukt des Landes heranzuziehen; somit* so viele moderne Städtetypen, *als der modernen Wirtschaftsverfassung eigentümliche Arten solcher Heranziehung bestehen.* (Sombart 1983:275; Hervorhebung im Original)

Die wichtigsten Varietäten dieser Städtetypen, die moderne kleine und große Mittel- sowie die Großstadt verfügen dabei über ein jeweils typisches Profil: So präsentiert sich die kleine Mittelstadt als industrielle Teilstadt – sie produziert wesentlich mehr an materiellem Wert, als sie zum Unterhalt der Bevölkerung bedürfte –; die moderne große Mittelstadt dagegen erscheint als industrielle Vollstadt – Produktionsprofit und Kosten für den Unterhalt der Bevölkerung sind etwa eins –; die Großstadt schließlich erscheint als Industrie-, Handels- und Verkehrsstadt, aufgrund einer Konzentration von Dienstleistungsbetrieben aber besonders als Konsumtionsstadt. Einen letzten Typus stellt schließlich die reine Konsumtionsstadt dar, eine meist reiche Stadt ohne industrielle Produktion, die vor allem Residenzstadt für Kapitalrentner ist.

Knapp und in Konzentration auf typologische Aspekte geht Sombart fast dreissig Jahre später in seinen auch von der Volkskunde, u.a. von Richard Weiss rezipierten[739] Äußerungen auf städtische Siedlung und Stadt ein.[740] Vor allem die Ausführungen zur städtischen Siedlungsweise schienen geeignet, die volkskundliche These von der fehlenden Natürlichkeit urbaner Ballungen und urbaner Lebensweise zu stützen. In deutlichen Worten und scharfen Gegensatzpaaren hebt Sombart Verstädterung, urbane Siedlungs-

---

738 Cf. Ebd., p.269
739 Cf. Kap. 2.3.4
740 Sombart 1931 (hier zitiert nach der Textsammlung von Schmals 1983 als Sombart 1983a)

weise gegen die Natur ab, sei dies was Baumaterialien, Umwelt oder sei dies, was Umgang mit Gelände und Natur anbelangt:

> *Städtisch oder stadthaft siedeln heißt Siedeln (Wohnen) gegen die Natur; heißt das Hineinprojizieren des Geistes in die Natur; heißt das von der Mutter Erde abgewandte, gegen die Naturvorgänge gleichgültige Wohnen in Gebäuden aus Stein und Eisen; in Gebäuden, die nicht mehr aus der Natur hervorgewachsen, sondern der Natur aufgezwungen sind; und in einem weiteren Sinne die Vergewaltigung der natürlichen Gegebenheiten der Umwelt.*
> *(Sombart 1983:279)*

Diese »widernatürliche« Haltung und Verfaßtheit ist aber – und gegen diese Einsicht hatte sich die Volkskunde der Zeit verschlossen – in einem größeren Entwicklungskontext zu verstehen und zu begreifen, als Bestandteil eines mentalen und kulturellen Urbanisierungs- und Verstädterungsprozesses, der in einem größeren Kontext einer allgemeinen Rationalisierung zu verorten ist:

> *Ausdehnung der städtischen Siedlungsweise bedeutet Verstädterung. Diese bildet Bestandteil jenes allgemeinen Vorgangs der Rationalisierung, Vergeistung, Entseelung, Entwurzelung, der den Inhalt der Geschichte ausmacht.*
> *(Sombart 1983a:279)*

Verstädterung ist paradigmatischer Ausdruck »und vielfach das wichtigste Beförderungsmittel« dieses Gesamtprozesses, der sich auf allen Gebieten der Kultur (Wirtschaft, Staat, Sitte, Glauben, Wissen etc.) gleichmäßig vollzieht.[741]

Städtische Siedlung, deren Erfassung Sombart keiner Wissenschaft allein zugesteht, sondern vielmehr in einen interdisziplinären Zugriff oder besser: im Rahmen der Erfassung verschiedener Kulturbereiche eingebettet haben möchte[742], läßt sich nun auf zwei grundsätzlich verschiedene Arten erfassen: Ein synthetisch-analytischer Stadtbegriff setzt sich v.a. mit städtischer Siedlung auseinander, während ein interpretatorisch-analytischer Stadtbegriff v.a. Städtetypen zu beschreiben sucht.

---

[741] Cf. ebd., p.279
[742] Cf. ebd., p.283f; Sombart nennt einen ganzen Strauß von »Wissenszweigen, die sicherlich ein auf die Stadt bezügliches Kapitel enthalten« (p. 283), so Hygiene, Rassenlehre, Beleuchtungskunde, Kriminologie etc., erwähnt aber nicht nur die Volkskunde in dieser Aufzählung mit keinem Wort, sondern schließt auch einen spezifischen Zugriff der Soziologie auf die Stadt aus, sondern fordert eine in größere Kontexte eingebettete Betrachtung.

Städtische Siedlung, der synthetische Stadtbegriff, erfaßt Stadt als kulturelle Einheit,

Er ist gebildet durch die Zusammenfassung von Merkmalen, die einen für irgendwelche Erkenntniszwecke belangvollen Sachverhalt bestimmen und erhält eine willkürlich gewählte Bezeichnung, in unserm Falle: den Namen Stadt. (Sombart 1983a:279)

das heißt, steht als Bezeichnung für eine als Einheit aufgefaßte Gruppe von Menschen, die nach städtischen Grundsätzen siedelt. Darunter sind – je nach dominierenden erkenntnisleitenden Interessen – verschiedene Begriffe zu fassen. So etwa der geographische Stadtbegriff, der Stadt als »dauernde Verdichtung von Menschen und menschlichen Wohnstädten, die einen ansehnlichen Bodenraum bedecken und im Mittelpunkt größerer Verkehrswege liegt«, umschreibt;[743] oder der ökonomische Stadtbegriff, worunter Stadt als »eine Ansiedlung von Menschen, die für ihren Unterhalt auf die Erzeugnisse fremder landwirtschaftlicher Arbeit angewiesen sind« erscheint.[744] In einem soziologischen Sinn schließlich begreift Stadt eine Siedlung, »wo sich die Einwohner nicht mehr untereinander kennen.«[745]

Diesen einfachen, aber nicht global gültigen Begriffen stehen in interpretatorisch-analytischer Sicht verschiedene Städtetypen zur Seite. Grundüberlegungen für diese typologisierende Annäherungsweise bilden die Umstände,

1. *daß es zahlreiche Merkmale gibt, nach denen der Begriff Stadt bestimmt wird;*
2. *daß jeweils zu verschiedenen Zeiten und an verschiedenen Orten etwas sehr Verschiedenes unter ›Stadt‹ verstanden worden ist, das heißt, daß der analytische Begriff Stadt ein historischer Begriff ist;*
3. *daß es neben dem analytischen Begriff, d.h. dem Sprachgebrauch gemäßen Begriff Stadt noch einen andern empirisch-historischen Begriff gibt, den wir als dokumentarisch-interpretatorischen Begriff bezeichnen können. (Sombart 1983a:280)*

Auch Sombarts Städtetypen bilden keine eindeutigen und ausschließlichen kategorialen Merkmale, stellen aber den Versuch dar, auf breiter Basis mögliche inhaltliche Füllungskriterien für den Zugang zu urbanen Spezifika vorzuschlagen. Das Spektrum der eingebrachten Typen ist denn auch entsprechend breit, es reicht vom

---

743 Ebd., p.279
744 Ebd., p.280
745 Ebd.

- sakralen als einem der ältesten Stadtbegriffe, umfassend die Beziehung
  einer Siedlung zur Götterwelt (ursprünglich nicht zu Wohnzwecken,
  sondern als Heiligtum, wo die Götter, Priester und Fürsten wohnten, wo
  Gericht gehalten wurde, etc.), über
- den fortifikatorischen Begriff: Stadt ist gleichbedeutend mit Festung, mit
  dem von Mauern umgebenen Ort, über
- den militärischen Stadtbegriff: Stadt ist Garnison – ein Ort wird Stadt
  durch die Präsenz von Truppen –, über
- den politischen Stadtbegriff, der »Stadt in Verbindung zum Staate«[746]
  bringt – Stadt kann im politischen Sinn Sitz einer Behörde, aber auch
  ein mit Rechten und Pflichten ausgestatteter Verband, eine Gebietskör-
  perschaft darstellen –, über
- den statistischen Stadtbegriff, d.h. Stadt als Siedlung, wo »mehr als eine
  bestimmte Anzahl Menschen (...) agglomeriert«[747] sind, über
- den architektonischen Stadtbegriff, der Stadt als Gesamtheit von Gebäulichkeiten, ohne den Bewohnerinnen und Bewohnern Rechnung zu
  tragen, umfaßt, und
- den populationistischen Stadtbegriff – gleichsam die Umkehrfunktion
  des architektonischen, fallen doch darunter die Einwohner einer Ortschaft ohne Berücksichtigung der Gebäulichkeiten –, bis hin zum
- rechtlichen Stadtbegriff: der Stadt als »eine Ortschaft (...), die mit einem
  Privilegium nicht verfassungsrechtlicher Natur« z.B. dem Marktrecht
  ausgestattet ist[748], begreift.

Erst der komplexe Stadtbegriff indessen wird im Idealfall zum Typus und
stellt damit einen »konkreten Allgemeinbegriff« dar, der so viele Merkmale
enthält, daß »Stadt wirklich sein kann«, das heißt:

*Dieser faßt mehrere Merkmale zusammen, um das Insgesamt von Merkma-
len als Stadt zu bezeichnen. Dieser Begriff der Stadt kommt offenbar der
›Wirklichkeit‹ am nächsten und erweist sich dadurch in gesteigertem Sinne
als historisch beschränkter Begriff. (Sombart 1983a:282; Hervorhebung im
Original)*

Für die konkrete inhaltliche Füllung der Stadt des beginnenden 20. Jahrhunderts stützt sich Sombart v.a. auf den Vorschlag Pitirim Sorokins, der
außer den fehlenden politischen Merkmalen eine taugliche Matrix zur Festlegung urbaner Gebilde in Nordamerika und Westeuropa enthält. Stadt als

---

[746] Ebd., p.281
[747] Ebd., p.282
[748] Ebd.

Typus ergibt sich demnach aus dem gleichzeitigen Vorhandensein der folgenden konstituierenden Merkmale:

- *Beschäftigung der Einwohner in nicht landwirtschaftlichen Berufen*
- *Isolierung von der Natur*
- *Größe der Siedlungseinheit*
- *Größere Dichtigkeit der Bevölkerung*
- *Heterogene Zusammensetzung der Bevölkerung in rassischer und psychologischer Hinsicht*
- *Größere Differenzierung und stärkere Schichtung*
- *Größere Beweglichkeit*
- *Häufigerer Kontakt der Einwohner untereinander.*
(*Sombart 1983a:283*)[749]

Mit begrifflichen Zugängen wie den eben in knapper Auswahl skizzierten, angelegt auf eine Merkmalsmatrix hin, gewinnt Stadt als Realität zwar festere Konturen, für die Erfassung städtischen Lebens erscheinen aber die einzelnen Ansätze doch noch kaum fruchtbar. Es erstaunt aber doch, daß – abgesehen von Sombart – sich die volkskundliche Erforschung kaum mit diesen Zugriffen auseinandergesetzt hat. Ähnliches gilt auch für die – ungleich direkter – sich für einen konkreten Praxisbezug eignenden Überlegungen, so zum Beispiel Emile Durkheims Ausführungen zur Arbeitsteilung.

5.2.5 Einige Anmerkungen zu Emile Durkheims Impulsen für die Stadtforschung

Arbeitsteilung als Faktor der Stadtentwicklung
Selbst eine eingeschränkte Aufzählung älterer, maßgeblicher und eine Theoriebildung global beeinflussender Ansätze bliebe zu unvollständig, fehlten an diesem Ort der Name und einige wichtige theoretische Punkte Emile Durkheims, namentlich seine; Ausführungen zur Arbeitsteilung.[750] Für den Urbansoziologen Jürgen Friedrichs geht besonders von diesen ein nachhaltigster Einfluß auf die Stadtanalyse aus:

Neben den Arbeiten von Marx und Engels und M. Weber ist die für die Soziologie nachhaltigste Diskussion der Arbeitsteilung durch Durkheim (...)

---

749 Cf. Pitirim Sorokin/Carle C. Zimmerman, Principles of Rural-Urban Sociology. New York 1969 (American social science series; EA: New York 1929)
750 Durkheim 1933

*erfolgt (...). Der enge Zusammenhang von Arbeitsteilung und Stadtanalyse
ist in Ansätzen bereits bei Durkheim erkennbar. (Friedrichs 1981:63)*

Durkheim unterscheidet zwischen kollektivem Bewußtsein und Arbeitsteilung. Letzterer geht das soziale Leben, die Gemeinsamkeit von Gefühlen
und Glauben, voraus. Gemeinsamkeit ist also nicht – wie z.B. bei Marx
oder Engels, bei denen, wie auch bei Darwin, Spencer oder Adam Smith
Arbeitsteilung ebenfalls einen zentralen Begriff darstellt – aus einer notwendig gewordenen Regelung der Arbeitsteilung hervorgehendes Produkt, sondern eine Art normativer Grundkonsens.[751]
Sozial gesprochen handelt es sich bei dieser grundlegenden Gemeinsamkeit um eine *mechanische Solidarität* – Sozialstruktur ist durch verwandt-
schaftliche Gegebenheiten, Stichwort Clans, strukturiert[752] –, hervorgerufen
durch die geringe Arbeitsteilung einfacher Gesellschaften, wo für jedes Mit-
glied dieser Gesellschaft gleiche oder ähnliche Aufgaben die Regel waren. In
einem langsamen Wandlungsprozeß entsteht nun aus dieser mechanischen,
nicht arbeitsteiligen gemeinschaftlich-verwandtschaftlichen Solidarität eine
Segmentierung in heterogene, mit je spezialisierten Aufgaben verbundene
Bereiche, die untereinander und voneinander abhängig, moderiert sind.
Damit erwächst eine »organische Solidarität«[753]:

*In der Folge sind die Individuen hier nicht länger nach ihren Abstam-
mungsbeziehungen gruppiert, sondern nach der besonderen Art ihrer sozialen
Aktivität, der sie sich gewidmet haben. Das natürliche Milieu ist nicht mehr
das Milieu der Geburt, sondern das Berufsmilieu. (Durkheim 1933:183)*

Die soziale Differenzierung, d.h. die Überführung der Sozialstruktur von
einer mechanischen zur organischen Solidarität ist, und das macht einen
Großteil der Rezeptionsrelevanz der Ausführungen Durkheims für Fragen
der Urbanität aus, auch mit einer räumlichen Differenzierung verbunden:

*Die Arbeitsteilung entwickelt sich daher, indem mehr Individuen hinrei-
chend in Kontakt miteinander sind, um aufeinander zu agieren und zu reagieren. Wenn wir uns darauf einigen, diese Beziehungen und die daraus resultierenden aktiven Geschäfte dynamische und moralische Dichte zu nennen, so können wir sagen, das Fortschreiten der Arbeitsteilung stehe in di-
rektem Verhältnis zu der moralischen oder dynamischen Dichte der Gesellschaft. Aber diese moralische Beziehung kann sich nur dann auswirken,
wenn die reale Distanz zwischen den Individuen sich in irgend einer Form
verringert hat. Die moralische Dichte kann sich nicht erhöhen, wenn nicht*

---

[751] Cf. Friedrichs 1981:63
[752] Cf. Durkheim 1933:180f, 183
[753] Ebd., p.181

gleichzeitig die materielle Dichte zunimmt, daher kann die letztere nicht als Maß für die erstere verwendet werden. Es ist nutzlos, herauszufinden, welche der beiden die jeweils andere beeinflußt hat – sie sind untrennbar. (Durkheim 1933:257)

Dabei ist allerdings nicht genau zu erhellen, welche Faktoren sich hinter der Fügung einer moralischen Dichte verbergen;[754] Durkheim verwendet im übrigen meist sowohl für materielle wie moralische Dichte den neutralen Terminus der Dichte, dem wohl zu größeren Teilen die heutige Bezeichnung Bevölkerungsdichte entspricht.

Materielle Dichte entsteht nach Durkheim im wesentlichen in drei Schritten: Ausgangsstadium bilden die einfachen Gesellschaften mit geringer Dichte, diese nimmt in agrarischen Gesellschaften zu, trotz bestehender Nähe existiert aber eine Trennung zwischen den einzelnen Familien durch das Acker- und Weideland. Als Beispiel für eine Konzentration stehen die Städte, ihre Entstehung und Entwicklung, was es allerdings noch weiter zu differenzieren gilt: Zum einen entsteht Dichte durch die steigende Anzahl und »Schnelligkeit der Kommunikations- und Transportwege«, welche Lücken, die einzelne soziale Elemente voneinander trennten, verringern oder überbrücken; daneben entsteht Dichte weiter durch die »Vervielfachung intrasozialer Beziehungen«, ein Effekt der sich mit steigender Bevölkerungszahl noch verstärkt.[755] Schließlich ergibt sich eine Wechselwirkung zwischen Dichte und Arbeitsteilung:

Die Arbeitsteilung variiert direkt mit der Größe und der Dichte von Gesellschaften, und wenn sie in kontinuierlicher Weise im Verlauf der sozialen Entwicklung fortschreitet, so geschieht dies, weil Gesellschaften auch in der Regel dichter und im allgemeinen umfangreicher werden. (Durkheim 1933:260)

Dichte und Größe üben demnach nach Durkheim den stärksten Einfluß auf die Arbeitsteilung aus. Genau diese Grundlagen sieht Durkheim in der Stadt exemplarisch gegeben, was zu einer weiteren Arbeitsteilung, nämlich zu sozialer Differenzierung aufgrund individueller Spezialisierung führt. Diese ihrerseits ist bedingt sowohl durch Spezialisierung zur Konfliktregulierung (Konkurrenzverhältnisse wirken entwicklungshemmend und konfliktfördernd, also wird durch Spezialisierung hier ein Regulativ eingeschaltet), als auch durch den Kampf ums (ökonomische) Dasein, d.h. dem Su-

---

754 Vorgeschlagen wird etwa, moralische Dichte als »Entwicklung gemeinsamer Normen« (Friedrichs 1981:64) oder aber als »Zahl der Aktion-Reaktion-Sequenzen zwischen zwei Personen pro Zeiteinheit« (Lands, ebd.) zu interpretieren.
755 Durkheim 1933:260

chen nach einer Nische zur Sicherstellung der ökonomischen Subsistenzbasis.

Arbeitsteilung als Faktor der modernen Stadtanalyse
Durkheims eben knapp skizzierte Überlegungen zur Arbeitsteilung haben auch Eingang in die moderne Stadtanalyse gefunden. In seiner analytischen Auseinandersetzung mit Stadtstruktur, die hier in einem Vorgriff – um logisch und kausal zusammenhängendes nicht zu trennen – präsentiert werden soll, weist etwa Jürgen Friedrichs auf die Grundüberlegungen Durkheims zurück, wenn er Arbeitsteilung als grundlegenden Prozeß sozialer Differenzierung, »in dem sich die Subsistenzaktivitäten der Individuen gegenseitig spezialisieren«, darstellt und daneben ebenso grundsätzlich räumliche Differenzierung, in der Stadt u.a. in der ungleichen Bevölkerungsdichte und Geschoßflächenzahl greifbar, setzt, erkennbar als »eine Differenzierung und ungleiche Verteilung der Nutzungsart über das städtische Gebiet, eine ungleiche Verteilung der Bevölkerung wie der Bevölkerungsgruppen (Alter, sozialer Status) über das städtische Gebiet.«[756]
Soziale und räumliche Differenzierung lassen sich nun, so nimmt Friedrichs Durkheim auf, über den Begriff der Arbeitsteilung verbinden. Diese Verbindung, d.h. die Herausbildung räumlicher aufgrund sozialer Differenzierung, kann auf verschiedene Arten hergestellt werden und äußert sich auf unterschiedlichen Ebenen. In absteigender Reihenfolge läßt sich eine idealtypische Entwicklungskette zusammenstellen:
- Zunehmende soziale Differenzierung führt zur Differenzierung des Raums sowohl global (z.B. Industrie- vs. Entwicklungsländer) als auch lokal (Stadt vs. Land; aber auch Unterschiede von Städten untereinander).
- Im Rahmen eines gesamtstädtischen Raums wiederum läßt wachsende soziale Differenzierung eine »Differenzierung der Gelegenheiten und Nutzungen« städtischer Fläche entstehen, wobei
- die wichtigste Differenzierung für die Stadtentwicklung die Trennung von Wohn- und Arbeitsort bildete, wie sie sich im Verlauf des 19. Jahrhunderts einzustellen begann.
- Mit steigender Anzahl von Stadtbewohnenden führt nun soziale Differenzierung zu »einem höheren Maß an Koordination der spezialisierten Aktivitäten«, also etwa eine Zunahme der Verwaltungsbeschäftigten.
- Arbeitsteilung und Konkurrenz in der Stadt führen, darauf basiert auch Ernest W. Burgess' Modell der konzentrischen Kreise bei der städtischen

[756] Alle: Friedrichs 1981:69

Flächennutzung,[757] zu einer »Differenzierung des Stadtgebiets in homogene Subgebiete«.
- Zunehmende soziale Differenzierung als Auslöser räumlicher Differenzierung ergibt sich aber auch aus den »steigenden Anforderungen an die
  Kommunikation«. Urbanität kann so via Indikatoren wie Transportwege, Verkehrsaufkommen, Anzahl Telephongespräche erschlossen und bis
  zu einem bestimmten Grad gemessen werden.
- Zunehmende soziale Differenzierung als Auslöser räumlicher Differenzierung läßt sich schließlich aber auch auf Wohnungsebene beobachten,
  so namentlich anhand der Zahl und der Nutzung der Räume einer
  Wohnung. So steigt mit höherem Status bzw. Einkommen einer Familie
  die Spezialisierung der Räume und auch der Flächenanspruch.[758]

Mit Bezugnahme auf die Ausführungen Durkheims sind so, bis in die 80er
Jahre hinein, weitergehende Hypothesen für den Umgang mit Fragen der
Urbanität, genauer mit Problemen der Stadtstruktur abgeleitet worden:

1. *Soziale Differenzierung führt zu räumlicher Differenzierung.*
2. *Die soziale Differenzierung ist sowohl an einer zunehmenden Spezialisierung der Subsistenzaktivitäten wie der Nicht-Subsistenzaktivitäten erkennbar.*
3. *Da die Aktivitäten Gelegenheiten zugeordnet werden können, gilt: Je differenzierter die Aktivitäten, desto differenzierter die Gelegenheiten.*
4. *Je größer die Differenzierung, desto größer die räumliche Konzentration
   ähnlicher Elemente. (Friedrichs 1981:72)*

Die Auseinandersetzungen mit den Weiterungsmöglichkeiten der Ansätze
Emile Durkheims führen exemplarisch die *longue durée* solcher älterer,
grundlegender Überlegungen zur Stadt als sozialem Gebilde oder zu Faktoren von Urbanität vor Augen. Daneben fordern gerade etwa Beobachtungen
wie diejenigen Simmels, denen nach wie vor teilweise ungebrochen Er-
kenntnis- und Aussagewert zugeschrieben wird, fast dazu heraus, sich ihrer
unter den veränderten Bedingungen gegenwärtigen Lebens im städtischen
Raum kritisch fragend anzunehmen.

---

[757] Cf. Kap. 4.2
[758] Alle: Friedrichs 1981:70-72

5.2.6 Urbanität als Lebensstil: Louis Wirths Aus-
        einandersetzung mit städtischer Verfaßtheit

Louis Wirths Aufsatz *Urbanism as a Way of Life* von 1938[759] handelt im
wesentlichen von den Auswirkungen der Faktoren Größe, Dichte, Heterogenität und Dauerhaftigkeit des Siedelns auf städtisches Leben. Wirths Aufsatz vereinigt zahlreiche der bislang dargestellten Ansätze zu einer Darstellung, die sich theoretisch und definitorisch dem Phänomen ›Stadt‹ anzunähern sucht: In seiner Anlage ähnlich zu Simmel, dürften auf der anderen
Seite bereits von den Schwerpunkten her die theoretischen Bezüge zu
Durkheim offensichtlich geworden sein, daneben stützt und beruft sich
Wirth namentlich auf Max Weber und Park. Wirths Beitrag ist zu verstehen
als Ansatz zu einer komplexen Theorie der Stadt und städtischer Gesellschaften oder besser städtischen Lebens.
   Städtisches Leben stellt für Louis Wirth grundsätzlich die dominierende
Lebensform der Moderne dar, »kündet« doch »das Entstehen der Großstädte am deutlichsten den Beginn dessen an, was an unserer Zivilisation
spezifisch modern ist.«[760] Zentral für die Erfassung dieser Gegebenheiten ist
dabei das Studium der Unterschiede zwischen ländlichen und urbanen Lebensformen, es ist

*eine unerläßliche Vorbedingung zum Verständnis und zur möglichen Be-
wältigung einiger der Hauptprobleme des gesellschaftlichen Lebens der Gegenwart, denn es eröffnet wahrscheinlich eine der aufschlußreichsten Perspektiven zum Verständnis der Wandlungsprozesse innerhalb der menschlichen Natur und der gesellschaftlichen Ordnung. (Wirth 1974:342)*

Städtisches und ländliches Leben stehen sich aber nicht in Ausschließlichkeit gegenüber, sondern als Bezugspole, als Zielpunkte für Vektoren der
jeweiligen Lebensform. Aus diesen Vorüberlegungen heraus gestaltet Wirth
sein weiteres methodisches Vorgehen in zwei Schritten: In einem ersten
Schritt versucht er, eine mögliche Definition der Größe »Stadt« zu erreichen, welche ihrerseits als Grundlage für einen zweiten methodischen
Schritt, einer darauf aufbauenden Theorie der Urbanität, dient.

Überlegungen zu einer Definition von ›Stadt‹
Größe, Dichte und Heterogenität bilden für Wirth die zentralen Faktoren,
mit Hilfe derer sich Stadt definitorisch umschreiben lassen soll – allerdings
nur in Relation zu städtischen Lebensformen. Absolut und für sich be-

759 Wirth 1974 (erstmals 1938)
760 Ebd., p.341

trachtet vermag indessen vorerst keines der Kriterien zu bestehen: Größe – das vermeintliche Standardkriterium zur Abgrenzung urbaner Räume – erscheint in isolierter Betrachtung als wenig hinreichende Einheit zur Erfassung von Urbanität, zumal keine engen Grenzziehungen räumlicher Natur urbane Eigenschaften begrenzen, sondern Urbanität vielmehr als Lebensform mit Strahlkraft in verschiedensten Bereichen (Administration, Transport- und Kommunikationsmedien, Freizeit und Kultur, Bildung und Forschung, medizinisch, sozial, religiös und ökonomisch) zu betrachten ist. In deutlicher Anlehnung an Durkheim konstatiert Wirth:

> *Urbanisierung bezeichnet nicht mehr bloß den Prozeß, in dem Menschen von einem als Stadt bezeichneten Ort angezogen und in sein Lebenssystem einbegriffen werden. Das Wort bezieht sich auch auf das kumulative Hervortreten der Merkmale, welche für die mit dem Wachstum der Städte verbundene Lebensform charakteristisch ist, und schließlich auf die Richtungsänderungen in den als urban anerkannten Lebensweisen die unter all jenen Menschen offenkundig werden, die wo immer unter den Zauber der Einflüsse geraten sind, welche die Stadt kraft der Macht ihrer Institutionen und jener Persönlichkeiten ausübt, die durch die Transport- und Kommunikationsmedien operieren. (Wirth 1974:343f)*

Auch die Bevölkerungsdichte kann aber nicht als alleiniges Definitionskriterium beigezogen werden, solange sie nicht »in ihrem Zusammenhang mit signifikanten gesellschaftlichen Merkmalen gesehen wird.« Vielmehr erscheint diese Größe, zusammen mit Heterogenität als einem weiteren möglichen Faktor von Urbanität (umfassend Tätigkeiten, Institutionen oder politische Organisationsformen), als Definitionsmerkmale für Wirth »nur insofern relevant, als sie als das gesellschaftliche Leben bedingende Faktoren auftreten.«[761]

Die dargestellten Einheiten (Größe, d.i. die Bevölkerungszahl; Dichte, d.i. die Anzahl Einwohner pro Flächeneinheit und Heterogenität, d.i. die Verschiedenartigkeit der Bewohnerinnen und Bewohner) bilden also erst dann Merkmale einer sämtliche Stadttypen nicht nur erfassenden, sondern möglichst auch zur differenzierenden Erklärung beitragenden Stadtdefinition, wenn ihre gegenseitige Verflochtenheit berücksichtigt und als Bezugsgröße nicht ein starres Gebilde steht, sondern städtische Lebensformen fungieren. Dadurch wird es nach Wirth möglich, eine »Minimaldefinition« aufzustellen, die zur weiteren Auseinandersetzung mit Urbanität, die sich an eben diesen Faktoren zu orientieren hat, in Anspruch genommen werden kann:

---

[761] Ebd., p.344

*Für soziologische Zwecke kann die Stadt definiert werden als eine relativ
große, dicht besiedelte und dauerhafte Niederlassung gesellschaftlich heterogener Individuen. (Wirth 1974:345)*

Überlegungen zu einer Theorie der Urbanität

Ausgehend von diesen Faktoren und ihren Wechselwirkungen wird für
Wirth nun möglich, »diejenigen Formen gesellschaftlicher Aktion und Organisation herauszufinden, deren Auftreten in relativ dauerhaften, dicht
bevölkerten Siedlungen mit einer großen Anzahl heterogener Individuen
typisch ist«[762], und darauf theoretisch aufzubauen.

So lassen sich Überlegungen zur *Größe der Bevölkerung* in verschiedene
Bereiche von Urbanität hinein verlängern: Einerseits resultiert daraus (in
Anlehnung an Durkheim und Max Weber) eine hochgradige Arbeitsteilung
städtischer Gesellschaft, was wiederum dazu führt, daß

*unter solchen Umständen Wettbewerb und formale Lenkungs- und Kon-
trollmechanismen den Ersatz für die Bande der Solidarität* bilden, *die dazu
dienen, eine Volksgemeinschaft zusammenzuhalten. (Wirth 1974:348)*

Andererseits sinkt mit zunehmender Einwohnerzahl der Grad des sich gegenseitigen Kennens, was – v.a. in Übernahme der Überlegungen Simmels –
zur Flüchtigkeit der Begegnungen in der Stadt führt. Folgen davon sind
»stark segmentierte Rollen«, »Gleichgültigkeit« der Stadtbewohnenden,
»Oberflächlichkeit«, »Anonymität«, »transitorischer Charakter urbaner gesellschaftlicher Beziehungen« und – immer noch in Anlehnung an Simmel –
eine »Intellektualisierung« des Stadtlebens, letztlich gar – und hier überzieht
Wirth die dieser Aussage zugrundeliegenden Durkheimschen Überlegungen[763] – ein Zustand »gesellschaftlicher Gesetzlosigkeit«.[764]

Aus diesen beiden, auf der Größe der Bevölkerung beruhenden, Prinzipien resultieren Folgeerscheinungen: Zum einen fördert Arbeitsteilung die
Herausbildung eines großen Spektrums von Berufen, zum anderen findet
wirtschaftliche Organisation in der arbeitsteiligen städtischen Gesellschaft
ihren Ausdruck in korporativen, d.h. entpersonalisierten Organisationsformen:

*Der Vorteil der Aktiengesellschaft (...) besteht nicht nur in der Möglichkeit,
die Leistungskraft Tausender von Individuen zusammenzufassen (...), son-*

---

[762] Ebd., p.346
[763] Durkheim hatte der Stadt organische Solidarität, d.h. Normenvielfalt durch soziale
Formenvielfalt zugeordnet.
[764] Alle: Wirth 1974:349

dern in der Tatsache, daß eine Aktiengesellschaft keine Seele hat. (Wirth 1974:349)

Zudem prägen die Arbeitsteilung und berufliche Spezialisierung auch die Stadt-Umland-Beziehungen, so v.a. die Herrschaft der Stadt über ihr Hinterland:

Der extreme Grad gegenseitiger Abhängigkeit und das labile Gleichgewicht des städtischen Lebens stehen in engem Zusammenhang mit Arbeitsteilung und Spezialisierung. (Wirth 1974:350)

Auch die *Dichte der Bevölkerung*, d.h. deren Konzentration auf begrenztem Raum, zeitigt markante Folgen für städtische Lebens- und Daseinsformen. So bringt zunehmende Bevölkerungsdichte weitere Differenzierung und Spezialisierung, d.h. sie verstärkt die Wirkungen einer zunehmenden gesellschaftlichen Komplexität, welche bereits der Faktor Größe hervorruft. Ausdruck davon bildet etwa die Entwicklung, daß im persönlichen Umgang »visuelle Kontakte« dominieren, oder anders ausgedrückt, daß engen physischen lose soziale Kontakte entgegenstehen. Darüber hinaus ist die Bevölkerungsdichte hauptsächlich für eine Segregation und Selektion einzelner Wohngebiete nach Faktoren wie Art der beruflichen Tätigkeit, Einkommen, sozialer Status, ethnische Zugehörigkeit, Geschmack etc. verantwortlich, d.h. in Analogie zu den modelltheoretischen Überlegungen Burgess' lassen sich voneinander klar abgehobene Zonen, innerhalb derer ihrerseits aber wieder homogene Strukturen herrschen, eruieren. »Das enge Zusammenleben und Zusammenarbeiten von Menschen« ohne gemeinschaftliche Bindungen fördert zudem einen permanenten Konkurrenzkampf, welcher nur durch das »starre Festhalten an vorausberechenbaren Routinehandlungen« zu bewältigen ist. Sinnreichen Ausdruck davon bilden »die Uhr und das Verkehrszeichen«, die die »Grundlage unserer Gesellschaftsordnung in der urbanen Welt« symbolisieren. Größe Bevölkerungsdichte führt nicht zuletzt zu »Reibungen und Irritationen«, die durch »persönliche Frustration«, »rapides Tempo« und »komplizierte Technologie« Zwangscharakter erhalten.[765]

Bevölkerungsheterogenität als Ausdruck urbaner Verfaßtheit zieht ebenfalls ein ganzes Bündel von Folgeerscheinungen nach sich. Sie führt nach Wirth zu einem Aufbrechen gesellschaftlicher Klassen und zu einer Komplizierung der Klassenstruktur die ein »verzweigtes, differenziertes Gerüst sozialer Schichtung« entstehen läßt. Damit einher geht erhöhte Mobilität, die es dem einzelnen Individuum ermöglicht, in verschiedenen, zum Teil sehr unterschiedlichen Gruppen zu partizipieren, was einen wesentlichen Faktor

---

[765] Alle: ebd., p.251

zur Herstellung urbaner oder metropolitaner Intellektualität und Kosmopo-
lität darstellt. Parallel dazu verhindert die hohe Mobilität der Großstadt
ebenso die Herstellung nachbarschaftlicher Bindungen und Beziehungen,
zumal die städtische Wohnsituation Standorttreue eher verunmöglicht. So
übt die Stadt, trotz »hochdifferenzierter Bevölkerung« eher einen »nivellie-
renden Einfluß« auf diese aus und zwar einerseits durch Depersonalisierung,
andererseits dadurch, daß Arbeitsteilung und Massenproduktion, als ökonomisch zwingende Basis zur Herausbildung urbaner Strukturen, zum einen
die »Käuflichkeit von Dingen und Dienstleistungen impliziert«, zum anderen die Anpassung von Dienstleistungen, kulturellen, Freizeits- und Erzie-
hungseinrichtungen an einen durchschnittlichen Benützeranspruch nahelegen.[766]
Die drei eben kurz ausgeführten Variablen Bevölkerungszahl, Siedlungs-
dichte und Heterogenitätsgrad machen es für Wirth möglich,

*die wesentlichen Merkmale des urbanen Lebens zu erklären, und die Unter-
schiede zwischen Städten verschiedener Größe und verschiedenen Typus' zu
begründen. (Wirth 1974:353)*

So erlauben es diese drei Faktoren »*Urbanität als charakteristische Lebensform*« unter drei Aspekten, welche wie die Definitionsfaktoren aufeinander
bezogen sind, zu betrachten. Urbanität erscheint so:

1. *als eine physisch-reale Struktur, die ein Bevölkerungsfundament, eine
   Technologie und eine ökologische Ordnung umfaßt;*
2. *als ein soziales Organisationssystem, das eine charakteristische Gesell-
   schaftsstruktur, eine Reihe gesellschaftlicher Einrichtungen und ein typisches Gefüge gesellschaftlicher Beziehungen einschließt; und*
3. *als ein fester Bestandteil an Haltungen und Gedanken, und eine Konstellation von Persönlichkeiten, die typische Formen kollektiven Verhaltens
   zeigen und charakteristischen Mechanismen gesellschaftlicher Kontrolle
   unterworfen sind. (Wirth 1974:353f)*

Zugänge zur Urbanität, ihrer Erfassung und Beschreibung, ihres Verständ-
nisses, ergeben sich damit vorab aus drei Richtungen: Urbanität ist zum
ersten zu begreifen aus einer – im Sinne der Chicago School zu verstehenden – ökologischen Perspektive. Schwerpunkte und hauptsächliche Er-
kenntnisinteressen bilden dabei etwa Stadt-Land-Beziehungen, demographische und ethnische Strukturen von Städten, Wirkfaktoren von Landnutzung
über Bodenpreise, Wohnungsfragen oder Transport- und Kommunikati-
onsbedingungen als Beeinflussungsfaktoren urbaner Lebensformen.

---

[766] Alle: ebd., p.352f

Urbanität ist zum zweiten als eine gesellschaftliche Organisationsform zu betrachten. Unter diesem Blickwinkel richtet sich das Augenmerk vorzugsweise auf die Abschwächung verwandtschaftlicher und nachbarschaftlicher Bindungen, divergierende Bindungsmuster – v.a. andere Familienstrukturen –, die Delegierung sozialer, kultureller, bildungsmäßiger und freizeitlicher Strukturen und Angebote an spezialisierte Institutionen, auf die größere Differenzierung innerhalb der Gesellschaft – ohne klare, segregierte Klassen – die Dominanz von White-Collar-Berufen, das Herausbilden höherer Einkommen und höherer Lebenshaltungskosten, bedingt durch Mietniveau, Lebensunterhalts- und Freizeitgestaltungskosten, sowie auf die Zunahme bzw. verbreitete Existenz heterogener, inkonsistenter Beziehungsgefüge und sozialer Wertstrukturen, um nur einige Stichworte zu diesem Bereich anzuführen.

Urbanität ist schließlich als drittes zu fassen in der Betrachtung urbaner Persönlichkeit und kollektiven Verhaltens. An wichtigen Stichworten sind hier zu nennen: Aktivitäten freiwilliger Gruppen als Triebkräfte gesellschaftlicher Situierung – mit dieser Auflösung gemeinschaftlicher Strukturen einher geht eine erhöhte Unordnung in der städtischen Gesellschaft (Korruption, Straffälligkeit, Selbstmord, Verbrechensrate sind höher als in nicht-städtischen Gebilden) –, gesellschaftliche Kontrolle durch formal organisierte Gruppen, woraus ein größeres Feld für Interessenpolitik und manipulative Bestrebungen entsteht oder aber ein Kommunikationsniveau auf einer elementaren, d.h. common sense gewährleistenden Stufe.

Wirth verarbeitet in seinem facettenreichen und anregenden Beitrag die globalen theoretischen Ansätze Simmels, Durkheims, Webers oder auch Burgess' und anderer zu einer Art Analyseraster. Gemeinsam ist diesen, »daß in ihnen ein positiver Zusammenhang zwischen der Größe einer Stadt und ihrer inneren Differenzierung angenommen wird, von beidem Effekte auf das Verhalten der Stadtbewohner, z.B. auf das Ausmaß der Kontakte oder des abweichenden Verhaltens.«[767] Auch heute noch besticht Wirth durch seine vielfältigen Bezüge, seine theoretischen Überlegungen wie die reichen Anregungen hinsichtlich faßbarer Phänomene von Urbanität. Dies macht seinen Aufsatz nicht nur zu einer anregenden Lektüre, sondern zu einem illustrativen Bild des Herangehens an die moderne Stadt.

---

[767] Friedrichs 1981:121

5.3   Von der Ganzheit zum »petit quartier«.
Vorstellungen von städtischen Teilräumen

Schon bei den Erläuterungen zur Chicago School war davon die Rede, daß
frühe Ansätze der Auseinandersetzung mit städtischen Fragen aus dem
deutschsprachigen Raum, zum Beispiel jene Georg Simmels, auch in die
Theoriebildung der Chicago School eingegangen sind. Ähnliches gilt aber
auch für Emile Durkheim, dessen Überlegungen zur Arbeitsteilung auf
städtischem Gebiet z.b. das Grund- und Erklärungsmuster für das Modell
der konzentrischen Zonen Burgess', aber auch daran anschließende modifizierte weitere Modellvorstellungen mitprägten. Von hieraus wiederum deutet sich ein Perspektivenwechsel an: weg von einer ganzheitlichen Sicht, hin
auf die Beschäftigung mit städtischen Teilräumen, die aus dem urbanökologischen Konzept der *natural areas* allmählich in eine Sozialraumanalyse
überführt wurde.

Die Vorstellungen von städtischen Teilräumen, die hier – in exemplarischer Beschränkung auf zwei signifikante Ansätze – dargelegt werden sollen,
stehen in auffälligem Kontrast zum Konzept des ›Dorfs in der Stadt‹, das in
einer volkskundlichen Optik lange Zeit als einzig legitime Perspektive aner-
kannt war. Sie stecken aber auch, mit diesem zusammen, einen Horizont ab,
der damit von der Gemeinschaftssicht über den Blick auf Nachbarschaft
und Stadteinschätzung im »kleinen Quartier« bei Chombart de Lauwe bis
hin zur Ausrichtung auf statistisch-faktorielle Parameter einer Sozialraumanalyse reicht.

5.3.1   Weiterführungen: zur Analyse städtischer Teilräume

In seinen eben kurz umrissenen Ausführungen, aber auch in seiner Disser-
tation *The Ghetto*[768] stützt sich Louis Wirth auf das maßgeblich von Park
und Burgess formulierte Modell der *natural areas*, d.h. auf eine Konzeption
die sich – verknappt dargestellt – darauf beruft, daß sich im Zuge des
Stadtwachstums ungeplant, d.h. in einem natürlichen Entwicklungsprozeß,
mehr oder weniger homogene, durch quasi physiognomisch-morphologi-
sche Barrieren wie Flußläufe, Kanäle, Bahnanlagen etc. abgrenzbare Gebiete
herausbilden, Gebiete in welchen sich hinsichtlich Verhaltensweise, aber
auch in kultureller, sozialer und wirtschaftlicher Hinsicht eine weitgehend
homogene Wohnbevölkerung etabliert. Eine solche Modellvorstellung von
Stadtstruktur, die sich vorwiegend auf feste räumliche Gegebenheiten be-

---

[768] Louis Wirth, The Ghetto. Chicago/London 1969

ruft, auf ein Konzept von Nachbarschaft in einer *natural area* als sozial-räumlichem Gliederungskonzept, erweist sich aber insgesamt als recht starr und v.a. gegenüber sozialen Faktoren wenig zugänglich.

Eine Weiterung dieses Konzepts zur Erfassung der Stadtstruktur schlägt die Sozialraumanalyse, die *Social Area Analysis*, vor. Sie versucht, grundsätzliche Faktoren städtischer Differenzierung und sozialer Schichtung zu ermitteln und anhand dieser auf soziale Räume als städtische Einheiten zu schließen. Stellvertretend hierfür – und auch als Beispiel für einen ›harten‹ Zugriff zur Ermittlung von Urbanität – sei auf einen 1961 von Eshref Shevky und Wendell Bell vorgelegten Ansatz eingegangen.[769] Anhand dreier Faktoren: soziale Position, Verstädterung und Segregation schien es ihnen möglich, für die »Großstadt als ein Produkt der komplexen Gesamtheit der modernen Gesellschaft«[770] ein Beschreibungsverfahren urbaner Subräume und damit von Stadtstruktur bzw. eine Großstadttypologie zu entwickeln.

Aus unserer Analyse der sozialen Trends ergeben sich drei Faktoren – soziale Position, Verstädterung und Segregation –, die unserer Meinung nach grundlegend für die städtische Differenzierung und soziale Schichtung sind. (Shevky/Bell 1983:363)

Diese drei Faktoren werden nach dem statistischen Rechnungsverfahren der Faktorenanalyse indiziert, indem Variablen »im jeweiligen Index der drei Faktoren typenmäßig zusammengefaßt« werden. Der »Index der sozialen Position, der Index der Verstädterung und der Index der Segregation«[771] bilden dabei die Achsen eines dreidimensionalen Raumes. Dabei weisen aneinandergrenzende Gebiete bei allen drei Indexbildungen ähnliche Punktzahlmuster auf und werden in Gruppen zusammengefaßt. Aus dieser Konstellation erwächst nach Shevky und Bell Beweiskraft:

Folglich ist die typologische Analyse eine nach logischen Gesichtspunkten beweisbare Reflexion jener großen Veränderungen, die unsere moderne, städtische Gesellschaft geschaffen haben. (Shevky/Bell 1961/1983:363f)

Nicht das Rechnungsverfahren an sich, sondern die einzelnen dafür in Anspruch genommenen Variablen und Faktoren sind von besonderem Interesse: Für die Erfassung der Entwicklung der modernen Gesellschaft ist die sich verändernde Verteilung von Kenntnissen von besonderer Wichtigkeit. D.h. Unterschiede in der Ausbildungs-, v.a. der Berufs-, aber auch der Beschäftigungs-, und der Mietstruktur können dazu dienen einen Index der sozialen Position zu ermitteln, welcher Spiegel der Veränderung in der Anwendung

---

769 Shevky/Bell 1961; hier nach dem Abdruck bei Schmals 1983 als Shevky/Bell 1983
770 Ebd., p.360
771 Ebd., p.363

von Kenntnissen darstellt. Als zweites grundlegendes Unterscheidungs-
merkmal ist Verstädterung zu fassen, abgeleitet aus der »Veränderung in der
Struktur der Produktivkraft namentlich im Bezug auf Einzelpersonen und
Gruppen in der modernen Gesellschaft zu einem bestimmten Zeitpunkt«[772]
wird damit besonders die Veränderung in Funktion und Struktur der Familie sowie diejenige im Bereich der Großstadtbeziehungen erfaßt. Der Faktor
Segregation schließlich steht als weiteres strukturelles Spiegelbild eines
Haupttrends, »der den gegenwärtigen Charakter der Gesellschaft entscheidend geprägt hat«. Er ist zusammengesetzt aus Veränderungen in der Bevöl-
kerungsstruktur, vorab aus räumlichen, altersmäßigen und geschlechtsspezifischen Umgruppierungen, sowie der Isolierung einzelner Gruppen.[773]
Aus der Kombination der Variablen der Indices ergeben sich schließlich
32 mögliche Unterteilungen von Gebieten in soziale Räume, was als erstes
zur »Beschreibung von Subräumen« mit ähnlichen Verteilungen der Fakto-
renladungen beigezogen werden kann. Solcherart läßt sich – ähnlich wie bei
Louis Wirth – »Großstadt in ein Mosaik von sozialen Gebilden unterteilen.«
Der soziale Raum als städtische Einheit schließt »Personen mit ähnlicher
sozialer Stellung innerhalb der großen Gesellschaft zusammen«, wird aber
nicht wie der natürliche Raum, die *natural area*, durch geographische Muster und auch nicht, wie im Falle von Subkulturen, durch Bezugnahmen auf
Muster lokaler Interaktion beschränkt, vielmehr »schließt der soziale Raum
ganz allgemein Personen mit gleichem Lebensstandard, der gleichen Lebensweise und dem gleichen ethnischen Hintergrund zusammen«.[774]
Gerade seine Mathematisierung und die damit verbundene scheinbare Ob-
jektivierbarkeit machen das Modell von Shevky/Bell zum interessanten
wissenschaftshistorischen Beleg dafür, wie aufgrund statistischer Verfahren,
namentlich eben der faktoriellen Analyse, d.h. auch aufgrund vorhandenen
Zahlenmaterials, städtische Differenzierung und soziale Schichtung gleichsam errechenbar, Stadtstruktur so in grundlegenden Einheiten zu einem
gewissen Grad analysierbar schien. Darüber hinaus haben die modelltheoretischen Überlegungen zur Sozialraumanalyse durchaus zu Weiterungen
Anlaß gegeben, die namentlich im Rahmen der Siedlungssoziologie diskutiert wurden. So schlägt etwa Bernd Hamm[775] eine modifizierte Version des
Modells von Shevky und Bell als Analyseraster zur Erkennung der Vernetzung und Abhängigkeit, der Struktur und Entwicklung städtischer Teilgebiete untereinander, wie sie letztlich aus der Theorie der konzentrischen
Zonen Burgess' hervorgeht, vor: Dominante Nutzungen, so Hamm, setzen

---

[772] Ebd., p.363
[773] Cf. ebd. (auch Zitat)
[774] Alle: ebd., p.369
[775] Hamm 1982

sich an den zentralsten Standorten, im Central Business District, durch, welcher das dominante Teilgebiet oder den dominanten Standort darstellt:

Was im Central Business District geschieht, das hat unweigerliche Folgen für die andern Teilgebiete. (Hamm 1982:80)

Die relative Position jedes städtischen Teilgebiets zum Central Business District stellt in dieser Sichtweise deren »ökologische Position« dar. Sie wird meßbar eben durch das, was Hamm als die »revidierte Sozialraumanalyse« bezeichnet hat. Analog zu Shevky/Bell postuliert Hamm wesentliche Faktoren bzw. Dimensionen sozialräumlicher Differenzierung: Es ist dies zum einen »die Spezialisierung von Landnutzung« (ähnlich zu Shevky/Bells sozialer Position), zum anderen »die soziale Segregation« (bei Shevky/Bell die Verstädterung). Zur Ermittlung und Indizierung der Spezialisierung von Landnutzungen dient dabei der Bodenpreis, die Segregation sozialer Schichten wird über Ermittlung der Mieten gewonnen.[776] Grundlage dieses Vorgehens ist nach Hamm das folgende:

Dahinter steht die Annahme, daß jede Veränderung von Standortqualitäten sich unter den Bedingungen einer kapitalistischen Wirtschaftsordnung in der Veränderung des Preisgefüges ablesen läßt. (Hamm 1982:80f)

Bodenpreise und Mieten bilden dementsprechend zwei Achsen eines Sozialraumdiagramms, vermittels welcher sich Stadtstruktur abbilden und die »ökologische Position« (d.h. die relative Position zum Central Business District) »jedes Teilgebietes bestimmen« läßt. Praktischen Nutzen fand eine solcherart revidierte Sozialraumanalyse v.a. in der Ermittlung von Art und Geschwindigkeit der Veränderung von städtischen Teilgebieten.

Gerät etwa ein Gebiet in einer transitorischen Zone unter Spekulationsdruck, weil die Expansion des Central Business District erwartet wird, dann steigen dort die Bodenpreise, während die Mieten leicht zurückgehen. Gentrification, ein Phänomen das sich ebenfalls in der transitorischen Zone abspielt, wird dann erkennbar durch stabile und allenfalls leicht ansteigende Bodenpreise, aber rasch steigende Mieten. (Hamm 1982:81)

Überlegungen wie diejenigen von Louis Wirth oder auch die hier nur ganz knapp angetönten Ansätze der Sozialraumanalyse haben das wissenschaftliche Verständnis von und die Herangehensweise an urbane Gebilde und Lebensformen nachhaltig und langandauernd beeinflußt. Sie setzten sowohl eine Spezifik urbanen Leben, als auch eine klare Aufteilbarkeit des städti-

---

[776] Alle: ebd., p.80

schen Raums fraglos voraus und zielten darauf ab, diese durch die Ermittlung von Faktoren oder Vektoren ermitteln. Während dieser insgesamt eher
positivistischen, um nicht zu sagen: mechanistischen Erfassung städtischer
Subräume insgesamt recht hohe Wirkmächtigkeit zugekommen ist, blieb
dies, vielleicht gerade wegen der Etablierung der Soziologie als Leitwissenschaft der Nachkriegszeit, einem vermehrt Kulturelles miteinbeziehenden
Ansatz wie demjenigen Paul Henri Chombart de Lauwes weitgehend versagt.

5.3.2 Das »kleine Quartier« als städtischer Lebensraum.
Ein Hinweis auf Paul Henri Chombart de Lauwe

Eigentlich zunächst mit Blick auf die Stadtplanung, beschreibt Chombart
de Lauwe Stadt und städtisches Leben nicht als ausschließlich von der quasi
determinierenden Kraft des Raumes bestimmt, sondern fordert ebenso eine
Berücksichtigung der Tatsache, daß soziale Wertvorstellungen dem physischen Raum Qualitäten zu geben vermögen, die nichts mit seiner materiellen Erscheinung zu tun haben. Programmatisch verlangt er etwa in seinem
Werk *Des hommes et des villes*[777] den Miteinbezug solcher Kollektivvorstellungen, d.h. eine Kombination von ökologischem und kulturellem Raumbegriff im Urbanen:

> *Si la ville est l'expression d'une société, les organisations sociales doivent être
> des réponses aux aspirations de la population qu'il est urgent d'étudier avec
> des moyens appropriés. (Chombart de Lauwe 1965:262)*

Zwei ausgewählte Beispiele, deren Weiterungen weiter unten zur Sprache
kommen werden, seien hier zur Illustration dieses Sachverhalts beigezogen:
das kleine Quartier und die mit dem Terminus des *niveau de vie* verbundenen Vorstellungen respektive Bilder von städtischen Räumen.
   Im Zuge der Erforschung der Ausformung des metropolitanen Gebiets
von Paris behandelt Chombart de Lauwe ausführlich *petits quartiers*, »mar-
ginale Viertel«, die als Folge der Metropolenbildung, halb freiwillig, halb
unfreiwillig als Ausfluß der Dekonzentration des Wohnens, d.h. der Verdrängung innerstädtischen Wohnraums durch Geschäftsraum in der Peripherie von Paris entstanden. So bildete sich, äußerlich gesehen ganz nach
dem urbanökologischen Muster, die »rote Bannmeile« von Paris heraus, ein
Siedlungsring um Paris, wo Arbeiterschaft und Industrie Ende des 19. und
Anfang des 20. Jahrhunderts die gegenseitige Nähe suchten und fanden. In

---

777 Chombart de Lauwe 1965

diesen Vierteln nun ermittelte Chombart de Lauwe Strukturen, welche der Herausbildung von »kleinen Quartieren«, ähnlich den *natural areas* bzw. *neighbourhood units*, aber mit ethnisch segregativem Charakter und sozialer Scheidung, ausgesprochen förderlich waren.

Chombart de Lauwe beschreibt das »kleinen Quartier« als Stätte, wo sich ein dichtes persönliches Beziehungsnetz herausbilden kann, innerhalb dessen aber noch weiter zu differenzieren ist: Nach innen bilden Nachbarschaften[778] – untypisch für die Großstadt – noch einmal engere soziale Kreise aus; nach außen lassen sich Verkehrskreise – innerstädtisch, aber auch weiter über das Stadtgebiet und darüber hinaus – unterscheiden.[779] In den einzelnen von Chombart de Lauwe untersuchten Stadtvierteln lassen sich – in sich recht homogene, gegeneinander stark unterschiedliche – verschiedene soziale Verkehrsnetze eruieren; je nach sozialer Zugehörigkeit fallen die Verbindungen, die einzelne Viertel, oder allenfalls eine ganzen oder mehrere Städte unter- und miteinander verbinden, unterschiedlich aus.

Ähnlich den Erkenntnissen aus der Analyse des »kleinen Quartiers« heraus verhält sich auch Chombart de Lauwes Auseinandersetzung mit den Gegebenheiten, die er mit dem von Maurice Halbwachs geprägten und von ihm auf städtische Gegebenheiten umgesetzten Begriff des *niveau de vie*[780] umschreibt: Dieser steht für einen soziologischen Raumbegriff, der sowohl mit ökologischen als auch kulturellen Implikationen gefüllt ist. Das *niveau de vie* bzw. dessen Einschätzung äußert sich im Viertel etwa darin, daß dieses nicht nur durch Außenfaktoren (geographischer oder ökonomischer Natur) geprägt ist, sondern auch durch die Vorstellungen, welche seine Bewohner von ihm haben. Entsprechend sind auch die persönlichen Stadt-Bilder der Bewohnerinnen und Bewohner eines Viertels unterschiedlich: Je nach jeweiligem Wohnquartier wird (den) einzelnen Vierteln eine verschiedene symbolische Wertrangstellung, eine Differenzierung zugemessen, die sich übrigens auch in der Wahrnehmung des Stadtzentrums niederschlägt (historische Elemente des Zentrums treten dabei beim größten Teil der Bevölkerung deutlich hinter diejenigen Orte mit großem Waren- und Kaufangebot zurück). Sozialer Raum wird damit zu einem Phänomen, das nicht nur durch räumliche Parameter, sondern auch durch kulturelle Aspekte, bei Chombart de Lauwe v.a. Kollektivvorstellungen, zu fassen ist.[781]

---

778 Zur Nachbarschaft cf. Kap. 6.2.2

779 Cf. die Anmerkungen zum Aktionsraum in Kap. 6.2.4.2

780 Der Begriff wird von Chombart de Lauwe (Paul Henri Chombart de Lauwe, La vie quotidienne des familles ouvrières. Paris 1956) erstmals umgesetzt auf großstädtische Lebensstile der Arbeiterbevölkerung.

781 Solche symbolischen Aspekte vermag etwa das *mental mapping*, wie in Kapitel 6.2.4.1 dargestellt, eindrücklich faßbar zu machen.

5.4   Spannungsfeld ›Stadt‹.
Öffentlichkeit und Privatheit als Formanten von Urbanität

> *Es scheint so, daß nirgends Öffentlichkeit und Privatheit in einem so*
> *scharfen Kontrast zueinander stehen wie in der modernen Großstadt.*[782]

Bis heute wird (Groß-)Stadt gerne als Spannungsfeld beschrieben. Wohl
den nachhaltigsten Einfluß auf diese Sichtweise hat dabei die Gegenüber-
stellung von Öffentlichkeit und Privatheit ausgeübt, die in besonderer Prä-
gnanz und mit der am längsten andauernden Wirksamkeit von Hans Paul
Bahrdt in seiner Arbeit über die moderne Großstadt aus dem Jahr 1961
vorgelegt wurde. Die Eingängigkeit der Formel und die bis in unser Jahrzehnt hinein gerne vorgenommenen festen Zuschreibungen[783] bilden noch
heute eine Versuchung, sich selbst in Anbetracht der Heterogenisierung und
Pluralisierung von Lebensstilen darauf zu berufen. In diesem Sinne ein Musterbeispiel für die *longue durée* eines Stadtbildes, das auch in Anbetracht
veränderter gesellschaftlicher und kultureller Voraussetzungen da und dort
unkritisch aufrecht erhalten wird, bildet die Opposition ›privat‹ – ›öffentlich‹ auf der anderen Seite so etwas wie die Summe der Stadtsicht der Moderne. Als das – und nur als das – soll das Konzept Bahrdts hier dargelegt
werden. Theoretischen Fokus bildeten die Ausführungen Max Webers zur
Funktion des Marktes; in Weiterung dieser Ansätze bezeichnet Bahrdt den
Markt als »die früheste Form der Öffentlichkeit im soziologischen Sinne.«[784]
Markt bildet die Voraussetzung für die – bei Simmel, Wirth, Hellpach, ja
auch bei Max Weber u.a. postulierte – flüchtige, aber geregelte Kontaktnahme, d.h. für eine neue Form sozialen Verhaltens. Stadt ist folgerichtig ein Gebilde, in welchem wirtschaftlicher Alltag in stetem Bezug zum
Markt steht:

> *Eine soziologische Theorie der Stadt wird erst fruchtbar, wenn sie diese Ten-*
> *denz* (d.h. den Dualismus von öffentlicher und privater Sphäre, ThH) *in*
> *den Mittelpunkt der Betrachtungen stellt. Die zahlreichen ökonomischen,*
> *politischen und sozialen Fakten, die in den Begriffsbezeichnungen der Stadt*

---

[782] Bahrdt 1974:130

[783] Bis hin zur quasi-natürlichen Ineinssetzung von ›öffentlich‹ mit ›männlich‹ und ›privat‹ mit ›weiblich‹. Vgl. zum Beispiel Karin Hausen, Frauenräume. In: Karin Hausen/
Heide Wunder (Hg.): Frauengeschichte – Geschlechtergeschichte. Frankfurt a.M.
1992, p.21-24 oder Karin Hausen: Öffentlichkeit und Privatheit. Gesellschaftspoliti-
sche Konstruktionen und die Geschichte der Geschlechterbeziehungen In: Karin
Hausen/Heide Wunder (Hg.): Frauengeschichte – Geschlechtergeschichte. Frankfurt
a.M. 1992, p.81-88

[784] Bahrdt 1974:60

genannt werden und die auch wichtig sind, erscheinen erst von hier aus im richtigen Licht. Sie zeigen sich zumeist als Bedingungen oder Folgen der Tatsache, daß das Leben in einer menschlichen Siedlung entweder privat oder öffentlich ist. (Bahrdt 1974:83)

Aus diesen Grundüberlegungen leitet sich Bahrdts Stadtdefinition, gleichsam eine engere Fassung der oben präsentierten Überlegungen, ab:

Eine Stadt ist eine Ansiedlung, in der das gesamte, also auch alltägliche Leben die Tendenz zeigt, sich zu polarisieren, d.h. entweder im sozialen Aggregatszustand der Öffentlichkeit oder in dem der Privatheit stattzufinden. (Bahrdt 1974:60)

Urbanität erscheint demnach als Faktor der Intensität der Polarität und Wechselwirkungen zwischen öffentlicher und privater Sphäre. Bahrdts Ansatz steht damit diametral entgegengesetzt zu demjenigen etwa von Shevky/Bell; qualitative, rechtliche oder statistische Merkmale sind damit für eine Theorie der Urbanität im Sinne Bahrdts irrelevante Faktoren. Dominierend erscheinen vielmehr die beiden Pole Öffentlichkeit und Privatheit.

a) Zur Öffentlichkeit

Auf dem Feld der Öffentlichkeit bildet sich als großstädtisches Spezifikum eine politische Öffentlichkeit, von Bahrdt als »kommunale Öffentlichkeit « bezeichnet, heraus; ein Faktum, welches ja seine Entsprechung auch in den Ansätzen Max Webers findet. Öffentlichkeit schließt als konstituierende Faktoren mit ein:

- *Unvollständige Integration*, d.h. eine fehlende Zwangsläufigkeit zur Kontaktaufnahme durch die Offenheit sozialer Gegebenheiten. D.h. nicht Exponenten einer sozialen Gruppe, sondern Einzelpersonen treten nach feststehenden, keinen weiteren Fortgang der aufgenommenen Kontakte intendierenden Regeln, miteinander in Kontakt. In dieser Art entsteht eine Offenheit der Sozialsysteme, welche dazu führt, Kommunikation mit Partnerinnen und Partnern führen zu müssen, von welchen weder der soziale Rang noch Reaktionsweisen bekannt sind. Als Folge kommt es zu einer Verhaltensstilisierung als Schutzmaßnahme und -mechanismus in einem distanzierten und flüchtigen sozialen Umfeld, aber auch zur unmittelbaren Herstellung von Kommunikation in einer »unvollständig integrierten sozialen Umwelt«[785], d.h. eine durch urbane Lebensformen vorgegebene Distanz soll damit überbrückt werden können.
- *Darstellendes Verhalten* ist mit Bahrdt die zweite Komponente urbaner Öffentlichkeit: Verhalten im urbanen Kontext soll äußerliche Erkenn-

---

785 Ebd., p.66

barkeit – oder vielmehr äußerliches Sich-zu-erkennen-geben – signalisie-
ren. Verhaltensformen erreichen damit eine Zeichenhaftigkeit, die von
der eigentlichen Sache abgelöst erscheint. Mithin läßt sich darstellendes
Verhalten als »Verhaltensstilisierung« fassen, welche u.a. Kontaktaufnahme und -abbruch, aber auch Klärung in uneindeutigen Verhaltens-
situationen etwa im (Fußgänger-) Verkehr, d.h. eine »soziale Intentiona-
lität«[786] beinhaltet.

- Als dritter und letzter Faktor von Öffentlichkeit erscheint *Repräsentation*.
Diese geht aus den beiden soeben beschriebenen Faktoren der unvoll-
ständigen Integration und des darstellenden Verhaltens hervor:

*Wer beachtet werden will, muß geachtet werden. Nun begegnet aber der ein-
zelne dem andern nur als abstrakt bleibender Träger eines zufälligen Verhaltens und einer zufälligen Erscheinung. Er muß also versuchen, in den
winzigen Ausschnitt, der von seiner Person sichtbar wird, so viel hineinzule-
gen, daß dieser Ausschnitt die Umrisse einer konkreten Person erkennbar
macht. (Bahrdt 1974:68)*

Hierzu ist darstellendes Verhalten, Repräsentation, vonnöten, um einerseits die Kommunikabilität von Person und Sache, aber auch den Wert
der Kommunikationssituation andererseits sicherzustellen und zu ge-
währleisten. Repräsentation faßt also eine »Form der Selbstdarstellung,
in der ein Subjekt sowohl sich selbst als auch ein Gemeinsames, das
nicht ohne weiteres sichtbar ist, sichtbar macht und hierdurch Kommunikation und Integration ermöglicht.«[787] Repräsentation (in Weiterung
zum sozial ebenfalls notwendigen Imponiergehabe und zum bloßen Zeichen geben) schließt, neben dem Moment der öffentlichen Selbstmani-
festation, ein darstellendes und anschauliches Moment mit ein.

Öffentlichkeit, zum einen charakterisiert durch lückenhafte Integration als
deren »negative Voraussetzung«, entsteht dort, »wo durch spezifische Stili-
sierungen des Verhaltens dennoch Kommunikation und Arrangement zustande kommt.« Öffentlichkeit ist gekennzeichnet durch Flüchtigkeit und
Beliebigkeit im Sinne einer bewußten Abwahl des Individuums, ist aber in
sich durchaus variabel. Durch das breite Spektrum von Möglichkeiten entsteht aber auch »eine höhere Bewußtheit und (...) eine Vergeistigung des
gesellschaftlichen Lebens.« Öffentlichkeit äußert sich nach Bahrdt in »spezifischen Formen von Geselligkeit«, in der Kleidung, in Bauformen, in politischen Gebilden etc., aber auch in einer bewußten Vielzahl sozialer Verhal-

---

[786] Ebd., p.67
[787] Ebd., p.69

tensweisen.[788] Öffentlichkeit ist schließlich vorzugsweise politische Öffentlichkeit, d.h. weniger das Verhältnis von Individuen zueinander, sondern vielmehr »ihr Verhältnis zu Gebilden (...), die eine Gesamtheit von Individuen umfassen bzw. einer Gesamtheit von Individuen übergeordnet sind.«[789] Politische Öffentlichkeit meint demnach, daß als Folge der herrschaftspolitischen Umwälzungen der Neuzeit und besonders des Absolutismus, Staat und Bürger in unmittelbarem Kontakt bzw. sich gegenüber stehen, was seinerseits durch komplexe und institutionalisierte Formen der Repräsentation und der Transparentmachung sichergestellt wird. Allerdings erweisen sich im konkreten Fall diese Instanzen – beispielsweise Parteien oder Verbände – als ihrerseits oft undurchschaubar oder zumindest transparenzhindernd.

b) Zur Privatheit

Was als zweites die Privatheit anbelangt, so ist großstädtisches Verhalten geprägt von einer Beliebigkeit der Kontaktnahme sowie einer in Wechselwirkung dazu stehenden Distanz sozialer Art. Repräsentation – gerade angesichts der anynomen städtischen Lebensweise – wird zum verhaltensprägenden Faktor. Dem steht auf der anderen Seite ein Ausbau im privaten Bereich entgegen:

> Bewußter Ausbau und Kultivierung der engsten sozialen und dinglichen Umwelt zu einem in sich geschlossenen System eigener Art: das sind die positiven Bestimmungen der Privatheit. (Bahrdt 1974:76)

Aus dieser Entfaltung der Sphäre des Privaten geht ein weiter Fundus an Verhaltensmöglichkeiten sozialer und psychologischer Art hervor. Person und sozialer Status werden nach Bahrdt an kleinen Verhaltensmerkmalen erkenntlich – ein Umstand, welchen Pierre Bourdieu als eines der grundlegenden Axiome seiner Habituskonstruktion zugrunde legen sollte. Privatheit entsteht so »in engem Zusammenhang mit dem Vorhandensein einer Öffentlichkeit«[790] und erweist sich bei historischer Betrachtung ebenfalls als Folge des Kapitalismus, vorab der Tatsache, daß Wohn- und Arbeitsort räumlich getrennt werden, was zur Herausbildung einer Privatheit innerhalb von reinen Wohnbauten führt. Privatheit erlangt so eine – gerade für die Erfassung urbaner Wirklichkeiten – maßgebliche Stellung: »große Bereiche des Lebens« liegen »in der Unangefochtenheit einer privaten Sphäre« und können »sich deshalb eigengesetzlich entwickeln«.[791] Privatheit und Öffent-

---

788 Alle: ebd., p.70f
789 Ebd., p.72
790 Ebd., p.77
791 Ebd., p.83

lichkeit sind damit für Bahrdt jeweils Produkte der Verbürgerlichung; sei es
in der Herausbildung bürgerlicher, will heißen städtischer Kultur im Rahmen der sich entwickelnden Öffentlichkeit, sei es Verbürgerlichung in der
Herausbildung von Lebensformen innerhalb kleinster sozialer Gruppen,
vorab der Familie.

Mit der Sichtweise auf Stadt und städtisches Dasein in der Polarisierung von
Öffentlichkeit und Privatheit verbindet sich ein ebenso grundsätzliches wie
idealtypisches Verständnis der modernen Großstadt. Seismographen der
ausgehenden Moderne, wie beispielsweise Richard Sennett, haben gerade
am zunehmenden Ungleichgewicht zwischen diesen beiden Polen markante
Veränderungen von ›Urbanität als Lebensform‹ herausgearbeitet. Mit der
Einsicht der Brüchigkeit einheitlicher oder gar homogener Stadtvorstellungen und der kulturellen Dynamik des städtischen Flusses[792] mag wohl kaum
jemand dem Gegensatzpaar Öffentlichkeit und Privatheit noch im Bahrdt-
schen Sinne Definitionskraft zusprechen, seine Beschreibungskraft hingegen
mag es behalten – allerdings neben mehr auf Transition und Übergänge, auf
Dynamisches und Vielfältigkeit hin angelegten Sichtweisen.

5.5   Coda: Sichtweisen der modernen Großstadt.
         Zusammenschau der wichtigsten Ansätze

Blicken wir noch einmal strukturierend und systematisierend auf markante
Sichtweisen der modernen Stadt und damit auf wissenschaftlicher Stadt-
Ideen, die sich nachhaltig auf die Art und Weise der Befragung und Bear-
beitung des Forschungsfeldes ausgewirkt haben.

5.5.1 Paradigmen – Perspektiven – Kontexte

Grundsätzlich stellen die ›klassischen‹ Begriffe von Urbanität idealtypische
Setzungen dar, die sich vor allem an der westlichen Bürgerstadt orientieren.
Je nach Blickwinkel erfolgte dabei der Zugriff auf Städte und städtische
Lebensformen von unterschiedlichen Seiten her: Im sozialökologischen
Paradigma (im Sinne der Chicago School aber auch früher Ansätze im
deutschsprachigen Raum) beispielsweise über die Ermittlung von »Urbani-
tät als Lebensstil«, abzulesen vor allem durch Faktoren wie Größe, Dichte
und Heterogenität der Stadtbevölkerung in ihren Aus- und Wechselwirkun-

792 Cf. Schiffauer 1994

gen. Ein vor allem in der Städtebautheorie der ersten Jahrhunderthälfte favorisiertes funktionsbezogenes Paradigma untersuchte die Bindung von Stadtkultur an vier wesentliche Faktoren – Arbeiten, Wohnen, Freizeit/Erholung und Verkehr –, die je nach der Vollständigkeit ihrer Ausprägung, ihrer Trennung und Verknüpfung, zur Ermittlung und zur Planung urbaner Qualität in Anspruch genommen wurden. In einem sozialpsychologischen Paradigma erschien urbane Lebensweise in der Oszillation zwischen Polen wie Fremdheit und Nähe, Anonymität und Kontaktchance, unvollständige Integration und stilisierende Selbstdarstellung, »emotionale Indifferenz« und »sensuelle Vigilanz« begründet, zusammenfassend vielleicht mit Bahrdt als Öffentlichkeit und Privatheit zu fassen. Ein politischer Ansatz faßte Urbanität als emanzipatorische Tugend, angebunden an bürgerliche Tugenden und demokratische Selbstverwaltung der Gemeinde. Eine letzte Sichtweise schließlich begriff städtisches Leben als Emanzipation von der Natur, d.h. als Unabhängigkeit von Rhythmus, Ereignissen und Gefahren der Natur, aber auch als Loslösung aus den Bedingungen des Landlebens und sozialer Kontrolle der natürlichen Gemeinschaft.

All diese Ansätze benennen Dimensionen, die für die Reflexion von Urbanität in der Moderne zentral und notwendig waren. Dabei stellt sich aber nicht nur die Frage, ob eine Kombination dieser Sichtweisen auch einen hinreichenden Begriff von Urbanität abzugeben vermochte, sondern auch diejenige nach ihrer Bedeutung für die Auseinandersetzung im heutigen Kontext. Der Urbansoziologe Hartmut Häußermann macht in diesem Zusammenhang auf wichtige Unterschiede und Neuansätze im Vergleich zur ›klassischen‹ begrifflichen Füllung von ›Stadt‹ beziehungsweise ›Urbanität‹ aufmerksam:[793] Neben dem Miteinbezug der historischen Dimension und der »Prozeßhaftigkeit von Urbanität«[794] fordert er, den Urbanitätsbegriff darüber hinaus auch auf Widersprüchlichkeit und Chaos, widersprüchliche Erwartungen an die Stadt, aber auch vermehrt wieder auf das emanzipatorische Element des Urbanen hin auszurichten, ja, postuliert gar weitergehend, daß das Konzept von Urbanität in seiner klassischen Form überholt sei. Urbanität, so Häußermann, »erschöpft sich nicht in äußerlichen Arrangements«[795], sondern ist als Prozeß zu reformulieren, der aus jeweils aktuellen gesellschaftlichen Problemen heraus entwickelt werden muß. Als aktuelle Reflexionsgrößen stehen so etwa soziale Chancengleichheit, Grad der Verwirklichung der Demokratie, Präsenz der Geschichte, neue Einheit des Alltags, Zulassen von Widersprüchen, Offenheit der Planung, Multikultu-

793 Häußermann 1994
794 Ebd., p.72
795 Ebd., p.77

ralität oder die Differenzierung öffentlicher und privater Räume im Vordergrund.[796]

Damit stellt sich auch die Frage, ob es heute überhaupt notwendig und
sinnvoll ist, nach Urbanität schlechthin, nach Stadt und städtischen Spezifika zu fragen, oder ob nicht Stadt und Urbanität als Kategorien bzw. als
Bezugspunkte – ähnlich der Ausrichtung auf den Alltag – angemessener
anzugehen sind.

Zurück zu den ›klassisch-modernen‹ Zugängen zu den Themenfeldern
›Stadt‹ und ›Urbanität‹: Mit Blick auf die deutschsprachige Forschungstra-
dition ist zunächst an die eigentliche Zweiteilung in der Beurteilung urbaner Gegebenheiten zu erinnern. Prägenden und zentralen theoretischen
Überlegungen, angefangen bei Karl Marx, Emile Durkheim, Georg Simmel
und speziell Max Weber, steht eine starke Traditionslinie negativer Beurteilung städtischer Gegebenheiten, etwa im Sinne Riehls oder Oswald
Spenglers gegenüber. Auf empirischem Feld hingegen sind es vor allem
Ansätze aus dem angelsächsischen Bereich, die maßgeblich auf die Art und
Weise der Erfassung von Städtischem eingewirkt haben, wie René König in
einer Überblicksdarstellung aus dem Jahre 1969 festgestellt hat:

> *Die empirisch gegenwartsbezogene Großstadt-Soziologie beginnt dagegen in*
> *England mit der Gemeindeforschung seit ca. 1900 und später in den Verei-*
> *nigten Staaten, wo zunächst in Chicago eine Gruppe engstens miteinander*
> *verbundener Forscher seit den 20er Jahren bis heute eine gewichtige Schule*
> *(wenn nicht gar die gewichtigste überhaupt) aufgebaut hat. (König*
> *1969:628)*

Auf diesem Hintergrund hatte sich ein Verständnis des Forschungsfeldes
etabliert, bei welchem vom Gegenstandsbereich, vom historischen Zugriff
und von der inhaltlichen Ausrichtung her wichtige Akzente gesetzt wurden:
Zentral erscheint erstens die allmähliche Ausrichtung darauf, grundlegend
Großstadt- und Stadt-Land-Problematik als separate Problemfelder zu betrachten, zweitens der Umstand, daß sich die moderne Stadtentwicklung
grundsätzlich von derjenigen des 19. Jahrhunderts unterscheidet (u.a. durch
eine Verdrängung der Industrie aufgrund von Bodenpreisfaktoren oder
durch die Herausbildung der Stadt als eigentlichem Dienstleistungszentrum). Drittens schließlich begann sich die Erkenntnis durchzusetzen, daß
Stadtentwicklung im 20. Jahrhundert vor allem durch das Zusammenwach-
sen von Städten zu eigentlichen verstädterten Zonen bestimmt ist.

---

[796] Ebd., p.78f

Dieses Verständnis hat sich weitgehend überdachend im Verlauf der Auseinandersetzung mit der modernen (Groß-)Stadt etabliert. Demgegenüber lassen in aufsteigender Reihenfolge drei respektive vier analytische Ebenen unterscheiden: von der Auseinandersetzung mit demographischen und ökologischen Gegebenheiten über die drauf aufbauende Strukturanalyse und als nächstes die Ausrichtung auf die Beschreibung kultureller Aspekte großstädtischer Lebensräume bis hin zu Versuchen, aus den genannten Ebenen Typologien zu erstellen.

Wenngleich Demographisches für eine adäquate Erfassung der Größe ›Stadt‹ lediglich als von untergeordneter Bedeutung eingeschätzt wurde, so wurde ihm doch als Unterscheidungsmerkmal, namentlich zur Abgrenzung von Industriestädten, Metropolen oder metropolitanen Gebilden einige Relevanz zugesprochen. Allerdings weniger die in einem Alltagsverständnis oft in den Vordergrund gerückte Bevölkerungszahl, sondern weit mehr Faktoren wie Pendlerfrequenz, Anzahl Telephonverbindungen, Verbreitung von Tageszeitungen, Verkehrs- und Transportaufkommen oder die Reichweite von Dienstleistungen. Die Ausweitung einer solchen demographischen Sichtweise zur Beschäftigung mit städtischen Sozialsystemen führte nicht zuletzt über die Erkenntnis der ökologischen Umschichtung in metropolitanen Gebieten, d.h. der Auslagerung von industriellen und Handelsbetrieben aus der zentralen in vorgelagerte Städte, einer Ex- oder Suburbanisierung, welche – ganz im Gegensatz zu den klassischen Großstädten wie London und Paris – Städte, wie Los Angeles oder die Großagglomerationen des Ruhrgebiets, ohne eigentliches dominierendes Zentrum entstehen ließ und beispielhaft in Dichte, Frequenz und Tarifen der Verkehrssysteme abgelesen wurde.

Die Suche »nach Regelmäßigkeiten und Gesetzlichkeiten in dem scheinbaren Chaos der Städte«[797] bildete bereits für die Chicago School einen wesentlichen, wenn nicht den wesentlichsten Ausgangspunkt. Sah diese in organologischem Verständnis die Erweiterung des städtischen Raums noch als »natürlichen Prozeß« an, setzte sich in der Folge – u.a. aufgrund der Beschäftigung mit der regionale Differenzierung einebnenden Stadt-Region – die Einsicht in die Bedeutung planerischer, politischer oder kultureller Parameter ein. Damit verloren demographische oder stadtökologische Fragestellungen ebenso an Relevanz wie die u.a. von Durkheim vorgebrachten These, wonach mit steigender Zahl und Dichte der Bevölkerung die arbeitsteilige Produkteorganisation zugunsten steigender Tertiarisierung wachsen müsse. Moderne Großstädte wurden nun weniger als Zentren für Industrie-, sondern für all jene Berufe apostrophiert, welche auf schnelle und

797 König 1969:637

komplexe Information angewiesen sind. Dennoch haben sich auch im jüngeren Herangehen an die moderne Großstadt auch Reste des ökologischen
Stadteinteilungsmodells – vorab im Sinne Burgess' - durchaus erhalten,
speziell in der Auseinandersetzung mit der Sonderstellung des *Central Business Districts* als sozialer und ökonomischer Dominante, mit dessen Bedeutung für die Entvölkerung der Stadtmitte (und mittelständischer Flucht an
die Stadtränder), oder als Anziehungspunkt für die Konzentration von
Dienstleistungssitzen, Institutionen der Massenkommunikation und der
Freizeit(kultur). Als weiterer Problembereich einer strukturorientierten
Großstadtanalyse rückte schließlich auch die Nachbarschaft in das Blickfeld,
sei es im Sinne des *petit quartiers* Chombart de Lauwes oder sei es in einem
Verständnis, Nachbarschaft als Ergebnis eines Auswahlprozesses im Rahmen
eines relativ neutralen Bekanntschaftskreises, der Distanz geradezu voraus-
setzt, zu beschreiben.

Stadt und Kultur, Kultur der Stadt, dies hat bereits Georg Simmel dargelegt, stellen bzw. stellt eine eigene Größe dar. Park, der von der *cultural*
bzw. der *moral order* der Stadt spricht, oder Louis Wirths Überlegungen
zum Urbanism as a Way of Life aber etwa auch die Gedankengänge Hans-
Paul Bahrdts zur Spannung zwischen Öffentlichkeit und Privatheit im urbanen Kontext, bilden auf der Grundlage der fraglosen Annahme einer
Kultur der Stadt Versuche, »kulturelle Wertzusammenhänge im Rahmen
der Großstadt«[798] zu ermitteln, Lebensstile, das *niveau de vie* als auf dem
sozialen Raum in seiner ganzen Komplexität beruhend zu betrachten. In
dieser Herangehensweise an städtische Räume und ihre Wahrnehmung
gerieten demnach auch die kulturellen Voraussetzungen ins Blickfeld und
zwar mit dem Ziel der Erfassung »einer räumlichen Sozialordnung mit kul-
turell-symbolischer Bedeutung«[799]. Ins Blickfeld gerieten damit auch die
Darstellungen, die (mentalen) Bilder einer Stadt als »charakteristische Komplexe von Symbolen«[800], wodurch Städte aufgrund einzelner Elemente charakterisiert werden. In dieser Sichtweise gerieten damit symbolisch-kulturel-
le Funktionen von Großstädten als gleichberechtigt neben wirtschaftlichen
oder ökologischen ins Blickfeld.

Als letztes, als letzte analytische Ebene, sind schließlich Versuche zu
nennen, auf einer Metaebene eine Typologie der Großstadt zu erarbeiten.
Daß sie – nach Max Webers weiter oben vorgestelltem Versuch – kaum

---

[798] Ebd., p.648
[799] Ebd., p.650
[800] So Anselm Strauss (1961:32), der neben Kevin Lynch (cf. Kap. 6.2.4.1) oder z.B.
Heiner Treinen (Symbolische Ortsbezogenheit. Eine soziologischeUntersuchung zum
Heimatproblem. Köln 1965) wichtige Grundsatzüberlegungen zum Themenkomplex
angestellt hat.

entscheidend Neues brachten, hängt vor allem mit der Einsicht in grundlegende qualitative Unterschiede im syn- wie im diachronen Verfolg zusammen. So erschien nicht nur eine Unterscheidung zwischen industrieller Großstadt und Metropole als schwierig (und allenfalls über den Lebensstil, nicht aber die Größe zu erreichen), sondern auch ein Vergleich von mittelalterlichen und vorindustriellen Städten mit denjenigen des 19. und 20. Jahrhunderts. Darüber hinaus und besonders stellte sich die Schwierigkeit, angesichts der Komplexität jedes einzelnen großstädtischen Gebildes, übergreifende Faktoren herauszudestillieren. Wenn Ansätze zu einer Typologie erarbeitet wurden, dann im Versuch, struktureller Züge und den sozialen Wandels, der die Entstehung von Großstädten begleitet, zusammenzusehen.

Schon im Herangehen an die moderne Großstadt stellte sich schnell heraus, daß ein Königsweg zur Beschreibung urbaner Realitäten ebensowenig existierte wie ein definitorischer Zugang, der die Alltagsrealität ›Stadt‹ in befriedigender Weise zu fassen vermöchte. Der Zugriff, soviel schien klar, konnte nicht mehr isolationistisch, d.h. aus der Sicht einer einzigen Disziplin heraus erfolgen zu können; gleichzeitig schien aber die Vorrangstellung der Sozialwissenschaften, was die Auseinandersetzung mit urbanen oder metropolitanen Forschungsfeldern anbelangt, ebenso selbstverständlich. Eingebettet in und getragen vom zeitgenössischen Diskurs konnten so Elisabeth Pfeil und Jürgen Friedrichs feststellen:

Von welchem Ausgangspunkt man sich auch dem Forschungsgegenstand Stadt näherte, man kam niemals aus ohne soziologische Gesichtspunkte. (Pfeil/Friedrichs 1983:87)

Vor dem Hintergrund einer weiteren Kontextbindung sollen ein letztes Mal die Ansätze ›klassischer‹ Stadtbetrachtung noch einmal gruppiert werden: Als erstes ist hier die Betrachtung von Städtischem vor einer *gesamtgesellschaftlichen Perspektive* (auch historischer Ausrichtung) zu nennen. Diese findet sich etwa in den Ausführungen Max Webers, der als konstituierendes Element zur Herausbildung von Urbanität den Markt apostrophiert hatte, oder auch die – sowohl was die weitergehende Dominanz des Marktes als auch was Einbettung des Gegenstands Stadt in den fachlichen Kontext anbelangt – radikaleren Anschauungen Werner Sombarts. Darunter ist aber auch der humanökologische Zugang zu fassen, als dessen Wegbereiter in die Stadt Park, Burgess, McKenzie etc. anzusprechen sind. Aus diesen, auf die »Untersuchung der zeitlichen und räumlichen Beziehungen zwischen den Menschen und deren Beeinflussung durch Kräfte der Selektion, Verteilung und

Adoption im physischen Milieu«[801] ausgerichteten Bestrebungen erwuchsen zahlreiche Modelle der Stadtbetrachtung, einerseits das Grundmodell der konzentrischen Zonen Burgess' (bis hin zu Mehrkernmodellen) variierend, andererseits sich mit dem nicht unumstrittenen Modell der *natural*, später der *social areas* Parks auseinandersetzend.

Als Versuch, ein generelles analytisches Kategoriensystem für die Erforschung von Stadt als beispielhaftem sozialem System zu entwerfen, können als zweites *strukturell-funktionsbezogene Ansätze* summiert werden. Außerhalb städtebaulicher Erörterungen hat diese Sichtweise allerdings eher wenig Niederschlag gefunden, am prominentesten allenfalls bei Talcott Parsens[802] und Norbert Schmidt-Rellenberg[803]. Während Parsens als kategoriale Einheiten die statischen Faktoren Wohnort, Arbeitsplatz, Rechtssprechung (zur Sicherstellung des Zusammenhalts des Sozialsystems) und Kommunikation (zur Sicherstellung des Austausches zwischen den Einheiten des sozialen Systems) benennt, schlägt Schmidt-Relenberg vor, neben Struktur als statischer Funktion als dynamischen Aspekt des physisch-raumgebundenen und sozialraumbezogenen Interaktionssystems Stadt zu begreifen.

Zahlreiche Definitionsversuche von Stadt versuchen, diese in Bipolaritäten, namentlich etwa Stadt in Abhebung zum Land, Großstadt in Abhebung zu Stadt, etc. zu fassen. Die *Stadt-Land-Kontinuum-Theorie* versuchte dieses Dilemma zu umgehen, indem sie forderte, beide Größen, Stadt und Land, empirisch und theoretisch gleichberechtigt zu erforschen und damit der Tatsache, daß Stadt-Land kein absolutes Gegensatzpaar darstellt, sondern in Wechselwirkung steht, gerecht zu werden. Mit einem Bündel von Bipolaritäten sollte es schließlich gelingen, Stadt gleichsam in einem definitorischen Netz aufzufangen. Obwohl dieser Methode theoretisch ein großer Reiz innewohnt, wurde dieser Weg wenig beschritten, vor allem weil kaum greifbare Anordnungen und Resultate erreicht werden konnten.

Unter dem Stichwort *großstadtspezifische Ansätze* lassen sich schließlich all jene Ansätze kategorisieren, die Formanten großstädtischer Verfaßtheit, großstädtischer Lebensweise in den Vordergrund rücken, so beispielsweise Hans Paul Bahrdts Ausführungen zur Öffentlichkeit und Privatheit, Louis Wirths Überlegungen zu Urbanismus bzw. Urbanität als Lebensstil, aber etwa auch Willy Hellpachs sozialpsychologische Ausführungen (mit Stichwort wie Nähe durch Fremdheit, Eile und Wechsel als Konstanten städtischen Lebens) oder Paul Henri Chombart de Lauwes Verständnis von Stadtraum als materiellem und kulturellem Raum in einem.

[801] Pfeil/Friedrichs 1983:592
[802] Talcott Parsens, The Principal Structure of Community. In: Talcott Parsens, Structure and Process in Modern Societies. Glencoe 1960.
[803] Norbert Schmidt-Relenberg, Soziologie und Städtebau. Stuttgart ²1968

Bei aller weiteren Kontexteinbindung gehen die Modellüberlegungen der
Moderne aber doch davon aus, Stadt und Urbanität in irgend einer Form
bestimmen zu können. Zwar wurden Fragen wie: Wo endet Großstädtisches? Welche Phänomene können überhaupt als »großstädtisch« bezeichnet
werden?[804], gestellt, allein es blieb bei der Suche nach explizit Urbanem.
Dies gilt selbst und vor allem dort, wo Stadtfragen unter negativen Gesichtspunkten bewertet wurden.

5.5.2 Intermezzo: Die Desillusionierung des Urbanismus: Skeptische Blicke auf städtische Entwicklungen

Während sich also die vorgeführten Ansätze v.a. mit den Formanten des
Urbanismus beschäftigten, ist doch abschließend auf eine wichtige Linie
›reflektierter Großstadtskepsis‹ hinzuweisen, die gerade aus der kritischen
Auseinandersetzung mit den zentralen theoretischen Gegebenheiten und der
Ermittlung von Vektoren der Entwicklung des Urbanen auf negative Folgen
hinweisen. Henri Lefèbvre spricht in seinen Überlegungen zur Revolution
der Städte von der »Illusion des Urbanismus«[805], zumal dieser aus der Nähe
betrachtet in verschiedene, unterschiedlich verfaßte Urbanismen auseinan-
derfalle. Das dringende und zentrale Problem der Verstädterung sieht Lefèbvre in einer überhandnehmenden Passivität:

> *Die Problematik der Verstädterung? Wir haben sie angeschnitten. Wir ha-*
> *ben sie umrissen: Wir haben ihre Umrisse skizziert. Wir kommen zu einem*
> *Problem, das uns am meisten beunruhigt: die außerordentliche Passivität der*
> *Leute, die es in erster Linie angeht, von Projekten betroffen sind, von Strate-*
> *gien in Frage gestellt werden. Warum schweigt der ›Benutzer‹? (Lefèbvre*
> *1990:191; Hervorhebung im Original)*

Diese rührt vor allem daher, daß »das Phänomen der Verstädterung« durch
seine »Ungeheuerlichkeit« nicht nur Erstaunen hervorruft, sondern in seiner
»Komplexität« die »Möglichkeiten von Erkenntnis und praktischer Aktion
übersteigt«[806]. Daraus resultiert eine »Zerstückelung des Phänomens der
Verstädterung«, zumal sich dieses »seiner Totalität nicht bewußt« ist »und
diese sich nicht fassen« läßt, sich dem Zugriff entzieht.[807] Urbanismus als

---

804 Erinnert sei in diesem Zusammenhang z.B. an Louis Wirth, der vor einer scharfen
    Trennung zwischen Urbanismus, Industrialismus und Kapitalismus warnte.
805 Lefèbvre 1990:161
806 Alle: ebd., p.52
807 Alle: ebd., p.196

»Oberbau« der »gelenkten bürokratischen Konsumgesellschaft«[808] bietet
dem einzelnen Menschen in der Kultur ebendieses gelenkten Konsums Zu-
flucht, was im Endeffekt zu seiner Verkleinbürgerlichung im und durch das
Urbane führt.

Lefèbvres Gedankengang ist in ähnlicher Weise bereits bei Lewis Mumford anzutreffen:[809] Nivellierung, Konformität stellt sich als das Produkt
städtischer Entwicklung und städtischer Bedingungen dar. Der im historischen Blick freie und selbstbewußte Stadtbürger wird in der modernen
Großstadt zum bürokratisch verwalteten Objekt, wird von den Bürokratien
der modernen Massengesellschaft bedrängt. Dadurch geht die Stadt ihrer
kulturellen Qualitäten verlustig, gehen die klassischen städtischen Ideale
verloren, finden sich Stadt und Vorstadt beide bar oder doch wesentlicher
Aspekte urbaner Qualitäten ledig.

Ähnliche Konsequenzen für die Stadt der Gegenwart wie der Zukunft
sieht auch Alexander Mitscherlich[810], geht indessen von einer ans Pathologi-
sche grenzenden Wechselwirkung aus: Er diagnostiziert ein neurotisches
Verhältnis, affektive und Beziehungsstörungen als »Vertiefung der Spaltung
zwischen bewußten, gewollten und unbewußt diktierten Verhaltensweisen«[811], ja gar eine »Beziehungslosigkeit des Bürgers zu seiner sogenannten
Stadt«[812]. Mitverantwortlich für dieses gestörte Verhältnis zwischen städtischen Menschen und ihrer Stadt ist nicht zuletzt die fortschreitende Suburbanisierung, die was für Mitscherlich besonders schmerzhaft erscheint, als
Stadtflucht der Eliten zu greifen ist. Beides zusammen, Stadtflucht und
Beziehungsstörung, führen dazu, die Stadt ihres sozialen, politischen und
kulturellen Impetus zu berauben und damit zu ihrer Verödung oder besser:
Erstarrung beizutragen:

*Wenn ich eine Schlußfolgerung meiner Überlegungen vorwegnehme, so die
Feststellung, daß viele Funktionen des Lebens in unseren Städten die Ten-
denz haben, in einer Agonie zu erstarren, die an einen Todeskampf erinnern.
(Mitscherlich 1971:43)*

In gleicher Richtung zielen auch die Überlegungen Richard Sennetts: Der
Verfall des öffentlichen Lebens[813], das Ungleichgewicht zwischen den für

808 Ebd., p.174
809 Mumford 1963
810 Alexander Mitscherlich, Die menschlichen Lebensalter und die städtische Umwelt.
    In: Mitscherlich 1971, p.67-94
811 Mitscherlich1965:150
812 Alexander Mitscherlich, Vom möglichen Nutzen der Sozialpsychologie für die Stadt-
    planung. In: Mitscherlich 1971, p.17-48, hier p.43
813 Sennett 1983

die Ausbildung des urbanen konstituierenden Polen Öffentlichkeit und Privatheit als Folge eines zunehmenden Rückzugs in die Privatheit, führt zu einer eigentlichen Enturbanisierung des Städtischen durch das Wegfallen der spezifisch städtischen Möglichkeiten, die eine maximale Öffentlichkeit im Politischen wie im Kulturellen bietet. Egoismus tritt an die Stelle von Offenheit, der und das Fremde können sich im Rahmen der gestörten Regeln des öffentlichen Verhaltens nicht mehr manifestieren. Wie bei Mitscherlich, aber als Willensakt deklariert, findet ein Rückzug in die Vorstädte der Peripherie statt und damit eine Abschottung gegenüber dem Urbanen und Fremden, woraus letztlich ebenfalls eine Verkleinbürgerlichung resultiert.

5.5.3 Abschied von Stadtdefinitionen

Die Blicke auf die Stadt der Moderne bzw. moderne Blicke auf die Stadt waren lange solche auf die Stadt als Einheit und quasi selbstverständlich auch solche auf die Stadt der westlichen Welt. Aber auch weitergehend erscheinen die verschiedenartigen Versuche, urbane Phänomene, ›Stadt‹, definitorisch zu fassen, jeweils in einzelnen Hinsichten problematisch. Sei dies, weil sie entweder auf starren, statischen Vorgaben beruhen wie im Falle der Faktorialökologie, sei dies, weil die Stringenz der gewählten Merkmale, ihre Vergleichbarkeit in synchroner (z.B. im Vergleich zwischen einzelnen Kulturkreisen) wie in diachroner Betrachtung nicht erhärtet ist – so die Kritik Jürgen Friedrichs an der Modellvorstellung Hans Paul Bahrdts[814] – sei dies, weil zu fragen ist, ob sich die Überlegungen tatsächlich (nur) auf die Stadt beziehen oder nicht – wie allenfalls Louis Wirths Auseinandersetzung mit der Bedeutung von Größe, Dichte, Heterogenität und Dauer des Siedelns als Konstituenten des Urbanen – sich als Abbild gesamtgesellschaftlicher Prozesse, zumindest der Gesellschaft in ihrer entwickelsten Form, darstellen. Während all diese Probleme allmählich ins Blickfeld gerieten, wurde gegen die Zugriffe, städtische Verfaßheit aus der Existenz und spezifischen Ausformung soziokultureller Interaktionsmechanismen abzuleiten, hervorgerufen durch die Unüberblickbarkeit im Urbanen (namentlich durch die für den einzelnen unüberblickbaren Menschenmassen – Stichworte wie Flüchtigkeit der Begegnungen, Oberflächlichkeit von Kontakten, Herausbildung neuer, überlebensnotwendiger Sozialformen oder auch »sensuelle Vigilanz« sind etwa zu nennen –), kaum Kritik laut. Wenn, dann allenfalls in stadtkritischen oder -skeptischen Reflexionen, die die unbeschränkte und

814 Friedrichs 1983:16

universale Geltung dieser Faktoren einerseits in Frage stellen, indem sie postulieren, daß sich die urbane Entwicklung doch in erheblichem Maße vom Zustand, den diese beschreiben, entfernt hat oder zu entfernen begonnen hat, andererseits aber auch weiter festschreibt. Hier bietet erst die Auseinandersetzung mit Lebensstilen[815] und Wahrnehmungsweisen im städtischen Raum ein kritisches Potential.

Auf die Mißlichkeit der definitorischen Lage, d.h. auf den Umstand, angesichts der Realexistenz des Phänomens, aber seiner kaum zu leistenden Ab- und Ausgrenzbarkeit, wurde aber bereits in Ansätzen, die durchaus dem modernen Paradigma verpflichtet sind, hingewiesen. So hebt etwa Bernd Hamm hervor:

Die Begriffe ›Stadt‹ und ›Land‹ bezeichnen einen Gegenstand, bezeichnen einen Gegensatz, der in dieser Form längst nicht mehr existiert. Wo, wie in allen hochindustrialisierten Gesellschaften, der weitaus größere Teil der Bevölkerung in großen Siedlungen lebt, wo diese Siedlungen als Einheiten mit relativer Autonomie seit langem nicht mehr bestehen, kann der Begriff der ›Stadt‹ nicht mehr kritiklos auf die veränderte Wirklichkeit angewendet werden; auch wenn wir ihn ohne Schwierigkeit benutzen, läßt sich im Gegensatz dazu wissenschaftssprachlich wenig damit anfangen. (Hamm 1982:16)

In Anbetracht dieser Schwierigkeiten forderten schon in den 80er Jahren einzelne Autoren einen Verzicht auf einen expliziten Stadtbegriff und einen Rückgriff auf administrative Abgrenzungskriterien[816], wenn daneben Stadt als Ort von Gesellschafts- und Kulturanalyse verstanden und damit implizit beschrieben und gefaßt wird: Urbanes als Lebensform und Lebensraum, als soziales und kulturelles Gebilde, als wahrgenommene, belebte und gelebte Größe. Selbst dieses Verständnis ist aber mittlerweile in Frage zu stellen: Die Bedingungen städtischen Lebens haben sich in den vergangenen zwei, drei Jahrzehnten in vielerlei Hinsicht derart grundlegend geändert, daß in Anbetracht der zunehmenden Komplexität und Heterogenität des Phänomens und/oder der Betrachtungsweise von Urbanität einheitliche Ansätze generell brüchig geworden sind – was allerdings nicht davon enthebt, Stadt als Bezugsrahmen lokaler Aktivität und Verortung intensiv zu erforschen.

---

[815] Cf. z.B. Katschnig-Fasch 1998
[816] 5'000 bzw. 10'000 Einwohner für Stadt; 100'000 für Großstadt

6   Die Stadt als Einheit der Vielfalt. Strukturorientierte Sichtweisen des Lebens in städtischen Räumen

In den im vorangegangenen Kapitel dargestellten zentralen Ansätzen der Beschäftigung mit der modernen Stadt bleibt diese weitgehend unbelebt. Der Blick auf die Menschen verschwindet hinter demjenigen auf Strukturen. Dies gilt auch noch weithin für die – aus der Sozialökologie herausgewachsenen und bis in die 80er Jahre hinein weitverbreiteten – strukturanalytischen Verfahren, die sich vor allem auf die Ermittlung der Wechselwirkungen zwischen räumlicher und sozialer Organisation eingelassen und folgende Gewichtungen herausgearbeitet hatten:

- Soziale Organisation bestimmt in starkem Maß die räumliche Organisation – umgekehrt ist dies weniger der Fall.
- Die jeweilige räumliche Organisation engt die Veränderungsmöglichkeiten der sozialen Organisation ein.
- Räumliche Organisation erscheint als träger und weniger veränderbar als die soziale Organisation.

Seien es die elaborierten Ansätze der Strukturanalyse oder die positivistischen Herangehensweisen der Sozialraumanalyse oder gar der Faktorialökologie,[817] sie gehen alle von der Prämisse aus, die

Erfüllung der Ziele der ökonomischen Produktion und der biologischen Reproduktion führe je nach Stand der Technologie zu einer sozialen und räumlichen Arbeitsteilung (Differenzierung), die soziale Bewertung arbeitsteiliger sozialer und räumlicher Positionen zu sozialer und räumlicher Ungleichheit. (Friedrichs 1983:183)

---

817 Beiden, der Sozialraumanalyse wie der damit verbundenen Faktorialökologie, gemeinsam ist der Ansatz, mittels statistischer Rechenverfahren Variablen und daraus hervorgehend Faktoren städtischer Struktur ermitteln zu können. Beruft sich die Sozialraumanalyse auf eine vorgegebene Anzahl von a) Variablen (etwa Ausbildung, berufliche Stellung, Beschäftigungsklasse, Alter und Geschlecht, Haustyp etc.), b) Faktoren (wirtschaftlicher, familiärer und ethnischer Status) und c) Dimensionen, so unterscheidet sich die Faktorialökologie hiervon dadurch, daß sie erst durch die Korrelation einer Vielzahl, nicht unbedingt vorgegebener oder global vorausbestimmter Variablen zur Extrapolation von Faktoren und damit zur Ermittlung der Dimensionen von Urbanität städtischer Gebiete oder Teilgebiete gelangt. Sozialraumanalyse soll a priori zu einer Klassifikation städtischer Teilgebiete führen; Faktorialökologie hingegen in erster Linie zur Errechnung von den für die Analyse von Stadtstruktur wichtigen Dimensionen.

Eine strukturbezogene Betrachtung städtischer Gegebenheiten richtete sich im wesentlichen auf die Ermittlung von Prozeßhaftigkeiten der Stadtentwicklung bzw. von Modellhaftigkeiten was die Expansion, Füllung und Ausdehnung des städtischen (und suburbanen) Raumes, aber auch die Anziehungskraft städtischer Teilräume für einzelne Bevölkerungsgruppen anbelangt, aus. Als Grundsignatur der Stadt wurde damit zwar ihre Vielfalt herausgearbeitet und herausgestrichen, aber doch vor dem Hintergrund, die Stadt als strukturierte Einheit der Vielfalt beschreiben zu können. Ein solches strukturorientiertes Paradigma hatte sich zwar dem Menschen angenähert, ging aber bei der Ermittlung städtische Lebensformen doch in erster Linie vom Raum und erst nachgeordnet vom Menschen aus. Gerade im wissenschaftsgeschichtlichen Verfolg ist auf die nachhaltige Wirkung dieses – im folgenden näher zu erläuternden – wissenschaftlichen Stadtbildes hinzuweisen und es bildet noch heute zumindest die Grundlage für aktuelle Infragestellungen und neue Sichtweisen, zumal der städtische Raum, oder vielleicht besser: der städtische Rahmen, so unüberblickbar, heterogen und wenig (er)faßbar er auch erscheint, zwar vielleicht an Ausschließlichkeit, nicht aber völlig an Bedeutung verloren hat. Auch in Anbetracht der Aufweichung räumlicher, zeitlicher und sozialer Strukturen behält er als das Lokale und damit als Rahmen für alltägliche Lebensformen an Relevanz. Auch wenn also »das alltägliche Leben weniger ortsgebunden geworden (ist) für die meisten Menschen zwar nur zu einem geringen Teil, aber für eine Minderheit bereits in überwiegendem Maße«[818], so erhält doch das Lokale als »›totale‹ sinnliche Erfahrung« seine Bedeutung.[819] Gerade die Berücksichtigung von Pluralisierung und dem Aufbrechen kultureller Ordnungen enthebt damit nicht von der Auseinandersetzung mit dem Örtlich-Lokalen der urbanen Umwelt, deren räumliche Organisation auf Verhalten der Menschen zurückwirkt und ihr ›territoriales Verhalten‹, ihr Sich-Einrichten und Sich-Einlassen mitprägt.

Strukturorientierte Sichtweisen stehen damit zwar in einer Entwicklungsreihe, die von biologistischen über deterministische hin zu Vorstellungen führte, wonach sich räumliche Organisation, physische Umwelt, »unmittelbar strukturierend auf das Verhalten auswirkt«[820], sie gehen aber von der Tatsache aus, daß urbane Lebensstile – in der älteren Diktion »territoriales Verhalten« für verschiedene (u.a. sozial zu fassende) Gruppen unterschiedlich sind unterliegen und vielfältige Möglichkeiten zur Differenzierung bieten. Gerade die aktuelle ›Konkurrenz‹ zwischen herkömmlichen

---

818 Hannerz 1995:71
819 Ebd., p. 78.
820 Hamm 1982:133

und neuen Formen der Mensch-Raum-Beziehung legt nahe, im Rahmen einer forschungsgeschichtlichen Arbeit bei diesem bis vor kurzem weithin anerkannten Paradigma etwas eingehender zu verweilen.

6.1 Menschen im städtischen Raum

Ausgangspunkt der Überlegungen zur Mensch-Raum-Beziehung in Städten bildet auch bei strukturorientierter Sicht die der Umstand, daß die physischen Existenz des Menschen immanent den Anspruch auf persönlichen Raum in sich birgt:

Ausgangspunkt allen Nachdenkens über territoriales Verhalten ist die Leiblichkeit *des Menschen, seine Physis wie seine Physiologie, die seine Raumgebundenheit begründen und von denen aus verständlich wird, was* ›Territorium‹ *bedeuten kann (...). (Hamm 1982:133; Hervorhebung im Original)*

Dieser Anspruch auf persönlichen Raum ist, so die ersten Weiterungen, je nach historischer, kultureller, sozialer, alters-, wahrnehmungs- etc. bedingter Verfaßtheit verschieden; zudem unterliegt dessen Ausdehnung und Einhaltung unterschiedlichen Mustern, Bedingungen und situativen Faktoren. Das (Inter-)Agieren mit und im Raum ist weiter abhängig von den Dingen, die in der Umwelt vorgefunden werden:

(...) um zu verstehen, was mit ›Verhalten‹ *gemeint sein soll, müssen wir uns mit der sozialen Bedeutung der materiellen Umwelt, genauer: den Sachen, aus denen sie sich zusammensetzt, beschäftigen. (Hamm 1982:133; Hervorhebung im Original)*

Die Zugänglichkeit, Wahrnehmung und Interpretation der Dinge im Raum durch und für das einzelne Individuum erlaubt diesem Situationsdefinition, eröffnet, bestimmt oder beschränkt Handlungsspielraum.
Die Beziehung Mensch-Raum wird schließlich beschrieben als mitbestimmt durch Räume, die zur Herstellung von räumlicher Identität – oder besser: zur Verortung – in Anspruch genommen werden können.

Auf diese drei herkömmlichen – und trotz Infragestellung nicht bedeutungslos gewordenen – Parameter einer Stadtbetrachtung sollen im folgenden etwas ausführlicher eingegangen werden.

6.1.1 Personaler Raum

Jedes Individuum verfügt eo ipso über einen Bedarf an Raum, der nicht gleichzeitig von anderen Menschen eingenommen werden kann. Über diese rein physisch bedingten Voraussetzungen hinaus erfährt die persönliche Inanspruchnahme von Raum im soziokulturellen Kontext und im sozialen Verhalten Erweiterungen. Parameter der Art und Nähe der Beziehung einzelner Menschen untereinander, aber auch beispielsweise situativer oder kultureller Natur formen für die Herausbildung prägender Distanzen, die Entstehung von jeweils differenten personalen Räumen mit. Die Ausdehnung der »Raumblase«[821] um ein Individuum bzw. eines Individuums variiert somit in unterschiedlicher Abhängigkeit zu verschiedenen Kontextfaktoren und -bedingungen. Als wichtigste sind zu benennen:
- Wahrnehmungsräumliche Muster:
Die sinnliche Wahrnehmung, das heißt Faktoren des Geschmacks, des Tastens und Greifens, des Riechens, Hörens und Sehens bilden jeweils eine persönliche, nachvollziehbare Erlebnis- und Wahrnehmungssphäre von Räumen. Diese ist indessen nicht nur individuell determiniert, sondern unterliegt ebenso Bestimmungen und Unterscheidungen durch – beispielsweise – die Stellung im Lebenszyklus, durch Geschlecht oder Kultur.
- Sozial bedingte Größenfaktoren:
Die unterschiedliche Ausdehnung des personalen Raums wird weiter über soziale Gegebenheiten konstruiert. So wirkt sich beispielsweise das Lebensalter bestimmend auf die Ausfüllungen des sozialen Raums aus. (Kinder verfügen etwa über eine kleinere Raumblase – Fehleinschätzungen von Erwachsenen führen allerdings oft dazu, daß diese als überhaupt nicht existent eingeschätzt und oft verletzt wird.) Aber auch soziale Distanz und sozialer Status führen zu unterschiedlichen Ausdehnungen des Raumanspruchs. So bewirkt beispielsweise soziale Distanz (bedingt durch den Statusunterschied) auch eine Vergrößerung der räumlichen Distanz[822], soziale Nähe hingegen eine Verminderung.
- Kulturbedingte Größenfaktoren:
Ansprüche an die Größe der Raumblase differieren weiter durch kulturräumliche Vorgaben. Im europäischen Kontext beispielsweise läßt sich dies-

---

821 Edward T. Hall, The Hidden Dimension. New York 1966:119
822 Diese Grundbedingung ist allerdings in praxi weiter zu differenzieren: In einem hierarchischen Verhältnis beispielsweise ist die Einhaltung sozial bedingter Raum- und Abstandsmuster nur von einer vorgesetzten gegenüber einer untergebenen Person einklagbar. Umgekehrt kann die bewußte Verletzung personalräumlicher Patterns sowohl als Zeichen (momentaner) Wertschätzung und Nähe, aber auch als Mittel sozialer Kontrolle oder hierarchischen Anspruchs eingesetzt werden.

bezüglich eine klare Nord-Süd-Unterscheidung ermitteln, ist doch der Anspruch auf die Ausdehnung des personalen Raums in Südeuropa um einiges kleiner als etwa in der Schweiz oder in Skandinavien. Daß allerdings territoriale oder nationalstaatliche Zugehörigkeiten nur oberflächliche Größen und in sich weiter zu differenzieren sind, belegen etwa die Gegebenheiten in den USA. Hier unterscheidet sich z.b. die Durchschnittsgröße personaler Räume von Farbigen und Weißen (bei letzteren ist er in der Regel größer). Gerade im interkulturellen Kontakt führt die Unkenntnis kulturgeprägten persönlichen Raumanspruchs oft zu Mißverständnissen, deren Erkennen wesentlich schwerer fällt als beispielsweise von solchen im sprachlichen Umfeld.

- Historisch bedingte Größenfaktoren:
Im historischen Kontext läßt sich tendenziell wohl eher auch ein Vektor in Richtung einer allmählichen Zunahme bzw. Ausdehnung des *personal space* beobachten. Allerdings ist zumindest seit dem faktenreichen Dekonstruktionsversuch von Peter Duerr[823] an Norbert Elias' Aussagen über die Gesetzmäßigkeiten des Zivilisationsprozesses[824] die Frage des kontinuierlichen Ansteigens der Peinlichkeitsschwelle, einer Frage, die in unmittelbarem Zusammenhang mit derjenigen des personalen Raumes steht, im Verlauf der abendländischen Geschichte zumindest nicht unbestritten. Ohne abschließend zu dieser v.a. auf Ebene von Einzelfakten geführten, (zu) wenig den theoretischen Gehalt der Elias'schen Setzung eines Zivilisationsprozesses[825], allfällige Modifikationen oder neue theoretische Zugänge diskutierenden Kontroverse Stellung zu nehmen, scheint doch ein historisches Anwachsen des persönlichen Raumanspruchs eher gegeben zu sein.

-Beziehungsbedingte Größenfaktoren:
Auch beziehungsbedingte Momente bestimmen die Ausdehnung des personalen Raums mit: Mit steigender Personalität bzw. Intimität einer Beziehung nimmt die jeweilige Raumblase ab: Im intimsten Rahmen stellt der Tastraum, in persönlich-freundschaftlichen der Geruchsraum eine wesentli-

823 Hans Peter Duerr, Nacktheit und Scham. Der Mythos vom Zivilisationsprozeß, Bd.1. Frankfurt a.M. 1988; Hans Peter Duerr, Intimität. Der Mythos vom Zivilisationsprozeß, Bd. 2. Frankfurt a.M. 1990; Hans Peter Duerr, Obszönität und Gewalt. Der Mythos vom Zivilisationsprozeß, Bd. 3. Frankfurt a.M. 1993

824 Norbert Elias, Über den Prozeß der Zivilisation. Soziogenetische und psychogenetische Untersuchungen. 2 Bde. Bd I: Wandlungen des Verhaltens in den weltlichen Oberschichten des Abendlandes. Bd.II: Wandlungen der Gesellschaft. Entwurf zu einer Theorie der Zivilisation. Bern 1969 (EA: Basel 1939)

825 Besonders die Fundierung einer psychogenetischen Sichtweise erscheint bei Elias nicht ausreichend theoretisch abgestützt und verankert. Als Modell von Kulturtransfer kann aber Elias wohl heute noch einen Platz im kulturwissenschaftlichen Bereich behaupten.

che Rolle. Umgekehrt steigt der personale Raum mit zunehmender persönlicher Distanz.
- Situative Merkmale:
In zahlreichen Situationen (von der Gedrängtheit im Fahrstuhl oder bei
öffentlichen Manifestationen bis hin zum Raumbudget in öffentlichen Ver-
kehrsmitteln) wird der minimale persönliche Raumanspruch unterschritten.
Um solche Situationen inadaequater räumlicher Verhältnisse dennoch nicht
als sozial bedeutend erscheinen zu lassen, existiert ein differenziertes Regel-
werk zur Sicherung der minimalsten Ansprüche an die persönlichen räumlichen Bedürfnis und somit zur gegenseitigen Abgrenzung.

In der Anwendung dieser Fragestellungen und Vorgaben auf urbane Gegebenheiten standen vorerst situative Merkmale scheinbar im Vordergrund.
Urbaner Raum, Dasein im urbanen Raum, zeichnet sich gerade dadurch
aus, daß das persönliche Raumbedürfnis in vielen Fällen nicht eingehalten
werden kann. V.a. im öffentlichen Raum kommt es oft zu unfreiwilligen
Verletzungen dieser Vorgaben. Als Beispiel sei nur auf den Personenverkehr
hingewiesen: Sowohl die Inanspruchnahme des öffentlichen Personentrans-
ports als auch die individuelle Fortbewegung zu Fuß ist oft nur unter Unter-
schreitung des minimalen Raumbedürfnisses möglich. Der als stadttypisch
beschriebene, gehäufte Umgang mit und in einer Menschenmenge erheischt
Strategien, sich dennoch der von außen aufgezwungenen Nähe zu entzie-
hen. Dies führt zu Verhaltens-, Wahrnehmungs- und Beschreibungsmustern
der urbanen Daseinsform, wie sie als Grundbestimmungen städtischer Verfaßtheit bereits in der Urbansoziologie um und nach der Jahrhundertwende
beschrieben hat und wie sie bis heute oft fortgeschrieben werden: Flüchtigkeit der Begegnungen, Distanziertheit, konventionelle Festlegung von Ge-
sprächsthemen u.v.a.m.[826]
Diese Benennung von Einengungen des personalen Raumes und damit
einhergehender Verhaltensanmutungen beschränkt sich allerdings auf Gegebenheiten im öffentlichen Raum, ohne den Nahraum weiter zu berücksichtigen. Sollen urbane Lebensstile aber angemessen beschrieben werden, spielt
aber gerade das Aushandeln von sozialer und beziehungsmäßiger Nähe und
Distanz[827] eine ebenso wichtige Rolle. Erst im Zusammenspiel und in der
Zusammensicht aller Merkmale, ohne einseitige Sicht auf diejenigen, die im
öffentlichen Raum dominieren (ohne in irgend einer Form exklusiv zu
sein), ergibt sich so ein stimmiges Instrumentarium zur Beschreibung und
Analyse eines Teilbereichs urbaner Verfaßtheit.

826 Cf. dazu Kap. 5.2
827 Was nur zu oft mißglückt und den Nahraum zum Gewaltraum macht.

6.1.2 Städte – Sachen – Sinne

Die Bestimmung und Aushandlung individueller Raumansprüche im urbanen Rahmen erfolgt nicht kontextlos, sondern spielt sich, neben personen- oder zeitgebundenen Faktoren u.a. vor dem Hintergrund der Dinge und der Materialität des Städtischen ab. Ob Möbel, Häuser oder Straßen – um nur einige wenige zu nennen – ihre Benützung ist nicht allen gleich möglich, gleich offen oder an die gleichen Bedingungen geknüpft und sie werden unterschiedlich interpretiert. Die Sachausstattung von Räumen hat aber nicht nur einen symbolischen Sinn, sondern wirkt sich auch auf das Verhalten aus: Sie »eröffnet und begrenzt zugleich Handlungsspielräume«[828], wirkt sich auf die Muster des eigenen und des Verhaltens der respektive anderer beteiligter Personen aus. Auseinandersetzungen mit Fragen der Sachausstattung haben im allgemeinen volkskundlichen Kontext eine kontinuierliche fachspezifische Tradition, sie wurden aber nur bedingt auch auf städtische Gegebenheiten übertragen. Die Ausführungen zu den frühen volkskundlichen Zugängen zur Erfassung städtischen Lebens haben gezeigt, daß gerade dem Aspekt der materiellen Kultur im städtischen Bereich oft nur wenig Bedeutung zugemessen wurde.[829] Ausnahmen, wie beispielsweise die Österreicher Leopold Schmidt[830] oder Hans Commenda[831], heben sich denn auch von den übrigen meist pessimistisch eingefärbten Darstellungen ab. Ihre nähere Analyse zeigte indessen, daß mit der Darstellung materieller Aspekte des urbanen Lebens keine Trennschärfe zu nicht-urbanen Darstellungen angestrebt war, sondern im Gegenteil bloß das Ländliche im städtischen Raum gesucht und gefunden wurde. Selbst die erste einigermaßen kohärente Auseinandersetzung der Volkskunde mit städtischen Gegebenheiten im Zusammenhang mit Fragen der Stadt-Land-Beziehungen[832] hat kaum zu einer neuen Sichtweise und Bewertung von Problemen der materiellen Kultur und der Materialität im und des urbanen Umfelds geführt. Es versteht sich, daß sich sinnvolle Untersuchung der Dinge der Stadt sich nicht der isolierten Analyse einzelner materieller (Kultur-)Elemente verschreiben kann, sondern ihre Einbindung und Einbettung in größere Kontexte – von Stadt-Ideen über Stadtdiskurse bis hin zu Räumen der und in der Stadt – von Interesse ist. Nur gerade im letzten Sinne sind bis vor kurzem Überlegungen gediehen, die sich vor allem mit der Frage von deren

---

828 Hamm 1982:138
829 Cf. Kap. 2.3.1f; 2.3.4 und 2.4
830 Cf. Kap. 2.3.3
831 Cf. Kap. 2.3.5
832 Cf. Kap. 3.3

symbolischen und insbesondere bestimmte Verhaltensformen bzw. Lebensstile zulassenden und/oder ausschließenden Funktion beschäftigt haben.

6.2   Städtische Lebensräume

Zurück zum strukturorientierten Paradigma: Hier bildete gerade die Frage
der »Sachausstattung« ein wichtiges Kriterium, Städte sowohl als in sich
geschlossenes Ganzes zu betrachten, als auch eine Hierarchie städtischer
Teilräume zu bestimmen, zumal einzelne dieser Räume als strukturierte
»Territorien«, bestimmt durch spezifische Sachausstattung und mitbestim-
mend für die Identität, dargestellt werden. V.a. drei Faktoren werden in
dieser lange unangefochtenen Sichtweise als bestimmend für die Ausgestaltung von Territorien bezeichnet: Diese erscheinen als Räume, in denen
Individuen oder Gruppen
- sich relativ dauerhaft aufhalten,
- von diesen wesentliche existenzerhaltende Tätigkeit ausgeübt wird, und
- Besitzansprüche angemeldet und allenfalls verteidigt werden.[833]
So ergibt sich ein Bild von Territorien, die in konzentrischen Kreisen mit
jeweils absteigender Intensität der genannten Merkmale um das Individuum
herum angeordnet erscheinen: Während im Fall des *personal space* die inten-
sivsten Ansprüche bestehen, nehmen diese über Wohnung/Haus und Nach-
barschaft/Quartier bis hin zum öffentlichen Raum und zur Stadt ab, es wird
ihnen aber grundsätzlich die Eigenschaft zugeschrieben, räumliche Identität
herstellen zu können. Geprägt werden die jeweiligen Territorien nachhaltig
durch die Sachausstattung, zumal diese die drei genannten Grundfunktio-
nen sicherstellen. In aufsteigender Reihenfolge sollen im folgenden einzelne
Aspekte zur Darstellung gelangen, wie sie den unterschiedlichen Territorien
im strukturorientierten Paradigma zugeschrieben werden. Dieses hat, um
dies noch einmal herauszustreichen, nachhaltigen Einfluß auf die volkskundlichen Auseinandersetzung mit der Stadt gehabt – nur schon in der
Übernahme der üblichen Aufgliederung in die Bereiche des Wohnens, der
Nachbarschaft und des Stadtviertels bzw. -quartiers. Die Untergliederung
von Städten in Teilräume suggerierte Überschaubarkeit und eine Reduktion
der Vielfalt und schien zu legitimieren, beispielsweise Stadtviertel als Quasi-
Dörfer zu betrachten.[834] Damit verband sich auch eine Konzentration auf
den persönlichen Nahbereich, der oft die Auseinandersetzung mit dem
weiteren städtischen Umfeld ausschloß.

---

833 Hamm 1982:139
834 Cf. Kap. 3.5

6.2.1 Wohnung

»Mensch sein heißt: als Sterblicher auf der Erde sein, heißt: wohnen.«[835] Äußerungen wie diese von Martin Heidegger weisen generell auf den Stellenwert hin, der dem Wohnen beigemessen wird. Auch ein auf die Ermittlung von Strukturen des städtischen Raums und urbaner Lebensformen ausgerichtetes Paradigma setzte grundlegend beim Wohnen als Inbegriff territorialen Verhaltens an, zumal ungeachtet unterschiedlicher Wohn- und Lebensstile, die vor allem auf die Abhängigkeit von Faktoren wie Alter, Erwerbstätigkeit oder Geschlecht zurückgeführt wurden, nach wie vor der größte Anteil Zeit, die an einem festen Territorium verbracht wird, in der Wohnung verstreicht: Durch die industrialisierungsbedingte Trennung von Wohn- und Arbeitsplatz initiiert, erhielt die Wohnung klare Funktionen zugewiesen – als paradigmatischer Ort existenzerhaltender Tätigkeit, das heißt in erster Linie als Ort der Reproduktion, sowohl im physischen (Schlafen, Körperpflege, Mahlzeitenzubereitung und Essen), familiären (Zeugung, Pflege, Kindererziehung), wie im sozialen Bereich (Kommunikation mit Freunden und Verwandten). Die Vielfalt und Unterschiedlichkeit städtischer Wohn- und Lebensformen (beispielsweise Unterschiede in der Funktionalität der Wohnung als Ort kommunikativen Austauschs), wurde dabei vor allem auf ›harte‹ Faktoren (in unserem Exempel auf den sozialen Status) zurückgeführt. Damit stellt die Wohnung eine Art Erweiterung des *personal space* auf möglicherweise mehrere Personen und Teile der materiellen Kultur bzw. des materiellen Eigentums dar und wird nicht zuletzt aus diesem Grund durch persönliche wie durch rechtliche Vorkehrungen geschützt. Wohnung, in diesem Sinne als Ort größter Privatheit beschrieben, wurde beispielsweise mit der Handlungstheorie Erving Goffmanns[836] als »Hinterbühne« bezeichnet, als Ort der Einübung sozialer und persönlicher Verhaltensmuster, aber auch als jenes Territorium, in welchem abweichendes – in anderen Kontexten allenfalls sanktioniertes – Verhalten (von den Tischsitten bis zur Mißhandlung) und Intimität festen Raum hat.

In Anlehnung an Norbert Elias wurde Privatheit innerhalb der Wohnung als ein eher junges, vom Steigen der Scham- und Peinlichkeitsschwelle abhängiges, Phänomen bezeichnet, das aber keineswegs als einheitlich geschichtet erscheint. Hingewiesen wurde etwa darauf, daß gesteigerte Privatheit als Privileg sozial höher eingestufter Schichten, aber etwa auch von Erwachsenen gegenüber Kindern zu bezeichnen ist und weiter, daß die Privatheit der Wohnsphäre durch zahlreiche Außenfaktoren eingeschränkt

835 Martin Heidegger, Bauen, Wohnen, Denken. In: Vorträge und Aufsätze. Pfullingen ²1959, p.145-162, hier p.147
836 Goffman 1969

wird, sei dies durch den staatlichen Zugriff bezüglich Registrierung und
Kontrolle, sei dies durch mediale Beeinflussung des Zeithaushalts respektive
-rhythmus', sei dies durch bauliche Vorgaben oder auch durch Regulative
wie Hausordnungen und ähnliches. Zudem sind Wohnungen in der Regel
auch nach außen hin nicht völlig abgeschottet, vielmehr ist nicht nur Einblick, sondern auch die Wahrnehmung von Geräuschen und Gerüchen aus
Wohnungen vielfach möglich.

6.2.1.1 Wohnen in der Stadt: ›harte‹ Strukturfaktoren

Bleiben wir aber vorerst bei den ›harten‹ Faktoren als einer – nachhaltig
weiterwirkenden – Komponente einer strukturorientierten Sichtweise auf
die Stadt, die Diversifizierungen und Pluralisierungen von außen her zu
beschreiben und zu bündeln such(t)e. Die Einheit der Vielfalt, welche sie
letztlich beschreibbar machen sollte, ist durch die Aufweichung fester
Strukturen und Bindungen allerdings aufgebrochen, nicht aber völlig hin-
fällig worden; was bleibt sind Hinweise auf Rahmen, Umfelder und Mög-
lichkeitshorizonte städtischer Wohnen- und Lebensstile, die es für die Befragung des Raumbezuges von Individuen und/oder von Gruppen, für die
Auseinandersetzung mit dem Lokalen weiterhin zu bedenken gilt.

- Stadtwachstum:
Rund drei Viertel der westeuropäischen Bevölkerung leben heute in Stadt-
und Agglomerationsgebieten. Urbanes ist demnach die dominierende Realität des Großteils der Bevölkerung, Erfahrungen mit Urbanität wohl nur
wenigen Teilen der Bevölkerung fremd. Die Ausbildung einer hohen und
dichten Urbanisierung unterlag in diesem ganzen geographischen Rahmen
ähnlichen Mechanismen: Endpunkt der Entwicklung stellt einerseits die
Verdrängung der Bewohnerinnen und Bewohner aus den Kernzonen der
Städte in die Agglomeration dar – während städtischer Wohnraum immer
häufiger exklusiver, gehobener Nutzung vorbehalten bleibt –, andererseits
eine weitere Ausbreitung der suburbanen Peripherie. So gilt nicht nur für
die Schweiz, die im folgenden als konkretes Beispiel herangezogen wird, daß
sich ungefähr seit Beginn der 1970er Jahre die Wohnungsproduktion erheblich auf Kleinstädte und Gemeinden mit zwei bis zehntausend Einwohner verlagert hat, die im Gegenzug mit den öffentlichen Nahverkehrsmitteln
besser erschlossen und mit der Kernstadt verbunden wurden. Damit blieben, namentlich für die Neuzuzüger in diesen neuen Stadtrandgebieten, die
Pendelzeiten für das einzelne Individuum mehr oder weniger konstant.
Diese Wanderungsbewegungen haben für die Zusammensetzung der Stadtbevölkerung wichtige Folgen, zumal sie »zusammen mit der allgemeinen

Überalterung die Struktur der Bevölkerung hinsichtlich wirtschaftlicher Leistungsfähigkeit, Alter und ethnischer Zusammensetzung« verändern.[837]

Die Dominanz wirtschaftlich stärkerer Nutzungen, der strukturelle und quantitative Mangel an geeignetem Wohnungen oder die einseitige Altersstruktur der Bevölkerung lösen unfreiwillige Verdrängungseffekte aus. Andererseits tragen lästige Immissionen, Segregationserscheinungen, kinderfeindliche Wohnumfelder, schlechte bauliche Substanz oder hohe Mieten zur aktiven Stadtflucht einzelner Bewohnergruppen bei. (Gurtner 1990:152)

- Soziodemographisches:
Die Gleichsetzung von Wohnen und Familie hat sich als Strukturem von ausgesprochener *longue durée* erwiesen. Gerade der Blick auf die jüngere Entwicklung – auch von außen her – weist aber auf die Revisonsbedürftigkeit dieser Vorstellung hin: Trotz Rückgang der Wohnbevölkerung ist indessen in den letzten Jahrzehnten die Zahl der Haushalte stark gestiegen, wobei namentlich die Einpersonenhaushalte in dieser Entwicklungsreihe überproportional vertreten sind. Veränderte gesellschaftliche Rahmenbedingungen, so etwa bezüglich Familien- und Haushaltsbildung, aber auch Veränderungen im Ökonomischen haben zur Umgestaltung von Werthorizonten (Stichwort: Pluralisierung der Lebensstile) geführt, die auch in der Umstrukturierung städtischen Wohnens und städtischer Haushalte Niederschlag gefunden haben. Mit Blick auf Haushalte und Haushalttypen führt die Entwicklung vom Zweischritt 1) »Familienhaushalt« - 2) »Verlassen des Familienhaushalts bei Gründung eines eigenen Hausstandes«, an dem man auch nach dem Fortgang allfälliger Nachkommen oder dem Tode des Ehepartners festhielt, hin zu differenzierten Haushaltsformen. In der Schweiz etwa sind nur noch gut zwei Fünftel (42%) – in der Hauptstadt Bern gar nur noch gut ein Viertel (27%) – aller Haushalte Familienhaushalte. In sozialdemographische Parameter gefaßt, wurden als Mitauslöser und Indikatoren dieser Entwicklung und damit (bei aller Vorsicht vor zu schnellen Kausalbezügen) von Verschiebungen im gesellschaftlichen Wertgefüge u.a. benannt: ein Ansteigen des Heiratsalters seit ca. 1970, eine Abnahme der Heiratshäufigkeit[838], eine Abnahme der Wiederverheiratungsquote bei Ver-

---

837 Gurtner 1990:152. Sichtbares Merkmal ist etwa die Verdoppelung der über 65-jährigen Bevölkerung in der Stadt Zürich zwischen 1950 und 1980 von 9% auf 19,8%, die – wie auch in Basel und Bern – (1980) über 30% aller städtischen Wohnungen belegten.

838 Wobei gleichzeitig relativierend einerseits auf das allmähliche Wegfallen einer gesellschaftlichen Diskriminierung nicht offiziell festgeschriebener Paarformen, andererseits auf eine Trendwende in der jüngsten Vergangenheit bezüglich der Heiratsfreudigkeit hingewiesen wurde.

witweten und Geschiedenen unter gleichzeitiger Zunahme der Zeitspanne bis zu einer allfälligen Wiederverheiratung, längere »Primärphasen« (d.h. späterer Geburtszeitpunkt des ersten Kindes, weitere Kinder werden allerdings in schnellerer Folge geboren), ein früheres Verlassen des Elternhauses sowie die Erhöhung der durchschnittlichen Lebenserwartung. Der Familienhaushalt wird indessen durch die neuen, nicht-familialen Haushaltstypen nicht einfach ersetzt, diese treten vielmehr neben die herkömmliche Formen.[839]

- Ökonomische Wertstrukturen:
Außer auf diesen soziodemographischen Verschiebungen weisen die Arbeiten zu äußerlichen Strukturfaktoren auch auf veränderte Rahmenbedingungen im ökonomischen Wertgefüge hin, denen ebenfalls für Ausgestaltung des Wohnens Relevanz zugesprochen wird: Im Gegensatz zur frühen Nachkriegszeit und davor kann sich heute ein Großteil derjenigen, welche einen eigenen Haushalt führen wollen, dies auch leisten – was bis zu diesem Zeitpunkt schlechtverdienenden oder finanziell nicht gut gestellten älteren Personen, nicht voll berufstätigen jugendlichen Erwachsenen und besonders auch Frauen kaum möglich war, d.h. sie an ein Leben im Familienhaushalt band. Damit eröffnen sich wesentlich erweiterte Wahlmöglichkeiten hinsichtlich Wohn- und Lebensformen.

Alles in allem werden die eben geschilderten soziodemographischen und ökonomischen Entwicklungen, verbunden und in Wechselwirkung mit Veränderungen gesellschaftlicher Leitbilder (u.a. durch das Aufbrechen starrer Sozialstrukturen, das Aufkommen einer neuen, sich nicht mehr aus sich selbst reproduzierenden Bildungsschicht, Abbau von Formalität, Betonung sozialer Gruppenstrukturen statt größerer gesellschaftlicher Formationen, besonders aber auch das Hervorstreichen individueller Ideale) als wesentliche Faktoren für Umschichtungen in den Haushalts- und Familienstrukturen bezeichnet, das heißt konkret für die zunehmende Etablierung nicht-familialer Haushaltstypen, namentlich von Einpersonenhaushalten (die zum Beispiel in den schweizerischen Großstädten mittlerweile über 40% aller Haushaltungen ausmachen). In diesem Phänomen bündeln sich unterschiedliche Entwicklungen und Lebensentwürfe, so markiert beispielsweise das Beziehen einer eigenen Wohnung bei jugendlichen Erwachsenen immer häufiger den Übergang ins Erwachsenenleben, fungiert als »Sinnbild der Selbständigkeit und Unabhängigkeit.«[840]

---

[839] Cf. dazu (mit konkretem Zahlenmaterial für die Stadt Bern) Spiegel 1989:150f.
[840] Ebd., p.151

Bei alledem war bzw. ist strukturorientierte Beschäftigung mit dem Wohnen darauf hin angelegt, Gesetzmäßigkeiten etwa bezüglich Ansprüchen, Standorten oder Entwicklungen zu benennen: So werden Singles der jüngeren Generation u.a. dadurch charakterisiert, oft hohe Ansprüche an das Wohnen zu stellen – und auch bereit zu sein, dafür prozentual einen höheren Anteil des Einkommens zu entrichten – und sich nach Möglichkeit auch nicht auf Dauer mit Einraumwohnungen zufriedenzugeben. Für partnerschaftliche Wohnformen dieser Generation wiederum wird als Haupttrend, zurückgeführt auf Wechselwirkung zwischen steigendem Einkommen und zunehmendem Bedarf an Ausstattung und Luxus, der Weg von der wenig renovierten Altbauwohnung zu Lagen, welche die steigenden Ansprüche an die Ausstattung und Gestaltung des Wohnraums erfüllen können, benannt. Und auch für ältere Paare wird eine veränderte Bewertungen des Wohnens herausgearbeitet, weg von der ehemaligen Familienwohnung in Richtung einer neuen Mobilität und neuer Wohnformen.

Regularien der Entwicklung und der Ausgestaltung werden aber weiter auch für das erst in den vergangenen rund fünfundzwanzig bis dreissig Jahren zum Durchbruch gekommenen Zusammenleben in Wohngemeinschaften festgestellt: Von der alles dominierenden Gemeinschaftlichkeit der Anfangszeit (mit der stets offenen Tür als sichtbarstem Ausdruck) zur kostengünstigen und zweckgemeinschaftlichen Wohnform, die sich durch die zwanglose Möglichkeit von Rückzug und aktiver Partizipation am Wohnungsleben auszeichnet. Wohngemeinschaftliche Formen des Zusammenlebens erfahren darüber hinaus in jüngster Zeit eine Ausweitung, erfassen sie doch neben Studierenden – gleichsam als erster Generation – ebenso Berufstätige, aber auch therapeutische Wohnformen oder Alterswohngemeinschaften. Gemeinsam ist einem Großteil aller Wohngemeinschaften, daß es sich dabei a) meist um reine Erwachsenenhaushalte – häufig ohne Kinder – handelt, b) alle Haushaltmitglieder einer Erwerbstätigkeit oder Ausbildung nachgehen, c) keine funktionelle oder finanzielle Hierarchie, sowie keine feste Rollenverteilung existiert und d) die Teilung der Haushaltsgeschäfte und das Ausbleiben familiärer Beanspruchungen einen relativ großen Freizeitrahmen lassen. Wohngemeinschaften stellen im einzelnen spezifische Anforderungen an Wohnung und Wohnstandort: Zum einen soll die Wohnung idealerweise über ähnlich große Zimmer verfügen, andererseits bevorzugen Wohngemeinschaften innerstädtische oder innenstadtnahe Wohnstandorte.

Zu solchen von der Wohnform her gedachten Ansätzen gesellte sich mit der Frage nach der Rückkehr in die (Innen-)Stadt in neuerer Zeit ein sol-

cher, der bei der Wohnlage ansetzte.[841] Die Wiederbesiedlung des City-
Raumes ist nicht auf die Rückwanderung von Familienhaushalten traditionellen Zuschnitts zurückzuführen, sie ist vielmehr Produkt eines Um-
schichtungsprozesses, welcher hauptsächlich andere Gruppen von Bewohnerinnen und Bewohnern in das Stadtzentrum lockte: Das klassische Bild vom
dynamisch-jugendhaften Aufsteiger als Prototyp des neuen Innenstadtbe-
wohners ist dabei zu einem großen Teil Topos, wichtige Träger dieser neu-
en Schicht von Innenstadtbewohnenden bilden ebenso Dienstleistungs-,
Lehr- und Sozialberufe. Allen eignet aber an, daß sie bereit sind, überproportional viel, d.h. einen relativ großen Teil ihres Einkommens für die
Wohnung auszugeben. Damit bildet sich eine neue Schicht von Bewohnerinnen und Bewohnern der Innenstadt und innenstadtnaher Viertel heraus.
Sie trägt mit einem oft regen, v.a. auf unterschiedliche kulturelle Anlässe
und Einrichtungen ausgerichteten Freizeitleben nicht nur zu einer deutlichen Belebung des innenstädtischen Lebens bei, sondern erhöht damit insgesamt auch die Attraktivität der Kernstadt und des Innenstadtbereichs für
Besucher aus dem städtischen Umland. Kehrseite dieser Entwicklung stellt
allerdings die endgültige soziale Umschichtung im Innenstadtbereich dar:
Auch der letzte billige innenstädtische Wohnraum wird verteuert, d.h. Bo-
den- und Wohnungspreise steigen, solange die Nachfrage nach innenstädtischen oder innenstadtnahen Wohngebieten anhält. Für ihre ehemalige Bevölkerung bleibt, da die peripheren Wohnlagen längst durch Abwanderer-
Familien an den Einfamilienhausgürtel besetzt sind, lediglich »das Nie-
mandsland zwischen Ausfallstraßen, Gewerbegebieten und Einkaufszentren,
das weder Stadt noch Land, aber billig ist«,[842] allerdings, im Gegensatz etwa
zu den Banlieux französischer Großstädte ohne sichtbare Ballungen, d.h.
auch (weitgehend) ohne soziale Stigmatisierungen. Indessen kann sich dort,

---

841 Der Terminus »Rückkehr in die Stadt« wird hier demjenigen der »*Gentrification*«
vorgezogen, da er die Handlungsperspektive begreift. Grundsätzlich fassen aber beide
die Modernisierung und Renovation von Altbauwohnungen (meist in Zentrums-
oder zentrumsnahen Quartieren) bei gleichzeitiger kräftiger Steigerung der Mietpreise
und damit einer grundlegenden Verschiebung der Bewohnerinnen und Bewohner.
Neue zahlungskräftige Mieterinnen und Mieter verdrängen die bisherige, von den
günstigen Preisen profitierenden Bevölkerungskreise und bewirken eine Verschiebung
der Infrastruktur. Cf. dazu u.a.: Blasius/Dangschat 1990; Blasius 1993.
Unter dem Begriff der ›Rückkehr in die Stadt‹ lassen sich aber auch Tendenzen summieren, die denjenigen der »Gentrification« zuwiderlaufen, v.a. die Tatsache, daß
auch ausländische Unterschichtenfamilien und alleinlebende Personen nicht nur
zahlungskräftiger Schichten ebenfalls – verbleibende günstige – Wohnlagen im Zentrum und den angrenzenden Gebieten der Kernstadt vermehrt belegen. (Cf. dazu u.a.
Gatzweiler/Strubelt 1988).
842 Spiegel 1989:154

wo sich die Verteuerung der Wohnlagen (noch) nicht durchgesetzt hat, auch
eine gegenläufige Tendenz beobachten lassen: ausländische Unterschichtfa-
milien oder auch allein lebende Personen aus unteren Einkommensklassen
»beziehen« kernstädtische Räume[843], was in diesem Fall auch nicht zu den
beschriebenen markanten Strukturveränderungen führt.

Die knappe Skizze aktuellerer Ausführungen zu ›harten‹ Strukturfaktoren,
vielleicht am deutlichsten jene zur »Gentrification«[844], machen sichtbar, daß
die aus einer streng strukturorientierten Perspektive zu gewinnenden Rah-
mendaten zum Wohnen in der Stadt zwar Gliederungs- und Differenzie-
rungsmöglichkeiten in räumlicher wie sozialer Hinsicht bieten, ohne aber an
den eingangs dieses Kapitels festgehaltenen Zusammenhang zwischen Leiblichkeit und Räumlichkeit direkt heranzuführen. Ohne Zweifel dürfen sie in
ihrer Bedeutung für die Ermittlung der sozialen Konstruktion von Räumen
und ihrer symbolische Sprache nicht außer acht gelassen werden, zumal sie
die subjektive Bestimmung oder besser: den subjektiven Bezug zum Raum,
seine Deutungen und Bedeutungen, seine Bestimmung und Bestimmtheit
mitgestalten. Für die volkskundliche Beschäftigung mit dem Wohnen als
alltäglicher Praxis und Erfahrung sind sie damit insofern von Belang, als sie
Handlungsmöglichkeiten und Sinnbezüge mit unterlegen; die Perspektive
indessen ist von außen nach innen, auf den Menschen und seinen kulturellen Umgang mit und in dem Raum zu wenden.

6.2.1.2 Wohnweise und Wohnkultur

Die Auseinandersetzung mit dem Kulturfaktor Wohnen erfolgte unter enger
volkskundlichen Gesichtspunkten vor allem mit Blick auf Fragen der Iden-
titätsbildung und -bestätigung, wie etwa Ina-Maria Greverus in ihren Überlegungen zum »territorialen Menschen« bereits ausgangs der 70er Jahre aus-
führte: Wohnen erscheint als die Summe aktiver und passiver, fremd- und
selbstbestimmter Faktoren. Damit gehört »der gestaltete Raum als geprägter
und prägender (...) zu den Identitätsfaktoren, in denen sich eine Gruppe
erkennt und erkannt wird und sich gegen andere Gruppen abgrenzt.«[845]
Identifikation mit dem Raum über seine vielfältige Nutzung und Selbstgestaltung findet verschiedenartigsten Ausdruck: in Graffitis, der Vorliebe zum
Wohnen im Altbau, den geschmacklichen Präferenzen in der Gestaltung
von Wohnwelten etc. All dies zeigt »ein Bedürfnis nach Identitätsmerkma-
len, die nicht über soziale Interaktion bezogen werden, sondern über die Ge-

---

843 Cf. Gatzweiler/Strubelt 1988
844 Für eine geglückte kulturwissenschaftliche Herangehensweise cf. Lang 1998
845 Greverus 1978:274

staltung, von Materie, von Umwelt, die als Ausdruck und Bestätigung der Identität gesehen wird.«[846] In der Auseinandersetzung mit der Beziehung Mensch-Raum erfolgte so der Zugriff auf das Wohnen im Kontext des »von Menschen angeeigneten und gestalteten Raumes« als »Symbolsystem«.[847] Bei alledem wurden Strukturüberlegungen nicht a priori ausgeschlossen:

> *Von Kulturphänomenen im Bereich des gegenwärtigen Wohnens als Gegen-*
> *stand der volkskundlichen Forschung kann man dann sprechen, wenn im*
> *Wohnen einer bestimmten Gesellschaft, einer Gruppe, einer Sozietät ein Zu-*
> *sammenhang, eine spezifische Ausformung nachweisbar ist. (Katschnig-Fasch*
> *1985:321)*

Die Annäherung an Wohnen, Wohnwirklichkeiten erfolgte damit in einer solchen an Prozesse, Handlungen, Verhaltensmuster und Interaktionen, die jeweils »in spezifischen Symbolen dargestellt sind«, d.h. als »Motive und Einstellungen, die sich in der Ausstattung der Wohnungen dokumentie-ren.«[848] Wohnweise und Wohnkultur wurden so vor allem in ihren Wech-selwirkungen mit gesellschaftlichen, sozialen, architektonischen Struktur-faktoren gesehen, als in einem Beziehungsgeflecht zwischen sozialem und physischem Raum stehend. Als zentral erwies sich insbesondere die Ermitt-lung der Wirkkraft sozial- und kulturräumlicher wie mentaler Strukturen und damit der Beziehungen zwischen Habitus und Habitat, der identitäts-bildenden und/oder -stabilisierenden Funktion des Wohnens. Anders und in Anlehnung Sichtweisen aus benachbarten Disziplinen formuliert: Woh-nen wurde einerseits als Interaktionssystem, das den Menschen sowohl phy-sisch und psychisch wie auch soziokulturell an bestimmte Räume bindet[849], analysiert, andererseits aber auch als »Ausdruck einer symbolischen Ortsbe-zogenheit«, die soziale Orientierung und regionale Identifizierung, »lokale-motionale Beziehung«[850] stiftet.

Während längerer Zeit orientierte sich die volkskundliche Wohnforschung – die den Weg in die Stadt zunächst nur sehr bedingt gefunden hatte –, an dem anregenden[851], bereits 1972 von Margret Tränkle formulierten Be-griffspaar der »Wohnweise« und »Wohnkultur«: Wohnkultur, Kultur des Wohnens, Kultur im oder für das Wohnen, Wohnen als Kulturtätigkeit

---

846 Ebd., p.267f
847 Ebd., p.274
848 Katschnig-Fasch 1985:321
849 Cf. Schmidt-Relenberg 1968:v.a. 92ff
850 Hans Jürgen Teuteberg, Betrachtungen zu einer Geschichte des Wohnens. In: Teuteberg 1985, p.1-23, hier p.23
851 Die bis heute anregende Wirkung betont zB. Ruth E. Mohrmann, Wohnen und
   Wirtschaften. In: Brednich 1994, p.123-143, hier p.128.

umfaßt in ihrer weithin übernommenen Auslegung nicht nur den Objekt-
bereich, sondern ist als Tätigkeit auch kulturelles Verhalten, Einstellungen
zum Wohnen erscheinen damit ideell und ideologisch historisch fundiert :

> Zum Wohnen gehören *bestimmte traditionell und gewohnheitsmäßig ge-*
> *übte Verhaltensweisen, die Wohnbräuche; ebenso gehört der sinnvoll und*
> *schön gestaltete Objektbereich dazu; darüber hinaus regeln Normen und*
> *Werte das Wohnverhalten, für das symbolische Darstellungsformen entwik-*
> *kelt werden, zu denen unter anderem die Einrichtungsobjekte zählen.*
> *(Tränkle 1972:14; Hervorhebung im Original)*

Wohnweise, eine Parallelbildung zum Begriff der Lebensweise in der marxistischen Kulturtheorie, ist von Wohnkultur im einzelnen schwer stringent
zu scheiden. Als wichtiges Moment, welches eine Übernahme bzw. eine
parallele Neuschöpfung des Begriffs forcierte, erscheint die Tatsache, daß
explizit »sozio-ökonomische Situation und die materiellen Lebensbedingungen«[852] als Konstituenten mitreflektiert sind. Vor allem in der Forschung
der Volkskunde der ehemaligen DDR wurde der Begriff der Wohnweise als
›Ersatz-‹ und Parallelbegriff zu demjenigen der Lebensweise forciert. In
Arbeiten aus diesem Umfeld[853] erscheinen Wohnkultur und Wohnweise als
bedingte Synonyme, Wohnkultur hat allenfalls eine eingeschränkte Bedeutung dadurch, daß der dahinter zugrundeliegende Kulturbegriff in einem
eingeengten, d.h. auf elitekulturelle, ästhetisch-geschmackliche Normen
referierenden Sinn verwendet wurde. Demgegenüber wurde aber weitgehend Tränkles Vorschlag übernommen, Wohnweise als den etwas einge-
schränkteren Begriff, der v.a. zur Beschreibung von Wohn-Patterns in Anspruch genommen werden kann, zu verwenden, mit der Verwendung des
Begriffs Wohnkultur aber die Einbettung in größere Kontexte zu betonen:

> *Wenn man den Plural der beiden Begriffe bildet, dann assoziiert man bei*
> *Wohnkulturen doch eher zeitlich und geographisch umfassendere Gebiete,*
> *während man mit Wohnweisen auch die kleinsten Differenzierungen im*
> *Wertesystem ins Auge faßt. Wohnweise impliziert darüber hinaus immer*
> *schon eine tatsächlich existierende Form der Auswahl, während Wohnkultur*
> *eher als abstrakter Begriff auf den prinzipiellen Vorgang der Konditionie-*

---

852 Gottfried Korff, Bemerkungen zur Arbeitervolkskunde. In: Tübinger Korrespon-
denzblatt 2/1971, p.3-8, hier p.7f
853 Cf. z.B.: Ute Mohrmann, Untersuchungen zur Entwicklung der Wohnweise und
Wohnkultur in den Dörfern der DDR. Aufgabenstellung, Methoden, Beispiele. In:
Wolfgang Jacobeit/Paul Nedo (Hg.), Probleme und Methoden volkskundlicher Gegenwartsforschung. Berlin 1969, p.145-155. (Veröffentlichungen des Instituts für
Deutsche Volkskunde, 51)

*rung der Verhaltens- und Wertstruktur auf dem Gebiet des Wohnens hin-
deutet. (Tränkle 1972:16)*

Auf Möglichkeiten einer so verstandenen Wohnkulturforschung als
Stadtforschung hat Gottfried Korff in seinem mehrfach erwähnten Beitrag
zur »inneren« Urbanisierung aufmerksam gemacht und darauf hingewiesen,
daß Arbeiten und Wohnen »wesentliche Impulsgeber für die Zurichtung der
›outillage mental‹ in der großstädtischen Lebenswelt«[854] darstellen:

*Als Beispiel für eine weit in den mentalen Bereich hineinwirkende Urbani-
sierungsfolge gilt das städtische Wohnen, insbesondere das dichtgedrängte
Wohnen in den Arbeiter- und Handwerksquartieren am Stadtrand. (Korff
1985:346)*

Korff schließt damit an zeitgenössische sozialhistorische Sichtweisen an, die
die Ausformung städtischen Wohnens ebenfalls als Produkt eines langdauernden Prozesses deuten[855] und diesem besondere Bedeutung als normative
Größe für das Wohnen in weiten Bereichen zusprechen. Exemplarisch
wurde etwa auf die durch den »Massenwohnungsbau modellierten (...)
Raumbedürfnisse der Unterschichten«[856], aber auch auf die durch die
(durchaus positiv zu wertenden) Folgen kommunaler Wohnbauanstrengun-
gen geprägten Bedürfnisse hingewiesen, die zudem als Beleg für die Ausdehnung des Städtischen und eine Expansion städtisch-lebensweltlicher
Mentalitäten durch Wanderung von Personen und Institutionen, von Paradigmen städtisch geprägter Erfahrungshorizonte ins Umland und weiter,
angeführt wurden.

Wohnweisen- und Wohnkulturforschung hat die volkskundliche Beschäftigung mit dem städtischen Wohnen bislang weitgehend dominiert.
Das Augenmerk lag dabei im wesentlichen auf dem Wohnen in seinen
strukturellen, sozialen, ökonomischen, territorialen, aber auch kulturellen –
historisch, mental oder verhaltensgeprägten – Bezügen.[857] Davon heben sich

---

854 Korff 1985:348
855 Teuteberg (Betrachtungen zu einer Geschichte des Wohnens. In: Teuteberg 1985,
     p.22) stellt als wichtigste Einschnitte die Städtegründungen des Mittelalters und die
     »moderne Urbanisierung« im 19. Jahrhundert, fragt sich aber - z.B. angesichts von
     Erkenntnissen zur »Proto-Industrialisierung« - und regionaler Phasenverschiebungen
     nach der Relevanz unilinearer Erklärungsmodelle und Phaseneinteilungen.
856 Lutz Niethammer, Einleitung. In: Niethammer 1979, p.7-12. hier p.9
857 Die Frage der Bedeutung des Raumes in den Vordergrund seines Zugangs stellt
     beispielsweise Johannes Moser, Widerstand und Aneignung. Eine kleine Wohnsied-
     lung zwischen Abrißplänen und Neubewertung. In: Greverus/Moser/Ploch/Römhild/
     Schilling/Schult (1994):149-172, hier p.149f. Weitere Beispiele: Lauer 1990; Ulla
     Langer/Monika Rohweder/Ralf Walther, Wohnen zwischen Stadt und Land. Recher-
     chen inmitten von Politik, Planung und kulturellen Folgen. Beispiel Neu-Anspach.

mit Lebensstilkonzepten operierende Ansätze zwar nicht trennscharf ab, streichen aber die Dimension des Symbolischen und von Milieus deutlicher heraus.

6.2.1.3 Städtische Wohn- und Lebensstile

Rolf Lindner (für das Fach allgemein) und Ruth E. Mohrmann (für die Stadt im besonderen) haben die Auseinandersetzung mit den Überlegungen Pierre Bourdieus zum Lebensstil ausdrücklich eingefordert,[858] was – trotz der Aufnahme in den fachlichen Horizont – insgesamt erstaunlich wenig ausgeführt worden ist. Bourdieus Inbezugsetzen von Klasse und Kultur beinhaltet einerseits geradezu eine Aufforderung an die Kulturwissenschaften, sich damit auseinanderzusetzen, andererseits verweist sie aber auch auf die Zugehörigkeit zum strukturanalytischen Paradigma. Mit Blick auf das Wohnen stellt sich vor allem die Frage nach den Wechselwirkungen zwischen geographischen bzw. »physischem«, sozialem und dem angeeigneten, d.h. bewohnten Raum, der »eine Art spontaner Metapher des sozialen Raumes«[859] darstellt. Der Beschränkung auf einen spezifisch auf das Wohnen vor einem städtischen Hintergrund adaptierten Beitrag Pierre Bourdieus erlaubt, statt der globalen Frage des Lebensstils, dessen entscheidendes (gruppen)konstitutives Element der Geschmack darstellt, den Zusammenhang zwischen dem Habitus[860] – als Vermittler von Deutungs- und Inter-

---

In: Schilling 1990:223-271; Haindl 1983; Adolf Schön/Ulla Weber, Wohnen und Ortsbezogenheit. Versuche zu einer Bewohnertypologie. In: Greverus/Schilling 1982: 113-167; sowie zum Themenkomplex: Elisabeth Katschnig-Fasch, Wohnen als Forschungsfeld der Volkskunde. Gedanken und Aspekte. In: Helmut Eberhart/Hänsel Helmut/Volker Jontes/Günther und Elisabeth Katschnig-Fasch (Hg.), Bauen – Wohnen – Gestalten. Festschrift für Oskar Moser zum 70. Geburtstag. Trautenfels 1984, p.241-246

858 Lindner 1986; Mohrman 1990, v.a. p.135-138

859 Bourdieu 1991:26

860 Illustrativ für den Habitus-Begriff Pierre Bourdieus erschient nach wie vor seine Umschreibung aus dem Jahr 1979 (Pierre Bourdieu, Entwurf einer Theorie der Praxis [auf der ethnologischen Grundlage der kabylischen Gesellschaft]. Frankfurt 1979, p.164f):»Die für einen spezifischen Typus von Umgebung konstitutiven Strukturen (etwa die eine Klasse charakterisierenden materiellen Existenzbedingungen), die empirisch unter der Form von mit einer sozial strukturierten Umgebung verbundenen Regelmäßigkeiten gefaßt werden können, erzeugen Habitusformen, d.h. Systeme dauerhafter Dispositionen, strukturierte Strukturen, die geeignet sind, als strukturierende Strukturen zu wirken, mit anderen Worten: als Erzeugungs- und Strukturierungsprinzip von Praxisformen und Repräsentationen, die objektiv ›geregelt‹ und ›regelmäßig‹ sein können, ohne im geringsten das Resultat einer gehorsamen Erfüllung von Regeln zu sein; die objektiv ihrem Zweck angepaßt sein können, ohne das bewußte Anvisieren der Ziele und Zwecke und die explizite Beherrschung der zu ihrem Erreichen notwendigen Operationen vorauszusetzen, und die, dies alles gesetzt, kol-

pretationsschemata zur Aneignung der Wirklichkeit und zur Bewertung von Situationen und Verhalten anderer Individuen bzw. Akteure – und dem Habitat, die Beziehungen zwischen »physischem, sozialem und angeeignetem physischen Raum,«[861] oder noch einmal anders die Struktur und die innere Gliederung des Raumes, anzugehen.

Ausgangspunkt der Überlegungen bildet die Tatsache, daß Menschen, als biologische Wesen und soziale Akteure zugleich, als erstere einen physischen Raum, als soziale Akteure aber auch einen sozialen Raum beanspruchen, die nach bestimmten Grundregeln definiert sind:

Wie der physische Raum durch die wechselseitige Abhängigkeit der Teile bestimmt ist, so der soziale Raum durch die wechselseitige Ausschließung (oder Distinktion) der ihn konstituierenden Positionen, das heißt als eine Struktur des Nebeneinanders von sozialen Positionen. (Bourdieu 1991:26)

Sozialer und physisch-geographischer Raum stehen dabei in Wechselwirkung: Ersterer schlägt sich im zweiten »in einer ganz bestimmten, distributionellen Anordnung von Akteuren und Eigenschaften nieder.« Das heißt: Alle Unterscheidungen mit Bezug auf den physischen Raum finden sich wieder im tatsächlichen, »reifizierten« sozialen Raum, als dem angeeigneten physischen oder eben bewohnten Raum. Konkret meint dies: Menschen als soziale Wesen, als Akteure, sind charakterisiert durch Wohnsitz, zeitweilige (z.B. Sitzordnung) und dauerhafte Lokalisation (z.B. private und/oder berufliche Adresse) sowie den in Anspruch genommenen Raum (z.B. Grundbesitz). Der eingenommene Ort und der Platz im angeeigneten physischen, bewohnten Raum bilden damit »hervorragende Indikatoren« für die »Stellung im sozialen Raum«.[862]

Die Struktur des sozialen Raums äußert sich – in den verschiedensten Kontexten – in Form räumlicher Gegensätze. Diese ihrerseits sind durchgehend hierarchisiert, d.h. sie bringen soziale Distanzen zum Ausdruck. Dabei erscheinen allerdings diese Unterschiede – aus einer sozialen Logik entstanden bzw. geschaffen – häufig als nicht transparent und als quasi-natürlich, es gilt demnach, sie zu ›lesen‹. Im städtischen Raum, der hier vorrangig interessiert, gehört hierher vor allem die Stadtstruktur: die Verteilung der Wohnungen auf einzelne Teilgebiete etwa oder auch die Ausbildung von Feldern für Geschäft und Kultur.[863] Im physisch-geographischen Raum »objekti-

---

lektiv abgestimmt sein können, ohne das Werk der planenden Tätigkeit eines ›Dirigenten‹ zu sein.«

861 Bourdieu 1991:25
862 Ebd., p.26
863 Bourdieu weist etwa auf die Pariser Teilung zwischen »rive gauche« als Kunst- und »rive droite« als Geschäftsbereich bzw. als unterschiedliche Machtfelder hin.

vierte soziale Teilung« wird damit sichtbar »als Prinzip der Vision und Division, als Wahrnehmungs- und Bewertungskategorie, kurz: als mentale Struktur«.[864] Angeeigneter physisch-geographischer Raum erscheint so als Ort der sichtbaren und unsichtbaren Manifestation von Macht, indem er symbolische oder nicht wahrgenommene Gewalt zum Ausdruck bringt. Hierzu gehören nach Bourdieu auch die architektonischen Räume. Sozialer Raum ist den räumlichen Strukturen des angeeigneten physischen Raumes immanent, er äußert sich – als eine subtile Form der Stadt im Kopf – in Wahrnehmungs- und Bewertungsstrukturen. Physischer und sozialer Raum sind aus diesem Grund schwer auseinanderzuhalten:

Der soziale Raum ist nicht der physische Raum, realisiert sich aber tendenziell und auf mehr oder minder exakte und vollständige Weise innerhalb desselben (...) Der in bestimmter Weise von uns bewohnte und uns bekannte Raum ist sozial konstruiert und markiert. (Bourdieu 1991:28)

Physisch-geographischer Raum erscheint damit als eine Art Idealgröße, die die soziale Komponente, die Tatsache, daß geographischer Raum durch Akteure angeeignet wird, bewußt außer acht läßt. Sozialer Raum im Gegenzug präsentiert sich als ein abstrakter, aus Subräumen oder Feldern bestehender Raum, dessen Struktur durch die ungleiche Verteilung von verschiedenen Arten von Kapital (ökonomisches, kulturelles oder soziales)[865] zustande kommt. Sozialer Raum im physischen, d.h. abstrakt-geographischen Raum manifestiert sich als

die im physischen Raum erfolgte Verteilung unterschiedlicher Arten gleichermaßen von Gütern und Dienstleistungen wie physisch lokalisierter individueller Akteure und Gruppen (...) mit jeweils unterschiedlichen Chancen der Aneignung dieser Güter und Dienstleistungen. (Bourdieu 1991:29)

Aus dieser Verteilung geht der »differentielle Wert der verschiedenen Regionen des realisierten sozialen Raums,« die Distinktion, hervor. D.h. es erfolgen örtliche Konzentrationen, von ›Gelegenheiten‹ – um hier diesen von Bourdieu nicht verwendeten Begriff zu gebrauchen – oder Gütern mit ähnlicher Konnotation und homogenen Strukturen, die in ihren jeweiligen Feldern eine jeweils ähnliche Position innehaben, anders formuliert bildet sich eine Homogenität städtischer Teilgebiete heraus. Dinggewordene soziale Räume oder – was hier synonym zu verstehen ist – angeeignete physi-

---

864 Bourdieu 1991:27
865 Cf. dazu: Pierre Bourdieu, Ökonomisches Kapital, kulturelles Kapital, soziales Kapital. In: Reinhard Kreckel (Hg.), Soziale Ungleichheiten. Soziale Welt, Sonderbd.2. Göttingen 1983:183-189. Zum Kapitalbegriff bei Bourdieu cf. auch: Frank Janning, Pierre Bourdieus Theorie der Praxis. Opladen 1991, v.a. p.40-45.

sche Räume verteilen sich aufgrund kapitalbedingter Vorgaben nicht nur im
Raum, sondern erlangen auch bestimmte sozial relevante Strukturen. Die
Struktur der räumlichen Verteilung der Machtfaktoren ist demnach »die
objektivierte Form eines Zustandes sozialer Auseinandersetzungen um (...)
Raumprofile«[866]. Soziale Position schlägt sich demnach – womit wir in der
Nähe der Burgess'schen Modellvorstellungen wären – u.a. in der Wohnlage
nieder.[867]

Dadurch entstehende »Raumprofile« können sich in verschiedener Gestalt äußern, etwa in » Lokalisationsprofiten« in Form von »Situationsren-
diten« (Ferne zu unerwünschten, Nähe zu begehrten Dingen, Personen – homogene Nachbarschaft stellt die eigenen Bedürfnisse tendenziell eher sicher
– und Gelegenheiten), »Positions- bzw. Rangprofiten« oder »Okkupations-
bzw. Raumbelegungsprofiten« (großer Besitz an physischem Raum garantiert Abgeschlossenheit und Distanz). Ein Wohngebiet bietet damit, nach
Bourdieu, als »sozial ausgewiesener physischer Ort«, »Durchschnittswahr-
scheinlichkeiten der Aneignung der zu einem gegebenen Zeitpunkt verfüg-
baren materiellen wie kulturellen Güter und Dienstleistungen,«[868] wobei
sich allerdings je nach Bewohner und seinen Aneignungsmitteln diese
Wahrscheinlichkeiten spezifizieren.

Das heißt: Mit der Einnahme eines sozial ausgewiesenen physisch-
geographischen Orts ist die Möglichkeit, dessen Gelegenheiten wahrzunehmen, noch nicht garantiert. Hierzu müssen nicht nur die materiellen Bedingungen gewährleistet sein, vielmehr – und in diesen Bereichen geht Bourdieus Habituskonstruktion weit über die gängigen Stadtentwicklungsmodelle hinaus – muß auch der entsprechende soziale Habitus gegeben sein,
müssen die impliziten Ansprüche der sozialen Umgebung verstanden und
eingelöst werden können.

*Kurzum, es ist der Habitus, der das Habitat macht, in dem Sinne, daß er
bestimmte Präferenzen für einen mehr oder weniger adäquaten Gebrauch
des Habitats ausbildet. (Bourdieu 1991:32)*

Der soziale Gebrauch von Gebäuden und Einrichtungen hängt damit von
den sozialen Strukturen eines Wohnraums und den mentalen Strukturen
seiner mutmaßlichen oder durchschnittlichen Bewohnenden ab. Räumliche
Nähe garantiert damit noch nicht soziale Nähe. Bedingungen zum jeweiligen Zutritt, zum sozialen Gebrauch von Gebäuden und Einrichtungen

---

[866] Bourdieu 1991:30
[867] Im Unterschied zu Burgess ortet aber Bourdieu z.B. im sozialen Wohnungsbau eine
   subtile bzw. privilegierte Form der Herrschaftsausübung, indem der Gebrauch des
   Raumes am einen Ort vorgeschrieben, an anderen bewußt vorenthalten wird.
[868] Bourdieu 1991:31

schafft vielmehr erst das Vorhandensein von ökonomischem, kulturellem oder sozialem Kapital:

> *Da die Aspirationen, insbesondere im Bereich des Wohnens und allgemeiner auf kulturellem Gebiet, zum großen Teil Produkt der Struktur der Verteilung der Güter und Dienstleistungen im angeeigneten physischen Raum sind, variieren sie tendenziell je nach Kapazität, sie zu befriedigen, dergestalt, daß die Wirkung der ungleichen Verteilung der Mittel und Chancen der Aspirationen jeweils durch die Wirkung der ungleichen Verteilung der Aspirationen verstärkt wird. (Bourdieu 1991:33)*

Ein Großteil der Phänomene, die an den physisch-geographischen Raum gebunden erscheinen, erweisen sich demnach, folgt man Bourdieu, als Spiegelungen ökonomischer und sozialer Unterschiede, wobei allerdings ein »irreduzibler Rest«, der »auf die genuine Wirkung von Nähe und Ferne im rein physischen Raum zurückgeführt werden muß«[869], etwa im Bereich von Nachbarschaft, stehen bleibt.

Auf Bourdieu kritisch Bezug nehmend, hat sich namentlich Elisabeth Katschnig-Fasch der Frage nach städtischem Lebensstil und Wohnforschung verschrieben.[870] In den Vorarbeiten noch weitgehend dem strukturorientierten Paradigma verpflichtet,[871] ist die Endausarbeitung konsequent auf die Wechselwirkungen zwischen Wohnen und Lebensstil, auf das »Verhältnis zwischen Subjekt und Objekt«, die »Beziehungen zwischen Wohngemeinschaft und Wohnumwelt«[872] hin ausgerichtet. Trotz der Pluralisierung von Lebensstilen, die »soziokulturelle Identität als Zugehörigkeit nach innen« ebenso wie »Demonstration dieser Zugehörigkeit als Abgrenzung nach außen« vermitteln[873], geht Elisabeth Katschnig-Fasch von einer zwar nicht mehr exklusiven, aber weiterwirkenden Bedeutung berufs-, einkommens-, beschäftigungs- oder bildungsbedingter Zugehörigkeiten aus. In ihrer, in Absetzung zu Bourdieu, auf Milieus ausgerichteten Analyse verschreibt sie sich in kritischer Reflexion postmoderner Ansätze sowohl der Frage des »Ausmaßes des raumbezogenen Einflusses auf die vorgefundenen Lebensstile« als auch derjenigen, »wie sich für die einzelnen Menschen in ihren kulturellen Zuordnungen das Risiko und die Chance, Gemeinschaftserfahrungen

---

869 Ebd., p.33
870 Katschnig-Fasch 1998, zur Auseinandersetzung mit Bourdieu cf. v.a. p.51-56
871 Vgl. z.B. Katschnig-Fasch 1985, wo noch stark Homogenität und Normativität des Wohnens in drei ausgewählten Grazer Stadtvierteln herausgearbeitet wird.
872 Katschnig-Fasch 1985:323
873 Ebd., p.50

und Unterscheidungsgewinn gleichzeitig zu haben, konstituiert«[874]. Aufgrund langjähriger und minutiöser qualitativer Forschung in unterschiedlicher Lebensstilmilieus der Stadt Graz arbeitet sie die Aufweichung, nicht aber die Auflösung herkömmlicher Lebensstile heraus und kommt zum Schluß:

Pluralität ist allgemein verbindlicher Standard der Orientierung, ob sie nun für sich als Wertorientierung beansprucht und gelebt wird oder nicht. Alte Gemeinschaften, Verbindungen und Beziehungsstrukturen, Normen und Lebensentwürfe verabschieden sich und bleiben oder kommen wieder; neue Formen entstehen. Dies bedeutet nicht das Ende aller Gemeinsamkeiten in der Sozialisation oder das Ende von traditionellen Wohngewohnheiten – sondern genau das Gegenteil, wenn man das Neue sehen und anerkennen will. Es bedeutet allerdings das Ende eines ausschließlich lokal und traditionell vorgegebenen, durch den Habitus allein bedingten Lebensstils (auch wenn dieser in den Lebensstilen der Stadt Graz seine ausgeprägte Tradition pflegt). Es bedeutet auch den Beginn eines individuellen Freiraumes, wo kulturelle Orientierungen erstritten, erfunden und mit Institutionen ausgehandelt werden können. (Katschnig-Fasch 1998:393)

6.2.2 Nachbarschaft

Im strukturbezogenen Paradigma, nach wie vor dem Ausgangs- bzw. Bezugspunkt der fachhistorischen Überlegungen dieses Kapitels, wurde Nachbarschaft – infolge der Ausrichtung auf ein Zusammenspiel sozialer und räumlicher Ordnungs- und Stadtstrukturfaktoren – vor allem als sozial eher homogen und in gewissem Sinne als Erweiterung des Wohnbereichs beschrieben (ähnlich wie die Wohnung als Erweiterung des *personal space* bezeichnet wurde). Nachbarschaft erscheint in diesem Lichte denn auch (noch) als Gruppenphänomen, geregelt durch die Interaktion als soziale Gruppe »primär wegen der Gemeinsamkeit des Wohnortes«[875] und kann subsidiäre Funktionen etwa in der gegenseitigen Hilfeleistung, Sozialisation, sozialer Kontrolle und Kommunikation erfüllen, falls nicht entsprechende andere Institutionen existieren. Gerade der differenzierte Zugriff auf das Zusammenspiel städtischer Strukturfaktoren legte aber auch schon Einschränkungen und Relativierungen dieses Befundes nahe: So zum Beispiel durch den Hinweis darauf, daß Nachbarschaft in sozial eher tief positionierten Kontexten zentraler und stärker ausgeprägt erscheint als in anderen

---

[874] Ebd., p.51
[875] Hamm 1982:142

Umgebungen oder denjenigen, daß sie auch in Abhängigkeit zum Mobilitätsgrad steht. Nicht zuletzt wurde städtische Nachbarschaft insgesamt – wenngleich mit Ausnahmen – als weniger bedeutend denn in nichturbanen Kontexten beschrieben. Die teilweise kontroversen Überlegungen zu Nachbarschaft aus dem Blickwinkel der Urbanökologie oder der social area analysis[876] legten zudem weitere Relativierungen nahe, etwa daß durch den hohen Segregationsgrad einer Stadt oft Teilgebiete mit großer Heterogenität hinsichtlich Bevölkerung und Bausubstanz entstehen können, was wiederum zur Herausbildung subkultureller Normensysteme und Verhaltensmuster führte. Dem wurde aber u.a. eine Wechselwirkung zwischen Stadtstruktur und Nachbarschaft entgegengehalten: Die Standortwahl werde wesentlich bestimmt durch die Sachaustattung etwa eines Viertels, was zu einem relativ homogenen Lebensstil führe, der seinerseits auf die Wahrnehmung der Sachausstattung zurückwirke.

Der Nachbarschaftsbegriff bzw. das Verständnis von Nachbarschaft, aber auch entsprechende Untersuchungsstrategien haben sich in den vergangenen Jahren fundamental gewandelt, was etwa die begriffliche Entwicklung eindrücklich zu illustrieren vermag. Mit Blick auf historische Ausformungen begreifen Nachbarschaften etwa »räumlich umgrenzte Gemeinschaften mit geschriebenen oder mündlich tradierten Regeln und Ordnungen, die normativen Charakter hatten und so das Zusammenleben regulierten«[877]. Von dieser strengen, weitgefaßten aber normativen, auf unpersönliche Fügungen, soziale Hierarchie und zweckgebundene Gemeinschaft hin ausgerichteten Ausgestaltung von Nachbarschaft ist heute wenig übriggeblieben. Nachbarschaft erscheint etwa bereits in den Materialien des »Atlas der deutsche Volkskunde«[878] selbst in ländlichen Kontexten vieldeutig, vor allem aber bezogen auf immer kleinere soziale Einheiten. Der traditionelle Nachbarschaftsbegriff machte damit allmählich einem individuell und subjektiv gewerteten Begriffsverständnis Platz: Geographisches tritt in den Hintergrund, wird von Sozialem (Nachbarschaft als Nachbarn im Haus, nebenan, außerhalb des Hauses) verwendet. Nachbarschaft zerfällt so letztlich in zwei Komponenten: Eine geographische einerseits, eine soziale, welche auch im nachbarschaftlichen Verhalten Ausdruck findet, andererseits. Anders gewendet: Aus der formalen, durch Tradition und Normen festgelegten

---

876 Cf. Kap. 4.1 und 5.3.1
877 Engelhard 1986:25
878 Cf. Renate Baruzzi-Leicher (in Mitarbeit von Gerda Frauenknecht), Nachbarschaft. Atlas der deutschen Volkskunde, Neue Folge, Erläuterungen, Bd. II. Marburg 1966-1982, p.277-316, v.a. p.277-295.

Nachbarschaft wird informale, die sich aus den individuellen Beziehungen ableitet.[879]

Nachbarschaft in der Großstadt gehört in einen Bereich, der schon früh von widersprüchlicher Betrachtung nicht frei war. Ausgehend von der Diskussion und Kritik der *neighborhood-unit*, dem geschlossenen Wohnblock als Planungseinheit, stellte sich vor allem die Frage, ob Nachbarschaft als ein »baulich klar abgegrenzter Teilbezirk der Stadt mit eigenem wirtschaftlichen und kulturellen Zentrum«[880] oder aber als eine v.a. auf zahlenmäßige Verhältnisse zurückzuführende Größe gefaßt werden müsse. So hatte etwa Helmut Klages ausgangs der 1950er Jahre angesichts des Konzepts der *neighborhood-unit* darauf hingewiesen, daß »Nachbarschaft im Sinn von face-to-face-correlations« nicht hier, sondern in Bereichen von anderen, kleineren Größenordnungen gesucht werden müsse.[881] Auf der anderen Seite hatte, praktisch zur gleichen Zeit, u.a. Peter Atteslander stadtskeptischen Stimmen, die ein Verschwinden der Nachbarschaft als gemeinschaftliches Element in der Großstadt vorausgesagt hatten, entgegengehalten, daß »die nachbarlichen Beziehungen in der industrialisierten Großstadt intensiver und vielfältiger sind, als im allgemeinen angenommen wird.«[882]

Insgesamt stellt großstädtische Nachbarschaft jene Größe dar, bei welcher innerhalb einer strukturorientierten Sichtweise am frühesten auf Lockerungen räumlichen und sozialen Zusammenhalts sowie auf Kontextbindungen und -bedingungen hingewiesen wurde. Dennoch wurden auch hier Regelhaftigkeiten, die zumindest als Rahmen für die Ausgestaltung großstädtischer Nachbarschaft in Anspruch genommen wurden, benannt. In ihrer volkskundliche Auseinandersetzung hat Jutta-Beate Engelhard Mitte der 80er Jahre eine ganze Reihe solcher Faktoren herausgearbeitet, die nicht mehr a priori in der Zugehörigkeit zu einem bestimmten Raum wurzeln, aber dennoch zu einer möglichen Raumbindung beitragen. So stellte sie u.a. fest:

- Nachbarschaft ist nicht mehr auf eine »geschlossene Raumstruktur des Handelns und Verhaltens«[883] bezogen, sondern erscheint als Netz ineinander verknüpfter Linien, d.h. pro Wohneinheit ergeben sich andere

---

[879] Cf. dazu Elisabeth Pfeil, Fremdheit und Nachbarschaft in der Großstadt. In Studium Generale Jg. 8 (1955), p.121-126, hier p.124
[880] Pfeil 1955:126
[881] Helmut Klages, Der Nachbarschaftsgedanke und die nachbarliche Wirklichkeit in der Großstadt. Köln/Opladen 1958, p.99
[882] Peter Atteslander, Der Begriff der Nachbarschaft in der neueren Gemeindesoziologie. In: Schweizer Zeitschrift für Volkswirtschaft und Statistik, Nr. 96 (1960), p.443-457, hier p.457
[883] Engelhard 1986:58

nachbarliche Beziehungsnetze, welche zusammen ein endloses Geflecht bilden.

- »Moderne Nachbarschaft hat keinen Gruppencharakter«[884], sie ist vielmehr, wie urbanes Leben generell, geprägt durch Unverbindlichkeit und Austauschbarkeit der Beziehungen. Nachbarschaft erweist sich so als Beziehungsnetzwerk, nur in Ausnahmefällen entsteht aber eine Straßengemeinschaft.

- Nachbarliche Beziehungen sind städtische Beziehungen, das heißt distanziert, halten sich von Einmischungen in die Sphäre der Wohneinheit fern. Sie erscheinen somit informell, spontan und letztlich kontaktarm, von Distanz und affektiver Neutralität bestimmt, Werte die beim Großteil der Stadtbewohnenden durchaus positiv eingeschätzt werden.

- Die Formen nachbarschaftlichen Kontakts sind somit grundsätzlich eher knapp und karg. Das Spektrum an Minimalformen reicht vom Übersehen über einen kurzen Blick, Gruß, Hör- und Gesprächskontakte bis hin zu rudimentären Formen gegenseitiger Hilfe.[885]

- Formelle Formen von Nachbarschaft existieren in der Großstadt weniger, ebenso erscheint der Wunsch danach auch weniger virulent.

- Wohnstrukturen (Altbausiedlungen, Stadtrandbebauungen, Neubauviertel, etc.) spielen eine, wenngleich eher untergeordnete, Rolle in der Ausprägung von Nachbarschaft. Als Faustregel gilt: Die Größe des nachbarlichen Kontaktbereichs hängt von der Dichte der Besiedlung ab: Je höher diese ist, desto kleiner ist in der Regel der Kontaktraum. Von Bedeutung sind ein gemeinsamer Hof, Eingang, Flur oder auch ein zusammen genutzter Garten.

- Entscheidend für die Ausprägung von Nachbarschaft im urbanen Kontext erweist sich, in weit höherem Maß als die Wohnstruktur, der soziale Status: Soziale Heterogenität der Bevölkerung verhindert nachbarschaftliche Beziehungen, je homogener hingegen eine nachbarschaftliche Einheit bzw. deren Gruppenstil, desto eher kann sich, anstelle einer »normativen« eine »emotive« oder Schichtnachbarschaft herausbilden,[886] kann sich auch Verhaltenssicherheit ergeben. (Damit wird, unter der Maßgabe strukturanalytischer Stadtentwicklungsmodelle, Nachbarschaft doch wiederum zu einem ›starken‹ Faktor, zumindest solange diese von einem Normalverlauf städtischer Entwicklung, auch geplanter städtischer Entwicklung, in Richtung einer zunehmenden Homogenisierung und Segregierung städtischer Teilbereiche ausging.)

---

884 Ebd.
885 V.a. im Trauerfall werden Nachbarn – beim Ausbleiben von Verwandten und/oder nahestehenden Personen – auch im großstädtischen Kontext aktiv.
886 Cf. dazu Atteslander 1960

- Als weiterer wichtiger Faktor für die Ausbildung nachbarschaftlicher Beziehungen gilt der Familienstand: Familien mit Kindern verfügen über den ausgeprägtesten nachbarschaftlichen Kontext und Kontakt. Kinder als Aufbaufaktor werden somit zu einer »wichtigen Determinante des gemeinsamen lokalen Wohnens«[887], ja Nachbarschaftskontakte intensivieren sich mit steigender Kinderzahl. Demgegenüber reichen die Verkehrskreise von jüngeren Singles eher über die Nachbarschaft hinaus, bei älteren Singles und Paaren hingegen bietet Nachbarschaft wiederum ein Auffangnetz für Notlagen.
- Nachbarschaft, der Aufbau von nachbarschaftlichen Kontakten, ist schließlich auch von Geschlecht und Alter abhängig: Frauen, denen oft die Pflege sozialer Kontakte im Nahbereich überbunden ist, unterhalten in der Regel mehr nachbarschaftliche Kontakte als Männer, ältere Personen erscheinen in ihren Verkehrskreisen derart eingeschränkt, daß Nachbarschaft zu einem zentralen Faktor des Wohnens, des Da- und Soseins wird.
- Nachbarschaft ist, als letzter Punkt, auch personengebunden, worauf schon Elisabeth Pfeil hingewiesen hat:

Wenn soziale Homogenität, Hausgröße, Wohndauer, Lebensalter eine Rolle spielen, so doch auch persönliche Geneigtheit und Vorhandensein einer als Katalysator wirkenden Persönlichkeit oder Familie. (Pfeil 1959:198)

Nachbarschaft im urbanen Umfeld erweist sich damit bereits in einer von der Existenz relativ fester städtischer Strukturen ausgehenden Sichtweise als loseste und unverbindlichste Größe, als »ein Geflecht von individuell unterschiedlichen, spontanen, informellen und funktionsarmen Beziehungen«[888], die allerdings für unterschiedliche Personengruppen von unterschiedlicher Bedeutung und Ausprägung sind. An ihrem Münsteraner Beispiel arbeitet aber gerade Jutta-Beate Engelhard gegenläufige Tendenzen, das heißt das Vorhandensein und die wichtige Funktion einer besonderen Form von gepflegter, aktiv gepflegter Nachbarschaft, den Nachbarschaftsinitiativen, heraus und kommt zum Schluß:

Auch in dem Netzwerk von flüchtigen, individuell gesteuerten und sporadischen Begegnungen kann es zu nachbarschaftlichem Gemeinschafts- und Gruppenleben kommen. (Engelhard 1986:259)

---

[887] Hartmut Lüdtke, Bauform und Wohnverhalten. Eine Vergleichsuntersuchung der Terrassenhäuser in einer Siedlung des sozialen Wohnungsbaus in Hamburg-Eidelstadt. Hamburg 1973, p. 109
[888] Engelhard 1986:65

Für Engelhard ist damit eine neue Bedeutung von Nachbarschaft im Rahmen von Identitäts- bzw. Heimatbildung gegeben, kann Nachbarschaft – jenseits einer räumlichen Komponente – dazu dienen, »Vertrautheit mit den räumlichen Gegebenheiten« über »Kontakte mit Menschen, die dort leben«[889], herzustellen.[890] Daß sich unter spezifischen Kontextbedingungen gar weit über die klassische Nachbarschaft hinausgehende (Lebens-)Formen entwickeln können, zeigt aber etwa auch die Arbeit von Gisela Welz[891] für ein New Yorker Slum-Quartier.

So ergibt sich ein scheinbarer Widerspruch zwischen der allgemeinen Verfaßtheit großstädtischer Nachbarschaft und den konkreten Untersuchungen einzelner nachbarschaftlicher Formen. Solange sie nicht als raumdeckende Muster erscheinen, belegen sie, zumal sie ja als besondere nachbarschaftliche Formen gesucht und dokumentiert werden, vielmehr den Spiel- und Gestaltungsraum, aber auch mögliche Funktionsbesetzungen, die der Nachbarschaft unter bestimmten Voraussetzungen zukommen kann, relativieren also zu eingeschränkte Sichtweisen auf großstädtische Nachbarschaft als reine Schrumpfform von Interaktion im Nahbereich.

Allerdings sind solche Ergebnisse weitgehend das Produkt einer relativ gezielten Suche nach Residuen von Gemeinschaftlichkeit, nach der Dokumentation von *belonging* und *togetherness*[892], wie Heinz Schilling – hier unter Berufung auf Anthony P. Cohen – in seinen Vorsüberlegungen zur Präsentation der Resultate eines Projektes zur ›Revision‹ von Nachbarschaft ausführt.[893] Aber auch aus einem weniger auf Idealverhältnisse hin ausgerichteten Blickwinkel behält Nachbarschaft eine räumliche Anbindung. Sie ist aber weder an strukturelle Vorgaben gebundene Gemeinschaftlichkeit noch reiner Möglichkeitsraum, sondern vielmehr soziale Organisation von Nähe: »Aus der Gemeinschaft ist ein Symbol der Gemeinschaft geworden, das von den Mitgliedern unterschiedlich konstruiert wird«[894], sie stellt – wird sie nicht bewußt aktiviert – eine soziale Relation im Sinne eines »auf

[889] Ebd., p.274
[890] Auf eine zentrale und wichtige Einschränkung dieser Schlußfolgerungen weisen aber die Beobachtung Werlens hin, wonach der »Versuch, organisierte Kommunikation in Freiräumen zu ermöglichen, wie er in Quartiertreffs, Quartierfesten, Quartiervereinen und dergleichen mehr vorliegt«, häufig »erstaunlicherweise zu einer Potenzierung der Verweigerung spontaner Kommunikation führt: Man überläßt sie den organisierten Plätzen und Gelegenheiten und ist im Alltag um so unzugänglicher.« (Werlen 1992:428)
[891] Welz 1991
[892] Cohen 1987
[893] Schilling 1997, p.10f
[894] Cohen 1987:60

gemeinsamen Interessen gegründeten«, in seiner Unverbindlichkeit ver-
bindlichen »Common sense«, dar.[895]

6.2.3 Stadtviertel

*Das städtische Quartier als primärer Sozialisationsraum außerhalb von Fa-
milie und Verwandtschaft ist für die Sozialgeschichte des 19. und 20. Jahrhunderts schon deshalb von überragender Bedeutung, weil die moderne In-
dustriegesellschaft in den Städten entstanden ist. (Fritzsche 1985:155)*

Die Problematik der Rolle des Stadtviertels für große Teile der volkskundlichen Stadtforschung, die eine nach dörflichen Regeln funktionierende Einheit darin sehen wollte, wurde bereits weiter oben im wissenschaftshistorischen Kontext erörtert.[896] Die Kritik an einer derart eingeschränkten Sichtweise darf nun aber nicht dazu führen, den Blick auf städtische Teilräume
ganz zu negieren. Problematisch erscheint vielmehr v.a. zweierlei: zum einen
eben gerade ein Verständnis von Stadtvierteln als Funktionsaequivalenten
von Dörfern und damit verbunden eine isolierte Betrachtung von
Stadtquartieren ungeachtet der vielfältigen Einbettung (struktureller, kultureller, individueller etc. Art) in weitere urbane Kontexte, zum anderen die
Frage nach der Relevanz des Begriffs des Stadtviertels oder -quartiers als
sozial- bzw. kulturräumlicher, administrativer oder historisch gewachsener
›Einheit‹ mit Blick auf die Bedeutung für den Raumbezug und die Raum-
bindung der einzelnen Bewohnerinnen und Bewohner. Diese Fragwürdig-
keit geht eindrücklich etwa aus den Aussagen von Bewohnerinnen und
Bewohnern eines Viertels in der Stadt Bern hervor, die Iwar Werlen im
Rahmen einer Untersuchung zu »Kommunikationskulturen in einer
Schweizer Stadt« befragt und begleitet hat: Mit Blick auf die inhaltliche
Füllung des Quartierbegriffs hält er fest:

*Der geläufige Ausdruck ›Quartier‹ erweist sich bei näherem Zusehen als pro-
blematisch. Wenn man darunter (unter einem ›Stadtteil‹) so etwas versteht
wie ein homogenes, deutlich von anderen abgegrenztes Gebiet, dann wird
man in Städten nur sehr wenige klare Quartiere finden (...). (Werlen
1992:422)*

Auch außerhalb des volkskundlichen Rahmens stellt sich das Problem in
ähnlicher Weise: V.a. in den *Community Studies*, wie sie etwa im Zuge und

---

[895] Schilling 1998:12
[896] Cf. Kap. 1.1.3 und 3.4

in der Nachfolge der *Chicago School*[897] in großer Zahl vorliegen, erwuchs häufig die Gefahr einer Konstruktion von Grenzen, Räumen und Gruppen, die über wenig Kongruenz zu denjenigen in der Wahrnehmung der Bewohnerinnen und Bewohner verfügten.

Die Existenz solcher Bezüge über derartige räumlichen Einheiten hinaus, die Vernetzung von einzelnen und Gruppen im urbanen Raum, in städtischen Kulturen, sozialen Beziehungsgeflechten etc., aber auch die Problematik der Festlegung relevanter Größen für segregierbare städtische Einheiten für die Untersuchung einzelner Fragestellungen, die Frage nach individuellen Verläufen und Sinnfüllung von Grenzen, stellen berechtigterweise eine isolierte Betrachtung städtischer Teilräume als zu eingeschränkt bzw. wenig sinnvoll dar. Dennoch sind auf der anderen Seite wesentliche Faktoren der Ausgestaltung urbanen Lebens durchaus auch lokal gebunden.

Während die volkskundliche Forschung vom Vorhandensein klar umrissener städtischer Teilräume weitgehend ungefragt ausging, lag in strukturorientierter Sicht ein Schwerpunkt gerade darauf, in Anlehnung an sozialökologische Fragestellungen Mechanismen sozialer Segregation zu ermitteln[898] und damit »ausgehend von den größeren Strukturen die Determinanten« zu erhellen, »welche die Handlungsspielräume des Alltags abdecken.«[899] Illustrativ erhellen etwa die Aussagen des Schweizer Sozialhistorikers Bruno Fritzsche – von dem auch das Eingangszitat dieses Kapitels stammt –, die Wirkmächtigkeit des strukturorientierten Paradigmas auch für die historische Betrachtung der Entwicklung städtischer Räume:

Aus der Kenntnis der Sozialgeographie der Schweizer Städte[900] läßt sich sagen, daß das Modell der konzentrischen Kreise nirgendwo zutrifft, daß aber

---

897 Cf. Kap. 4
898 Cf. Kap. 5.3
899 Fritzsche 1985:155
900 Deren Entwicklung und Besonderheiten Fritzsche unter dem Gesichtspunkt sozialer Segregation folgendermaßen beschreibt: Zunächst stellen hier die Distanz zum Arbeitsplatz sowie die Industriestandorte weniger relevante Strukturfaktoren dar, zumal durch die geringe Ausdehnung der Schweizer Städte bis in unser Jahrhundert hinein Arbeits- und Wohnort praktisch überall innerhalb der »Wohnbarkeitsgrenze«, d.h. innerhalb eines Radius von zwei bis drei Kilometern lagen, aber auch – im Unterschied zum main-stream des übrigen europäischen Städtebaus – sich Industriestandorte bodenpreisbedingt sehr früh an der städtischen Peripherie ansiedelten, was beides dazu beitrug, daß kein kompakter »Villen- oder Einfamilienhausgürtel« an den Rändern des Stadtgebietes entstehen konnte. Wohnqualität erwächst so in zahlreichen Schweizer Städten zunächst weniger aus Zentrumsferne, vielmehr richtet sie sich nach topographisch motivierten Gunstlagen (Topographie, Mikroklima etc.) für eine Ober- bzw. soziale Ungunstlagen für eine Unterschicht. Als Ungunstlagen erweisen sich vorerst auch die Altstädte mit ihrer – hervorgerufen durch den massiven Bevöl-

seine Determinanten in modifizierter Form zur Analyse der sozialen Segre-
gation nützlich sind, wenn man davon ausgeht, daß (a) beim Fehlen einer
übergeordneten Planung die Wohnlage vorerst durch die beiden Kriterien (b)
Distanz zum Arbeitsplatz und (c) Wohnqualität bestimmt wird, wobei mit
steigendem Einkommen und steigendem sozialem Status das zweite Kriteri-
um zunehmend Bedeutung erlangt. (Fritzsche 1985: 158)

Zumindest vom Raum her, allerdings weniger in rigider Orientierung auf
Teileinheiten, argumentiert auch François Walter in seiner überzeugenden
Studie zur »Suisse urbaine«:

Toute société estime qu'en agissant sur l'espace, elle transforme aussi les con-
ditions de fonctionnement du social. C'est donc que l'espace lui-même agit de
manière dynamique en modelant les rapports sociaux. (Walter 1994:441)

Obwohl Raumordnungen nicht mehr fest, Konturen bzw. Grenzen städtischer Teilräume nicht eindeutig zu umreißen und Raumbezug bzw. Raum-
bezogenheit loser geworden sind, existiert räumliche Differenzierung und
unterscheiden sich Stadt-Räume – um damit auch die verfänglichen Be-
zeichnungen »Viertel« oder »Quartier« zu vermeiden. Sie sind, und dies gilt
es bei der Untersuchung zu berücksichtigen, vielfältig (z.B. sozial, strukturell, kulturell, funktional) eingebettet in weitere urbane Kontexte; sie werden unterlaufen sowohl durch die Fragmentierung des Lebens in der städtischen Umwelt als auch durch den Rückzug ins Privat-Heimische.[901] Den-

---

kerungsdruck in der ersten Hälfte des 19. Jahrhunderts – räumlichen Enge, daneben
aber auch die gleisnahen Bebauungen. Aus analogen Gründen ergibt sich auch die
Standortwahl der Industriebetriebe: Einerseits spielt die räumliche Nähe zwischen
Arbeiterschaft und Arbeitsort eine zentrale Rolle, andererseits werden Produktions-
stätten in Gebieten sozialer Ungunst gebaut, was diesen die endgültige Fixierung auf
diesem Niveau bringt. Als zentraler Faktor des Stadtwachstums, dies nun wieder in
Übereinstimmung mit dem Gros der übrigen europäischen Städte, erwies sich
schließlich die Entwicklung der Transportmedien. Erste Verbindungen führten zumeist in die »besseren«, d.h. mittel- und oberschichtlichen Quartiere. Um die Jahrhundertwende werden die öffentlichen Verkehrsmittel vom Preis her für alle Bevöl-
kerungsschichten erschwinglich und in der Folge zum wichtigen Faktor der Stadtentwicklung.
Die Sozialgeographie der Schweizer Städte, einmal in ihren Grundzügen herausgebildet, erwies sich über längere Zeit als konstant, wobei erstaunlicherweise die Bodenpreise längere Zeit keine wesentliche Rolle für Verschiebungen innerhalb der Stadtstruktur spielten. Zwar stiegen diese mit dem Ausbau des Dienstleistungssektors auch
in den meisten Schweizer Städten, was aber hier oft keinen direkten Wegzug der un-
terschichtlichen Bevölkerung zur Folge hatte, da diese nicht billigen Boden, sondern
billige Mieten beanspruchte.
[901] Vgl. z.B. Greverus 1988

noch: Stadt-Räume haben einen sozialen, funktionalen oder historischen Gehalt, sie bilden deswegen aber keine distinkte Einheit und es ist auch nicht gegeben, daß diese Bedeutungen von allen Bewohnerinnen und Bewohnern erkannt und umgesetzt werden können.

Stadt-Räume liefern aber zum Beispiel hinsichtlich baulicher Symbolik, Lebensstilen, Werte-, Normen- oder Kommunikationssystemen Angebote[902] – und zwar weder willkürliche noch unbeschränkte – und damit auch einen gewissen Rahmen für die Gestaltung des Lebens und die individuelle Verortung.

Ein Zugang zur Erforschung der Bedeutung städtischer Teilräume für die Wahrnehmung städtischer Umwelt ist es also, ihren ›Sinngehalt‹ und ihre Wirkkraft auf die Bewohnerinnen und Bewohner jeweiliger Teilräume zu ermitteln. Ein weiterer, Zustandekommen und Ausgestaltung solcher subjektiven Ausgestaltungen zu erforschen, zum Beispiel hinsichtlich der Reichweite subjektiver Eingrenzungen, oder deren – oft nur in »einigen wenigen markanten Punkten« mit dem inneren Stadtplan übereinstimmenden Ausgestaltungen.[903]

Schließlich stellt sich auch die Frage nach dem historischen und erfahrungsgeschichtlichen Zustandekommen räumlicher Bindungen und ihrem Fortbestand, zum Beispiel angesichts neuer Netzwerke[904] städtischen Lebens und der Auflösung fester Bezugsformen. Die Existenz solcher Bezüge über einzelne stadt-räumlichen Einheiten hinaus tragen zur Aufweichung räumlicher Bezüge ebenso bei, wie sie sie demgegenüber auch zu festigen vermögen.

Raumübergreifende Vernetzungen und soziale Beziehungsgeflechte, die Problematik überhaupt einer Festlegung einzelner Stadt-Räume sowie die Tatsache, daß Grenzen, Grenzziehungen und Verortung individuell konstruiert werden, machen damit die Untersuchung von Stadt-Räumen und ihrer Wahrnehmung nicht einfacher, können aber nicht darüber hinwegtäuschen, daß Faktoren für die Ausgestaltung urbanen Lebens durchaus lokal gebunden sind.

---

902 Vgl. Katschnig-Fasch 1998:91
903 Vgl. Werlen 1992:422
904 Zur Frage der Netzwerkanalyse cf. Schweizer 1989, v.a. Schweizer 1989a

6.2.4 Stadtstruktur – subjektive Stadtpläne – Aktionsräume

Aus strukturbezogener Sicht steht der Division des Gebildes ›Stadt‹ in vielfältige Teilräume als Handlungs-, (Be-)Deutungs- und Symbolfelder und damit dem Blick auf ›territoriales Verhalten‹ der Blick auf das Wirkgeflecht zwischen der realen Stadtstruktur und ihrer Wahrnehmung zur Seite. Ausgangspunkt bildete hier die Überlegung, wonach städtischer Raum und die Verteilung der Aktivitäten von Stadtbewohnerinnen und Stadtbewohnern von diesen in der Wahrnehmung regelhaft in verschiedenen Hinsichten reduziert und durch selektive Abwahlen rezipiert wird – üblicherweise in zwei absteigenden Stufen. Die »objektive Stadtstruktur« erscheint in der subjektiven Wahrnehmung, im »inneren« Stadtplan jedes einzelnen eingeschränkt, noch einmal verkleinert präsentiert sich der persönliche städtische Raum, betrachtet man den Aktionsraum, d.h. die von den einzelnen Stadtbewohnern tatsächlich benützten (Bestand-)Teile städtischer Strukturen. Städtischer Raum in seiner Gesamtheit wird also nur in einem vergleichsweise kleinen Ausschnitt wahrgenommen und in einem noch kleineren auf eigenes Verhalten hin bezogen und interpretiert. Eine idealtypische Illustration dieses Sachverhalts, seinerseits eine aussagekräftige Veranschaulichung des strukturorientierten Paradigmas, liefern z.B. Jürgen Friedrichs und Bernd Hamm:

Materielles *Substrat*		OBJEKTIVE STADT-STRUKTUR Gesamter Stadtraum Objektive Ausstattung
	Wahrgenommenes materielles Substrat	SUBJEKTIVER STADTPLAN Ausschnitt subjektiv wahrgen. Ausstattung
		interpret. materielles Substrat AKTIONSRAUM Ausschnitt benutzte Ausstattung

Graphik 3: Stadtstrukturwahrnehmung, Aktionsraum.
Nach: Friedrichs 1983:307 und Hamm 1982:155

Das heißt:

Der subjektive Stadtplan ist eine bewußte Stichprobe aus allen Teilräumen und allen Ausstattungen des Raumes. Aus dem subjektiven Stadtplan wie-

derum stellen die Aktionsräume eine weitere bewußte Stichprobe dar.«
(Friedrichs 1983:306)

An dieser Stelle interessiert nun vorerst der »subjektive Stadtplan«, d.h. die Wahrnehmung städtischer Strukturen durch die einzelnen Teilhaber und Akteure des städtischen Geschehens. Die Annäherung an dieses Phänomen soll dabei in zwei Teilschritten geschehen: Zunächst im gewohnten wissenschaftsgeschichtlichen Rahmen mit Blick auf die Entwicklung von und Inanspruchnahme des Verfahrens, daran anschließend in der Präsentation ausgewählter empirischer Daten, nicht zuletzt auch einer eigenen Untersuchung am Beispiel Bern.

6.2.4.1 Der innere Stadtplan

»*Mental*« oder »*cognitive maps*«[905], gelesen als Darstellung von Ausschnitten bzw. der subjektiv wahrgenommenen Ausstattung einer Stadt, entstehen wohl am ehesten durch Prozesse kognitiver Art: einerseits durch mangelnde Information über Teilräume und deren Ausstattung, andererseits durch eine begrenzte Wahrnehmung der objektiven Stadtstruktur. Subjektive, innere Stadtpläne stellen daher im Grunde genommen »eine Beschreibung dessen, was eine Person für ihre Umwelt hält«[906], dar. In den Worten des Sprachwissenschaftlers John J. Gumperz: Innere Stadtpläne sind Ausdruck der »community in the mind« als Gegenstück zur »community on the ground«.[907]

Subjektive Stadtpläne und ihr Zusammenhang mit der Stadtstruktur sind v.a. seit der die Thematik erstmals breiter behandelnden Arbeit von Kevin Lynch aus dem Jahr 1960 (deutsch erstmals 1965)[908] möglicher Bestandteil der Analyse der Wahrnehmung des Urbanen, zunächst namentlich von urbanen Strukturen. Darstellungen des inneren Stadtplans sind durchwegs lückenhaft, wobei nicht zu entscheiden ist, ob dies durch mangelnde bzw. begrenzte Information oder aber durch Informationsüberlastung zustande kommt. Louis Wirth etwa hatte 1938 darauf hingewiesen, es gebe nur wenig Gelegenheit für das Individuum, eine Vorstellung von der Stadt

---

905 Downs/Stea 1982; cf. auch: B.J.L. Berry, Rezension zu Downs/Stea 1982 bzw. der Erstausgabe unter der Originalausgabe unter dem Titel: Image and Environment. Cognitive Mapping and Spatial Behaviour. Chicago 1973. In: American Journal of Sociology, Jg. 80 (1975), p.1027f
906 Berry 1975:1027
907 Unpublizierter Vortrag zum Thema: »Interpretative Methods in the Study of Urban Language«, gehalten im Rahmen des Symposiums »Verbale Kommunikation in der Stadt« (Bern 2.-4.10.1989); cf. dazu den informativen und ausführlichen Kongressbericht von: Jürg Niederhauser, Symposium Verbale Kommunikation in der Stadt. In: Deutsche Sprache 18 (1990), p.365-375, hier p. 367
908 Lynch 1965

als ganzer zu erhalten, oder seinen Ort im gesamten Plan zu überblicken.[909]
Wirth führt diesen Umstand auf mangelnde Informations- und mangelnde
Möglichkeiten zum Kennenlernen zurück. Stanley Milgram[910] hingegen
macht für die selektive Darstellung urbaner Strukturen in der *mental map*
Informationsüberlastung geltend. Durch dieses Zuviel an verarbeitbarer
Information entsteht eine Selektion in der Wahrnehmung (auch etwa im
Bereich sozialer Kontakte), was sich nach Milgram wiederum in der Struk-
tur des inneren Stadtplans niederschlägt. Je größer und intern differenzierter
deshalb eine Stadt, desto kleiner und knapper der subjektive Stadtplan.

Zur theoretischen Ausgangslage
Wenn im folgenden als theoretische Ausgangslage in Teilen von den Überlegungen Kevin Lynchs ausgegangen wird, dann im Bewußtsein, daß die
Bewertung und Auswertung der Produkte des mental mapping unterschiedlich ausfallen können. Während Lynch v.a. auf die Darstellung umweltbe-
zogener Faktoren, ihrer Formen und Wirkungen ausgeht, sehen andere
kognitive Karten als Produkte eines Konstruktionsprozesses, der sich zwischen Raumwahrnehmung und -vorstellung vollzieht[911], oder stellen individuelle Faktoren wie die Relevanz von Interaktion und Erfahrung für die
Erschließung räumlicher Umwelt oder unterschiedlich sozial bedingte Inter-
aktionsreichweiten in den Vordergrund.[912] Die Bezugnahme auf Lynch
erlaubt indessen Aussagen über Grunddaten zum *mental mapping* und seiner
Inanspruchnahme für die Ermittlung der Beziehung zwischen Stadtstruktur
und individuellem Stadtbild, oder anders ausgedrückt, der »Wirkung der
bebauten und natürlichen Umwelt auf die räumliche Orientierung von
Bewohnern einer Stadt«[913]. Das schließt eine subjektzentrierte Ermittlung
der Individualität kognitiver Karten (als die sie in dieser Sichtweise noch

---

[909] Wirth 1938
[910] Milgram 1970
[911] Yi-Fu Tuan, Images and Mental Maps. In: Annals of the Association of American
Geographers, Bd. 65 (1975), p.205-213
[912] Dazu: Sabine Tzschaschel, Geographische Forschung auf der Individualebene. Darstellung und Kritik der Mikrogeographie. Kallmünz/Regensburg 1986
[913] Ploch 1994:117; cf. außerdem die ausführliche Auseinandersetzung mit Mental Maps
in Schilling/Ploch 1995, v.a. die Beiträge von Beatrice Ploch (Die Symbolisierung der
eigenen Welt. Das Raumorientierungsmodell als Schlüssel zu den Mental Maps,
p.153-182), Arne Kapteina (Vertraute Gegend. Markierte Landkarten und Mental
Maps im Methodenvergleich, p.183-206), Rose Derkau (Mental Maps oder Wie objektive Wirklichkeit und subjektive Darstellung zu einem Gefühl von Heimat werden, p.207-224) und Herta Eckert (Offizieller Blick und persönliche Bedeutung.
Mental Maps regionaler Entscheidungsträger und Honoratioren, p.225-244).

ausschließlich erfragt und intepretiert werden) nicht aus, hier soll aber vorerst das »Vokabular des Raums«[914] im Vordergrund stehen.

Aufgrund der Befragung von je 15 bzw. 30 Personen in drei Städten nach ihrer Kenntnis der Objekte der Innenstadt und im Vergleich mit Karten, welche die Probandinnen und Probanden ebenfalls herzustellen hatten, ermittelte Lynch sich hinsichtlich der Beziehung zwischen objektiver Stadtstruktur und Probanden vier hauptsächliche Gemeinsamkeiten ab:

1. Die mündlichen Aussagen enthielten mehr Elemente des Stadtzentrums als die gezeichneten Karten.
2. Die Auswertung der Interviews wie der Karten ergab, daß keine der befragten Personen einen genauen Überblick über die Stadt besaß, in der sie seit Jahren lebte.
3. Insbesondere die Karten wiesen große weiße Flecken auf und waren meist bloß im Bereich der engeren Wohn- und/oder Arbeitsumgebung präzis und ausführlich.
4. Die Elemente aus den erzählten und gezeichneten Stadtbildern der Probandinnen und Probanden lassen sich in fünf unterschiedliche Arten gliedern: Wege und Grenzlinien als lineare, Bereiche als flächenhaftere, Brennpunkte als fokussierende, Werk- bzw. Wahrzeichen als einprägsame respektive affektive Strukturelemente.

Auf Lynch aufbauend und gleichzeitig über ihn hinausgehend wurden für *mental maps*, verstanden als zeichnerische und durch mündliche Aussagen ergänzte Aussagen zur Wahrnehmung der Stadtstruktur, weitere Regelhaftigkeiten herausgearbeitet:

- Die einzelnen im subjektiven Stadtplan dargestellten Elemente werden zu einem subjektiv vollständigen Bild vereint.
- Am genauesten werde Wege erinnert und dargestellt. Sie stellen diejenigen Elemente dar, welche den subjektiven Stadtplan am meisten strukturieren.
- Stehen einzelne Elemente in der Nähe von Wegen oder Kreuzungen so begünstigt dies deren Aufnahme in den inneren Stadtplan.
- Distanzen erscheinen in subjektiven Stadtplänen verzerrt und Maßstäbe inkonsistent, es ergibt sich eine Art »Gummituch«-Effekt. Einerseits ergeben sich diese Verzerrungen in Relation zur Nähe zum Stadtzentrum: Je zentrumsnaher, desto eher werden Distanzen über-, je weiter weg, desto eher werden sie unterschätzt; andererseits spielt die emotionale Nähe eine wesentliche Rolle: je größer die Zufriedenheit mit dem Zentrum, desto kleiner werden die Distanzen dargestellt und umgekehrt.

---

914 Ploch 1994:117

- Vertrautheit mit einem Gebiet läßt räumliche Distanzen in diesem Bereich als kleiner erscheinen, d.h. sie werden unterschätzt.
- Affektive Momente, Einstellungen lassen bei positiver Wertung Distanzen unter-, bei negativer, d.h. hoher affektiver Distanz, überbewerten.

Neben Merkmalen der objektiven Stadtstruktur mit hoher Einprägsamkeit, Orten mit affektiver Bewertung und Orten von Aktivitäten treten v.a. bei Befragungen weitere Formierungselemente von subjektiven Stadtplänen zutage: Die Vertrautheit und Kenntnis nimmt mit zunehmender Abweichung von der Achse Wohnort-Arbeitsort bzw. Wohnort-Stadtzentrum (oder allenfalls Subzentrum) ab. Das heißt, notwendige Aktivitäten einer Person (Arbeit, Schule, Versorgung) wirken für deren inneren Stadtplan wesentlich bestimmend, wobei die Verteilung in Zeit und Raum eine dominierende Stellung einnimmt. Besonders wichtig wird so – obwohl weitere Faktoren wie beispielsweise Informationen durch Drittpersonen oder medialer Art durchaus auch eine Rolle spielen können – v.a. die Lage des Wohnstandorts und des Arbeitsorts sowie die dazwischen zurückzulegende Strecke. Mitbeeinflussend auf den inneren Stadtplan wirken sich selbstverständlich aber auch soziale und ökonomische Merkmale (Alter, Geschlecht, Stellung im Lebenszyklus etc.) aus. Frauen- und Männerbilder von Städten oder Quartieren können erheblich voneinander differieren, wie die Darstellungen aus einem New Yorker Slum von Gisela Welz eindrücklich illustrieren.[915] Daneben wirken affektive Momente, auch über den Distanz-Bereich hinaus, als besonders wichtiges Strukturelement kognitiver Stadtpläne. Nicht zuletzt spielt schließlich auch die Wohndauer, sowohl für die Wahrnehmung der Gelegenheiten eines Ortes oder ihrer Anordnung um den Wohnort, eine Rolle.

Entstehung und Zustandekommen von subjektiven Stadtplänen können für eine strukturorientierte Lesart demnach zusammenfassend in fünf Dimensionen gegliedert werden:
- Merkmale der objektiven Stadtstruktur mit hoher Einprägsamkeit,
- affektive Bewertungen und individuelle Werthaltungen und Einschätzungen,
- Aktivitäten,
- Wege (Strecke Wohnort-Arbeitsort/Schule bzw. Wohnort Stadtzentrum),
- sozialstrukturelle Merkmale.

---

[915] Cf. z.B. Welz 1991:29ff: Während ein 13jähriger Jugendlicher ein recht weites, v.a. an soziokulturellen Nutzungsmöglichkeiten orientiertes Bild zeichnete, umfaßt die Darstellung eines gleichaltrigen Mädchens einen wesentlich engeren, v.a. an personalen Bindungen orientierten Bereich.

Unter diesen Voraussetzungen betrachtet, wurden mental maps vor allem zur Analyse des Mensch-Raum-Verhaltens, der Raumbewertung, Raumkenntnis, Raumvorstellung und zur Kommunizierbarkeit räumlicher Vorstellungen in Anspruch genommen:

> *Als Methode operationalisiert, lassen uns Mental Maps - wie kein anderes qualitatives Instrument - subjektiv erfahrene Lebenswelten als ganze erkennen, die nicht erst aus wissenschaftlichen Deutungen verdichtet werden müssen. (Ploch 1994:115)*

Auch im aktuellen Umgang mit der Methode des mental mapping behält dieser Zugang seine Relevanz, darf aber nicht mehr als alleinige Möglichkeit betrachtet werden: Der älteren und kritisch zu reflektierenden Struktur- ist vielmehr eine Kultursicht zur Seite zu stellen. Bezogen auf die Konzeption ist dabei zunächst die ausschließliche Orientierung am Planbild, die Ausrichtung auf ein einheitliches Bild grundsätzlich, aufzugeben (und damit auch ein neuer Name, für das Verfahren zu überlegen). Es ist weiter auf Ein-Deutigkeiten ebenso zu verzichten, wie – bezogen auf die Geschichte und die individuelle Lebensgeschichte – dem Rechnung zu tragen ist, was Gottfried Korff als »innere Urbanisierung«[916] bezeichnet hat. Unter diesen Voraussetzungen und unter der Maßgabe einer dringend notwendigen methodenkritischen Reflexion kann mental mapping einen Beitrag zur Ermittlung von »Stadt-Ideen und Stadt-Erfahrungen«[917] ebenso liefern wie zur Analyse einer »inneren Urbanisiertheit« als Handlungs- und Wahrnehmungsdispositiv, als Enträumlichung, und symbolische Verdichtung. D.h. mental mapping darf nicht mehr bloß zur Ermittlung raumbezogener Vorstellungen herangezogen werden, ohne aber gleich die alltägliche Relevanz raumbezogenen Denkens und Handelns zu verleugnen.

Empirische Anwendungen
Während in der Sozialgeographie (v.a. im Vergleich subjektiver mit objektiven Raumvorstellungen), in der Sozialpsychologie (in der Frage nach den mentalen Produktionsparametern subjektiver Stadtpläne) oder unter lerntheoretischen Fragestellungen (z.B. hinsichtlich Wahrnehmungssteigerung als aktivitätsabhängiger Größe) das mental mapping schon seit einiger Zeit diskutiert und angewandt wird, blieb dieses Verfahren im volkskundlichen oder gar im stadtvolkskundlichen Kontext über längere Zeit ausgeblendet. Erst in neuester Zeit sind, gerade in der Auseinandersetzung mit

---

[916] Korff 1985
[917] Ploch 1994:39

urbanen Gegebenheiten, auch erste fachinterne oder fachnahe Überlegungen oder Anwendungen anzutreffen.

Der symbolische Interaktionismus und die kognitive Anthropologie verstehen Mental Maps als Medien, mittels derer sich kulturgebundene Wahrnehmungs- und Klassifikationssysteme erschließen lassen. Eine systematische kulturanthropologische Rezeption der – größtenteils – geographischen Mental-Map-Forschung, die von einer Handlungsrelevanz kognitiver Karten und dem Aufzeigen affektiver räumlicher Bindungen ausgeht, ist mir jedoch nicht bekannt. (Ploch 1994:116)

Besonders in Arbeiten der Frankfurter Kulturanthropologie kommt dem mental mapping ein zunehmend größerer Stellenwert zu. Es wird dabei zur Ermittlung räumlicher bzw. Faktoren raumbezogener Identität – in unterschiedlichen Raum- und Interpretationszusammenhängen – eingesetzt.[918] Programmatisch stehen hierfür die Äußerungen von Ina-Maria Greverus:

Im Zentrum der Auswertung – und im Zentrum der Aussagen – steht jene Mental Map-Orientierung, die als subjektiv erlebte bestimmte Stadt in den Köpfen der Menschen gedacht und als Ausdruck dieses Denkens gezeichnet wird. Diese je individuellen Bilder sind lesbare Texte. Jeder dieser Texte ist einmalig, und doch suchen und finden wir als Kulturanthropologen in der Differenz die Ähnlichkeiten, die es uns erlauben, Kategorien der Orientierung in und an einem Raum zu entwickeln, die Gemeinsamkeiten der Textualisierung zu zeigen. (Greverus 1994a:58)

Der räumliche Erfassungshorizont bleibt indessen nicht nur auf urbane Gegebenheiten beschränkt. Fokus kann wie im oben zitierten Beispiel die Stadt bilden, im konkreten Fall der Vergleich zwischen mental maps von Studierenden der Kulturanthropologie und der Architekturwissenschaft[919]. Bedeutungs- und Nutzungslandschaften sind aber auch in der Region[920] oder auf dem Dorf zu ermitteln.[921]

Gemeinsam ist ihnen allen die methodische Ausrichtung: Mental maps werden gelesen als Ausdruck kultureller Kompetenz, von Raum-Aneignung und Raumeinrichtung:

Kulturanthropologen lesen Mental Maps als Ergebnisse kultureller Kompetenz: aktiver menschlicher Raumaneignung und eines Prozesses des Sich-

---

[918] Cf. auch den Überblick bei Ploch 1994: 121-127
[919] Greverus 1994a: 25-70
[920] Gedruckt z.B.: Schilling 1994 mit Blick auf die Rhein-Main-Region
[921] Cf. die Hinweise auf ungedruckte Untersuchungen zum Thema Frauenhaus bzw. Kindheit auf dem Land bei Ploch 1994:122

Einrichtens in den räumlichen Gegebenheiten. Die Kulturanthropologie nähert sich dem Menschen über den von ihm als Mental Map skizzierten Raum. (Ploch 1994:120)

Mental maps von Bern: Ein empirisches Fallbeispiel
Mental maps geben in verschiedener Hinsicht aus unterschiedlicher Perspektive Aufschluß über den kulturellen Umgang mit Raum. Aufgrund ausgewählter Ergebnisse eines für die Stadt Bern erhobenen Samples von mental maps[922] (in diesem Fall bewußt als Planbilder erfragt) sollen einige Les-Arten dieser Art von Stadtbildern – und zwar ausschließlich beschränkt auf die Frage nach der Umsetzung räumlicher Vorstellungen, Wahrnehmungen und Muster – erprobt werden.

Ein erster Blick auf den gesamten Bestand von insgesamt vierzig mental maps in Hinsicht auf die von Kevin Lynch festgestellten Rahmenbedingungen subjektiver Stadtpläne ergibt, daß sich sein Befund im wesentlichen auch auf kognitive Stadtpläne von Bern übertragen läßt: Keine der gezeichneten Karten vermittelt einen vollständigen Überblick über die Stadt. Ebenso ist nirgends eine flächendeckende Füllung des dargestellten Raumes anzutreffen. Dichtere Beschreibungen sind häufig nur im Bereich der aktuellen Wohnumgebung und des Arbeits- respektive Studienorts – oder allenfalls früherer solcher Standorte – anzutreffen. Dominant erscheint die Erinnerung und Darstellung von Wegen, welche überwiegend die eigentlichen Strukturelemente bilden und auch die Aufnahme von daran liegenden Elementen begünstigen. Auch die Regelhaftigkeiten bezüglich Distanzmustern erscheinen als gegeben: Zentrumsnähe läßt Distanzen überschätzen, emotionale Nähe bzw. Vertrautheit hingegen unterbewerten.

Jenseits dieser Gemeinsamkeiten aller subjektiven Stadtpläne im sample lassen sich bei einer näheren Durchsicht weitere Gruppen und Kategorien

---

922 Das Untersuchungskorpus setzt sich aus zwei Teilsamples zusammen: Ein erstes, erhoben im Januar 1993 unter Studierenden der Abteilung für Dialektologie und Volkskunde der deutschen Schweiz der Universität Bern, soll eine einigermaßen geschlossene Gruppe repräsentieren und umfaßt 20 weiter auswertbare kognitive Stadtpläne (ausgeschieden wurden Nicht-Ortsansässige bzw. seit weniger als einem halben Jahr Ortsansässige und Über-30-Jährige); ein zweites mit gleich vielen items, im Verlauf des Jahres 1993 zustandegekommen, intendiert, ein möglichst weites Spektrum in altersmäßiger und sozialer Hinsicht zu erfassen (Bedingungen: seit mindestens einem halben Jahr ortsansässig, nicht-studierend, über-20-jährig). Die Aufgabenstellung war in beiden Fällen gleichlautend, nämlich einen *Plan* der Stadt Bern zu zeichnen. Unmittelbar vor dem Abgeben wurden die Probandinnen und Probanden schließlich gebeten, allfällige Wohn- sowie Arbeits-/Studienorte zu markieren. Zwischen den beiden Teilen ergaben sich kaum markante Abweichungen der Darstellungsform.

unterschiedlicher Sicht- und Darstellungsweisen eruieren. So sind beispielsweise vier voneinander klar unterscheidbare Muster der Kartierung des
städtischen Raums zu ermitteln: Ein erstes orientiert sich augenfällig an den
Gegebenheiten des erinnerten Musters realer Stadtpläne (Illustration 1 im
Anhang): es erscheinen ganze Straßennetze und ebenso – wenn auch in
unterschiedlicher Intensität – Versuche, sich an die topographischen Gegebenheiten zu halten. Im Gegensatz zu dieser statischen Darstellungsweise ist
eine zweite, die sich stark nach Wegnetzen ausrichtet (Illustration 2 im
Anhang), eher als dynamisch anzusprechen: Die Darstellungen der Weg-
strecken zwischen Wohn- und Arbeitsort, zwischen Wohnung und Innenstadt als Ort des Einkaufens und auch des Vergnügens weisen darauf hin,
daß hier vom Moment der Fortbewegung aus gedacht worden ist. Der
Wunsch, die Stadt als geschlossene Einheit »ganzheitlich« darzustellen, bildet wohl die Grundlage eines weiteren Typus (Illustration 3 im Anhang):
Die Grenzen des städtischen Raums werden entweder als solche markiert
oder aber durch naturräumliche Elemente charakterisiert, hingegen wird die
Stadt nur spärlich möbliert und auch das Wegnetz nur ansatzweise angedeutet. Die Auflösung der Stadt in verschiedenste, voneinander abgegrenzte
Teilräume (Illustration 4 im Anhang) ist schließlich die letzte der Kategori-
en, wie städtischer Raum in einem Planbild dargestellt wird. Es entsteht so
ein Nebeneinander von Bezirken, das zwar einerseits unübersichtlicher
wirkt, andererseits aber Stadt als Patch-Work kleiner, überblickbarer und
vertrauter Elemente wahrnimmt und umsetzt. Dieses Muster des Sich-
Einrichtens im Urbanen setzt eine eher große Kenntnis seiner Räume voraus. Nicht zwingend ist Raumkenntnis aber gleichzusetzen mit größerer
Ausstattung, d.h. dichterer Beschreibung. Eher das Gegenteil scheint der
Fall: während noch weniger Ortsvertraute zwar kleinere Ausschnitte als
Beschreibung der Stadt in ihren Köpfen zu Papier bringen, sind diese hingegen mit wesentlich mehr Elementen ausgestattet. Die Dauer der Ortsan-
sässigkeit hat zudem weitere Einflüsse auf die Gestalt einer Stadt in einer
mental map: Eher kurze Erfahrungen mit dem städtischen Raum begünstigen zumindest tendenziell eine Darstellung, die sich an Wegnetzen oder
aufgrund eines noch eher beschränkten Erfahrungshorizonts, an einem realen oder stilisierten Landkartenbild orientiert. Mit der allmählichen Ausdehnung des erfahrenen und erlebten Stadtraums unterliegen diese Orien-
tierungsmuster Veränderungen, die auf den ersten Blick als Vereinfachun-
gen erscheinen, aber eigentlich Ausdruck fester Bewertungen und einge-
spielten Raumverhaltens und -bewertens darstellen.

    Einzelne Raumelemente nehmen eine herausgehobene Stellung in der
Einrichtung einer Mehrzahl kognitiver Stadtpläne ein. In Bern ist dies weniger ein architektonisch-historisches Wahrzeichen oder ein herausgehobe-

ner Teilraum, sondern vielmehr der Bahnhof.[923] Ihm kommt als Ausgangs- und Knotenpunkt der Wahrnehmung und des Sich-Bewegens in der Stadt, bedingt durch das Zusammenfallen verschiedener Bedeutungen, ein besonderer Gehalt zu. Nicht nur ist er Ausgangspunkt des städtischen Wegnetzes, sondern auch Grenzlinie (zum Stadtzentrum), Brennpunkt und trotz seiner äußeren Unscheinbarkeit Wahrzeichen.

Bereits diese wenigen Bemerkungen zur kognitiven Stadtplan-Landschaft vermögen wohl zu illustrieren, daß sich auch aus der ›klassischen‹, am struktur- und planbezogenen Vorgehen orientierten Arbeit mit mental maps, Weiterführungen, die Aussagen zu Parametern der kulturellen Konstruktion und Wahrnehmung von (Stadt-)Räumen erlauben, ergeben. Weitere Vertiefungen erlaubt indessen die Ergänzung um freiere Darstellungsformen, die – immer kombiniert mit der dazugehörigen Befragung – erst in voller Breite mental maps als eine Umsetzung des subjektiv erlebten Stadtbildes mit gestalterischen Mitteln, als Produkt einer Reduktions- und Abstraktionsleistung (sowohl was die technische Umsetzung als auch was die Darstellbarkeit anbelangt) bzw. Resultat einer Selektions- und/oder Verdichtungsleistung, als Fokussierungs- und als Symbolisierungsleistung befragbar machen.

6.2.4.2 Aktionsräume der städtischen Bevölkerung

Ausgangspunkt auch für die Beschäftigung mit Aktionsräumen stellt wiederum das strukturorientierte Paradigma dar: danach bilden, wie oben dargestellt, mental maps als Ausdruck der Wahrnehmung des Städtischen regelhaft einen eingeschränkten Ausschnitt ab, der wiederum in enger Wechselwirkung mit dem individuellen Aktionsraum als demjenigen Bereich, innerhalb dessen sich eine Person bewegt, steht. Gegenüber dem Teilbereich der mental map, der oft den Aktionsraum vergleichsweise ausführlich und als zentrales Moment enthält, ist dieser in der Regel noch einmal restringierter. Die tatsächliche Nutzung des Stadtraums wird dabei durch äußere Faktoren wesentlich bestimmt, namentlich durch Raum-, Zeit- und Arbeitsteilung, legen diese doch wesentlich die Wahrscheinlichkeit mit fest, ob überhaupt, und wenn ja, wer, wann, was, wo und wie lange ausübt oder ausüben kann. Die Auseinandersetzung mit Aktionsräumen soll damit Einblick in das Verhalten im und gegenüber dem Stadtraum vermitteln. Sie wurde denn auch vor allem dafür eingesetzt, Aussagen über die urbane Verortetheit des Einzelnen zumindest im räumlichen Bereich zu treffen.

Ziel der Aktionsraumforschung war es, Beschreibungsmodelle zu entwickeln »wie die Stadtbewohner ihre Stadt benutzen, welche Personen wie

---

923 Cf. Kap. 6.3.1

oft und wo in der Stadt zu welcher Tageszeit eine öffentliche oder private
Einrichtung aufsuchen und welche Aktivitäten ausüben.«[924] Beschreibung
und Vergleich von Aktionsräumen von Personen und allenfalls von Personengruppen erscheint in diesem Verständnis in verschiedenen Hinsichten
möglich und fruchtbar: Sinnvoll erscheint etwa die Betrachtung von flä-
chenhaften Ausdehnungen der von Personen pro Tag bzw. Woche etc. zu-
rückgelegten Entfernungen,[925] des Zeitaufwands zum Aufsuchen von Orten
bestimmter Tätigkeiten, des Zeitpunkts des Ausübens bestimmter Tätigkeiten, des Zeitpunkts des Aufsuchens bestimmter Gelegenheiten, der tages-
zeitliche Verteilung von Aktivitäten. Die Analyse der unter diesen Gesichtspunkten ermittelten Daten erlaubt Rückschlüsse, die von der räumlichen
Verortung des einzelnen im urbanen Kontext über die Ermittlung von Dif-
ferenzierungsmustern bis hin zur Auseinandersetzung mit der Integration in
ein gesamtstädtisches Aktivitätenmuster reichen. Wichtigste Analyseschritte
bzw. methodische Strategien sind dabei:

*1) Ermittlung der Intensität des Ausübens von Tätigkeiten durch die Per-
sonen, gemessen durch Dauer und/oder Häufigkeit des Auftretens der Aktivitäten (...)*
2) Ermittlung der tageszeitlichen Verteilung dieser Aktivitäten
*3) Identifikation der Gelegenheiten, an denen die Aktivitäten ausgeübt
wurden.*
4) Ermittlung der räumlichen Verteilung dieser Gelegenheiten
*5) Beschreibung der Personen nach ihren sozioökonomischen und demo-
graphischen Merkmalen sowie nach Merkmalen ihres Wohnstandortes.*
(Dangschat/Droth/Friedrichs/Kiehl 1982:5)

Als konkrete Erkenntnisziele leiten sich daraus Informationen zu Fragen der
Beschreibung von Tagesläufen und des raumbezogenen Verhaltens der Bewohnenden von Stadtregionen einerseits ab, sowie andererseits Hypothesen
über das raumbezogene Verhalten von Personen, über dessen Bedingungen,
d.h. den »Einfluß der Ausstattung des Wohnumfelds von Personen auf ihre
Aktivitäten«[926]. In anderen Worten:

*Das wichtigste Ziel der aktionsräumlichen Forschung ist es (...) die Effekte
der ungleichen Verteilung der Wohnstandorte und Gelegenheiten auf zeitli-*

---

[924] Dangschat/Droht/Friedrichs/Kiehl 1982:1
[925] Schon Chombart de Lauwes (1952) Ermittlung von Verkehrskreisen von Stadtbewohnenden zielt auf die Analyse dieser räumlich-zeitlichen Muster im urbanen Verhalten ab.
[926] Dangschat/Droth/Friedrichs/Kiehl 1982:6

*che und räumliche Verteilung von Aktivitäten von Stadtbewohnern zu un-
tersuchen. (Friedrichs 1983:319)*

Aktionsräume lassen sich nur polyperspektivisch erfassen, d.h. in der Berücksichtigung einer Vielzahl von Dimensionen und Variablen. Als deren
wichtigste sind zu nennen: die Lage des Wohnstandorts (im Vergleich zum
Stadtzentrum/Mittelpunkt); die Verteilung der Gelegenheiten (in ihrer
Distanz zum Stadtmittelpunkt oder zu den Wohnstandorten); der Anteil
häuslicher und außerhäuslicher Aktivität sowie der Anteil lokaler (d.h. zu
Fuß erreichbarer) und überlokaler Aktivität.

Die hier kurz dargelegten Intentionen der Aktionsraumforschung sind ein
fast musterhafter Beleg für eine strikt strukturorientierte Betrachtung des
Städtischen. Als Beleg dafür stehen sie denn auch in erster Linie. Ähnlich
dem mental mapping läßt sich aber auch dieser statische und vom Menschen abstrahierende Ansatz für eine volkskundlich-kulturwissenschaftliche
Sicht weiterdenken und dynamisieren, wird die Perspektive von den Beziehungen zur Stadtstruktur, das heißt von der ›Nutzung‹ des städtischen
Raumes, auf die Aneignung von und den Umgang mit der urbanen Umwelt
verlagert. Gerade so wird es möglich, das Sich-Einrichten bzw. das Sich-
Einlassen auf die Stadt in ›materieller‹ wie in bedeutungs- und sinnbezoge-
ner Hinsicht wesentlich auch als Bewegung zu ermitteln (und sich damit
zudem dem Flow, den städtischen Fluß, der oft paradoxerweise fast zu einem statischen Element gemacht wird, differenziert anzunähern).

Dies kann sowohl in einer auf die Geschichte wie einer auf die Gegen-
wart hin ausgerichteten Perspektive erfolgen. Für ersteres sei an Gottfried
Korffs Konzept der »inneren Urbanisierung« erinnert, d.h. seine Frage nach
der Mentalität, wie sie sich im kommunikativen Beziehungssystem der
Großstadt herausgebildet hat, nach dem Handeln, Denken und Fühlen im
Urbanisierungsprozeß. Erkenntnisinteresse bilden hier gerade die Wechsel-
wirkungen zwischen der ›äußeren‹, d.h. materiellen Urbanisierung und den
Verhaltensweisen bzw. Geisteshaltungen, den Lebensweisen der Menschen,
die diesen Prozeß erleben und mitprägen,[927] die spezifischen Herausforde-
rungen und Möglichkeiten von Großstadtbewohnern, darauf zu reagieren.
Obwohl Korff damit v.a. auf die Ausbildung z.B. überlebensnotwendiger
Verhaltensweisen im Städtischen abzielt, scheint eine Anlehnung an dieses
Konzept auch mit kulturwissenschaftlichem Blick auf Aktionsräume möglich und fruchtbar. Ähnliches gilt, richtet man den Blick nicht mehr auf die
inneren Urbanisierung, wie sie Korff für den Prozeß der Verstädterung des
menschlichen Verhaltens herausgearbeitet hat, sondern auf die ›innere Ur-

---

[927] Korff 1985, cf. Kap. 3.4

banisiertheit‹ im Rahmen einer verstädterten Gesellschaft. Die Erforschung
von Aktionsräumen kann dabei zunächst einen Zugang zur Ermittlung der
›äußere Urbanisiertheit‹ in ihrer materiellen, räumlich-zeitlichen Form bieten, dann aber auch dazu beigezogen werden, sich Lebensformen und Lebensstilen des urbanisierten Menschen, Deutungs- und Bedeutungsmustern,
die sich aus dem alltäglichen Umgang mit dem Raum ergeben, zu nähern.

6.3   Einige Schlaglichter auf die volkskundliche
Analyse des Lebens-Raums ›Stadt‹

Der Lebensraum ›Stadt‹, die Beschreibung von Teilbereichen und -aspekten
von Stadtkultur[928] bilden in der volkskundlichen Auseinandersetzung der
jüngsten Zeit ein wichtiges Thema. Oft fehlt indessen eine größere Kontextualisierung oder eine weitere theoretische Verortung, will heißen: Oft
wird die Frage nach dem Stellenwert der erforschten Bereiche im und für
den urbanen Raum nur wenig reflektiert. Gerade für die Volkskunde, die in
der Mikroanalyse kultureller Gegebenheiten einen zentralen Ort ihres Forschens sieht und auch hat, erscheinen aber solche Bezugnahmen entscheidend. Aus diesem Grund sollen am Beispiel des Bahnhofs und daran anschließend weiterer ausgewählter Themen, volkskundliche Ansätze, urbane
Teilbereiche vor einem städtischen Hintergrund anzugehen und zu reflektieren, hier vorgeführt werden.

6.3.1   Der Bahnhof als urbaner Focus

In etwas ausführlicherer Form soll v.a. die Auseinandersetzung mit dem
(groß)städtischen Bahnhof mögliche Wege der Verknüpfung theoretischer
Fragestellungen, wie sie in den vergangenen Kapiteln skizziert wurden, mit
der empirischen Untersuchung in einem exemplarischen städtischen Kontext erhellen. Im Brennpunkt steht dabei nicht die Frage nach dem Bahnhof
als Ein- und Aussteigestelle, als Knotenpunkt des Personen- und Waren-
transports, sondern seine Einbettung in einen urbanen Kontext, seine Rolle
als Schnittpunkt und Schaltstelle urbanen Lebens, als einem Ort, der nicht
nur scheinbar die maximale Anonymität der Großstadt verkörpert und
einen Inbegriff von Öffentlichkeit darstellt – mit all den Bedingungen und
Möglichkeiten, die diese Situationsbesetzung vorgibt und zuläßt – sondern
als illustrativer Teilbereich für wichtige Elemente des städtischen Lebens in

---

928 Cf. Kap. 3.7.2

Anspruch genommen werden kann. Im Vordergrund stehen dabei als erstes Fragen nach der Stellung des Bahnhofs innerhalb der Stadtstruktur, als zweites Momente der Wahrnehmung des Bahnhofs und seiner Stellung im subjektiven Stadtbildern und schließlich als drittes mögliche Formen urbanen Verhaltens im Bahnhof.

Bahnhof und Stadtstruktur

Der Soziologe Burkhard Brunn und der Architekturwissenschaftler Diedrich Praeckel[929] sprechen dem metropolitanen Hauptbahnhof vor der Annahme des Zuendegehens des Zeitalters des Automobilismus die Rolle zu, seine ursprüngliche Funktion als Stadttor zurückzugewinnen: als Tor zur Kernstadt einerseits, als Pforte zur Urbanität andererseits. Tatsächlich besitzt der Bahnhof nicht nur in der Frühzeit der Eisenbahnentwicklung, sondern auch in der Struktur der sich herausbildenden modern-industriellen Stadt eine herausragende Scharnierfunktion. Gerade weil der Bahnhof zunächst in der Regel nicht einen integralen Bestandteil einer Stadt bildet, sondern oft außerhalb der alten Stadtmauern oder auf dem Gelände der ehemaligen Stadtbefestigung angelegt war, erschien er als »fremdartiger Appendix«[930] an der Peripherie oder leicht außerhalb des Stadtzentrums. Mit der Herausbildung des Kopfbahnhofs als dominierendem Bahnhoftyp größerer Städte vor der Mitte des 19. Jahrhunderts, insbesondere bedingt durch ein gesteigertes Verkehrs- und Linienvolumen, erhält der Bahnhof eine »Schleusen- oder Transformatorenfunktion«[931]. Das heißt: Er nimmt den Strom der Eisenbahnreisenden aus den verschiedenen Himmelsrichtungen auf und leitet ihn gebündelt in die Stadt, wo er wieder zerfranst; umgekehrt faßt er die aus verschiedenen Richtungen herbeiströmenden Reisenden zusammen, bevor sie sich in die Züge zum jeweiligen Reiseziel erneut separieren. Etwas von dieser Zweigesichtigkeit – Tor zur Stadt wie Tor zur Welt – läßt sich auch aus der älteren Bahnhofsarchitektur herauslesen: Gegen die Stadt hin ein monumentales steinernes Empfangsgebäude (es empfängt Abreisende gleichermaßen wie Ankommende), über den Gleisen die Eisen-Glas-Konstruktion der Bahnhalle. Damit erfährt der ankommende Reisende eine »Raum-Intimisierung«[932] – von der Weite der Bahnfahrt zur urbanen Dimension –, der abfahrende entsprechend eine Ausweitung des Raumes. Noch etwas zugespitzter und in die historische Situation des Stadtwachstums vom Ausgang des 19. bis in die Mitte des 20. Jahrhunderts hinein argumentiert ließe sich formulieren: Der Großstadtbahnhof alten Stils ist mit seinen beiden Teilen

929 Brunn/Praeckel 1992
930 Schivelbusch 1977:152
931 Ebd., p.154
932 Ebd., p.155

bewußt inszenierter Übergang von der Privatheit zur Öffentlichkeit der
Eisenbahnreise und umgekehrt, ist als eigentlicher Katalysator zwischen
diesen beiden Polen konzipiert.[933]

Die prägende Rolle des Bahnhofs (und des Eisenbahnbaus) für die
Stadtstruktur, für die Entwicklung des modernen Gesichts der Städte belegt
eindrücklich das Beispiel der Schweiz. Wenngleich hier im Vergleich mit
den Nachbarstaaten der Eisenbahnbau spät (1855) einsetzt,[934] und das
Grundnetz der Hauptlinien erst um 1860 fertiggestellt ist[935], kommt der
Eisenbahn eine auch im Vergleich mit den übrigen europäischen Staaten
wesentliche Rolle als Push-Faktor der Urbanisierung zu. Erst die Eisenbahn
brachte die Industrie überhaupt in die Städte, ermöglichte die Ausformung
von Industriegebieten und -zonen. Auf der anderen Seite – und das ist, wie
noch zu zeigen ist, durchaus bildlich zu verstehen – spielte die Eisenbahn
und vorab der Bahnhof eine tragende Rolle bei der Entwicklung zur modernen Stadt und der Segregation städtischer Bereiche und Lagen. So be-
günstigte der Bahnhofstandort in fast allen größeren Schweizer Städten eine
Stadtstrukturveränderung, einen ›Gesichtswechsel‹: Auf der einen Seite – in
der Regel gegen den alten Kern hin – entsteht, auf überproportional sich
verteuerndem Boden,[936] ein bzw. das neue Verkehrs- und Geschäftszentrum, welches nach und nach auch die zentralen Einrichtungen aus dem
alten Zentrum aufnimmt;[937] hier siedeln sich auch häufig die ersten Waren-
häuser an. Daneben entwickelt sich aber auch regelhaft eine Hinter- oder
besser eine ›Kehrseite‹ des Bahnhofs: Die Verkehrsbauten der Eisenbahn,
d.h. die Gleisanlagen, Rangierbahnhöfe, Depots etc. machen die Gebiete, in
denen sie liegen, zu Ungunstlagen hinsichtlich der Wohnqualität. Damit
entstehen im Gebiet des sogenannten Vorbahnhofes, in den gleisnahen
Bebauungen fast aller größerer Schweizer Städte, als einer klassischen *zone in
transition* unterschichtliche, unterprivilegierte Wohnlagen neben häufig
emmissionsträchtigen Infrastrukturbauten wie Gaswerk, Schlachthof, etc.[938]
Heute wird allerdings auch die Hinterseite der Bahnhöfe durch den Platz-
bedarf namentlich von Dienstleistungsbetrieben, vor allem aber auch wegen

---

[933] Cf. dazu auch: Jean Dethier/François-Xavier Bouchart, Gares d'Europe. Paris 1988,
p. 7: »Pendant un siècle, la gare sera le lieu symbolique du dépassement, celui des li-
mites qu'on transgresse.«
[934] Zum Vergleich: In England beginnt der Eisenbahnbau 1825, in Deutschland 1835.
[935] Cf. Bärtschi 1983:114; 125f
[936] Cf. ebd., p.321ff.
[937] Illustrativ dazu beispielsweise die Ausführungen zu St. Gallen bei Röllin 1981:84ff
[938] Fritzsche 1985:158f weist auf die Wechselwirkungen zwischen diesen sozialen Segregation, der schlechten politischen Vertretung der Bevölkerung und der Ansiedlung
andernorts unerwünschter Anlagen hin.

ihrer Standortvorteile, umgestaltet und umgenutzt oder zumindest in diesbezügliche städtebauliche Überlegungen miteinbezogen.

Zur Wahrnehmung des Bahnhofs

Die Stadttor-Funktion des Bahnhofs fand ihren Niederschlag, zumindest bis vor die Mitte des 20. Jahrhunderts, auch in der architektonischen Gestaltung: So in der bereits erwähnten Zweiteilung des Baukörpers in ein steinernes Empfangsgebäude und eine Eisen-Glaskonstruktion für die Abfertigungshalle, was treffend mit dem Eindruck von »mi-usine, mi-palais«[939] beschrieben worden ist; in einer großzügigen, oft auf Repräsentabilität angelegten Gestaltung eines Bahnhofplatzes vor dem Haupttor und schließlich die Ausgestaltung dieses Haupteinlasses als überdimensionales, oft an einen Triumphbogen gemahnendes Tor in der steinernen Schaufassade des Bahnhofgebäudes.[940] Damit wird der Bahnhof zum sicht- und erkennbaren Ort mit einer weit über die zweckbedingte Größe hinausreichenden architektonischen Hülle und erreicht schnell den Status einer Konstante in einem sich u.a. gerade wegen der Eisenbahn rasant ändernden Stadtbild. Zusammen mit der Ausrichtung wichtiger Teile des innerstädtischen öffentlichen Transports auf den Knotenpunkt Bahnhof hin, führt dies dazu, daß dieser zu einem Orientierungspunkt wird, der bald einmal den Kirchen ihren Rang als Wahrzeichen und Merkpunkte des Städtischen und für den urbanen Raum abläuft. Die Ausprägung dieser Funktion ist allerdings abhängig von der Distanz des Bahnhofs zum ehemaligen Stadtkern. Aus der Entwicklungsperspektive gesehen: Je mehr und je kompakter der Raum zwischen dem Bahnhofstandort und dem alten innerstädtischen Kern zum eigentlichen Dienstleistungszentrum wird, je mehr sich die gesamte Fläche zwischen diesen beiden anfänglich meist separierten oder durch unterschichtliche Nutzung getrennten Polen hat füllen können, desto ausgepräg-

---

[939] Peter J. Wexler, La formation du vocabulaire des chemins de fer en France 1778-1842. Genève/Lille 1955, p.83

[940] Cf. Le Temps des Gares 1978: ed. du Centre de création industrielle, département du Centre national d'art et de culture Georges Pompidou. Paris.1978, p.62: »Tant du point de vue urbanistique que mental, la gare devient au XIXe siècle une nouvelle porte de ville qui se substitue à celles des anciennes enceintes fortifiées. Ce caractère de lieu-frontière s'exprime souvent dans l'architecture ferroviaire par de multiples variations sur le thème du portique et de l'arc de triomphe.«; oder auch Praeckel (in: Brunn/Praeckel 1992:182): »Fast alle Bahnhöfe sind Mischgebilde: Das ›sakrale‹ Tor wurde den ›profanen‹ Bahnsteigen mit den Gleisanlagen isoliert vorangestellt. Die Vorstellung des Bahnhofes als ein Stadttor war allgegenwärtig. (...) Betrachtet man die großen Bahnhofsanlagen des 19. Jahrhunderts, ergibt sich mit einiger Sicherheit aus ihrer Lage an der Peripherie der Stadt und ihrer Architektur, daß die Kopfbahnhöfe im allgemeinen (...) als Stadttore konzipiert sind.«

ter und akzentuierter wird die Rolle des Bahnhofs für das städtische Leben
einerseits, wird aber auch die Ausgestaltung des Lebens im Bahnhof andererseits.

Zu fragen ist nun aber, inwieweit die äußerlich zentrale Rolle des Bahnhofs
auch ihren Niederschlag im Bewußtsein der Stadtbevölkerung gefunden hat,
ob der Bahnhof, dessen Hülle den öffentlich-allgemeinen Charakter hervor-
heben soll, auch eine entsprechende Bedeutung in der subjektiven Wahrnehmung der Stadt einnimmt. Als Verfahren bietet sich hierzu die Analyse
von *mental maps* an, ihre Auswertung auf die Stellung des Bahnhofs in bezug auf seine Funktion als mentales oder reales Tor zur Stadt hin. Aus dem
bereits beschriebenen Berner Sample[941] lassen sich Indikatoren ableiten, die
zwar nicht unbesehen generalisiert, aber doch zumindest als Vektoren der
Einschätzung in Anspruch genommen werden dürfen. Auffällig erscheint,
daß der Bahnhof fast durchweg eine zentrale, herausragende Stellung in den
mental maps einnimmt. Dazu mag bis zu einem gewissen Grad das topographische Relief beigetragen haben, wesentlich bestimmender erscheint aber
das Zusammenfallen verschiedener Bedeutungen im Bahnhof: Nicht nur ist
er Ausgangspunkt des städtischen Wegnetzes, er ist auch Grenzlinie (zum
Stadtzentrum), Brennpunkt und trotz seiner äußeren Unscheinbarkeit
Wahrzeichen (im Gegensatz zur nur selten gezeichneten Hauptkirche, dem
Münster). Besonders eindrücklich erhellen *mental maps* von Neuzuzügerin-
nen und Neuzuzügern[942], wie sich der Bahnhof als Konstante und Fokus im
mentalen Stadtbild festzusetzen beginnt, zeigt sich doch übereinstimmend,
daß er hier die Rolle des Ausgangs- und Knotenpunkts der Wahrnehmung
wie des sich Bewegens in der Stadt zugesprochen erhält. Nicht in allen größeren Schweizer Städten spiegelt sich die Bedeutung des Bahnhofs in derart
idealtypischer Weise, dies ist nicht zuletzt abhängig von der konkreten Ausgestaltung der Stadtstruktur oder auch, damit verbunden, der Einbindung
in das innerstädtische Verkehrsnetz. Dennoch nimmt er fast überall, bedingt
durch die mehrfachen Möglichkeiten der Verankerung, eine markante Position ein, ist im besten Sinne Tor zur Stadt, zumindest zur Stadt im Kopf.

Auch in pragmatischerem Sinn präsentiert sich indessen der Bahnhof als
Stadttor, als »Riesenvestibül einer großen Stadt«, so die Formulierung von
Georg Lucae aus dem Jahr 1869[943] -, als ein Ort, der, mitbedingt durch die
Überdachung, die auch einen stetigen bzw. langdauernden Aufenthalt er-
möglicht, Vertrautheit stiftet: dem geübten Reisenden, z.B. dem Geschäfts-
mann, der sich dank seiner Erfahrenheit sofort zurechtfindet und damit

---

[941] Cf. oben, Kap. 6.2.4.1
[942] Das sind hier Probanden, die zum Zeitpunkt der Erhebungen zwischen einem halben
und einem ganzen Jahr in der Stadt ansässig waren.
[943] Lucae nach Schivelbusch 1977:152

einen Prestigegewinn[944] erzielt,[945] dem unerfahrenen Reisenden, der sich auf entsprechende Hilfsangebote im Bahnhof verlassen kann und so den Bahnhof als Ort einer gewissen Geschütztheit erfährt, dem Ortsneuling als erster und häufig in Anspruch genommener Orientierungspunkt, dem Angehörigen fremder Kulturen schließlich als Freizeitraum und Verweilort, der gerade durch die eilige und transitorische Benützung des Bahnhofs durch Ortsansässige und Pendler erste Vertrautheit und erste Ansatzpunkte zur Herstellung sozialer Netze vermittelt und dadurch eine gewisse integrative Kraft besitzt.[946] Gerade für die letztgenannte Gruppe ist bzw. war der Bahnhof aber nicht nur Tor zur Stadt, sondern auch Tor zur Welt: Ihr diente der Bahnhof bewußt oder unbewußt auch als Medium zur Bündelung der Sehnsucht. Für frühere Generationen fremdländischer Bahnhofgänger in der Schweiz, für Italiener, Spanier, anschließend auch für Angehörige aus Ex-Jugoslawien und der Türkei beinhaltete dies darüber hinaus konkret, dank der in Richtung ihrer Heimatländer abgehenden Züge, zumindest die Möglichkeit der Überwindung der räumlichen Distanz vor Augen zu haben.[947] Für einen Großteil der Bahnhofbenutzenden[948] fungiert der Bahn-

---

944 Cf. Wyss 1982:23
945 Cf. auch die junge Redewendung »Bescheid am Bahnhof wissen« im Sinne von: »sich im Leben auskennen, wendig und erfahren sein«. (Röhrich 1991, Bd.1:134, s.v. Bahnhof)
946 Cf. Wyss 1982:23
947 Als aufschlußreich erweist sich die Beobachtung und Ermittlung des Auftretens bzw. des Mit- und Nebeneinanders der verschiedenen ethnischen Gruppen im Berner Bahnhof. Jede von ihnen verfügt über einen oder mehrere genau eingegrenzte Orte und Treffpunkte im Bahnhof. Mit steigender Verweildauer verliert der Bahnhof seine Attraktivität; die entsprechenden Plätze werden von den jeweils nächstfolgenden Gruppen in Anspruch genommen: So sind größere Gruppen italienischer und spanischer Fremdarbeiter nur noch selten über längere Zeit im Bahnhof anzutreffen: Sie konnten sich in der Zwischenzeit in festen Klubs mit eigenen Lokalen organisieren. Vor allem an den Wochenenden präsentiert sich eine Momentaufnahme der über das ganze Bahnhofinnere verteilten und meist den ganzen Tag frequentierten Bezirke der einzelnen Nationalitäten wie folgt: Die zahlreichen ›Außenplätze‹ eines etwas außerhalb des eigentlichen Zentrums im Souterrain des Bahnhofs gelegenen Lokals (Café »Christoffel«) bildeten (bis zu einem 1997 erfolgten Umbau) – v.a. samstags und am Sonntagvormittag – einen rege besuchten Treffpunkt von Kosovo-Albanern, aber auch – trotz der Zeitgeschehnisse – allerdings intern streng segregiert, von anderen ethnischen Gruppen aus Ex-Jugoslawien. In der Nähe der Kommunikationseinrichtungen treffen sich stehend – zum Teil auch werktags – tamilische Gruppierungen (in einem Verkaufsstand des Berner Bahnhofs werden auch Lose der tamilischen Lotterie verkauft [freundlicher Hinweis von Silvia Widmer, Bern]), daneben beginnt sich die letzte Gruppe auch an neuen, vordem wenig genutzten Treffpunkten auf Sitzgelegenheiten zu installieren, so etwa im Wartebereich eines etwas abgetrennten, aber in das Bahnhofganze integrierten Neben- bzw. Vorortsbahn-Bahnhofs, neuerdings auch

hof allerdings als bloßer Durchgangsort, ist er das Nadelöhr, der Übergangsort zwischen der häuslichen Sphäre und dem Arbeitsplatz oder der
Innenstadt.

Eine ähnliche Übergangsfunktion hat der Bahnhof auch hinsichtlich ritueller Kommunikation. Wer im Bahnhof nach der Kultur des Ankommens
und Abfahrens, nach den großen Abschieds- und Begrüßungsszenen sucht,
wird weitgehend enttäuscht. Zwar werden Fernreisende nach wie vor häufig
von Angehörigen oder Freunden auf den Bahnhof begleitet bzw. dort abgeholt, die eigentlichen Abschieds- und Begrüßungsrituale sind allerdings eher
kurz, zu einem größeren Teil nonverbal, die Gesprächselemente unverbindlich oder standardisiert. Rituelle Kommunikation im Bahnhof richtet sich
eher nach Regeln der Öffentlichkeit: Sie ist unverbindlich, flüchtig, beliebig,
distanziert und eher formbezogen; sie stellt in der Regel bloß Ausläufer eines
im Privaten und nach den dort herrschenden Spielregeln angefangenen oder
zu Ende geführten Rituals dar, zu dem aber die Anwesenheit auf dem Bahnhof als meist unverzichtbarer Teil dazugehört.

Urbanes Verhalten im Bahnhof

Der Aspekt ritualisierter Kommunikation führt wesentlich bereits in das
Bahnhof-Innere, das im folgenden etwas ausführlicher auf seine alltagskulturellen Momente hin befragt werden soll. Dabei steht nicht ein konkreter
Bahnhof im Vordergrund, vielmehr amalgamieren sich während Jahren in
verschiedenen Schweizer Bahnhöfen systematisch angestellte Befragungen
und Beobachtungen in einem idealtypischen Konstrukt.[949] ›Bahnhof‹ meint
also im folgenden die Summe der Bahnhöfe größerer Schweizer Städte,

---

zweitweise auf Sitzplätzen im Aufgangsbereich zu den Bahnsteigen, einem Standort,
der bis vor kurzem nur wenig von Nicht-Bahnbenützern belegt worden ist.

[948] In Bern deutlich über hunderttausend Personen pro Tag (cf. Peter Kobi/Markus
Schuetz/Monica Wieser, Im Bahnhof Bern. Beobachtungen, Befragungen, Feststellungen. Diplomarbeit Schule für Sozialarbeit. Bern, p.1); eine Zahl, die in Zürich bereits Mitte der 1950er Jahre erreicht worden war.

[949] Die längste Untersuchungszeit und die höchste Untersuchungsdichte besteht für den
Bahnhof in Bern (Langzeit-Beobachtung von 1989 bis 1994 mit dem Ziel, Tages-,
Wochen-, saisonale und längerfristige Parameter empirisch zu ermitteln; zweimal
auch breite und intensive Feldforschungen mit Studierendengruppen, so im Wintersemester 1989/90 im Rahmen einer Veranstaltung zum Thema »Die Stadt als Forschungsfeld der Volkskunde« sowie im Wintersemester 1992/1993 im Zuge einer
Veranstaltung zum Thema »Alltagskultur im Bahnhof«), zu Vergleichszwecken regelmäßige Nachforschungen in Zürich und Freiburg i.Ü. (für den Bahnhof einer im
schweizerischen Kontext mittelgroßen Stadt), punktuell in Luzern (für einen im
Neuaufbau befindlichen Bahnhof) und Freiburg i.Br., daneben einzelne Untersuchungssequenzen in zahlreichen Bahnhöfen der Schweiz und des angrenzenden Auslands.

wobei im Einzelfall durchaus am einen oder anderen Ort Abweichungen vom geschilderten Ideal bestehen können.[950]

Der Blick auf und in den Bahnhof richtet sich dabei weniger auf die zielgerichteten Bahnbenutzerinnen und -benutzer als zahlenmäßig größte Gruppe, sondern auf jene, die den Bahnhof nicht als bloße Umschlagstelle des Personenverkehrs nutzen, sondern als urbanen Ort aufsuchen, also zum Beispiel auf jenes Viertel aller im Bahnhof Wartenden[951], die Dauer- und Langzeitnutzer ausmachen. Leben im Bahnhof hat sich zu einem Nebeneinander verschiedenster Gruppen, Stile, Intentionen, Zwecke und Bedürfnisse, zu einem eigentlichen Mikrokosmos entwickelt, der aber seine Existenz und Ausformung weitgehend der Großzahl transitorischer Bahnhofgänger, dem Passantenstrom verdankt.

Leben, Alltagskultur im Bahnhof läßt sich unter verschiedenen Blickwinkeln betrachten: Ein interaktionistischer Ansatz[952] sieht im Bahnhof eine Art Bühne,[953] auf der genaue Regeln, besonders im Bereich nonverbaler Kommunikation, das Verhalten der Akteure maßgeblich steuern.[954] Diese Grammatik des Verhaltens im Bahnhof beruht auf der Annahme, daß Verhalten im öffentlichen Raum anderen Regeln unterliegt als solches im privaten. Der Bahnhof erscheint damit, so auch der Ansatz von Burkhard Brunn[955], oft unhinterfragt als öffentlicher Ort par excellence. Zu fragen ist aber, ob nicht gerade der Bahnhof paradigmatisch nicht nur für Öffentlichkeit, sondern sowohl Öffentlichkeit wie Privatheit in sich vereinigt. Doch vorerst zu Momenten der Öffentlichkeit im Bahnhof: Seinen deutlichsten Ausdruck findet die öffentliche – und transitorische – Funktion des Bahnhofs wohl in seiner Eigenschaft als ›Piazza‹. Hier liefern die Spielregeln des urban-öffentlichen Verhaltens ein breites Spektrum von Möglichkeiten. Sie stellen einen Freiraum zur Verfügung, der die Möglichkeit zur aktiven Kontaktnahme mit Fremden[956] auf eine unverfängliche Art und Weise bietet. Sich präsentieren und gesehen werden, ›Aufriß‹ (professioneller und zu

---

950 Am deutlichsten trifft dies wohl für den Basler Bahnhof zu, der durch seine Standortungunst – bzw. auch durch die Konkurrenz mit einem zweiten großen Bahnhof in derselben Stadt (Badischer Bahnhof) – zahlreiche nicht-bahnbezogene Funktionen nur sehr bedingt erfüllt.

951 Wolfgang Hafner, Die Wartenden und die Eilenden oder: Kommerzialisieren heißt Disziplinieren. In: Hans Jörg Rieger/Charlotte Spindler, Bahnhofbuffets der Schweiz. Ein praktischer und kulturhistorischer Führer. Zürich 1992, p.57-63, hier p.62

952 Cf. Wyss 1977, 1982 et 1986

953 Cf. Goffman 1969

954 Cf. Goffman 1971; Zu Goffman cf. u.a.: Robert Hettlage/Karl Lenz (Hg.), Erving Goffman - ein soziologischer Klassiker der zweiten Generation. Bern/Stuttgart 1991

955 Brunn in: Brunn/Praeckel 1992:11ff

956 Cf. ebd., p.45f

reinen Vergnügungszwecken), die Suche nach dem – unverfänglichen –
Gespräch, aber auch bloßes Beobachten als einfachste Form sozialer Kontaktnahme bilden Verhaltensmuster, die den Bahnhof ausgewählten Individuen und Gruppen zu einem attraktiven Ort machen.[957]
Eng mit dieser Funktion des Bahnhofs verschränkt ist seine Inanspruchnahme als Ort für öffentliche und private Manifestationen. Jugendlichen-,
Fan-, aber auch weltanschauliche Gruppierungen nutzen den Bahnhof als
Präsentierfläche. Dabei entwickeln verschiedene der genannten Gruppierungen ungeachtet der Bahnhoföffentlichkeit eine Art geschützte und eigenen Regeln gehorchende räumliche Sphäre. Aus der Attraktivität der Bahnhofhalle für Manifestationen unterschiedlichster Art schlägt seit kurzem
auch die Bahnverwaltung selbst Kapital: Bahnhofraum kann auf Zeit ge-
mietet werden, was zu einer neuen Art öffentlicher Manifestation führt,
beginnen nun doch auch institutionalisierte Gruppen und Veranstalter die
Bahnhofhalle zu nutzen, etwa für Konzerte oder Ausstellungen[958], die
zwanglos, unverbindlich und ohne Vorgaben hinsichtlich Verweilzeit und
anlaßspezifischen Verhaltens einen potentiell weiten Publikumskreis erreichen können.
   Von der maximalen Zugänglichkeit des Bahnhofs profitieren indessen
noch weitere Kreise. Immer mehr wird er, in einem geplanten Prozeß, zu
einer »Einkaufs- und Vergnügungsinsel«[959], auf der zahlreiche Geschäfte
Artikel des gehobenen täglichen Bedarfs anbieten und zwar vermehrt an ein
eher gehobenes Publikum. Mit Ausnahme der ausschließlich auf Laufkund-

---

[957] Nicht umsonst bildet der Bahnhof einen beliebten Treffpunkt der Homosexuellen-
   Szene. Ähnlich wie z.B. in Zürich (cf. Wyss 1986:132) war und ist dies auch in Bern
   der Fall, wo über längere Zeit klar abgegrenzte Bereiche der Kontaktaufnahme - mittels eines komplexen nonverbalen Symbol- und Kommunikationsinventars, das v.a.
   auch das gegenseitige Erkennen ermöglichen sollte -, dienten. Daneben läßt sich im
   Berner Bahnhof aber auch beobachten, daß v.a. Jugendliche hier aktiv auf die Suche
   nach einer Begegnung oder nach einem Partner gehen, indem sie sich im Bahnhof
   präsentieren und gezielt auch geeignet scheinende Personen anzusprechen suchen. Als
   teilnehmender Beobachter des Bahnhofgeschehens erfährt man schließlich die Attraktivität des Bahnhofs zur Gesprächs- und Kontaktsuche unmittelbar am eigenen
   Leib: schnell als nicht-bahnbezogener Bahnhofnutzer und damit auch als möglicher
   Kommunikationspartner erkannt, ergeben sich fast zwangsläufig Gespräche mit anderen Dauergästen, vorzugsweise mit Rentnerinnen und Rentnern. Gerade unter diesen
   allerdings hat sich eine zweite Gruppe ganz dem Beobachten der Geschehnisse im
   Bahnhof verschrieben: Für sie stellt das Leben im Bahnhof eine kostenlose und faszi-
   nierende Freizeitaktivität dar.
[958] Freundlicher Hinweis von Ueli Gyr
[959] Wolfgang Hafner, Die Wartenden und die Eilenden oder: Kommerzialisieren heizt
   Disziplinieren. In: Hans Jörg Rieger/Charlotte Spindler, Bahnhofbuffets der Schweiz.
   Ein praktischer und kulturhistorischer Führer. Zürich 1992, p.59

schaft ausgerichteten (Blumen- und Geschenk-)Läden werden die Geschäfte im Bahnhof oder in der Bahnhofpassage nicht hauptsächlich vom ›Bahnpublikum‹, sondern von einer recht treuen Stammkundschaft frequentiert. Der Bahnhof als Geschäftszentrum übt demnach – zusätzlich begünstigt durch den Umstand, daß auf dem Territorium des Bahnhofs, genauer auf demjenigen, welches der Bahnhoheit untersteht, die städtischen Ladenschlußgesetze keine Gültigkeit besitzen – Anziehungskraft auf eine Personengruppe aus, die v.a. von seinen Gelegenheiten profitieren – ohne die ursprüngliche Funktion in Anspruch zu nehmen.

Im Bahnhof hat sich schließlich nicht zuletzt in einer Kultur des Wartens, namentlich des ungefragten Warten-Dürfens, etabliert. Eine Kultur, welche allerdings durch den eben angesprochenen Ausbau des Bahnhofs zu einem kommerziellen Zentrum, oft unter anderem zulasten der Wartsäle, deutlich zurückgedrängt wird. Dadurch ergibt sich ein eigentliches Paradox: Immer weniger Reisende benutzen den Bahnhof zum Warten, immer mehr Wartende aber sind Dauernutzer des Bahnhofs: Wartende ohne Ziel, denen der Bahnhof zur Heimat und Warten zum Selbstzweck wird oder geworden ist. Der Bahnhofsraum verfügt insgesamt über eine klare Binnenstruktur, ist deutlich räumlich segmentiert. Er teilt sich in eine Vielzahl unsichtbarer, aber von einzelnen Nutzergruppen okkupierten Räumen auf, die sich zu einer eigentlichen Sozialtopographie zusammensetzen lassen.

Daß der Bahnhof auch Nischen von Heimat oder wenigstens ansatzweiser Beheimatung bietet, macht ihn zu einem besonderen urbanen Ort. So haben sich namentlich soziale Randgruppen: Alkoholiker und Drogenabhängige, Fremdarbeiter und Asylsuchende, Heimat- und Obdachlose, aber auch Rentner im Bahnhof etabliert. Im geschützten Bahnhofraum – sowohl was Witterung anbelangt als auch hinsichtlich einer auffälligen Sichtbarkeit – verfügen sie über bestimmte, klar umrissene Territorien, in denen sie sich eine eigene, gegen außen hin oft verteidigte Umwelt geschaffen haben. Die Motive hierzu sind unterschiedlich: Allen gemeinsam ist der Umstand, daß Warten, Zeitverbringen im Bahnhof als eine selbstverständliche und unhinterfragte, auch weniger als anderswo gestörte Tätigkeit hingenommen wird. Darüber hinaus bietet das Leben und Treiben in der Bahnhofhalle Abwechslungen und Möglichkeiten zur Kontaktnahme, aber etwa auch direkten Zugang zum ›Stoff‹.[960] Die genannten Gruppen mit ihren unverkennbaren Gruppenstilen nehmen den Bahnhofraum oder besser: genau abgezirkelte Segmente des Bahnhofraums explizit auch für die Etablierung

---

960 Für Bern cf.: Peter Kobi/Markus Schuetz/Monica Wieser, Im Bahnhof Bern. Beobachtungen, Befragungen, Feststellungen. Diplomarbeit Schule für Sozialarbeit. Bern, p.26ff

einer gewissen Privatheit in Anspruch. Sie beziehen einen beträchtlichen
Teil der Legitimation ihres Da-Seins und So-Seins aus der Öffentlichkeits-
funktion des Bahnhofs, d.h. sie nutzen den Schutz, den Anonymität und
Unverbindlichkeit des Bahnhof liefern, indem sie Nischen der Privatheit
etablieren.

Die Eingrenzung der totalen Öffentlichkeit des Bahnhofs schlägt im übrigen auch im Baulichen zu Buche. Gerade die Umgestaltung der Rahmenbedingungen im Bahnhof durch ein erweitertes kommerzielles Angebot
zielen nur vordergründig in Richtung Vergrösserung der öffentlichen Funktion des Bahnhofs, sondern beinhalten ebenso deren ›Entschärfung‹, indem
soziale und ökonomische Schwellen die Zugänglichkeit limitieren.

Der Bahnhof als Ort der Urbanität par excellence

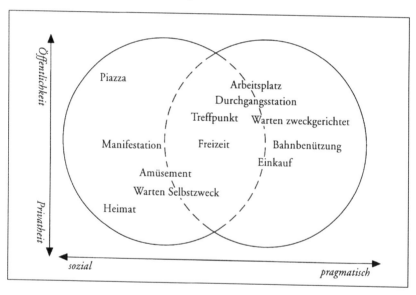

Graphik 4: Ausgewählte Eigenschaften des Bahnhofs[961]
Quelle: Hengartner 1994:200

[961] Die Graphik nimmt in ihrer Gestaltung bewußt Rückgriff auf das von Günter Wiegelmann (Diskussion zu den Gliederungskriterien. In: Günter Wiegelmann, Theoretische Konzepte der europäischen Ethnologie. Diskussionen um Regeln und Modelle.
Münster/Hamburg 1991, p. 44-48, hier p.47) in einem anderen inhaltlichen Kontext
entwickelte Darstellungsverfahren, um auf Skalenartigkeit und Überlappung der Begriffe und Phänomene hinzuweisen.

Der (groß)städtische Bahnhof erweist sich — unter der Voraussetzung günstiger Standortfaktoren — als Ort der Urbanität par excellence, als eigentlicher Fokus städtischen Lebens: Er vereinigt auf knappstem Raum — gleichsam als Mikrokosmos — wesentliche Aspekte städtischer Verfaßtheit: Auf der einen Seite tatsächlich Ort maximaler Öffentlichkeit und ausgeprägten öffentlichen Verhaltens, ist er auf der anderen Seite aber auch ein klassischer Verweilort. Darüber hinaus bildet der Bahnhof Ausgangspunkt respektive Startpunkt für das Eintauchen in die Stadt, ist Fixpunkt für klar umrissene soziale und ethnische Gruppen, Heimat für Bevölkerungsgruppen, deren Hauptbeschäftigung im Verweilen im öffentlichen Raum besteht, nicht zuletzt aber auch Piazza, Ort öffentlicher Manifestation. Zahlreiche Nischen, die von klar umrissenen Gruppen ›besetzt‹ und als Lebensraum in Anspruch genommen werden, erlauben es all jenen, denen dies im täglichen Leben und durch seine Bedingungen teilweise oder ganz versagt bleibt, sich im Schutz, gleichsam im ›Windschatten‹ der Bewegung und des Flusses im Bahnhof zu verorten.

6.3.2 Kneipe, Straße und städtische Nachtseiten

Kneipen als städtischen Soziotope

Daß nicht nur Bahnhöfe oder auch Plätze einen exemplarischen volkskundlichen Zugriff auf besonders verfaßte, urbane Orte zulassen, hat Ueli Gyr mit seinen Untersuchungen zu Kneipen als städtischen Soziotopen[962] vor Augen geführt. Kneipen erscheinen als spezifischer Ausdruck und exemplarische Form von Stadtkultur, die in anderer und weitergehender Form als etwa der verschiedentlich als besonders urban angesprochene Schnellimbiß[963] als stellvertretend für große Teile bzw. zentrale Momente urbanen Lebens analysiert und interpretiert werden können.

---

962 Gyr 1991. In ähnlicher Form, aber unter größerer Betonung der kommunikativen Aspekte auch: Ueli Gyr, Städtische Kneipenkultur und Binnenkommunikation. In: Iwar Werlen (Hg.), Verbale Kommunikation in der Stadt. Tübingen 1995 (Tübinger Beiträge zur Linguistik 407), p.135-157

963 Den Schnellimbiß als besondere Form der Industrialisierung des Ernährungsprozesses und des Menschen arbeitet v.a. Ulrich Tolksdorf (Der Schnellimbiß und the World of Ronald McDonald's. In: Kieler Blätter zur Volkskunde, Jg. XII (1981), p.117-162) heraus. Charakteristisch für den Schnellimbiß, wie er sich v.a. im Umfeld von Bahnhöfen, aber auch an Ausfallstraßen oder in der unmittelbaren Umgebung von Tankstellen hat etablieren können, ist seine Funktion als Mahlzeit im öffentlichen Rahmen und nach den Regeln der Öffentlichkeit: »schnell-öffentlich-ambulant-transitorisch« (p.125).
Auf Veränderungen in der Imbißkultur, was ihre Verbreitung, Bewertung, Interpre-

Städtische Kneipen als Handlungsraum, aber auch als Bestandteil und Ausdruck der städtischen Alltagskultur stellen eine Art städtischer Welt im kleinen, einen Mikrokosmos dar:

> *Nach innen interessiert der soziale Handlungsraum, der durch eigene Kommunikationsstile, Interaktionen, Rituale und Symbole bestimmt wird, nach außen ist es der polyfunktionale Mikrokosmos als Teil der städtischen Alltagskultur. (Gyr 1991:98)*

Die Kneipe erscheint damit als ein Ort, in dem alltagskulturelle Lebensweltzusammenhänge exemplarisch zusammenlaufen, als ein Ort gleichermaßen »für die Aufnahme und Stabilisierung eigener Sozialkontakte und Sozialbeziehungen«, »für freizeitliche Entspannung und Ablenkung« wie als solcher »identifikativer und therapeutischer Gruppen- und Selbstorientierung«.[964] So widerspiegeln die Zusammensetzung der Kneipengänger, aber auch die sozialräumliche Trennung und die Kneipenausstattung bis zu einem frappierenden Grad die Gegebenheiten urbanen Verhaltens:

> *Die Durchschichtung der Kneipengänger in Mischkneipen ist komplex und anspruchsvoll: Sie bestimmt den jeweiligen räumlichen, sozialen, alters- und geschlechtsspezifischen Kneipenhabitus, von dem sich seine inneren Abläufe und Rhythmen herleiten lassen. (Gyr 1991:112)*

Damit entstehen tages-, wochen- und jahresbedingte Zyklen des Kneipenverhaltens - ähnlich zu demjenigen des Alltagsverhaltens in Städten.

Parallelen zwischen Kneipenverhalten und städtischem Alltagsverhalten ergeben sich auch hinsichtlich Kontakten, Information und Gesselligkeit. Wird mit Simmel die Flüchtigkeit der Begegnungen, Oberflächlichkeit, aber auch Verhaltensstilisierung als stadtspezifisches Verhaltensmoment angesprochen, so findet dies im Kneipenverhalten seine logische Fortsetzung: Kneipenkommunikation ist vom Inhalt her meistens vernachlässigbar, sie dient vielmehr der kurzfristigen Herstellung von Kontakt. Damit erscheinen

---

tation wie kulturelle Sinnfüllung anbelangt, weist Gisela Welz (Welz 1993) hin: Der Schnellimbiß als »postindustrielle« oder »postmoderne« Ernährungsform (p.69f) bezieht ebenfalls einen Großteil seiner Verfaßtheit aus den urbanen Gegebenheiten und Bedingungen. Er ist, so Welz, Bestandteil der Postindustrialisierung des Menschen, *möglicher* Bestandteil einer »Verflüssigung des Sozialen«, des »Übergangs des Sozialen in eine serielle Struktur« (Welz 1993:69 in kritischer Diskussion des Ansatzes von Heinz Bude, Auflösung des Sozialen? Die Verflüssigung des soziologischen »Gegenstandes« im Fortgang der soziologischen Theorie. In: Soziale Welt, Jg. 39 (1988), p.4-17) insofern, als er als Indikator für die Ausbildung kultureller Vielfalt als Element der Regulierung und Steuerung gesellschaftlicher Dynamik und Spannungen verstanden wird.
964 Gyr 1991:101

Kneipen als »institutionelle Sozialnischen mit kleinen Bühnen, (...) auf denen Alltag und Alltagsgeschehen verlängert werden.«[965] Darüber hinaus spiegeln sich in der Kneipenwelt Spannungen wie jene zwischen Vertrautheit und Fremdheit. Im städtischen Sozialleben erhält die Kneipe damit die Funktion eines sozialen Orts mit »identitätsstiftender und affektiver Orientierung«, sie erscheint als »institutionalized agency of informality«[966]. Kneipe wird somit mehr als eine alltägliche Institution der Begegnung und der Freizeit, nämlich »ein Segment sozialer Identitätssicherung und urbaner Beheimatung im Sinne gestalteter Lebenswelt.«[967]

Ähnlich wie der Zugriff auf den Bahnhof erlaubt damit auch derjenige auf die Kneipe – hier ›nur‹ anhand eines explizit volkskundlichen Beispiels vorgeführt,[968] das aber weit über den bisherigen Kontext der Alkoholforschung hinausgeht[969] – den Zugriff auf einen als paradigmatisch verstandenen urbanen Ort. Auch wenn damit keineswegs die Gesamtheit urbaner Verfaßtheit erfaßt werden kann, ermöglichen es solche Mikrostudien dennoch, wesentliche Momente von Urbanität einzufangen und anhand eines exemplarischen Ausschnitts zu exemplifizieren, Vernetzungsmöglichkeiten in städtischen Kulturen aufzuzeigen.

Städtische Straßen zwischen Nicht-Raum, Manifestations- und Lebensraum

Straße und Stadt: Der moderne Mensch assoziiert zunächst den Begriff der Straße als in seiner unmittelbaren Lebenswelt stehend, also an seinem Ort befindlichen Bestandteil seines Mikrokosmos, als Mittel der Verbindung zu seinen Nachbarn.[970]

Straße, Straße im urbanen Raum ist mehr als bloß Verkehrsweg oder auch der Bestandteil des persönlichen Wegnetzes, Schleuse zwischen Wohnort und Arbeitsort, Freizeitaktivität etc.; sie ist in der Stadt vielmehr auch der

---

965 Ebd., p.115
966 So bereits die Studie von Robert S. und Helen M. Lynd, Middletown in Transition. A Study in Cultural Conflicts. New York 1937, cit. nach Gyr 1991:116
967 Ebd., p.116
968 Eine Diskussion von Kneipenwelten aus stadtsoziologischer Sicht liefern v.a. Dröge/Krämer-Badoni 1987, wo sie in breiter und eingängiger Form Kneipen als »festen Bestandteilen aller stadtbildenden, vor allem alteuropäischen Kulturen« (p.13), als »sozialer und kultureller Institution des gesellschaftlichen Lebens« (p.30) nachgehen.
969 Cf. dazu exemplarisch die Themennummer »Alkohol im Volksleben« der Hessischen Blätter für Volks- und Kulturforschung, Nr. 19 (1984)
970 Stubenvoll 1994:192f; cf. auch: Ina-Maria Greverus, Straßen. Anthropologische Aphorismen. In: Stubenvoll 1990:11-18

»kurze Weg«[971], an dem und auf dem Konsum, Kommunikation, Austausch stattfinden; Straße ist Lebensraum – für das Leben an wie auf der Straße –, sie ist aber ebenso Manifestationsraum. Straße steht nicht zuletzt im Spannungsfeld zwischen Schneise des öffentlichen Raums einerseits und Trampelpfad des Privaten andererseits. Straße als flächenmäßig bedeutende Einheit ist also nicht nur, um die Begrifflichkeit Augés hier abwandelnd aufzunehmen, städtischer Nicht-Raum – oder schlimmstenfalls gar Fluchtweg aus der Stadt als impliziter Bestandteil städtischen Da-Seins – sondern ebenso Stadt-Raum, was sie für einen stadtvolkskundlichen Zugriff besonders prädestiniert.[972]

Ansätze dazu finden sich in verschiedenen Feldern und Arbeitsbereichen der Volkskunde, wobei allerdings auffällt, daß bevorzugt außeralltägliche, herausgehobene, aber deswegen nicht weniger zentrale Momente besonders berücksichtigt wurden. Allen voran steht die historische (und aktuelle) Aneignung der Straße als Bestandteil des städtischen Raums zu Manifestationszwecken, wie sie besonders, als Verknüpfung sozialhistorischer und topographischer Zugangsweisen, auf dem Feld Untersuchungen zur Arbeiter- und Protestkultur erfolgte. Straße als Medium der Arbeiterschaft, die demonstrieren lernte[973], sich den urbanen Raum, v.a. seine Straßen und Plätze für ihre Aufmärsche – zentral diejenigen des 1. Mai – erschloß,[974] aber etwa auch protestierender Frauen, die zum Beispiel in den Brotkrawallen des Vormärz' und in der Revolution von 1848 sich den Straßenraum im Wechselspiel zwischen Vorwärtsdrängen im öffentlichen Bereich und Rückzug in die (eher) privaten Territorien der Gassen und Häuser aneigneten[975], stellen hier nur zwei ausgewählte Stichworte dar. Die Inanspruchnahme der Straße als Manifestationsraum bildete so einen wichtigen Faktor der Erfahrung des

---

[971] Stubenvoll 1994:193

[972] Ähnlich die Forderung auch bei Mohrmann 1993:208

[973] Cf. u.a.: Bernd Jürgen Warneken et al. (Hg.), Als die Deutschen demonstrieren lernten. Das Kulturmuster »friedliche Straßendemonstration« im preußischen Wahlrechtskampf 1908-1910. Begleitband zur Ausstellung im Ludwig-Uhland-Institut Tübingen vom 24. Januar bis 9. März 1986. Tübingen 1986 oder auch die Großzahl der Beiträge in Warneken 1991

[974] Zentral etwa die Überlegungen von Gottfried Korff: cf. die in Teil I, Anm. 456 genannte Literatur sowie u.a.: Gottfried Korff, Seht die Zeichen, die euch gelten. Fünf Bemerkungen zur Symbolgeschichte des 1. Mai. In: Inge Marßolek (Hg.), Zur Geschichte des 1. Mai. Frankfurt/Wien 1990, p.15-39; Gottfried Korff, Symbolgeschichte als Sozialgeschichte? Zehn vorläufige Notizen zu den Bild- und Zeichensystemen sozialer Bewegungen in Deutschland. In: Warneken 1991, p.17-36, v.a. p.23-27; Helga Stachow, Rituale der Erinnerung. Die Maifeiern der Hamburger Arbeiterbewegung zwischen 1890 und 1914. Marburg 1995

[975] Cf. Carola Lipp (Hg.), Schimpfende Weiber und patriotische Jungfrauen. Frauen im Vormärz und in der Revolution 1848/49. Mass/Baden-Baden 1986

Städtischen, aber auch städtischer Raumerfahrung zwischen einer Vertrautheit mit dem engeren Lebensraum und dem Aufgehobensein in einer inter-
essengleichen Masse – was sich bis heute nicht nur fortsetzt, sondern auch
Ausdruck in neuen Formen findet.[976]
Straße als »Wohnung des Kollektivs«[977] hat aber durchaus nicht nur im
(rein) Politischen ihren Ausdruck gefunden, vielmehr auch in Äußerungen,
die schon lange im volkskundlichen Blickpunkt stehen so etwa in »Festum-
zug, Gassenspiel, Straßenfest, Straßenfastnacht, Prozession«[978] etc., Ereignissen, die es auf ihren urbanen Anteil hin zu befragen gilt.[979] Zum Prozeß des
urbanen Raumerlebnisses gehört zudem, daß sich die Straße als Ort des
Lernens und der Sozialisation – nicht nur des politischen Bürgers oder der
Bürgerin – präsentiert, sei dies in der kindlichen Raumaneignung, wie am
Beispiel des großstädtischen Schulwegs von Stephan Civelli vorgeführt,[980]
oder sei dies in unterschiedlichen Raumvorstellungen der Geschlechter, wie
sie etwa aus der kulturanthropologischen Studie zu »Übergangsritualen einer
auto-mobilen Gesellschaft« von Katharina Steffen[981] aufgrund ihrer Untersuchungen zum Taxifahren hervorgehen. Straße als urbaner Lebensraum
tritt indessen wohl in seiner ausgeprägtesten Form als das von Gisela Welz
beschriebe Street Life auf,[982] als Schauplatz des Alltagslebens, als Hand-
lungs- und Identifikationsraum in strukturell benachteiligten Großstadt-
vierteln.
Bahnhof, Kneipe, Straße stellen als Räume Schnitt- und teilweise auch
Brennpunkte differenter und divergierender Lebensäußerungen, -formen
und -stile dar. In dieser Eigenschaft bietet ihre Erforschung die Möglichkeit,
sich städtischen Erfahrungs-, Wahrnehmungs- und Handlungshorizonte in
dichter – aber weder exklusiver noch umfassender Form – anzunähern. Sie
als Stadt-Räume zu begreifen, weist damit auf deren sozial-strukturelle Einbettung zurück wie auch über diese hinaus.

---

[976] Cf. Thomas Balistier, Straßenprotest in der Bundesrepublik Deutschland. Einige
Entwicklungen, Besonderheiten und Novitäten in den Jahren 1979-1983. In: Korff
1991:257-281; oder auch die zentrale Rolle des friedlichen Straßenprotests für die
deutsche Wiedervereinigung (cf. knapp: Bernd Jürgen Warneken, Die Straße ist die
Tribüne des Volkes. Ein Vorwort. In: Warneken 1991, p.7-16)
[977] Walter Benjamin, Passagenwerk. Bd.V.2, p.1051, aufgenommen bei Scharfe 1985:35
[978] Ebd.
[979] cf. Kap. 3.6.2
[980] Civelli 1992
[981] Steffen 1990
[982] Welz 1990, 1991 et 1992; cf. Kap. 3.7.3

Ausklang: Stadt und Nacht – die Kehrseite der Urbanität?
Mit seinen Untersuchungen zur Großstadtnacht, die hier als letztes Beispiel
für mögliche Blicke auf den Lebens-Raum Stadt erwähnt werden sollen, hat
Joachim Schlör[983] auf eine ebenso naheliegende wie weitgehend vernachlässigte Sichtweise aufmerksam gemacht. Die Nachtseite ist (nicht nur in der
Volkskunde) oft zum Inbegriff von skeptischer Stadtablehnung geworden,
gleichgesetzt mit den Schattenseiten, halblegalen Aktivitäten und verdräng-
ten Seiten menschlichen Lebens in der Großstadt.[984] Schlörs Ausführungen
widmen sich weitgehend der Geschichte der Herausbildung des modern-
städtischen Nacht(er)lebens, allerdings mit dem Anspruch, nicht nur historische Übung zu bleiben, sondern auch Erklärungs- und Deutungshilfe für
heutiges Sich-Bewegen und Wahrnehmen im urbanen Raum zu liefern.
    Mit Bezug auf das Konzept der »inneren Urbanisierung« von Gottfried
Korff verhilft so die Analyse der Stadt-Nacht auch zur Einsicht in die »Herausbildung städtischer – zum Überleben in der Stadt notwendiger – Verhaltensweisen«, zum vertieften Blick auf den Eingewöhnungsprozeß an das
Moderne und Urbane, erhellt den »Dialog zwischen der Stadt und den
Menschen«.[985] Schlörs untersuchter Zeitraum (1830-1930) steht nun paradigmatisch für die Veränderung des Erscheinungsbildes der Nacht, aber
auch für die Ausbildung differenter Verhaltensweisen und Bewertungen des
Nächtlichen: Der aufkommende Verkehr, ganz besonders aber Straßen- und
Schaufensterbeleuchtung,[986] verändern Nachtsicht und Nachterleben fundamental, führen zu Widersprüchlichkeiten und Konfliktlagen, zu Gemengenlagen im städtischen Verhalten. So steht der Nacht als Zeit des Rückzugs
und Schlafes nun ein Angebot (halb)öffentlicher nächtlicher Vergnügung,
Unterhaltung und Zerstreuung gegenüber, das je nach räumlichen, sozialen,
geschlechtsspezifischen, religiösen, statusbedingten, etc. Faktoren verschieden genutzt oder abgelehnt wird. Die Bewertung von Stadt-Nacht als eine
Vielfalt von Nachtvorstellungen und Nachtbildern steht so im widersprüchlichen Zugriff zwischen »Vertretern einer strikten Nacht-Ordnung« und

---

[983] Schlör 1991
[984] Der Blick auf die ›Kehrseite‹ urbaner Geordnetheit ist im übrigen keineswegs neu,
    sondern lediglich zu einem erheblichen Teil an der deutschsprachigen Volkskunde
    vorbeigegangen (cf. die aus diesem Grund kargen Ausführungen in Kap. 3.6.3). In
    anderssprachigen Kontexten hingegen, herausgegriffen sei bloß die intensive Zuwen-
    dung zum *Marginal Man* aus dem Umkreis und der Nachfolge der *Chicago School* (cf.
    die Zusammenstellung bei Lindner 1990:272-308), stellt er einen zentralen Zugriff
    zu urbanen Fragestellungen dar.
[985] Alle: Schlör 1991:18
[986] Cf. dazu die eingängigen, allerdings öfter zu (vor)schnellen Wertungen gelangenden
    Werke von Wolfgang Schivelbusch 1986 et 1992

einer »(fast) allgemeinen Zugänglichkeit, einem gigantischen Vergnügungs-
betrieb«, aber auch »neuer, ›moderner‹ Gefahren und Behinderungen«.[987]

Die Erweiterung städtischer Verhaltensdispositionen in der Nachtzeit, die
– vermeintlichen und tatsächlichen – Gegebenheiten nächtlichen Lebens:
»Unordnung, Lasterhaftigkeit, Undurchschaubarkeit und Anrüchigkeit«[988]
stellt damit die Schatten- oder eben Nachtseite jener Verhaltensregeln und
-bedingungen dar, wie sie für den urbanen Raum beschrieben worden sind
(Simmels Flüchtigkeit der Begegnungen, konventionelle Festlegung von
Beziehungen etc., Hellpachs sensuelle Vigilanz und emotionale Indifferenz).
In diesem Sinne ist denn auch eine Analyse städtischer Nächte, auch aktueller, gegenwärtiger städtischer Nächte (Schlör bleibt 1930 – trotz des Anspruchs, die Gegenwart mitklingen zu lassen – doch weitgehend stehen)
mehr als nur ein faszinierendes Themenfeld, sondern ein Hinweis auf eine
bislang weitgehend ausgeblendete Dimensionen.

[987] Schlör 1991:24
[988] Ebd., p.28

III. Volkskunde und Stadt

Ansätze zur Untersuchung
von Stadt und Urbanität

7 Städtische Räume – urbanisierte Menschen. Zur Untersuchung von Stadtkultur

Eine eigene volkskundliche Theorie der Stadt oder von Urbanität existiert nicht – und die Frage, ob dafür eine notorische Theoriefeindlichkeit des Fachs verantwortlich zu machen ist, scheint ebenso müßig wie der Ruf nach einem eigenen theoretischen Herangehen: Die Kulturwissenschaft ›Volkskunde‹, verstanden als ein Fach, das sich mit der modernen Alltagskultur auseinandersetzt, ist vielmehr in Kontexte hinein zu vernetzen, die sich mit Formanden, Formanten und Formationen des Alltagslebens auseinandersetzen. In dieser Eigenschaft ist ›Volkskunde‹ denn auch Wissenschaft vom Sozialen, indem sie Zustandekommen, Ausgestaltung, wechselseitige Beeinflussung und Veränderung von Alltagswelten und Alltagswirklichkeiten untersucht. Für die volkskundliche Auseinandersetzung mit der Stadt bzw. urbanen Räumen bietet sich damit eine Bezugnahme auf jene Beschreibungsinstanzen und -versuche an, die sich mit dem Werden des Städtischen, vor allem aber mit dem Menschen und seiner Wahrnehmung und Aneignung der (gebauten und vorgestellten) Stadt, seinen Deutungsmustern und Bedeutungszuschreibungen, seinem Handeln und Sich-Verorten auseinandersetzen. Der Volkskunde als kritisch-empirischer Kulturanalyse kann dabei eine wichtige Scharnierfunktion zukommen, indem sie sich unter diesen Gesichtspunkten und vom Menschen und seinem Alltag her aktuellen wie historischen Formen städtischer Kultur und urbanen Lebensstilen annähert. Daß sie dabei Theorie nicht nur mitreflektieren, sondern auch mitschreiben soll, scheint ebenso selbstverständlich wie es bislang an diesbezüglichen Ansätzen gefehlt hat.

Im Rahmen dieser wissenschaftsgeschichtlich ausgerichteten Arbeit stand die Sichtung des Vorhandenen im Vordergrund, zunächst im Rahmen des Faches, daran anschließend mit Blick auf gesellschaftswissenschaftliche Vorstellungen, die das Denken über Stadt ebenso wie das Forschen in der Stadt nachhaltig beeinflußt haben – auch in der Volkskunde, die diese Bezüge des öfteren allerdings wenig be- und hinterfragt hat.

Einige wesentliche Linien der Auseinandersetzung mit der Problematik der Urbanität aus einer bzw. für eine volkskundliche Optik sollen im folgenden abschließend noch einmal aufgenommen werden. Statt in der Form einer bloß resümierenden Rückschau soll dies aber in der Art eines ›offenen Schlusses‹ geschehen, konkret in der Auseinandersetzung mit der Einbettung von Fragen des Zugriffs und der Sichtweisen städtischer Gegebenheiten in weitere Kontexte.

7.1 Strukturelle Kontexte:
Volkskunde der Stadt versus Volkskunde in der Stadt?

Die Frage nach dem ›Urbanitätsgrad‹ volkskundlicher Überlegungen zur
Problematik ›Stadt‹ bildet bis heute eine zentrale Zugriffsstrategie für die
Auseinandersetzung mit den bisherigen Zugängen des Fachs auf urbane
Gegebenheiten. Lange Zeit schien es zu genügen, Volkskunde *in* der Stadt
zu betreiben oder aber dem – allerdings reichlich spät – Forderungen nach
der Beschäftigung mit »dem Großstädtischen« und damit spezifisch Urbanem entgegenzuhalten.[989] Ulf Hannerz hat dafür schon vor fast 20 Jahren
die eingängige Formel von der Stadt als *locus* – als bloßem (Bezugs-)›Rahmen‹ für nicht stadtspezifische Forschungen – und der Stadt als *focus* – d.h.
als einem spezifischen ›Ort‹, an und in welchem Phänomene, die als typisch
städtisch beschrieben werden können,[990] untersucht werden – bereitgehal-
ten. Gerade auf die Volkskunde, und für diese noch länger als für die *urban
anthropology* trifft zu, was Hannerz zu Beginn der 80er Jahre auf diese ge-
münzt hat:

> *It is another fact of the same realities of research that the field of urban an-
> thropology has been quite widely defined. More often than not it is taken to
> include all the studies, where the city is the locus rather than the focus.
> (Hannerz 1980:3)*

Die Auseinandersetzung mit der Sichtweise von Städtischem als Focus bzw.
Forschung im Locus Stadt hat in der *urban anthropolgy* einen wichtigen
Platz eingenommen,[991] blieb aber in der Volkskunde nicht nur weitgehend

---

[989] Vgl. zum Beispiel Lauterbach 1996:97, der seine Einschätzung, wonach sich die
Volkskunde gegenüber der Großstadt durchgängig verweigert habe, damit stützt, daß
die Großstadt bloß als »Hintergrund für die jeweilige Untersuchung« gedient habe,
sich hingegen kaum Arbeiten um »das Großstädtische« bemüht hätten.

[990] Daß allerdings damit zwar ein eindrückliches Begriffspaar, aber keine strenge kategoriale Scheidung gewonnen war, darauf weist Hannerz im (wenig zitierten) Nachsatz
zu seiner häufig nur noch als Leerformel eingesetzten begrifflichen Fügung hin, in
dem er Forschungen fordert »where the focus is on urbanism itself« aber daran an-
schließt: »– whatever this statement will turn out to mean.« (Hannerz 1980:4)

[991] *Urban Anthropology* kann seit Anfang der 1970er Jahre als eigenständige Disziplin mit
eigenen Studiengängen und eigenständigem wissenschaftlichen Betrieb bezeichnet
werden. In ihr wurden sowohl Ansätze, die aus der Tradition der Chicago School erwachsen sind, als auch ethnologisch geprägte Anschauungsweisen vereinigt (wichtig
sind hier v.a. die im heutigen Sambia, Simbabwe und Malawi geleisteten Arbeiten der
Manchester School of Social Anthropology, die US-amerikanischen Ansätze der Erforschung ländlicher Migranten in städtische Kulturen in Lateinamerika namentlich in
den 40er und 50er Jahren, die Auseinandersetzung mit ethnischen, sozialen etc.
Gruppierungen in den US-amerikanischen Städten in den 60er und 70er Jahren und

ausgespart, sondern, wenn überhaupt rezipiert, oft nur Schlagwort. Gerade Hannerz' Ausschluß von sozialen wie kulturellen Phänomenen und Erscheinungen als »not by definition phenomena typical of the city« – er nennt unter anderem Armut, Ethnizität, städtisches Familienleben oder Jugendbanden, die zwar in der Stadt vorkommen, ohne aber wirkliche städtische Charakteristika zu bilden – hätte aber der Volkskunde wichtige Impulse vermitteln können: einer solchen, die nach dem Dorf in der Stadt sucht(e), zur Bestätigung ihrer Kontinuitätsvorstellungen, einer solchen, die sich der empirischen (Mikro-) Analyse verschrieben hat als Anlaß zu kritischen Fragen wie: Lassen sich einzelne Momente städtischen Lebens und städtischer Kultur einfach als nicht-stadtspezifisch ausgliedern, obwohl sie im urbanen Raum anzutreffen sind?

Hannerz hat mit seiner Forderung zwar Wege zu einem universalen Zugang zur Stadt eröffnet, allein schon angesichts der Omnipräsenz des Urbanen scheint es heute allerdings müßig, auf einer Auseinandersetzung mit

---

nicht zuletzt die Auseinandersetzung mit traditionell-vorindustriellen Städten in Afrika durch britische und US-amerikanische Ethnologen in den 70er Jahren). Diese doch unterschiedlichen Sichtweisen haben zwar die Ausbildung »übergreifender theoretischer Konzepte« nachhaltig behindert (vgl. Bommer 1991:16), nicht ohne aber zu zentralen Debatten um die Herangehensweise an das ›Forschungsfeld Stadt‹ geführt zu haben. Gerade die Frage nach der Forschung *in* bzw. der Erforschung *von* Städten wurde im gleichnamigen, für die *urban anthropology* zentralen Publikationsorgan ausgiebig diskutiert wurde. Die Auseinandersetzungen drehten sich vor allem darum, ob Teileinheiten einer Stadt geschlossen betrachtet und untersucht werden können, ohne das weitere städtische Umfeld miteinzubeziehen d.h. ob, analog zur lange Zeit dominierenden volkskundlichen Suche nach dem Dorf in der Stadt, ethnische oder soziale Einheiten (namentlich Einwanderer oder Armenviertel) losgelöst aus dem übrigen urbanen Kontext untersucht werden können oder aber, ob nicht - wie von den sog. »Urbanethnologie der Stadt« propagiert, *The City as Context*, Stadt als »Gesamtheit, als eine besondere soziale Organisationsform« (Bommer 1991:19) zu betrachten sei, d.h. jede Stadt über ein durch historisch, sozial, sozioökonomisch, politisch spezifisch geprägtes und ausgeprägtes Umfeld verfügt. *The City as Context* als maßgebliches Paradigma der 70er Jahre wurde teilweise abgelöst durch das Bemühen, eine *Urbanethnologie komplexer Gesellschaften* zu erschließen, d.h. Stadt, städtische Gesellschaft in ihren Verknüpfungen in ein soziales oder kulturelles Gesamtsystem darzustellen. Damit erscheint nicht mehr die einzelne Stadt als »einzigartige« Organisationsform wie bei der Frage nach *The City as Context*, zentral, sondern die Frage nach »dauerhaften Eigenschaften des städtischen Milieus in komplexen Gesellschaften« (Bommer 1991:20). Dafür bildete neben der Erfassung soziokultureller Gegebenheiten die Betonung politisch-ökonomischer Ansätze, wie sie z.B. in der während einiger Zeit vieldiskutierten These des *Modernen Weltsystems* von Immanuel Wallerstein formuliert worden waren, zentrale Weiterungen. (Vgl. Immanuel Wallerstein, The Modern World-System. New York 1974; Terence K. Hopkins/Immanuel Wallerstein [Hg.] World-Systems Analysis. Theory and Methodology. Beverly Hills/London/New Delhi 1982 [Explorations in the World-Economy, 1]).

spezifisch Städtischem zu bestehen.[992] Dazu kommt, daß die Frage nach der
Größe ›Stadt‹ – im Gegensatz zu derjenigen nach ›Urbanität‹ – die prozeß-
hafte und geschichtliche Dimension kaum zutreffend zu begreifen mag. Aus
beiden Gründen leitet sich aber nicht der Verzicht auf die Reflexion von
›Stadtfragen‹, wohl aber, überspitzt formuliert, derjenige auf eine Stadtvolkskunde ab. Ein Verzicht, der indessen gleichzeitig beinhaltet, Urbanität
als eine *Kategorie* – ähnlich zum Beispiel derjenigen des *gender* – zu etablieren. Volkskundliche Stadtforschung gerade unter diesen Gesichtspunkten
tut nach wie vor Not, darf aber nicht vernachlässigen, daß Urbanität oft
eine von den Forschenden geschaffene ist: So wie sie in der älteren Volkskunde zum Negativ-Bild, zu einem Konstrukt wurde, das gerade die Suche
nach Elementen der Kategorie »locus« favorisierte, darf sie heute – so wichtig diese Forschungslinie gewesen sein mag – nicht allein das Spezifische
und/oder das Besondere, den paradigmatischen Focus suchen. Urbanität
darf keine Größe des Ausschlusses sein: weder räumlich – das heißt Untersuchungen mit explizitem Stadtbezug sind ebenso auf ihre Relevanz für die
Auseinandersetzung mit Urbanität zu befragen wie Untersuchungen, die ›in
der Stadt‹ entstanden sind –, noch lebensweltlich – also kein apriorischer
Ausschluß von Teilbereichen sozialer und kultureller städtischer Realitäten
als nicht urban –, noch personell – das hieße einem Teil der städtischen
Bevölkerung und Kultur Urbanität nicht oder besser: nur in verminderter
Form zuzubilligen –, noch kontextuell – um damit städtische Kulturen und
Daseinsformen sowohl in ihrer lokalen Verortung und Vernetzung[993] als
auch in ihrer Integration in globale Strukturen und Prozesse zu erfassen.

---

[992] Aus ähnlichen Überlegungen heraus und unter Bezugnahme auf Hannerz fordert Ina-
Maria Greverus in einem neueren Text für eine »Anthropologie der Stadt und der
Städte« eine »Anthropologie in der Stadt« (Greverus 1993:17).

[993] Gerade mit Blick auf Vernetzungen im Urbanen lohnt sich, in einem kurzen Nachsatz noch bei Hannerz zu verweilen. Er beschreibt die Stadt als »total network« oder
noch zutreffender als »*network of networks*« (cf. Hannerz 1980:200f) und begreift damit die Tatsache, daß sich städtisches Leben in verschiedene, getrennte Sphären bzw.
Bereiche ausgegliedert hat und zerfällt (z.B und v.a. Wohnen, Arbeiten, Freizeit, Verkehr, Nahbereich bzw. Verwandtschaft). In jedem dieser Bereiche kommen Bewohnerinnen und Bewohner von Städten mit anderen Personen zusammen, bilden andere, unterschiedlich gewichtete und verbindliche Netzwerke und sind über diese in
verschiedene Sphären eingebunden. Für den einzelnen bietet die Existenz dieser unterschiedlichen Netzwerke sowohl eine Vielfalt von Zugängen in einzelne städtische
Bereiche, als auch einen Zugang zur Vielfalt städtischer Kulturen, nicht ohne daß
aber aus der Übertragung von Mustern des einen auf einen anderen Bereich Spannungen entstehen, die aber ihrerseits zur urbanen Verfaßtheit beitragen, indem sie die
Möglichkeiten unterschiedlicher Klassifikationen und Deutungen immer wieder vor
Augen führen. Die Existenz solcher Netzwerke ist damit, so Hannerz, konstitutiv für
eine städtische Lebensweise, eine städtische Kultur, als *network of networks* bestim-

7.2   Räumliche Kontexte:
Räume – Orte – Nicht-Orte?

Die Ethnologie hat es zumindest mit zwei Räumen zu tun: mit dem des Ortes, den sie untersucht (...), und mit dem größeren Raum, in den der Ort eingebettet ist und von dem Einflüsse und Zwänge ausgehen, die nicht ohne Auswirkung auf das interne Spiel der lokalen Beziehungen bleiben (...). In der Situation der Übermoderne besteht ein Teil dieser Umgebung aus Nicht-Orten und ein Teil dieser Nicht-Orte aus Bildern. (Augé 1994:138)

Die Verortung des Menschen in der Stadt, sein Bezug zum Raumgebilde Stadt, seine Benützung wie seine Wahrnehmung städtischer Räume stellen ein zentrales Element für die volkskundliche Auseinandersetzung (nicht nur) mit dem und im Urbanen dar. Räume des Städtischen – als Kultur- und Wohn-, Aufenthalts-, Verweil- und Transiträume, als soziokulturelle und mentale (Bezugs-)Felder – stellen Größen dar, die einen wesentlichen Bestandteil der sozialen Existenz bilden, das Verhältnis des Einzelnen zur Welt erfahrbar machen.

Urbanes Da- und So-Sein spielt sich dabei, überträgt man die Überlegungen Marc Augés[994] zum veränderten Raum und Raumbezug in der – wie er als Bezeichnung vorschlägt – Übermoderne[995] exklusiv auf Städtisches, im wesentlichen in einem Spannungsfeld zwischen Orten und Nicht-Orten ab. Orte wie Nicht-Orte stellen dabei keine absoluten Größen dar, sondern »fliehende Pole« - weder verschwindet der Ort vollständig noch stellt sich der Nicht Ort vollständig her.[996]

Augé selbst hebt in seinen Überlegungen mehrheitlich auf die Figur der Nicht-Orte ab, die er zum dominierenden wie charakterisierenden Raumtyp

---

men sie darüber hinaus die Stadt als soziales Gefüge. (Zur Inanspruchnahme des Ansatzes für die Auseinandersetzung mit kulturellen Strömungen in Großstädten cf. Schiffauer 1994a.)

[994] Augé 1994

[995] Übermoderne ist nach Augé gekennzeichnet durch »drei Figuren des Übermaßes«: »Überfülle der Ereignisse, «Überfülle des Raumes und die »Individualisierung der Referenzen« (Augé 1994:50) (Faktoren also, die Hermann Bausinger [Bausinger 1961] bereits für die Veränderungen der »technischen Welt« in Anspruch genommen hat und die nun in der Übermoderne potenziert auftreten). Die Überfülle des Raums führt nun zu einem Wechsel der Größenordnungen, einer »Vermehrung der bildlichen und imaginären Konnotationen«, einer »spektakulären Beschleunigung der Verkehrsmittel« aber auch zu beträchtlichen physischen Veränderungen: Verdichtung der Bevölkerung in den Städten, Wanderungsbewegungen und besonders Vermehrung von Nicht-Orten, mithin Faktoren, die nahelegen, den Raum neu zu denken (ebd., p.46).

[996] Ebd., p.94

der Übermoderne erhebt und denen er eine Anziehungskraft zuschreibt,
»die sich umgekehrt proportional zur Anziehungskraft des Territoriums wie
auch zum Gewicht des Ortes und der Tradition verhält«[997]. Nicht-Orte
definieren sich im Grunde genommen ex negativo: als »Räume, die selbst
keine anthropologischen Orte sind« und die alten Orte nicht integrieren.[998]
Das heißt, die Nicht-Orte besitzen weder Identität noch bringen sie Soziales
hervor, sondern funktionieren vor allem über nichtmenschliche Vermittlung. Der Nicht-Ort hat also zwei sich ergänzende Seiten: Er umfaßt »Räume, die in bezug auf bestimmte Zwecke (Verkehr, Transit, Handel, Freizeit)
konstituiert sind, und die Beziehung, die das Individuum zu diesen Räumen
unterhält«[999], und befreit damit denjenigen, der ihn betritt, von seinen gewohnten Bestimmungen, schafft so eine »solitäre Vertraglichkeit«[1000], eine
Konstellation, die Augé im Raum des Reisenden geradezu archetypisch angelegt sieht.[1001]
    Unter heutigen Gegebenheiten stellt der Nicht-Ort eine zentrale Größe
dar: Er ist an jedem beliebigen Ort möglich, stehen in einer wechselseitigen
Überschneidung und Durchdringung. Gerade mit Blick auf urbane und
volkskundliche Fragestellungen gilt es aber, den Ort – der bei Augé merk-
würdig blaß bleibt – als ebenso wichtige Größe nicht zu vernachlässigen. Als
gebauter Wohn- und Aufenthaltsraum, als Territorium der Beheimatung
(und von Beheimatungswünschen), zeichnet er sich durch »Identität, Relation und Geschichte«[1002] aus, bietet Möglichkeit zur (temporären) Verortung – gerade in der »Übermoderne« mit ihren, allerdings bei weitem nicht
für alle gleich relevanten und ausgebildeten pluralen Lebensstilen.

Trotz der Faszination des Ansatzes Augés und trotz der unbestrittenen
Möglichkeiten, ihn auch in die volkskundliche Optik zu integrieren, stellt
sich aber doch die Frage, ob der Begriff des Nicht-Ortes tatsächlich als Be-
schreibungskategorie taugt. Ein zentrales Problem liegt zunächst in der Beschreibung ex negativo: Nicht-Orte erhalten ihre Bestimmung im Grunde
einerseits als (anthropologische) Leerräume, diese sind aber per definitionem
– Augé selbst weist mit der Setzung der »fliehenden Pole« auf dieses Moment hin – nie eigentlich (sinn- und symbol)leer. Zum zweiten steht der
Nicht-Ort als Raum der Transition als Gegenpol zum v.a. statisch gedachten Ort. Fraglich ist, ob bei dieser ›einfachen‹ Unterscheidung nicht der

997 Ebd., p.129f
998 Ebd., p.93
999 Ebd., p.110
1000 Ebd., p.111
1001 Ebd., p.103
1002 Ebd., p.92

›Transit-Ort‹ ausgeschlossen bleibt: Bahnhöfe, U-Bahn-Stationen, Einkaufszentren, Freizeitparks etwa (allesamt von Augé als Beispiele für Nicht-Orte
eingebracht) als Raumgebilde, die zwar hauptsächlich für den Durchgang
und den Durchgehenden geschaffen, aber als Gebilde im Raum und des
Raumes auch zur Verortung einladen (was zumindest das Beispiel des
Bahnhofs zu illustrieren vermag).

Besonders stellt sich, drittens, die Frage ob nicht Augés Konzept insgesamt zu statisch erscheint und statt dessen der Blick besser auf den »Flow«,
den städtische Fluß, als Gegenpol zu eher statischen oder geschlossenen
Raumvorstellungen zu lenken ist. Unterwegssein, im literalen Sinn: zu Fuß,
im Verkehr und im Verkehrsmittel, im Bus, der Tram oder in der U-
Bahn,[1003] im übertragenen Sinn als Bewegung wie als Zwischenraum zwischen unterschiedlichen Bereichen und Sphären der Stadt (Wohnen, Arbeiten, Freizeit, Verkehr, oder soziale Netzwerken) und ganz besonders als
»pars pro toto für das Transitorische und Fragmentarische der urbanen
Existenz, für das Begriffe wie Augenblick, Situation, Zerstreuung, Anonymität, Begegnung und Mischung charakteristisch sind«[1004].

7.3 ›Mentale‹ Kontexte:
Innere Urbanisierung und innere Urbanisiertheit

Gottfried Korff hat in seinen Überlegungen zu den Wechselwirkungen
zwischen der ›äußeren‹ Verstädterung und den Verhaltens- und Lebensweisen der Menschen, die diesen Prozeß miterleben und mitprägen, den Verin-
nerlichungsprozeß der Urbanisierung als »innere Urbanisierung« charakterisiert.[1005] Diese »innere Urbanisierung« läßt sich durchaus als Bestandteil
und wesentlicher Faktor einer – wie Martin Scharfe in seiner Auseinandersetzung mit dem Ort der Volkskunde in den Neunzigern postuliert hat –
»Gewöhnung ans Moderne«[1006] betrachten, verstanden als ein Prozeß der
Herausbildung von Umgangsstrukturen, die ihrerseits auf diese verändernd
einwirken. Bezogen auf das Urbane stellt sich aber mittlerweile die Frage, ob
nicht besser von einem ›Gewöhnt-Sein ans Moderne‹ auszugehen ist und
damit nicht nur von einer Internalisierung urbaner Lebens- und Daseins-
Formen, sondern auch ihrer differenzierenden Ausformung, Aus- und Wei-
tergestaltung. Aus diesem Grund soll hier der »inneren Urbanisierung« die

---

[1003]Eine illustrative historische Skizze hierzu liefert Mohrmann 1996.
[1004]Lindner 1997:323
[1005]Korff 1985; cf. dazu Kap. 3.4
[1006]Scharfe 1992:71

›innere Urbanisiertheit‹ beigesellt werden – nicht um auszudrücken, daß
damit die Prozeßlichkeit ein Ende hätte, sondern, daß sie sich in einem
weiteren, qualitativ anders gelagerten Stadium befindet und als mentales
Verhaltensdispositiv zu fassen ist. So wie Augés »Nicht-Orte« erst vor dem
Hintergrund der »Übermoderne« auftreten, steht auch die ›innere Urbanisiertheit‹ für ein Phänomen, das erst vor dem Hintergrund veränderter
räumlicher, zeitlicher und sozialer Gegebenheiten des Urbanen zum Ausdruck kommt.[1007]

Als Grundmuster für die Zurichtung der »inneren Urbanisierung« lassen
sich, folgt man etwa den Überlegungen Hellpachs, »Apathie und Energie«
(wie Gottfried Korff verknappend zusammenfaßt) benennen bzw. steht
Großstadt mit Georg Simmel als Beispiel »für eine Entwicklung, bei der die
Versachlichung der Beziehungen mit der Auflösung traditioneller Bindungen und die Nivellierung mit Individualisierung einhergeht«[1008] (so Rolf
Lindners Kurzformel der Überlegungen Simmels). Vor diesem Hintergrund
nun konnten und können sich moderne kulturelle Differenzierungen,
konnte und kann sich städtisches Verfaßt- und Dasein, die Auffächerung
städtischer Lebensstile ausbilden. Die Tatsache, daß dabei die rigide Ausschließlichkeit, wie sie noch in den frühen Ansätzen zu Recht postuliert
wurde, heute so nicht mehr zutrifft, enthebt nicht davon, diese Muster noch
als Grund- und Ausgangslage der »inneren Urbanität«, als Formanten der
Existenz im Städtischen zu reflektieren. Das heißt, die Reflexion innerer
Urbanisierungsprozesse spielt nicht nur eine Rolle für die historisch geprägte
Annäherung an Urbanität, sondern behält ihre Berechtigung ebenso dadurch, daß sie für (beträchtliche) Teile der städtischen Bevölkerung nach
wie vor eine wesentliche Komponente ihrer Verfaßtheit, ihrer Einrichtung
im Urbanen bilden. Dem stehen indessen je länger je mehr offene und dynamische Lebensstile gegenüber, die auf einem Gewohnt-Sein an städtische
Lebensformen, auf der Lockerung oder gar Auflösung fester Bindungen und
Bezüge und damit qualitativ neuen mentalen Dispositionen von Urbanität
beruhen.

[1007]Am Beispiel des Aktionsraumes (cf. Kap. 6.2.4.2) wurde auf eine Möglichkeit hinge-
    wiesen, die »innere Urbanisiertheit« im Rahmen einer urbanen Gesellschaft und
    Kultur als Muster der Verhaltens- und Lebensweise zu applizieren.
[1008]Lindner 1990:88

7.4 Ausklang: »Ende der Geschichte - Ende der Stadt?« Zum Verblassen von Modernität und Urbanität

Mit dem Begriff Urbanität ist es ähnlich wie mit dem Begriff Heimat: Beides erkennt man dann am genauesten, wenn es abhanden gekommen ist.[1009]

Die Diskussion um Urbanität oder besser: die Einschätzung der Großstadt diesseits der Moderne, hat in der jüngsten Vergangenheit eine markante Umdeutung erfahren. Politische, soziale, ökonomische und technologische Entwicklungen, so eine der zentralen Argumentationslinien im postmodernen Diskurs[1010], sind verantwortlich und prägend für die Herausbildung einer neuen, globalen, raumzeitlichen Struktur[1011], in welcher die Stadt allmählich als raumzeitliche Einheit verblaßt bzw. aufgeht. Beim Blick auf urbane Gebilde gilt es daher, so fordern etwa Bernhard Perchinig und Winfried Steiner mit Bezug auf Stadtplanung und Städtebau, von der »potemkinschen Welt«[1012] Abschied zu nehmen, sich statt auf überkommene Städtebauphilosophien, -utopien, Stadtbilder und -vorstellungen zurückzu(be-)ziehen, den veränderten, d.h. dynamisierten und globalisierten Gegebenheiten urbaner Realitäten zu stellen.

Noch radikalere Folgerungen aus den Beobachtungen der Veränderungen im Raumzeitgefüge zieht der Kommunikationsphilosoph Vilém Flusser. Pointiert eingegossen in die Fragestellung »Ende der Geschichte, Ende der Stadt?«[1013], diskutiert bzw. prognostiziert er in nächster Zeit den Untergang des Städtischen, hervorgerufen durch die Tatsache, daß Städtisches seiner spezifischen Kulturfunktion enthoben sei, daß die geometrische Erfassung von Raum und die historische Fassung von Zeit zugunsten virtueller Räume und nachgeschichtlicher Zeiten, ineinandergreifender Zonen, Interdisziplinaritäten etc., zurücktrete, Städtisches somit überflüssig werde. Dennoch leitet selbst Flusser aus dieser Einsicht nicht eine grundlegende Abkehr vom

---

[1009] Häußermann 1994:79

[1010] Die Begriffe ›postmodern‹ und ›nachmodern‹ werden hier nicht bedeutungsgleich verwendet: Mit ›postmodern‹ sollen vielmehr jene globalen, oft unverbindlichen Theorieentwürfe und Ansätze charakterisiert werden, die die Problematik oft fast ans Spielerische grenzend ver- und bearbeiten, mit ›nachmodern‹ hingegen Überlegungen, die sich konkret(er) mit den veränderten gesellschaftlichen und kulturellen Rahmenbedingungen, der Dynamik einer Entwicklung auseinandersetzen, die sowohl Wertstrukturen und Werthaltungen, soziökonomische und soziokulturelle Gefüge verändernd erfaßt.

[1011] Cf. dazu: Perchinig/Steiner 1991a:25

[1012] Ebd., p.28, die Forderung stammt von Rem Koolhaas, dessen Aussagen von den Autoren zu einer Art Städtebau-Poem montiert sind.

[1013] Flusser 1992

Forschungsgegenstand ›Urbanität‹ ab, sondern vielmehr, aus diesem Grund
Raum und Zeit als städtische Erlebniskategorien und Werte neu zu beschreiben. ›Stadt‹ hingegen erscheint für ihn räumlich betrachtet als flache
Kiste, als Warteraum, »als gestalteter Raum«, »der fürs Pendeln«, also für
Aktivitäten, »gebaut ist«.[1014] So beschreibbarer städtischer Raum, bestimmt
durch »eine geometrische, bodengebundene Seßhaftigkeit und eine historische (...) Erwartung«[1015], wird durch die gegenwärtigen Entwicklungen
überwunden oder besser überflüssig gemacht und zwar namentlich durch
elektronische Kommunikation, welche »Synchronizität« und »Telepräsenz«
und damit die Überwindung von Raum und Zeit nach sich zieht:

*Aus dieser Sicht ist die Stadt nicht ein spezifischer Ort zu einer spezifischen
Zeit, sondern virtuell sind die Städte überall gleichzeitig zugegen. (Flusser
1991:23).*

Solche, nicht nur von Flusser vorgetragenen, Überlegungen stellen im Kern
kein radikales Novum dar, sondern sind im Grunde als ein konsequentes
Weiterdenken grundlegender Bedingungen des Städtischen zu apostrophie-
ren, wurde doch der Ausbau der Transport- und der Kommunikationsmedien in praktisch allen, älteren und neueren, Zugängen zur Erfassung von
Urbanität als wesentliche Komponente, ja geradezu als Bedingung der Herausbildung moderner urbaner Strukturen – von Stadtbildung und Stadter-
weiterung – und von Urbanität – von Stadt-Idee und Stadterfahrung – seit
dem Industriezeitalter erkannt. Grundlegend neu ist indessen v.a. die raum-
sprengende Dimension, die aus diesen Veränderungen in naher und nächster Zukunft erwachsen kann, wobei aber der Absolutheitsanspruch doch
kritisch in Frage zu stellen ist.

Urbanisiertheit, Urbanität nach der Moderne unterliegt – und dafür bilden
die qualitativen Veränderungen der räumlichen und zeitlichen Dimension
einen eindrücklichen Beleg – einem nachhaltigen Wandel, der sich sowohl
in veränderten ökonomischen, technologischen aber auch Wertstrukturen
niederschlägt und als gesellschaftlicher und kultureller Umbruchs- und
Umbauprozeß zu beschreiben ist[1016]: Die Paradigmen Urbanisierung und
Industrialisierung werden abgelöst durch Globalisierung und Tertiarisierung, d.h. durch Prozesse wie die Gewichtsverschiebung von der Bedeutung
der Produktion hin zur zunehmenden Bedeutung ihr vor- (Finanzierung,
Steuerung, Entwicklung) und nachgelagerten (Distribution, Konsumtion)

[1014]Flusser 1991:21
[1015]Ebd., p.22
[1016]Cf. dazu Harvey 1989

Bereiche oder die Herausbildung wirtschaftlicher Strukturen, die Arbeitsteiligkeit und Abhängigkeiten weiter verschärfen und in einem übernationalen Netzwerk bzw. Wirtschaftssystem inkorporieren.[1017] Als zweiter wichtiger Bereich, in welchem sich in gegenwärtig einschneidende Veränderungen beobachten lassen, erscheint die Atomisierung sozialer Strukturen, d.h. die Auflösung der modernen Großgruppengesellschaft oder besser: das Verblassen der Wirkkraft der Mechanismen sozialer Integration.[1018] Als Folge erscheint das Aufkommen neuer, keineswegs fraglos gegebener Instanzen und Elemente der Differenzierung z.B. im Politischen und Sozialen[1019], eine Vervielfältigung, bzw. Pluralität der Lebensstile und sozialen Milieus.[1020] Ein Bereich bzw. eine Entwicklung, wofür namentlich im gesellschaftswissenschaftlichen Diskurs gerade den (Groß-)Städten eine entscheidende katalytische Rolle zugeschrieben[1021] - und in der Forderung mündet, Urbanität neu zu fassen.[1022]

Bildhaft hat Matthias Horx, der Herausgeber des Frankfurter Magazins »Pflasterstrand«, schon vor einigen Jahren diesen Wechsel im Zugehen auf Städtisches gefaßt:

Es ist kaum zehn Jahre her, da stand ›Großstadt‹ für alle Übel der Moderne: Anonymität, Beton, Umweltverschmutzung. Seitdem hat sich einiges verändert. Das ›Großstädtische‹ steht heute für Lebendigkeit, Liberalität, eine offene politische Kultur.[1023]

Für eine aktuelle Kontextualisierung von Urbanität ist es denn auch wichtig, diese Umwandlungen und Umwälzungen als globalen Entwicklungsvektor im Auge zu behalten, die knapp skizzierten Prozesse als eine Verschiebung städtischer Realitäten und Realitätsbildung zu reflektieren. Trotzdem ist nach der Tragweite dieses »neuen Erklärungsmodells der sozialen Verflüssigung und kulturellen Pluralisierung« zu fragen. Gisela Welz hat am Beispiel nicht-privilegierter Einwanderer in Großstädten, die hier oft »die unteren sozialen Ränge besetzen«, dargelegt, wie das Problem von Migranten, ihres

---

[1017]Auch einzelne Großstädte erhalten so neue Funktionszuschreibungen, die sie in einem globalen ökonomischen Netz verorten, (was nicht zuletzt auf Soziokulturelles zurückwirkt, namentlich durch eine dazugehörige Einbettung in weltweite Migrationsbewegungen).

[1018]Cf. dazu Beck 1986

[1019]Cf. dazu Joas 1992

[1020]Cf. dazu Müller 1992

[1021]Cf. u.a. Schulze 1992 oder Beck 1997

[1022]Cf. dazu Kap. 5.5

[1023]Cit. nach: Hannes Swoboda/Lothar Fischmann, Zur sanften Regie in der Stadtplanung und Politik. In: Perchinig/Steiner 1991:219-233, hier p.230

Umgangs, ihrer Aneignung, Integration und ihrer Rolle als Veränderern
großstädtischer Wirklichkeiten aus dem theoretischen Diskurs weitgehend
ausgeschlossen bleibt, v.a. wegen dessen Ausrichtung auf »die Proliferation
von Weiße-Kragen-Jobs in Hochtechnologie und Management«.[1024] Damit
liegt wohl ein grundlegendes Problem des momentanen Diskurses über
urbane Lebensformen offen: sein oft an Eklektizismus grenzender Zuschnitt
auf die ›anerkannten Leistungsträger‹ gegenwärtiger gesellschaftlicher Gefüge.

Dazu kommt, daß selbst bei der unzweifelhaften Veränderung von
Raumbezug und raumzeitlichen Strukturen raumzeitliche Bindungen,
räumliche Verortung und räumliches Verortetsein für die einzelnen Bewohnerinnen und Bewohner städtischer Räume nicht einfach aufgehoben sind,
vielmehr entsteht daraus ein neues Spannungsfeld, wie es Martin Wentz
anschaulich umrissen hat:

> *Es ist notwendig, neue Perspektiven und Entwicklungsziele für die Zukunft*
> *großer, vernetzter metropolitaner Räume zu entwickeln, die sich nicht nur*
> *aus den bekannten ökonomischen und soziologischen Analysen ableiten. Die*
> *räumlichen, auch ökologischen Aspekte sind einzubeziehen. Manhattan und*
> *Los Angeles dürfen nicht die gängigen Muster theoretischer Betrachtungen*
> *bleiben. Gerade die Theoretiker sind aufgefordert, die Zukunft der metropo-*
> *litanen Stadtentwicklung vor dem Hintergrund der europäischen Kultur zu*
> *diskutieren. Das distanzierte Beobachten und ›Im-Auge-behalten‹ der ver-*
> *schiedenen urbanen Realitäten ist dabei ebenso von Bedeutung wie das ge-*
> *zielte, aber begrenzte Eingreifen. (Wentz 1991a:14)*

Urbanität gilt es also zwischen diesen beiden Polen zu situieren. Die Volkskunde kann dabei, in der Mikroanalyse städtischer Alltagskultur, ihrer Bedingungen und Bedingtheiten, einen eigenen Ort gerade dadurch gewinnen,
daß sie die Alltagswelten und -wirklichkeiten in der Stadt zu beschreiben
sucht, sie an den Wirkfaktoren ihrer Entstehung, am Grad ihres Zutreffens
reflektiert. Will die Volkskunde darüber hinaus einen eigenen Standort als
»Agentur des Ungleichzeitigen«[1025] behalten, so begreift sie städtisches Leben und urbane Kultur als von den Menschen im Alltag mitgeprägt und
miterlebt, als in einem weiten Spannungsfeld stehend, das sowohl in einem
globalen Umbruchs- und Umbauprozeß steht und sich in verschiedene
Lebensstile ausgliedert, aber ebenso geprägt ist durch traditionelle Formen

---

[1024]Welz 1994:137. Aufgrund ihrer Beobachtungen und Überlegungen fordert Welz
  angemessene Beschreibungsmodelle nachmoderner Wirklichkeiten, die deren Gesamtheit erfassen mögen, auch dort, wo eingeschränkte Zugangschancen zu den
  Möglichkeiten der »entstehenden Kulturgesellschaft« (p.146) anzutreffen sind.
[1025]Cf. Bausinger 1987:7-10

und historische Entwicklungen, die als Mechanismen und Formanten von (innerer wie äußerer) Urbanisierung und Urbanisiertheit des Menschen zu begreifen, aber auch von diesem geformt sind. Die Volkskunde/Europäische Ethnologie kann damit ebenso Bausteine für eine angemessene Untersuchung und Diskussion von Urbanität liefern, wie dies z.B. Auseinandersetzungen mit globalen Netz(werk)strukturen oder gesellschaftswissenschaftliche Lebensstilanalysen leisten: indem sie in ihren Studien die Kategorie ›Urbanität‹ sowohl im kritisch-empirischen Herangehen herausmodelliert als auch in die Theoriebildung einbringt.

8 Bibliographie

Die nachfolgenden Literaturangaben stellen nur eine beschränkte Auswahl aus der Vielfalt des Schaffens zu Problemen der Stadt dar. Um den Umfang nicht ins Unermeßliche wachsen zu lassen, wurden pro Autor bzw. pro Autorin nur wenige ausgewählte Werke aufgeführt.

ALBERS Gerd (1988), Stadtplanung. Eine praxisorientierte Einführung. Darmstadt.

ALTHABE Gérard (1984), L'ethnologie urbaine: ses tendances actuelles. In: Terrain. Carnets du Patrimoine ethnologique, Nr.3: Ethnologie urbaine, p.3f.

ANDRITZKY Michael/SELLE Gert (1979), Lernbereich Wohnen. Didaktisches Sachbuch zur Wohnumwelt vom Kinderzimmer bis zur Stadt. Reinbek b.H.

ANGERMANN Gertrud (1982), Land-Stadt-Beziehungen. Bielefeld und sein Umland 1760-1860 unter besonderer Berücksichtigung von Markenteilungen und Hausbau. Münster. (Beiträge zur Volkskultur in Nordwestdeutschland, Bd.27).

ARNDT Fr. et al. (1972), Das Freizeitverhalten der Bewohner von Frankfurt-Nordweststadt. Dokumentation einer studentischen Projektgruppe. Frankfurt.

ATTESLANDER Peter (1956), Probleme der sozialen Anpassung. Eine soziologische Untersuchung über den Zuzug nach der Stadt Zürich. (Diss. Zürich) Köln/Opladen.

ATTESLANDER Peter/HAMM Bernd (Hg.) (1974), Materialien zur Siedlungssoziologie. Köln.

ATTESLANDER Peter (1976), Soziologie und Raumplanung. Berlin.

AUGÉ Marc (1986), Un ethnologue dans le métro. Paris. (Textes du XXe siècle).

AUGÉ Marc (1994), Orte und Nicht-Orte. Vorüberlegungen zu einer Ethnologie der Einsamkeit. Frankfurt a.M.

AURENHAMMER Hans (1958), Großstadtvolkskundliche Untersuchungen an Wiener Wohnungen. In: Österreichische Zeitschrift für Volkskunde, Jg.61, p.195-204.

AURICH Heli (1976), Partizipation an der Stadtplanung. Berlin. (Social Strategies, Monographien zur Soziologie und Gesellschaftspolitik 2).

AY Karl-Ludwig (1993), Max Weber über die Stadt. In: MAYRHOFER Fritz (Hg.), Stadtgeschichtsforschung. Aspekte, Tendenzen, Perspektiven. Linz 1993. (Beiträge zur Geschichte der Städte Mitteleuropas, Bd.XII), p.69-80.

BACH Adolf (1954), Volkskunde der deutschen Großstadt. In: Zeitschrift für Volkskunde, Jg.51, p.177-195.

BACH Adolf (1960), Deutsche Volkskunde. Wege und Organisation, Probleme, System, Methoden, Ergebnisse und Aufgaben, Schrifttum. 3. Aufl., Heidelberg.

BÄCHTOLD Hans Christoph (1981), Die Entwicklung der Regionen, Agglomerationen und Städte der Schweiz 1950-1970. (Diss. Basel). Zürich.

BÄCHTOLD Rolf (1964), Der moderne Wohnungs- und Siedlungsbau als soziologisches Problem. Deutung einer empirischen Untersuchung in der Stadt Bern. (Diss. Freiburg). Basel.

BAHRDT Hans Paul (1961/74), Die moderne Großstadt. Soziologische Überlegungen zum Städtebau. 1. und 3. Aufl., Reinbek b.H.

BARTHES Roland (1981), Das Reich der Zeichen. Frankfurt a.M.

BÄRTSCHI Hans-Peter (1983), Industrialisierung, Eisenbahnschlachten und Städtebau. Die Entwicklung des Zürcher Industrie- und Arbeiterstadtteils Aussersihl. Ein vergleichender Beitrag zur Architektur- und Technikgeschichte. Basel.

BÄRTSCHI Hans-Peter (1992), Wohnungsbau und Industrialisierung. Vom Volk der Bauern und Arbeiter zum Volk der Angestellten und Mieter. In: HUGGER Paul (Hg.), Handbuch der Schweizerischen Volkskultur. Zürich, p.377-392.

BASSAND Michel (1974), Urbanisation et pouvoir politique. Le cas de la Suisse. (Diss. Genf). Genève.

BASSAND Michel/KELLERHALS Jean (1975), Familles urbaines et fécondité. Genève.

BASSAND Michel/FRAGNIÈRE Jean-Pierre (1978), Le pouvoir dans la ville. Essai sur la démocratie urbaine. Vevey. (Collection Sociologie en Suisse).

BASSAND Michel (1982), Villes, régions et sociétés. Introduction à la sociologie des phénomènes urbains et régionaux. Lausanne. (Collection Villes, régions et sociétés).

BAUCHE Ulrich (1978), Reaktionen auf städtische Kulturvermittlung, dargelegt an Beispielen aus dem Hamburger Umland. In: WIEGELMANN Günter (Hg.), Kulturelle Stadt-Land-Beziehungen in der Neuzeit. Münster, p.159-174. (Beiträge zur Volkskultur in Nordwestdeutschland, Bd.9).

BAUMGARTNER, Heinrich (1940), Stadtmundart, Stadt- und Landmundart. Bern. (Beiträge zur bernischen Mundartgeographie. Schriften der Literarischen Gesellschaft Bern).

BAUMUNK Bodo-Michael (1985), Teddy-Boys und Ledermänner. Trachtenkunde aus der Großstadt. In: KOHLMANN Theodor/BAUSINGER Hermann (Hg.) Großstadt. Aspekte empirischer Kulturforschung. 24. Deutscher Volkskunde-Kongreß in Berlin vom 26. bis 30. September 1983. Berlin, p.291-296. (Schriften des Museums für Deutsche Volkskunde Berlin, Bd.13).

BAUSINGER Hermann/BRAUN Markus/SCHWEDT Herbert (1959), Neue Siedlungen. Volkskundlich-soziologische Untersuchungen des Ludwig-Uhland Institutes der Universität Tübingen. Stuttgart.

BAUSINGER Hermann (1961), Volkskultur in der Technischen Welt. Stuttgart.

BAUSINGER Hermann (1969), Kritik der Tradition. Anmerkungen zur Situation der Volkskunde. In: Zeitschrift für Volkskunde 65, p.232-250.

BAUSINGER Hermann (1971). Volkskunde. Von der Altertumskunde zur Kulturanalyse. Berlin/Darmstadt 1971.

BAUSINGER Hermann (1972), Konservative Aufklärung – Justus Möser vom Blickpunkt der Gegenwart. In: Zeitschrift für Volkskunde, Jg.68, p.161-178.

BAUSINGER Hermann (1973), Verbürgerlichung – Folgen eines Interpretaments. In: WIEGELMANN Günter (Hg.), Kultureller Wandel im 19. Jahrhundert. Verhandlungen des 18. Deutschen Volkskunde-Kongresses in Trier vom 13. bis 18. September 1971. Göttingen, p.24-49. (Studien zum Wandel von Gesellschaft und Bildung im 19. Jahrhundert, Bd.5).

BAUSINGER Hermann/JEGGLE Utz/KORFF Gottfried/SCHARFE Martin (1978), Grundzüge der Volkskunde. Darmstadt. (Grundzüge, Bd.34).

BAUSINGER Hermann (1985), Eröffnung des Volkskundekongresses 1983. In: KOHLMANN Theodor/BAUSINGER Hermann (Hg.), Großstadt. Aspekte empirischer Kulturforschung. 24. Deutscher Volkskunde-Kongreß in Berlin vom 26. bis 30. September 1983. Berlin, p.7-10. (Schriften des Museums für Deutsche Volkskunde Berlin, Bd.13).

BAUSINGER Hermann (1987), Ungleichzeitigkeiten. Von der Volkskunde zur empirischen Kulturwissenschaft. In: Der Deutschunterricht, Jg.39, Heft 6, p.5-16.

BAUSINGER Hermann (1987a), »Ein Abwerfen der großen Last...« Gedanken zur städtischen Festkultur. In: HUGGER Paul/BURKERT Walter/LICHTENHAHN Ernst (Hg.) (1987), Stadt und Fest. Zu Geschichte und Gegenwart europäischer Festkultur: Festschrift der Phil. Fakultät I der Universität Zürich zum 2000-Jahr-Jubiläum der Stadt Zürich. Unterägeri /Stuttgart, p.251-267.

BAUSINGER Hermann (1988), Anmerkungen zum Verhältnis öffentlicher und privater Festkultur. In: DÜDING Dieter/FRIEDEMANN Peter/MÜNCH Paul (Hg.), Öffentliche Festkultur. Politische Feste in Deutschland von der Aufklärung bis zum ersten Weltkrieg. Reinbek b.H., p.390-404.

BECK Ulrich (1986), Risikogesellschaft. Auf dem Weg in eine andere Moderne. Frankfurt a.M.

BECK Ulrich (1997), Was ist Globalisierung? Irrtümer des Globalismus, Antworten auf Globalisierung. Frankfurt a.M.

BECKER Helmut/KEIM K.-D. (1975), Die Wahrnehmung in der städtischen Umwelt. Möglicher Impuls für kollektives Handeln. 3. Aufl., Berlin.

BEITL Richard (1933), Volksglaube der Großstadt. In: BEITL Richard, Deutsches Volkstum der Gegenwart. Berlin, p.70-100.

BENEVOLO Leonardo (1990), Die Geschichte der Stadt. 5. Auflage, Frankfurt a.M./New York. (OT: Storia della città, Rom/Bari, 6. erw. Aufl. 1982).

BERCÉ Yves (1976), Fête et révolte. Des mentalités populaires du XVIe au XVIIIe siècle. Paris.

BERGEN VON Stefan (1987), Brückenkämpfe. Die Errichtung der Kornhausbrücke im Rahmen der Stadtentwicklung von Bern in der zweiten Hälfte des 19. Jahrhunderts. (Seminararbeit/Hist.Inst.). Bern.

BERGEN VON Stefan (1992), Bern: Eine Stadt als Unterrichtsgegenstand. Bern. (Schriftenreihe der Abteilung für das Höhere Lehramt der Universität Bern).

BILAND Anne-Marie (1983), Das Reihen-Miethaus in Bern 1850-1920. (Liz-Arbeit, Architekturhist. Inst.). Bern.

BIMMER Andreas C./GRUPPE-KELPANIDES Heidemarie (Hg.) (1977), Feste in Hessen, Themenheft der Hessischen Blätter für Volks- und Kulturforschung, NF 4. Gießen.

BIMMER Andreas C. (1977), Zur Typisierung gegenwärtiger Feste. In: BIMMER Andreas C./GRUPPE-KELPANIDES Heidemarie (Hg.), Feste in Hessen. Hessische Blätter für Volks- und Kulturforschung, NF 4, p.38-48.

BIMMER Andreas C. (1980), Besucher von Festen. Beiträge zur systematischen Erforschung. In: KÖSTLIN Konrad/BAUSINGER Hermann (Hg.), Heimat und Identität. Probleme regionaler Kultur. 22. Deutscher Volkskunde-Kongreß in Kiel vom 16. bis 21. Juni 1979. Neumünster, p.81-90.

BIRKNER Othmar (1992), Die Sanierung der industriellen Stadt und ihre Bedeutung für die Wohnbauten. In: HUGGER Paul (Hg.), Handbuch der Schweizerischen Volkskultur. Zürich, p.349-376.

BLASIUS Jörg/DANGSCHAT Jens S. (Hg.) (1990), Gentrification. Die Aufwertung innenstadtnaher Wohnviertel. Frankfurt/New York.

BLASIUS Jörg (1993), Gentrification und Lebensstile. Eine empirische Untersuchung. Wiesbaden 1993

BLOTEVOGEL Hans Heinrich (1975), Die Theorie der zentralen Orte und ihre Bedeutung für die Volkskunde und Kulturraumforschung. In: KAUFMANN Gerhard (Hg.),

Stadt-Land-Beziehungen. Verhandlungen des 19. Deutschen Volkskundekongresses in Hamburg vom 1. bis 7. Oktober 1973. Göttingen, p.1-20.

BOCKHORN Olaf (1985), Schrebergärten in Wien. Ein Projektbericht. In: Probleme der Gegenwartsvolkskunde. Referate der Österreichischen Volkskundetagung 1983 in Mattersburg (Burgenland), hg. von Klaus BEITL. Wien, p.261ff.

BOMMER Bettina C. (1991), Zur Anlage der Urbanethnologie. Ansätze zur Konzeption des Forschungsgebietes im Rahmen der Zeitschrift Urban Anthropology und einige grundsätzliche Fragen. In: KOKOT Waltraud/BOMMER Bettina C. (Hg.), Ethnologische Stadtforschung. Eine Einführung. Berlin. (Ethnologische Paperbacks), p.15-27.

BONNET Jean-Claude (1994), Introduction. In: MERCIER Louis Sébastien, Tableau de Paris, édition sous la direction de J-C. B. Paris, p.I-LXXII.

BOURDIEU Pierre (1974), Zur Soziologie der symbolischen Formen. Frankfurt a. M.

BOURDIEU Pierre (1984), Die feinen Unterschiede. Kritik der gesellschaftlichen Urteilskraft. Frankfurt a. M. (OT: La distinction. Critique sociale du jugement. Paris 1979).

BOURDIEU Pierre (1991), Physischer, sozialer und angeeigneter physischer Raum. In: WENTZ Martin (Hg.), Stadt-Räume. Frankfurt/New York, p.25-34. (Die Zukunft des Städtischen, Frankfurter Beiträge, Bd.2).

BRANDNER Birgit/LUGER Kurt/MÖRTH Ingo (Hg.) (1994), Kulturerlebnis Stadt. Theoretische und praktische Aspekte der Stadtkultur. Wien.

BRAUN Rudolf (1960), Industrialisierung und Volksleben. Erlenbach-Zürich.

BREDNICH Rolf Wilhelm (1975), Hamburg als Innovationszentrum populärer Lieder. In: KAUFMANN Gerhard (Hg.), Stadt-Land-Beziehungen. Verhandlungen des 19. Deutschen Volkskundekongresses in Hamburg vom 1. bis 7. Oktober 1973. Göttingen, p.115-129.

BREDNICH Rolf Wilhelm (Hg.) (1994), Grundriß der Volkskunde. Einführung in die Forschungsfelder der Europäischen Ethnologie. 2. erg. und erw. Aufl., Berlin.

BREPOHL Wilhelm (1957), Industrievolk im Wandel von der agraren zur industriellen Daseinsform, dargestellt am Ruhrgebiet. Tübingen. (Soziale Forschung und Praxis, Bd.18).

BRÜCKNER Wolfgang/BEITL Klaus (Hg.) (1983), Volkskunde als akademische Disziplin. Studien zur Institutionenausbildung. Referate eines wissenschaftsgeschichtlichen Symposions vom 8.-10. Oktober 1982 in Würzburg. Wien.

BRÜCKNER Wolfgang (1987), Geschichte der Volkskunde. Versuche einer Annäherung für Franzosen. In: CHIVA Isac/JEGGLE Utz (Hg.), Deutsche Volkskunde – Französische Ethnologie. Zwei Standortbestimmungen. Frankfurt a.M./New York/Paris, p.105-127.

BRUNN BURKHARD/PRAECKEL DIEDRICH (1992), Der Hauptbahnhof wird Stadttor. Zum Ende des Automobilzeitalters. Gießen.

BURCKHARDT-SEEBASS Christine (1975), Konfirmation in Stadt und Landschaft Basel. Volkskundliche Studie zur Geschichte eines kirchlichen Festes. Basel. (Schriften der Schweizerischen Gesellschaft für Volkskunde, Bd.57).

BURGESS Ernest W./MCKENZIE Roderick D./PARK Robert E. et al. (1925), The City. Chicago.

CAMPICHE Roland J. (1968), Urbanisation et vie religieuse: une analyse sociologique de l'influence de l'urbanisation sur la vie et le comportement religieux des habitants du secteur lausannois de Sévelin. Lausanne.

CARLINI A./SCHNEIDER B. (Hg.) (1971), Konzepte: 1: Architektur als Zeichensystem. Tübingen.

CARLINI A./SCHNEIDER B. (Hg.) (1976), Konzepte: 2: Stadtbild? Tübingen.

CARLINI A./SCHNEIDER B. (Hg.) (1976), Konzepte: 3: Die Stadt als Text. Tübingen.

CARTER Harold (1980), Einführung in die Stadtgeographie. Übersetzt und hg. von Friedrich VETTER. Berlin/Stuttgart. (OT: The Study of Urban Geography. 2. erw. Aufl., London 1975).

CENTLIVRES-Demont Micheline (Hg.) (1982), Die Stadt aus neuer Sicht. Beiträge zur Urban-Ethnologie. Bern. (Ethnologica Helvetica, 6).

CHALVON-DEMERSAY Sabine (1984), Le Triangle du XIVe. Des nouveaux habitants dans un vieux quartier. Paris.

CHARTIER Roger (1984), Phantasie und Disziplin . Das Fest in Frankreich vom 15. bis 18. Jahrhundert. In: VAN DÜLMEN Richard/SCHINDLER Norbert (Hg.), Volkskultur. Zur Wiederentdeckung des vergessenen Alltags (16.-20. Jahrhundert). Frankfurt a. M., p.153-176.

CHOMBART DE LAUWE Paul-Henri, et al. (1952), Paris et l'agglomération parisienne. 2 Bde. Paris.

CHOMBART DE LAUWE Paul-Henri (1959/60), Famille et habitation. 2 Bde. Paris.

CHOMBART DE LAUWE Paul-Henri (1965), Des hommes et des villes. Paris.

CHOMBART DE LAUWE Paul-Henri (1965a), Paris. Paris.

CHRISTALLER Walter (1968), Die zentralen Orte in Süddeutschland. Eine ökonomisch-geographische Untersuchung der Gesetzmäßigkeiten der Verbreitung und Entwicklung der Siedlungen mit städtischen Funktionen. Darmstadt. (Nachdruck der Ausgabe Jena 1933).

CIVELLI Stephan (1992), »mehr Bäume, mehr Wiesen und mehr Menschen, die wir kennen...«. Der Schulweg als Lernfeld. Schulwegerlebnisse und -erfahrungen von Zürcher Primarschülern. (Diss. Zürich). Konstanz.

CLINARD Marshall B. (1978), Cities with Little Crime. The Case of Switzerland. Cambridge/London/ New York/Melbourne. (ASA rose Monograph series).

COHEN Anthony P. (1987), Whalsay. Symbol, Segments and Boundary in a Shetland Island Community. Manchester.

COMMENDA Hans (1928-1931), Volkskundliche Streifzüge durch den Linzer Alltag. In: Heimatgaue, Bd.9, p.32ff, 219ff; Bd.10, p.157ff, 274ff, Bd.11, p.8ff, 210ff; Bd.12, p.174ff.

COMMENDA Hans (1950), Grundriß einer Volkskunde von Linz. In: Jahrbuch der Stadt Linz, p.433-480.

COMMENDA Hans (1958/59), Volkskunde der Stadt Linz. 2 Bde. Linz.

CONZE Werner/ENGELHARDT Ulrich (1981), Arbeiterexistenz im 19. Jahrhundert. Lebensstandard und Lebensgestaltung deutscher Arbeiter und Handwerker. Stuttgart.

COX H.L./Wiegelmann Günter (Hg.) (1984), Volkskundliche Kulturraumforschung heute. Beiträge eines internationalen Symposiums in Bonn vom 21. bis 24. April 1982. Münster 1984. (Beiträge zur Volkskultur in Norwestdeutschland, Bd.42).

DANGSCHAT Jens/DROTH Wolfram/FRIEDRICHS Jürgen/KIEHL Klaus (1982), Aktionsräume von Stadtbewohnern. Eine empirische Untersuchung in der Region Hamburg. Opladen. (Beiträge zur sozialwissenschaftlichen Forschung, Bd.36).

Daseinsformen der Großstadt (1959), bearbeitet von MACKENSEN R./PAPALEKAS J. Chr./PFEIL E./SCHÜTTE W./ BURCKHARDT L., Tübingen. (Industrielle Großstadt I. Soziale Forschung und Praxis, Bd.20).

DÉGH Linda (1975), Stadt-Land-Unterschiede in den USA, dargelegt am Beispiel moderner Sagenbildung. In: KAUFMANN Gerhard (Hg.), Stadt-Land-Beziehungen. Verhandlungen des 19. Deutschen Volkskundekongresses in Hamburg vom 1. bis 7. Oktober 1973. Göttingen, p.93-107.

Der MENSCH IN DER GROßSTADT (1960). Eine Vortragsreihe. Stuttgart.

DIETZ Josef (1969), Vom Eschenbäumchen bis zum Totenbrett. Ein Beitrag zur Stadtvolkskunde Bonns. In: Rheinisch-Westfälische Zeitschrift für Volkskunde, Jg.16, p.164-205.

DOW James R./LIXFELD Hannjost (Hg.) (1994), The Nazification of an Academic Discipline. Folklore in the Third Reich. Bloomington etc.

DOWNS Roger M./STEA David (1982), Kognitive Karten: Die Welt in unseren Köpfen. New York.

DRÖGE Franz/KRÄMER-BADONI Thomas (1987), Die Kneipe. Zur Soziologie einer Kulturform oder »Zwei Halbe auf mich!«. Frankfurt a.M.

DÜCKER Elisabeth von (1985), Ausstellung Ottensen – Museum und Bewohner entdekken die Geschichte ihres Stadtteils. In: KOHLMANN Theodor/BAUSINGER Hermann (Hg.) Großstadt. Aspekte empirischer Kulturforschung. 24. Deutscher Volkskunde-Kongreß in Berlin vom 26. bis 30. September 1983. Berlin, p.239-250. (Schriften des Museums für Deutsche Volkskunde Berlin, Bd.13).

DÜDING D./FRIEDEMANN P./MÜNCH P. (Hg.) (1988), Öffentliche Festkultur. Politische Feste in Deutschland von der Aufklärung bis zum Ersten Weltkrieg. Reinbek b.H.

DURKHEIM Emile (1933), The Division of Labour in Society. Glencoe 1933. (EA 1893).

EICHENBERGER Ulrich (1968), Die Agglomeration Basel in ihrer raumzeitlichen Struktur. (Diss.). Basel.

ELIAS Norbert (1988), Über die Zeit. Arbeiten zur Wissenssoziologie II. Frankfurt a.M.

ENGELHARD Jutta-Beate (1986), Nachbarschaft in der Großstadt. Neuere Initiativen, dargestellt am Beispiel der Stadt Münster. Münster. (Beiträge zur Volkskultur in Nordwestdeutschland, Bd.49).

ERICH Oswald A./BEITL Richard (1955), Wörterbuch der deutschen Volkskunde. 2. Aufl. Stuttgart.

ERICH Oswald A./BEITL Richard (1974), Wörterbuch der deutschen Volkskunde. 3. Aufl. Stuttgart.

ESCHER Walter (1958), Das Dorf in der Stadt (Siedlung Basel Jakobsberg). In: Schweizerisches Archiv für Volkskunde, Jg.54, p.88-95.

FEHLMANN-VON DER MÜHLL Maja (1978), Verwandtschaft. Theorien und Alltag. Mit Beispielen aus einer Untersuchung unter jungen Zürcher Familien. (Diss.). Zürich.

FEHLMANN-VON DER MÜHLL Maja (1992), Soziale Strukturen in Quartier und Gemeinde. In: HUGGER Paul (Hg.), Handbuch der Schweizerischen Volkskultur. Zürich, p.433-446.

FIELHAUER Helmut Paul/HÖRANDNER Edith (1985), Zur Nahrungsvolkskunde der Großstadt. Ein Versuch, das Thema am Beispiel Wiens systematisch anzugehen. In: KOHLMANN Theodor/BAUSINGER Hermann (Hg.) Großstadt. Aspekte empirischer Kulturforschung. 24. Deutscher Volkskunde-Kongreß in Berlin vom 26.

bis 30. September 1983. Berlin, p.279-290. (Schriften des Museums für Deutsche Volkskunde Berlin, Bd.13).

FLUSSER Vilém (1991), Raum und Zeit aus städtischer Sicht. In: WENTZ Martin (Hg.), Stadt-Räume. Frankfurt/New York, p.19-24. (Die Zukunft des Städtischen, Frankfurter Beiträge, Bd.2).

FLUSSER Vilém (1992), Ende der Geschichte, Ende der Stadt? Wien. (Wiener Vorlesungen, Bd.14).

FOUCAULT Michel (1990), Andere Räume. In: Zeitmitschrift. Journal für Ästhetik & Politik, H.7 (zugl. 1/90), p.4-15.

FRANKFURTER FESTE (1979), Von wem? für wen?, hg. vom Institut für Kulturanthropologie und Europäische Ethnologie. Frankfurt a.M. (Notizen, Bd.8).

FRANZ Peter (1989), Stadtteilentwicklung von unten. Zur Dynamik und Beeinflußbarkeit ungeplanter Veränderungsprozesse auf Stadtteilebene. Basel/Boston/Berlin. (Stadtforschung aktuell, Bd.21).

FREIZEITMOBILITÄT ALS FLUCHT UND ERLEBNIS (Reader) (1992). Bern.

FREUDENTHAL Herbert (1931), Volkskunde der Gegenwart. Ein Versuch über Methode und Gegenstand. In: Zeitschrift für Deutschkunde, p.30ff et 93ff (Zeitschrift für den deutschen Unterricht, Jg.45).

FREUDENTHAL Herbert (1966), Vereine in Hamburg. In: Populus revisus. Tübingen. (Volksleben, Bd.14).

FREUDENTHAL Herbert (1968), Vereine in Hamburg. Ein Beitrag zur Geschichte und Volkskunde der Geselligkeit. Hamburg. (Volkskundliche Studien, Bd.IV).

FRIEDRICH Ruth (1960), Allgemein menschliches Verhalten des Großstädters. Dargestellt an den Bilderwitzen von Sepp Arnemann. In: Beiträge zur deutschen Volks- und Altertumskunde, Bd.15. Hamburg, p.51-67.

FRIEDRICHS Jürgen (1983), Stadtanalyse. Soziale und räumliche Organisation der Gesellschaft. 3. Auf., Opladen.

FRIEDRICHS Jürgen (Hg.) (1985), Die Städte in den 80er Jahren. Demographische, ökonomische und technologische Entwicklungen. Opladen.

FRIEDRICHS Jürgen (1988), Soziologische Stadtforschung, Opladen. (Kölner Zeitschrift für Soziologie und Sozialpsychologie, Sonderheft 29).

FRITZSCHE Bruno (1976), Schweizer Städte im 19. Jahrhundert – Moderne Stadtgeschichte als Aufgabe der historischen Forschung. In: Schweizerische Zeitschrift für Geschichte, 26, p.434ff.

FRITZSCHE Bruno (1977), Grundstückpreise als Determinanten städtischer Strukturen: Bern im 19. Jahrhundert. In: Zeitschrift für Stadtgeschichte, Stadtsoziologie und Denkmalpflege, Jg.4. Stuttgart, p.36ff.

FRITZSCHE Bruno (1981), Das Quartier als Lebensraum. In: CONZE Werner/ENGELHARDT Ulrich (Hg.), Arbeiterexistenz im 19. Jahrhundert. Lebensstandard und Lebensgestaltung deutscher Arbeiter und Handwerker. Stuttgart, p.92-113. (Industrielle Welt 33).

FRITZSCHE Bruno (1983), Das Haus zum Rech und die Sozialgeschichte. In: Tagesanzeiger-Magazin, Nr.44. Zürich, p.7ff.

FRITZSCHE Bruno (1985), Mechanismen sozialer Segregation. In: TEUTEBERG Hans Jürgen (Hg.): Homo Habitans. Zur Sozialgeschichte des ländlichen und städtischen Wohnens in der Neuzeit. Münster, p.155-168.

FRITZSCHE Bruno (1986), Stadtgeschichte und Quartiergeschichte. In: Schweizerisches Archiv für Volkskunde 82, p.58-67.

FUHRER Urs (Hg.) (1993), Wohnen mit dem Auto. Ursachen und Gestaltung automobiler Freizeit. Zürich.

FURRER Bernhard/BAY Jürg/NIZON Paul/LUKÀCS Georg (1984), Übergänge. Berner Aarebrücken. Geschichte und Gegenwart. Bern.

GANTNER Joseph (1925), Die Schweizer Stadt. München.

GASTBERGER Thomas (1986), Vom Quartierfest zum Anwohnerfest in Aussersihl. In: Schweizerisches Archiv für Volkskunde, Jg.82, p.88-105.

GATZWEILER (Hans-Peter)/STRUBELT Wendelin (1988), Demographische Veränderungen und Wandel der Städte. In: FRIEDRICHS Jürgen (Hg.), Soziologische Stadtforschung. Opladen. (Kölner Zeitschrift für Soziologie und Sozialpsychologie, Sonderheft 29), p.193-222.

GEBHARDT Winfried (1987), Fest, Feier, Alltag. Über die gesellschaftliche Wirklichkeit des Menschen und ihre Deutung. Frankfurt a.M.

GEERTZ Clifford (1987), Dichte Beschreibung. Beiträge zum Verstehen kultureller Systeme. Frankfurt a.M.

GEIGER Theodor (1967), Die soziale Schichtung des deutschen Volkes. Soziographischer Versuch auf statistischer Grundlage. Stuttgart.

GEIST Johann Friedrich (1985), Großstadt: Empfehlenswertes Durcheinander – wohlgeordnetes Nebeneinander. In: KOHLMANN Theodor/BAUSINGER Hermann (Hg.), Großstadt. Aspekte empirischer Kulturforschung. 24. Deutscher Volkskunde-Kongreß in Berlin vom 26. bis 30. September 1983. Berlin, p.63-75. (Schriften des Museums für Deutsche Volkskunde Berlin, Bd.13).

GERNDT Helge (1975), Städtisches und ländliches Leben. Beschreibungsversuch eines Problems. In: KAUFMANN Gerhard (Hg.), Stadt-Land-Beziehungen. Verhandlungen des 19. Deutschen Volkskundekongresses in Hamburg vom 1. bis 7. Oktober 1973. Göttingen, p.31-45.

GERNDT Helge (1980), Münchener Untersuchungen zum Festwesen. In: KÖSTLIN Konrad/BAUSINGER Hermann (Hg.), Heimat und Identität. Probleme regionaler Kultur. 22. Deutscher Volkskunde-Kongreß in Kiel vom 16. bis 21. Juni 1979. Neumünster, p.99-111.

GERNDT Helge (1981), Kultur als Forschungsfeld. Über volkskundliches Denken und Arbeiten. München.

GERNDT Helge (1985), Großstadtvolkskunde – Möglichkeiten und Probleme. In: KOHLMANN Theodor/BAUSINGER Hermann (Hg.), Großstadt. Aspekte empirischer Kulturforschung. 24. Deutscher Volkskunde-Kongreß in Berlin vom 26. bis 30. September 1983. Berlin, p.11-19. (Schriften des Museums für Deutsche Volkskunde Berlin, Bd.13).

GERNDT Helge (Hg.) (1987), Volkskunde und Nationalsozialismus. Referate und Diskussionen einer Tagung der Deutschen Gesellschaft für Volkskunde. München 23.-25. Oktober 1986. München. (Münchner Beiträge zur Volkskunde 7).

GERNDT Helge (Hg.) (1988), Fach und Begriff »Volkskunde« in der Diskussion. Darmstadt. (Wege der Forschung 641).

GERNDT Helge (1990), Studienskript Volkskunde. Eine Handreichung für Studierende. München, p.119-126. (Münchner Beiträge zur Volkskunde 12).

GERNDT Helge (1995), Deutsche Volkskunde und Nationalsozialismus - was haben wir aus der Geschichte gelernt. In: Schweizerisches Archiv für Volkskunde, Jg.91, p.53-75.

GIROUARD Marc (1987), Die Stadt. Menschen, Häuser, Plätze. Eine Kulturgeschichte. Frankfurt a.M./New York. (OT: Cities & People, New Haven/London 1985).

GIRTLER Roland (1980), Vagabunden der Großstadt. Stuttgart.

GIRTLER Roland (1985), Der Strich – Das Geschäft mit der Sexualität. Wien.

GIRTLER Roland (1994), Forschungen in städtischen Randkulturen. In: BRANDNER Birgit/LUGER Kurt/MÖRTH Ingo (Hg.), Kulturerlebnis Stadt. Theoretische und praktische Aspekte der Stadtkultur. Wien, p.189-203.

GLASER Hermann (1980), Urbanistik. Neue Aspekte der Stadtentwicklung. München.

GLEICHMANN P. (1966), Soziologie der Stadt. In: Handwörterbuch der Raumforschung und Raumordnung. Hannover.

GMÜR Otto (1977), Stadt als Heimat. Die Stadt, in der wir leben möchten. Niederteufen.

GOFFMAN Erving (1969), Wir alle spielen Theater. Die Selbstdarstellung im Alltag. München.

GOFFMAN Erving (1971), Interaktionsrituale. Über das Verhalten in direkter Kommunikation. Frankfurt a.M.

GOFFMAN Erving (1971a), Verhalten in sozialen Situationen. Strukturen und Regeln der Interaktion im öffentlichen Raum. Güthersloh.

GOFFMAN Erving (1974), Das Individuum im öffentlichen Austausch. Mikrostudien zur öffentlichen Ordnung. Frankfurt a.M.

GRAF Urs (1987), Spuren der Moderne im Kanton Bern – Anthologie der zeitgenössischen Architektur im Kanton Bern, Epoche 1920-1940. Gümligen. (Schweizerische Baudokumentation).

GREVERUS Ina-Maria (1977), Brauchen wir Feste? In: BIMMER Andreas C./GRUPPE-KELPANIDES Heidemarie (Hg.), Feste in Hessen. Hessische Blätter für Volks- und Kulturforschung, NF 4, p.1-9.

GREVERUS Ina-Maria (1978), Kultur und Alltagswelt. Eine Einführung in Fragen der Kulturanthropologie. München.

GREVERUS Ina-Maria (1993), Approaching the City. ... Such as Genoa. An Introduction. In: Anthropological Journal on European Cultures 2/2, p.7-19.

GREVERUS Ina-Maria (1994), Was sucht der *Anthropologe* in der Stadt. In: GREVERUS Ina-Maria/MOSER Johannes/SALEIN Kirsten (Hg.), STADTgedanken aus und über Frankfurt am Main. Der Stadt Frankfurt zum 1200. Geburtstag. Frankfurt, p.11-74.

GREVERUS Ina-Maria/MOSER Johannes/PLOCH Beatrice/RÖMHILD Regina/SCHILLING Heinz/SCHULT Marietta (Hg.) (1994), Kulturtexte. 20 Jahre Institut für Kulturanthropologie und Europäische Ethnologie. Frankfurt a.M. (Notizen, Bd.46).

GREVERUS Ina-Maria/MOSER Johannes/SALEIN Kirsten (Hg.) (1994), STADTgedanken aus und über Frankfurt am Main. Der Stadt Frankfurt zum 1200. Geburtstag. Frankfurt.

GREVERUS Ina-Maria/SCHILLING Heinz (1982): Heimat Bergen-Enkheim. Lokale Identität am Rande der Großstadt. 2. Aufl., Frankfurt a.M. (Notizen, Bd.12).

GREYERZ Otto von (1968), E Ligu Lehm. Das Berner Mattenenglisch und sein Ausläufer die Berner Bubensprache. 2. Aufl. Bern.

GROBER-GLÜCK Gerda (1960), Volkslesestoff »Sportberichte«. – Ein Beitrag zur Volkskunde der Stadt. In: Die Leibeserziehung, H.3, p.64-87 und H.4, p.108-113.

GROBER-GLÜCK Gerda (1975), Berlin als Innovationszentrum von metaphorischen
Wendungen der Umgangssprache. In: KAUFMANN Gerhard (Hg.), Stadt-Land-
Beziehungen. Verhandlungen des 19. Deutschen Volkskundekongresses in Ham-
burg vom 1. bis 7. Oktober 1973. Göttingen, p.109-114.

GROSJEAN Georges (1973), Die Entwicklung des Berner Stadtbildes seit 1800. In: Bern –
von der Naturlandschaft zur Stadtregion. Bern, p.135-166. (Jahresbericht der Geographischen Gesellschaft von Bern, Jg.50, 1970/72).

GROSJEAN Georges (1984), Die Schweiz – Städte. Bern. (Geographica Bernensia, Reihe U,
Nr.5).

GRUBER Karl (1977), Die Gestalt der deutschen Stadt. Ihr Wandel aus der geistigen Ordnung der Zeiten. 3. Aufl., München.

GRUPPE Heidemarie (1985), Berlin – Zur bürgerlichen Kultur im Kaiserreich. Dargestellt
am Beispiel der Familienzeitschrift »Gartenlaube«. In: KOHLMANN Theodor/
BAUSINGER Hermann (Hg.) Großstadt. Aspekte empirischer Kulturforschung.
24. Deutscher Volkskunde-Kongreß in Berlin vom 26. bis 30. September 1983.
Berlin, p.313-326. (Schriften des Museums für Deutsche Volkskunde Berlin, Bd.13).

GSCHWEND Max (1975), Stadt und Land, gegenseitige Einflüsse in Bau und Wohnkultur. In: KAUFMANN Gerhard (Hg.), Stadt-Land-Beziehungen. Verhandlungen des
19. Deutschen Volkskundekongresses in Hamburg vom 1. bis 7. Oktober 1973.
Göttingen, p.195-206.

GUGITZ Gustav (1937), Die Wiener. In: WÄHLER Martin (Hg.), Der deutsche Volkscharakter. Eine Wesenskunde der deutschen Volksstämme und Volksschläge. Jena,
p.403-414.

GULICK John (1989), The Humanity of Cities. Massachusetts.

GURTNER Peter (1990), Wohnen in der Stadt. In: ZELLER Peter (Hg.), Wohnen in der
Stadt. Zürich, p.146-171. (Zürcher Hochschulforum, Bd.17).

GUTH Klaus (1985), Alltag und Fest. Aspekte und Probleme gegenwärtiger Festkulturfor-
schung. In: Schweizerisches Archiv für Volkskunde, Jg.81, p.359-368.

GYR Ueli (1980), »... mit Bezug auf ...«. Einblicke in die Forschungs- und Lehrtätigkeit
des Volkskundlers Arnold Niederer. Ein Zwischenbericht zu seinem 65. Geburtstag, zugleich ein Beitrag zum Standort der Zürcher Volkskunde. In: Schweizerisches Archiv für Volkskunde 76, p.3-16.

GYR Ueli/KELLER Walter (1981), Volkskunde und Alltag. Einstiegsversuche in den
volkskundlichen Alltag. In: Uni-Zürich 12. Jg.Mai, p.21-22.

GYR Ueli (1982), Räbeliechtli-Umzüge in der Stadt Zürich. Zur Merkmalstypik eines
modernen Kinderbrauchtums zwischen Vereins- und Quartierveranstaltung. In:
Schweizerisches Archiv für Volkskunde 78, p.36-52.

GYR Ueli (1985), Volkskunde und Stadt – Volkskundler in der Stadt? Zur Situation
städtischer Kulturforschung in der Schweiz. In: KOHLMANN Theodor/BAUSIN-
GER Hermann (Hg.) Großstadt. Aspekte empirischer Kulturforschung. 24. Deutscher Volkskunde-Kongreß in Berlin vom 26. bis 30. September 1983. Berlin,
p.157-165. (Schriften des Museums für Deutsche Volkskunde Berlin, Bd.13).

GYR Ueli (1986), Zur Einführung. Stadtkultur, Lebensräume und Alltagswelten in Zürich. In: Schweizerisches Archiv für Volkskunde 82, p.1-3.

GYR Ueli (1991), Kneipen als städtische Soziotope. Zur Bedeutung und Erforschung von
Kneipenkulturen. In: Österreichische Zeitschrift für Volkskunde XLV, p.97-116.

GYR Ueli (1992), Stadt- und Landgemeinden als Lebensräume. Zum Problemstand schweizerischer Ortsmonographien. In: HUGGER Paul (Hg.); Handbuch der Schweizerischen Volkskultur. Zürich, p.687-706.

HABEL Christopher/HERWEG Michael/REHKÄMPER Klaus (Hg.) (1989), Raumkonzepte in Verstehensprozessen. Interdisziplinäre Beiträge zu Sprache und Raum. Tübingen.

HABERLANDT Arthur (1923); Volkstümliches aus Groß-Wien. In: Wiener Zeitschrift für Volkskunde 28, p.1ff.

HABERLANDT Arthur (1928), Volkskunde von Wien, Niederösterreich und dem Burgenland. In: Österreich, sein Land und Volk und seine Kultur, hg. von Michael HABERLANDT. s.l., p.258ff.

HABERLANDT Arthur (1935), Großstadtvolkskunde. In: Wiener Zeitschrift für Volkskunde, Jg.XL, p.49-50.

HAINDL Erika (1983), Kulturanalyse einer »historischen« Kleinstadt als Grundlage für kommunalpolitische Planungs- und Sozialaufgaben. Frankfurt a.M./Bern.

HAINDL Erika (Hg.) (1984), Gestern Rathaus – Heute Café. Neue öffentliche Nutzung für alte Bausubstanz. Frankfurt. (Notizen Nr.18).

HALL Edward T. (1976), Die Sprache des Raumes. Düsseldorf. (OT: The Hidden Dimension. New York 1966).

HAMM Bernd (1977), Die Organisation der städtischen Umwelt. Frauenfeld/Stuttgart.

HAMM Bernd (1982), Einführung in die Siedlungssoziologie. München.

HANHART Dieter (1964), Arbeiter in der Freizeit. Eine sozialpsychologische Untersuchung. Bern/Stuttgart.

HANNERZ Ulf (1980), Exploring the City. Inquiries Toward an Urban Anthropology. New York.

HANNERZ Ulf (1995), »Kultur« in einer vernetzten Welt. Zur Revision eines ethnologischen Begriffs. In: KASCHUBA Wolfgang (Hg.), Kulturen – Identitäten – Diskurse. Perspektiven Europäischer Ethnologie. Berlin, p.64-84. (zeithorizonte, Bd. 1).

HARMS Gerd/PREISSING Christa/RICHTERMEIER Adolf (1985), Kinder und Jugendliche in der Großstadt. Zur Lebenssituation 9-14-jähriger Kinder und Jugendlicher. Stadtlandschaften als Bezugsrahmen pädagogischer Arbeit: Berlin-Wedding und Berlin-Spandau, Falkenhagener Feld. Berlin.

HARMS Gerd/PREISSING Christa/RICHTERMEIER Adolf (1986), Kinder in der Großstadt. Aneignung von städtischem Raum, Konkurrenz und soziale Kontrolle. In: Westermanns pädagogische Beiträge 5, p.26-31.

HARRIS C.D./ULLMANN E.L. (1945), The Nature of Cities. In: Annales of the American Academy of Political and Social Science. s.l.

HARTMANN Andreas (1994), Die Anfänge der Volkskunde. In: BREDNICH Rolf W. (Hg.), Grundriß der Volkskunde. Einführung in die Forschungsfelder der Europäischen Ethnologie. Berlin, p.9-30. (Ethnologische Paperbacks).

HARTMANN Dietrich (1989), Stadtbeschreibungen. Zur Konzeptualisierung von Makroräumen und städtischer Identität. In: HABEL Christopher/HERWEG Michael/REHKÄMPER Klaus (Hg.), Raumkonzepte in Verstehensprozessen. Interdisziplinäre Beiträge zu Sprache und Raum. Tübingen, p.70-98.

HARVEY David (1989), The Condition of Postmodernity. An Enquiry into the Origins of Cultural Change. Oxford/Cambridge.

HASELOFF O.W. (1970), Die Stadt als Lebensform. Berlin.

HÄUßERMANN Hartmut (1994), Urbanität. In: BRANDNER Birgit/LUGER Kurt/MÖRTH
Ingo (Hg.), Kulturerlebnis Stadt. Theoretische und praktische Aspekte der Stadtkultur. Wien, p.67-80.

HÄUßERMANN Hartmut/SIEBEL Walter (1987), Neue Urbanität. Frankfurt a.M.

HÄVERNICK Walter (1966), Grosstadt-Volkskunde (sic) in der Praxis. In: Populus revisus.
Tübingen, p.101-105. (Volksleben, Bd.14).

HEILFURTH Gerhard (1974), Volkskunde. In: KÖNIG René (Hg.), Handbuch der empirischen Sozialforschung, Bd.4: Komplexe Forschungsansätze. Stuttgart, p.162-225.

HEINTZ Peter (1968), Die Wanderung vom Land in die Stadt. In: HEINTZ Peter, Einführung in die soziologische Theorie. 2. Aufl. Stuttgart, p.70-94.

HELLER Hartmut (1985), Gartenstädte als Teil deutscher Großstädte. In: KOHLMANN
Theodor/BAUSINGER Hermann (Hg.), Großstadt. Aspekte empirischer Kulturforschung. 24. Deutscher Volkskunde-Kongreß in Berlin vom 26. bis 30. September 1983. Berlin, p.49-59. (Schriften des Museums für Deutsche Volkskunde Berlin, Bd.13).

HELLPACH Willy (1934), Volkstum der Großstadt. In: Velhagen & Klasings Monatshef-
te, Jg.49, p.638-643.

HELLPACH Willy (1959), Mensch und Volk der Großstadt. 2., erweiterte Auflage, Stuttgart. (Erstausgabe unter dem selben Titel 1939).

HENGARTNER Thomas (1994), Der Bahnhof als Fokus städtischen Lebens. Volkskundliche Überlegungen zu einem urbanen Phänomen par excellence. In: Schweizerisches Archiv für Volkskunde 90, p.187-206.

HERLYN Ulfert (Hg.) (1980), Großstadtstrukturen und ungleiche Lebensbedingungen in
der Bundesrepublik. Verteilung und Nutzung sozialer Infrastruktur. Frankfurt
a.M./New York.

HERLYN Ulfert (1990), Leben in der Stadt. Lebens- und Familienphasen in städtischen
Räumen. Opladen.

HIRSCHBIEL Sigrid et al. (1980). Frankfurter Feste, von wem – für wen? Ein Kurzbericht
über das dreijährige Frankfurter Festeprojekt. In: KÖSTLIN Konrad/BAUSINGER
Hermann (Hg.), Heimat und Identität. Probleme regionaler Kultur. 22. Deutscher Volkskunde-Kongreß in Kiel vom 16. bis 21. Juni 1979. Neumünster,
p.91-97.

HOFFMANN-AXTHELM Dieter (1977), Aneignung von Stadtquartieren. Oder was in der
BRD davon übrig bleibt. (Zum Beispiel Kreuzberg). In: Arch+ 34, p.7-12.

HOFMEISTER Burkhard (1980), Die Stadtstruktur. Ihre Ausprägung in den verschiedenen
Kulturräumen der Erde. Darmstadt.

HOHERMUTH Susanne (1994). Stadtkultur im Großdorf Schweiz – Kulturpolitische Pa-
radoxien der neunziger Jahre. In: BRANDNER Birgit/LUGER Kurt/MÖRTH Ingo
(Hg.), Kulturerlebnis Stadt. Theoretische und praktische Aspekte der Stadtkultur. Wien, p.221-235.

HOYT Henry (1939), The Structure and Growth of Residential Neighbourhoods in
American Cities. Washington.

HRANDEK Rudolf A. (1958), Beiträge zur Kenntnis des Wiener Vereinslebens. In: Österreichische Zeitschrift für Volkskunde, Jg.61, p.205-219

HUBER Benedikt/KOCH Michael (Hg.) (1985), Wohnungsbau ist Städtebau. Beiträge zu
den stadtplanerischen Komponenten des Wohnungsbaus. Zürich.

HUG Markus (1986), Kultur und Freizeitpolitik in der Mittelstadt. Zum Beispiel: Uni-
versitätsstadt Tübingen. Tübingen. (Untersuchungen des LUI, Bd.68).

HUGGER Paul (1984), Kleinhüningen. Von der »Dorfidylle« zum Alltag eines Basler Industriequartiers. Basel.

HUGGER Paul (1985), Von der »Dorfidylle« zum Alltag eines Industriequartiers. Die Entwicklung der Basler Bannmeile Kleinhüningen. In: KOHLMANN Theodor/ BAUSINGER Hermann (Hg.), Großstadt. Aspekte empirischer Kulturforschung. 24. Deutscher Volkskunde-Kongreß in Berlin vom 26. bis 30. September 1983. Berlin, p.63-75. (Schriften des Museums für Deutsche Volkskunde Berlin, Bd.13).

HUGGER Paul (1985a), Fasnacht in Zürich. Das Fest der Andern. Zürich.

HUGGER Paul (1986), Fasnacht in Zürich. Volkskundliche Analyse eines verkannten Stadtfestes. In: Schweizerisches Archiv für Volkskunde, Jg.82, p.106-117.

HUGGER Paul (Hg.) (1986a), Zürich und seine Feste. Zürich/Schwäbisch Hall.

HUGGER Paul/BURKERT Walter/LICHTENHAHN Ernst (Hg.) (1987), Stadt und Fest. Zu Geschichte und Gegenwart europäischer Festkultur: Festschrift der Phil. Fakultät I der Universität Zürich zum 2000-Jahr-Jubiläum der Stadt Zürich. Unterägeri/Stuttgart.

HUGGER Paul (1987a), Das Fest – Perspektiven einer Forschungsgeschichte. Einleitung zu: HUGGER Paul/BURKERT Walter/LICHTENHAHN Ernst (Hg.), Stadt und Fest. Zu Geschichte und Gegenwart europäischer Festkultur: Festschrift der Phil. Fakultät I der Universität Zürich zum 2000-Jahr-Jubiläum der Stadt Zürich. Unterägeri/Stuttgart, p.9-24.

HUGGER Paul (Hg.) (1992), Handbuch der Schweizerischen Volkskultur. Zürich.

HUGGER Paul (1994), Volkskundliche Gemeinde- und Stadtteilforschung. In: BREDNICH Rolf W. (Hg.), Grundriß der Volkskunde. Einführung in die Forschungsfelder der Europäischen Ethnologie. Berlin, p.273-292. (Ethnologische Paperbacks).

HUGGER Paul (1996), Die Stadt. Volkskundliche Zugänge. Zürich.

IBLHER Gundel (1974), Wohnwertgefälle als Ursache kleinräumiger Wanderungen – untersucht am Beispiel der Stadt Zürich. Göttingen. (Beiträge zur Stadt- und Regionalforschung 8).

INVENTAR DER NEUEREN SCHWEIZER ARCHITEKTUR (INSA) (1984ff), hg. von der Gesellschaft für Schweizerische Kunstgeschichte. Zürich/Bern.

IRSIGLER Franz (1983), Stadt und Umland in der historischen Forschung. Theorien und Konzepte. In: BULST Neithard/HOOCK Jochen/IRSIGLER Franz (Hg.), Bevölkerung, Wirtschaft, Gesellschaft. Stadt-Land-Beziehungen in Deutschland und Frankreich 14. bis 19. Jahrhundert. Trier, p.13-38.

JACOB Joachim (1987), Kinder in der Stadt. Freizeitaktivitäten, Mobilität und Raumwahrnehmung. Pfaffenweiler.

JACOBEIT Wolfgang/LIXFELD Hannjost/BOCKHORN Olaf in Zusammenarbeit mit DOW James R. (Hg.) (1994), Völkische Wissenschaft. Gestalten und Tendenzen der deutschen und österreichischen Volkskunde in der ersten Hälfte des 20. Jahrhunderts. Wien etc.

JÄGER Helmut (Hg.) (1978), Probleme des Städtewesens im industriellen Zeitalter. Köln/Wien. (Veröffentlichungen des Instituts für vergleichende Städtegeschichte in Münster, Reihe »Städteforschung«, Bd.A/5).

JALKOTZY Alexander (1990), Gedanken zur Linzer Stadtvolkskunde von Hans Commenda. In: Österreichische Zeitschrift für Volkskunde Jg.93 (1990), p.441-449.

JEGGLE Utz (1994), Volkskunde im 20. Jahrhundert. In: BREDNICH Rolf Wilhelm (Hg.), Grundriß der Volkskunde. Einführung in die Forschungsfelder der europäischen Ethnologie. Berlin, p.51-72. (Ethnologische Paperbacks).

JESSE Wilhelm (1936), Beiträge zur Methodik der städtischen Volkskunde, am Beispiel der Stadt Braunschweig. In: Zeitschrift für Volkskunde, Jg.44, p.144-157.

JOAS Hans (1992), Die Kreativität des Handelns. Frankfurt a.m.

JUNGBAUER Gustav (1931), Geschichte der deutschen Volkskunde. In: Sudetendeutsche Zeitschrift für Volkskunde, Beiheft 2. Prag, p.130ff.

KATSCHNIG-FASCH Elisabeth (1985), Wohnen im städtischen Bereich. Bericht eines Projektes zu Wohnkultur und Wohnweisen der Gegenwart in drei Grazer Wohngebieten. In: BEITL Klaus (Hg.), Probleme der Gegenwartsvolkskunde. Referate der Österreichischen Volkskundetagung 1983 in Mattersburg (Burgenland). Wien, p.321-346. (Buchreihe der Österreichischen Zeitschrift für Volkskunde, Bd.6).

KATSCHNIG-FASCH Elisabeth (1998), Möblierter Sinn. Städtische Wohn- und Lebensstile. Wien/Köln/Weimar. (Kulturstudien, Sonderbd.24).

KAUFHOLD Karl-Heinrich (1975), Wandlungen in den Stadt-Land-Beziehungen des Handwerks und des Heimgewerbes in Deutschland 1750-1850. In: KAUFMANN Gerhard (Hg.), Stadt-Land-Beziehungen. Verhandlungen des 19. Deutschen Volkskundekongresses in Hamburg vom 1. bis 7. Oktober 1973. Göttingen, p.171-193.

KAUFMANN Gerhard (Hg.) (1975), Stadt-Land-Beziehungen. Verhandlungen des 19. Deutschen Volkskundekongresses in Hamburg vom 1. bis 7. Oktober 1973. Göttingen.

KIECHLE-KLEMT Erika/SÜNWOLT Sabine (1990), Anrüchig. Bedürfnisanstalten in der Großstadt, hg. vom Stadtarchiv München. München.

KLAGES Helmut (1958), Der Nachbarschaftsgedanke und die nachbarliche Wirklichkeit in der Großstadt. Wiesbaden.

KLAPPER Joseph (1934), Volkstum der Großstadt. In: PESSLER Wilhelm (Hg.), Handbuch der deutschen Volkskunde, Bd.I, p.103-119.

KLEIN Wolfgang (1979), Wegauskünfte. In: Zeitschrift für Literaturwissenschaft und Linguistik (LiLi), H.33: Sprache und Kontext, p.11-57.

KLERSCH Joseph (1965/67), Volkstum und Volksleben in Köln. Ein Beitrag zur historischen Soziologie der Stadt. 2 Bde. Köln.

KLUSEN Ernst (1975), Lebensformen des Gruppenliedes in Stadt und Land. Eine Problemskizze. In: KAUFMANN Gerhard (Hg.), Stadt-Land-Beziehungen. Verhandlungen des 19. Deutschen Volkskundekongresses in Hamburg vom 1. bis 7. Oktober 1973. Göttingen, p.131-145.

KOBELT Verena (1982), Romands in der Stadt Zürich. Eine volkskundliche Untersuchung unter spezieller Berücksichtigung der welschen Institutionen sowie der Integration nicht privilegierter Romands. (Liz.-Arbeit/Volkskundliches Seminar). Zürich.

KOCH Michael (1992), Städtebau in der Schweiz 1800-1990. Entwicklungslinien, Einflüsse und Stationen. Zürich. (ORL-Bericht Nr.81/1992).

KOCKA Jürgen (1987), Bürgertum und Bürgerlichkeit als Problem der deutschen Geschichte vom späten 18. zum frühen 20. Jahrhundert. In: KOCKA Jürgen (Hg.), Bürger und Bürgerlichkeit im 19. Jahrhundert. Göttingen, p.21-63.

KOCKA Jürgen (Hg.) (1988), Bürgertum im 19. Jahrhundert. 3 Bde., München.

KOHLMANN Theodor/BAUSINGER Hermann (Hg.) (1985), Großstadt. Aspekte empirischer Kulturforschung. 24. Deutscher Volkskunde-Kongreß in Berlin vom 26. bis 30. September 1983. Berlin. (Schriften des Museums für Deutsche Volkskunde Berlin, Bd.13).

KOKOT Waltraud/BOMMER Bettina C. (Hg.) (1991), Ethnologische Stadtforschung. Eine Einführung. Berlin. (Ethnologische Paperbacks).

KOLLNIG Karl (1938), Mannheim. Volkstum und Volkskunde einer Großstadt in ihren geschichtlichen Grundlagen. Karlsruhe. (Vom Bodensee zum Main, Bd.44).

KÖNENKAMP Wolf-Dieter, Wirtschaft, Gesellschaft und Kleidungsstil in den Vierlanden im 18. und 19. Jahrhundert. Zur Situation einer Tracht. Göttingen 1978. (Schriften zur niederdeutschen Volkskunde, Bd.9).

KÖNIG René (1965a), Die Stadt in ihrer Geschichte. In: KÖNIG René, Soziologische Orientierungen. Vorträge und Aufsätze. Köln/Berlin, p.433-445.

KÖNIG René (1965b), Die soziale Struktur der Stadt. In: KÖNIG René, Soziologische Orientierungen. Vorträge und Aufsätze. Köln/Berlin, p.446-458.

KÖNIG René (1969), Großstadt. In: KÖNIG René (Hg.). Handbuch der Empirischen Sozialforschung, Bd.II. Stuttgart, p.622-674.

KÖNIG René (1980), Leben im Widerspruch. Versuch einer intellektuellen Autobiographie. München/Wien.

KÖNIG René (Hg.) (1976), Soziologie. Frankfurt a. M.

KOREN Hanns (1946), Zur Volkskunde der Stadt (Graz). In: Austria. Die Welt im Spiegel Österreichs, Bd.I, H. 6, p.30 ff.

KORFF Gottfried (1985), Mentalität und Kommunikation in der Großstadt. Berliner Notizen zur »inneren« Urbanisierung. In: KOHLMANN Theodor/BAUSINGER Hermann (Hg.) Großstadt. Aspekte empirischer Kulturforschung. 24. Deutscher Volkskunde-Kongreß in Berlin vom 26. bis 30. September 1983. Berlin, p.343-361. (Schriften des Museums für Deutsche Volkskunde Berlin, Bd.13).

KORFF Gottfried (1986), Berlin – Berlin. Menschenstadt und Stadtmenschen. In: ECKART Ulrich (Hg.), 750 Jahre Berlin. Frankfurt/Berlin, p.144-155.

KORFF Gottfried (1987), »Die Stadt aber ist der Mensch ...«. In: KORFF Gottfried/RÜRUP Reinhard (Hg.): Berlin – Berlin. Die Ausstellung zur Geschichte der Stadt. Berlin, p.643-663.

KORTE Hermann (1972), Soziologie der Stadt – Entwicklungen und Perspektiven. Eine Einführung. In: KORTE Hermann, Soziologie der Stadt. München, p.9-37.

KORTE Hermann (1986), Stadtsoziologie. Forschungsprobleme und Forschungsergebnisse der 70er Jahre. Darmstadt.

KÖSTLIN Konrad (1995). Lust aufs Ganze. Die gedeutete Moderne oder die Moderne als Deutung – Volkskulturforschung in der Moderne. In: Österreichische Zeitschrift für Volkskunde, Jg.XLIX/98, p.255-275.

KOSTOF Spiro (1992), Das Gesicht der Stadt. Geschichte der städtischen Vielfalt. Frankfurt/Zürich. (OT: The City Shaped, London 1991).

KRABBE Wolfgang R. (1989), Die deutsche Stadt im 19. und 20. Jahrhundert. Göttingen.

KRAMER Dieter (1977), Ein Diskussionsbeitrag zum Fest. In: BIMMER Andreas C./GRUPPE-KELPANIDES Heidemarie (Hg.), Feste in Hessen. Hessische Blätter für Volks- und Kulturforschung, NF 4, p.49-52.

KRAMER Dieter (1985), Das Neue in der Geschichte der Arbeiterkultur. Berliner Beispiele und ihre überregionalen Wirkungen. In: KOHLMANN Theodor/BAUSINGER Hermann (Hg.) Großstadt. Aspekte empirischer Kulturforschung. 24. Deutscher Volkskunde-Kongreß in Berlin vom 26. bis 30. September 1983. Berlin, p.327-340. (Schriften des Museums für Deutsche Volkskunde Berlin, Bd.13).

KRAMER Dieter (1990), Stadtteilkultur und Volkskultur. In: Münchner Streitgespräche zur Volkskultur. München 1990, p.110-114.

KRAMER Karl-Sigismund (1961), Volksleben im Fürstentum Ansbach und seinen Nachbargebieten (1500-1800). Würzburg.

KRAMER Karl-Sigismund (1967), Volksleben im Hochstift Bamberg und im Fürstentum Coburg (1500-1800). Eine Volkskunde auf Grund archivalischer Quellen. Würzburg. (Beiträge zur Volkstumsforschung, Bd.XV, zugl. Veröffentlichungen der Gesellschaft für Fränkische Geschichte, Reihe IX, Bd.24).

KRAMER Karl-Sigismund/WILKENS Ulrich (1979), Volksleben in einem holsteinischen Gutsbezirk. Neumünster. (Studien zur Volkskunde und Kulturgeschichte Schleswig-Holsteins, Bd.4).

KRAMER Karl-Sigismund (1989), Beschreibung des Volkslebens – Zur Entwicklung der Münchner Schule. Mit einem Vorwort zum 25jährigen Jubiläum des Instituts für deutsche und vergleichende Volkskunde der Universität München von Helge GERNDT. München.

KRAUS Alfred (1965), Die Unterschichten Hamburgs in der ersten Hälfte des 19. Jahrhunderts. Entstehung, Struktur und Lebensverhältnisse. Hamburg.

KRETSCHMER Ingrid (1968), Stadtvolkskunde in kartographischer Sicht. In: Volkskunde und Volkskultur, Festschrift für Richard Wolfram. Wien, p.280-288.

KÜGLER Hermann (1927), Volkskunde, besonders der Großstadt und höhere Schule. In: Zeitschrift für Deutschkunde, p.305-312. (= Zeitschrift für deutschen Unterricht, Jg.41).

KÜGLER Hermann (1928), Volkskunde in der Großstadt. In: Pädagogisches Zentralblatt, Jg.8, p.75-80.

KÜGLER Hermann (1930), Zur Geschichte der Weihnachtsfeier in Berlin. In: Niederdeutsche Zeitschrift für Volkskunde, Bd.VIII.0

KÜGLER Hermann (1937), Die Berliner. In: WÄHLER Martin (Hg.) (1937), Der deutsche Volkscharakter. Eine Wesenskunde der deutschen Volksstämme und Volksschläge. Jena, p.126-138.

KUNTZ-STAHL Andreas (1985), Zur Problematik der Kategorie »Großstadt« am Beispiel gebundener und offener Freizeitbewältigung. In: KOHLMANN Theodor/BAUSINGER Hermann (Hg.) Großstadt. Aspekte empirischer Kulturforschung. 24. Deutscher Volkskunde-Kongreß in Berlin vom 26. bis 30. September 1983. Berlin, p.111-123. (Schriften des Museums für Deutsche Volkskunde Berlin, Bd.13).

KUPKY Oskar (1916/1917); Aberglaube in der Großstadt. In: Mitteilungen des Vereins für sächsische Volkskunde, Jg.7, p.110-113; Jg.8, p.152f.

LANDOLT Carl (1901), Die Wohnungsenquête in der Stadt Winterthur vom 9. bis 26. März 1896. Im Auftrage der städtischen Behörden bearbeitet v. C.L. Winterthur.

LANDOLT Carl (1902), Die Wohnungsenquête in der Stadt St. Gallen vom 29.3. bis 30.4.1897. Im Auftrage der städtischen Behörden bearbeitet v. C.L. St. Gallen.

LANG Barbara (1994), Unter Grund. Ethnographische Erkundungen in der Berliner U-Bahn. Tübingen.

LANG Barbara (1998), Mythos Kreuzberg. Ethnographie eines Stadtteils (1961-1995). Frankfurt a.M./New York.

LAUER Heike (1990), Leben in neuer Sachlichkeit. Zur Aneignung der Siedlung Römerstadt in Frankfurt am Main. Frankfurt a.M. (Notizen, Bd.31).

LAUFFER Otto (1910), Zur Hamburgischen Volkskunde. In: Tageblätter der Deutschen Landwirtschafts-Gesellschaft, Jg.1910, Stück 2, 3, 4.

LAUTERBACH Burkhart (1982/1983), Stadtteilkultur. In: Der Alltag 6/82&1/83, p.77-85.

LAUTERBACH Burkhart (1985), Großstadtalltag im Museum? – Beispiel Berlin. In: KOHLMANN Theodor/BAUSINGER Hermann (Hg.) Großstadt. Aspekte empirischer Kulturforschung. 24. Deutscher Volkskunde-Kongreß in Berlin vom 26. bis 30. September 1983. Berlin, p.263-274. (Schriften des Museums für Deutsche Volkskunde Berlin, Bd.13).

LAUTERBACH Burkhart (1996), Volkskunde der Großstadt. Münchner Anmerkungen zu einem durchgängigen Verweigerungsverhalten. In: SIMON Michael/FRIEß-REIMANN Hildegard (Hg.), Volkskunde als Programm. Updates zur Jahrtausendwende. Münster/New York/München/Berlin, p.95-113.

LEFÈBVRE Henri (1972), Das Alltagsleben in der modernen Welt. Frankfurt a.M. (OT: La vie quotidienne dans le monde moderne. Paris 1968).

LEFÈBVRE Henri (1990), Die Revolution der Städte. Frankfurt a.M. (OT: La révolution urbaine. Paris 1970).

LEHMANN Albrecht (1980), Prominente Zeitgenossen. Ein Identifikationsangebot für Großstädter. In: KÖSTLIN Konrad/BAUSINGER Hermann (Hg.), Heimat und Identität. Probleme regionaler Kultur. 22. Deutscher Volkskunde-Kongreß in Kiel vom 16. bis 21. Juni 1979. Neumünster, p.53-63.

LEHMANN Albrecht (1982), Die Entwicklung in der gegenwärtigen volkskundlichen Stadtforschung und die laufenden Arbeitsvorhaben. In: Hefte des Deutschen Instituts für Urbanistik. Informationen zur modernen Stadtgeschichte. H.2, Berlin, p.17-22.

LEHMANN Albrecht (1983), Heimat Land oder auch Heimat Stadt? In: Der Bürger im Staat, Jg.33 (1983), p.232-235.

LEHMANN Otto (1934), Volkskunde und Großstadt. In: Volkskunde-Arbeit. Festschrift für Otto Lauffer. Berlin und Leipzig, p.23-36.

LEIBBRAND Kurt (1964), Verkehr und Städtebau. Basel/Stuttgart.

LEICHTER Käthe (1936), Erhebung bei Jugendlichen über Autorität und Familie. In: Studien über Autorität und Familie. Forschungsberichte aus dem Institut für Sozialforschung. Paris, p.353-440. (Schriften des Instituts für Sozialforschung, hg. v. Max Horkheimer, Bd.5).

LENZ-ROMEIß Felicitas (1970), Die Stadt – Heimat oder Durchgangsstation. München.

LEUTENEGGER Max (1954), Untersuchung zur Soziologie der Großstadt unter besonderer Berücksichtigung Zürichs. (Diss.). Zürich.

LINDNER Rolf (1985), Das andere Ufer. Zwei-Kulturen-Metapher und Großstadtforschung. In: KOHLMANN Theodor/BAUSINGER Hermann (Hg.) Großstadt. Aspekte empirischer Kulturforschung. 24. Deutscher Volkskunde-Kongreß in Berlin vom 26. bis 30. September 1983. Berlin, p.297-304. (Schriften des Museums für Deutsche Volkskunde Berlin, Bd.13).

LINDNER Rolf (1986), Habitus und Fachkultur. Ein Besprechungsessay. In: Zeitschrift für Volkskunde, Jg.82, p.263-267.

LINDNER Rolf (1990), Die Entdeckung der Stadtkultur. Soziologie aus der Erfahrung der Reportage. Frankfurt a.M.

LINDNER Rolf (1993), Das Ethos der Region. In: Zeitschrift für Volkskunde, Jg.89, p.169-190.

LINDNER Rolf (1994), Stranger than Fiction. Die Entdeckung der Stadtkultur. In: BRANDNER Birgit/LUGER Kurt/MÖRTH Ingo (Hg.), Kulturerlebnis Stadt. Theoretische und praktische Aspekte der Stadtkultur. Wien, p.51-66.

LINDNER Rolf (1997), Perspektiven der Stadtethnologie. In: Historische Anthropologie. Kultur, Gesellschaft, Alltag, Jg.5, p.319-328.

LIPP Franz (1956), Linz und die österreichische Volkskultur. Katalog der gleichnamigen Ausstellung. Linz. (Kataloge des Oberösterreichischen Landesmuseums, Nr. 21).

LIPP Wolfgang (1987), Gesellschaft und Festkultur. Großstadtfeste der Moderne. In: HUGGER Paul/BURKERT Walter/LICHTENHAHN Ernst (Hg.) (1987), Stadt und Fest. Zu Geschichte und Gegenwart europäischer Festkultur: Festschrift der Phil. Fakultät I der Universität Zürich zum 2000-Jahr-Jubiläum der Stadt Zürich. Unterägeri/Stuttgart, p.231-250.

LORBE Ruth (1956), Das Kinderlied in Nürnberg. Versuch einer Phänomenologie des Kinderliedes. (Nürnberger Forschungen, Bd.3).

LYNCH Kevin (1965), Das Bild der Stadt. Berlin etc.

MACKENSEN Lutz (1925), Zur Volkskunde Berlins. In: Zeitschrift für Volkskunde, Jg.35, p.43-46.

MARTI Camille/BERNOULLI Hans (1929), Städtebau in der Schweiz: Grundlagen. Zürich.

MAYRHOFER Fritz (Hg.) (1993), Stadtgeschichtsforschung. Aspekte, Tendenzen, Perspektiven. Linz 1993. (Beiträge zur Geschichte der Städte Mitteleuropas, Bd.XII).

MCKENZIE Roderick D. (1974), Konzepte der Sozialökologie. In: ATTESLANDER Peter/HAMM Bernd (Hg.), Materialien zur Siedlungssoziologie. Köln.

MEIER-DALLACH Hans-Peter (1994), Urbane Indifferenz. Eine Formel zu ihrer Erfassung am Fallbeispiel Zürich. In: BRANDNER Birgit/LUGER Kurt/MÖRTH Ingo (Hg.), Kulturerlebnis Stadt. Theoretische und praktische Aspekte der Stadtkultur. Wien, p.81-94.

MEIER-DALLACH Hans-Peter/HOHERMUTH Susanne (1992), Stadtkultur im Großdorf Schweiz. Zürich.

MEIER-DALLACH Hans-Peter/HOHERMUTH Susanne (1992a), Schlußbericht des Forschungsprojektes »Städtische Zentrumsfunktionen. Politik und Entwicklung im Bereich von Kultur« im Rahmen des Nationalen Forschungsprogrammes »Stadt und Verkehr«. Zürich.

MERCIER Louis Sébastien (1979), Mein Bild von Paris. Frankfurt. (OT: Tableau de Paris, 4 Bde, Paris 1780-90).

METZEN Thomas (1970), Anmerkungen zur »Volkskunde der Schweiz« von Richard Weiss. In: BAUSINGER Hermann et al. (Hg.), Abschied vom Volksleben. Tübingen. (Untersuchungen des Ludwig Uhland Institutes der Universität Tübingen, Bd.27), p.173-190.

MILGRAM Stanley (1970), Das Erleben einer Großstadt. Eine psychologische Analyse. In: Zeitschrift für Sozialpsychologie, p.142-152.

MITSCHERLICH Alexander (1965), Die Unwirtlichkeit unserer Städte. Anstiftung zum Unfrieden. Frankfurt a.M.

MITSCHERLICH Alexander (1974), Thesen zur Zukunft der Stadt. Frankfurt a.M.

MOHRMANN Ruth-E. (1977), Volksleben in Wilster im 16. und 17. Jahrhundert. Neumünster. (Studien zur Volkskunde und Kulturgeschichte Schleswig-Holsteins, Bd.2).

MOHRMANN Ruth-E. (1985), Städtische Wohnkultur in Nordwestdeutschland vom 17. bis zum 19. Jahrhundert (auf Grund von Inventaren). In: WIEGELMANN Günter (Hg.), Nord-Süd-Unterschiede in der städtischen und ländlichen Volkskultur Mitteleuropas (16.-20. Jahrhundert). Münster, p.89-155. (Beiträge zur Volkskultur in Nordwestdeutschland, Bd.40).

MOHRMANN Ruth-E. (1990), Die Stadt als volkskundliches Forschungsfeld. In: Österreichische Zeitschrift für Volkskunde XLIV, p.129-149.

MOHRMANN Ruth-E. (1990a), Alltagswelt im Land Braunschweig. Städtische und ländliche Wohnkultur vom 16. bis zum frühen 20. Jahrhundert. Münster. (Beiträge zur Volkskultur in Nordwestdeutschland, Bd.56).

MOHRMANN Ruth-E. (1993). Methoden der Stadtgeschichtsforschung aus volkskundlicher Sicht. In: MAYRHOFER Fritz (Hg.), Stadtgeschichtsforschung. Aspekte, Tendenzen, Perspektiven. Linz 1993. (Beiträge zur Geschichte der Städte Mitteleuropas, Bd.XII), p.197-213.

MOHRMANN Ruth-E. (1996), Stadterfahrung und Mentalität. In: MATZERATH Horst (Hg.), Stadt und Verkehr im Industriezeitalter.Köln/Weimar/Wien, p.261-275.

MOMMSEN Hans (1987), Die Auflösung des Bürgertums seit dem späten 19. Jahrhundert. In: KOCKA Jürgen (Hg.), Bürger und Bürgerlichkeit im 19. Jahrhundert. Göttingen, p.243-280.

MOREL Alain (1984); Ethnologie dans la ville: une bibliographie indicative. In: Terrain. Carnets du Patrimoine ethnologique, Nr.3: Ethnologie urbaine, p.43-54.

MOSER Hans (1953), Lorenz Westenrieder und die Volkskunde. In: Bayerisches Jahrbuch für Volkskunde, p.159-188.

MOSER Hans (1954), Gedanken zur heutigen Volkskunde. Ihre Situation, ihre Problematik, ihre Aufgaben. In: Bayerisches Jahrbuch für Volkskunde, p.208-234.

MOSER Johannes (1994), Widerstand und Aneignung. Eine kleine Wohnsiedlung zwischen Abrißplänen und Neubewertung. In: GREVERUS Ina-Maria/MOSER Johannes/PLOCH Beatrice/RÖMHILD Regina/SCHILLING Heinz/SCHULT Marietta (Hg.), Kulturtexte. 20 Jahre Institut für Kulturanthropologie und Europäische Ethnologie. Frankfurt a.M., p.149-172.

MÖSER Justus (1943ff), Sämtliche Werke. Zweite Abteilung, Patriotische Phantasien und Zugehöriges, bearb. von Ludwig SCHIRMEYER unter Mitwirkung von Werner KOHLSCHMIDT, ab Bd.VIII von Eberhard CRUSIUS. Oldenburg/Berlin, ab Bd.V: Oldenburg/Hamburg. (Bd.IV: Patriotische Phantasien I (1943); Bd.V: Patriotische Phantasien II (1945); Bd.VI: Patriotische Phantasien III (s.a.); Bd.VII: Patriotische Phantasien IV (s.a.); Bd.VIII: Den Patriotischen Phantasien verwandte Aufsätze 1755-1772 (1956); Bd.IX: A. Den Patriotischen Phantasien verwandte Aufsätze 1773-1794, B. Den Patriotischen Phantasien verwandte Handschriften. Sachgruppen Religion, Staat (1958); Bd.X: Den Patriotischen Phantasien verwandte Handschriften (1968); Bd.XI: Kommentar, erarbeitet von Gisela WAGNER (1988).

MUCHEMBLED Robert (1984), Kultur des Volks - Kultur der Elite . Die Geschichte einer erfolgreichen Verdrängung. Stuttgart. (OT: Culture populaire et culture des élites dans la France moderne [XVe-XVIIe siècles]. Paris 1978).

MÜHLL Johanna von der (1969), Basler Sitten. Herkommen und Brauch im häuslichen Leben einer städtischen Bürgerschaft. 2. Aufl., Basel. (Volkstum der Schweiz 5).

MÜLLER Hans-Peter (1992), Sozialstruktur und Lebensstile. Der neuere theoretische Diskurs über soziale Ungleichheit. Frankfurt a.M.

MUMFORD Lewis (1963), Die Stadt. Geschichte und Ausblick. Köln/Berlin. (OA: The City in History. Its Origins, its Transformations and its Prospects. London 1961).

NIEDERER Arnold (1970), Zur volkskundlichen Forschung in der Schweiz 1955-1970. In: Hessische Blätter für Volks- und Kulturforschung, Jg.61, p.221-235.

NIEDERER Arnold (1980), Vergleichende Anmerkungen zur ethnologischen und zur volkskundlichen Arbeitsweise. In: Beiträge zur Ethnologie der Schweiz. (Ethnologische Helvetica 4), p.1-34.

NIEDERER Arnold (1987), Volkskundliche Forschungsrichtungen in den deutschsprachigen Ländern. In: CHIVA Isac/JEGGLE Utz (Hg.), Deutsche Volkskunde - Französische Ethnologie. Zwei Standortbestimmungen. Frankfurt/New York/Paris, p.44-67.

NIETHAMMER Lutz (1979), Wohnen im Wandel. Beiträge zur Geschichte des Alltags in der bürgerlichen Gesellschaft. Wuppertal.

NIETZSCHE Friedrich (1983); Also sprach Zarathustra. Sämtliche Werke, Kritische Studienausgabe in 15 Bden, hg. von COLLI Giorgo und MONTINARI Mazzino. München 1980. (EA: 1883).

NIPPERDEY Thomas (1987), Kommentar: »bürgerlich« als Kultur. In: KOCKA Jürgen(Hg.), Bürger und Bürgerlichkeit im 19. Jahrhundert. Göttingen, p.143-148.

OHLSEN David J. (1988), Die Stadt als Kunstwerk. London/Paris/Wien/Frankfurt a.M./New York. (OT: The City as Work of Art, New Haven/London 1986).

OSTWALD Hans [s.a.], Die Berlinerin. Kultur- und Sittengeschichte Berlins. Berlin.

OSTWALD Hans [s.a.], Kultur- und Sittengeschichte Berlins. 2. Aufl., Berlin-Grunewald.

OSWALD Hans (1966), Die überschätzte Stadt. Ein Beitrag der Gemeindesoziologie zum Städtebau. Freiburg i.B.

PAQUET Alfons (1970), Die Frankfurterin. Mit Erläuterungen zu den Bildern von Josefine Rumpf-Fleck. 2. Aufl., Frankfurt.

PARK Robert E. (1916), The City: Suggestions for the Investigation of Human Behaviour in the Urban Environnement. In: American Journal of Sociology 20.

PARK Robert E./BURGESS Ernest W./MCKENZIE Roderick D. (1925), The City. Chicago.

PARK Robert E. (1983), The urban Community as a Spatial Pattern and a Moral Order. In: SCHMALS Klaus M. (1983), Stadt und Gesellschaft. München, p.309-318. (Reihe Stadt und Regionalsoziologie, Bd.1/2).

PEESCH Reinhard (1957), Das Berliner Kinderspiel der Gegenwart. Berlin.

PER PEDES (1980). Unser Wandervorschlag: Kloten-Schwamendingen. In: Der Alltag 11/12, p.55-75.

PERCHINIG Bernhard/STEINER Winfried (Hg.) (1991), Kaos Stadt. Möglichkeiten und Wirklichkeiten städtischer Kultur. Wien.

PERCHINIG Bernhard/STEINER Winfried (1991a), Kaos Stadt. In: PERCHINIG Bernhard/STEINER Winfried (Hg.), Kaos Stadt. Möglichkeiten und Wirklichkeiten städtischer Kultur. Wien, p.13-29

PERLICK Alfons (1924), Zur Volkskunde der Stadt. Eine Anregung zum Sammeln. In: Mitteilungsblatt der heimatkundlichen Arbeitsgemeinschaften Oberschlesiens, Jg.1, p.13.

PÉTONNET Colette(1968), Ces gens-là. Paris.

PÉTONNET Colette(1979), On est tous dans le brouillard. Ethnologie des banlieues. Paris.

PÉTONNET Colette(1982), Espaces habités. Ethnologie des banlieues. Paris.

PEUCKERT Will-Erich (1931), Volkskunde des Proletariats. I. Aufgang der proletarischen Kultur. Frankfurt a.M. (alles, was erschienen).

PFEIL Elisabeth (1955), Soziologie der Großstadt. In: GEHLEN A./SCHELSKY H., Soziologie. Düsseldorf/ Köln.

PFEIL Elisabeth (1972), Großstadtforschung. 2. Aufl., Hannover.

PISCHEL Barbara (1958), Zur Problematik von Volksschlag und Volksüberlieferung anhand von Beobachtungen in Berlin. In: Österreichische Zeitschrift für Volkskunde Jg.12/61, p.220-248.

PLOCH Beatrice/ZENS-PETZINGER Christoph (1991), Kultur-Entwicklungs-Planung für eine Kleinstadt. Analyse, Bewertung, Konzept. Ein kulturanthropologischer Vorschlag für Bad Nauheim. Frankfurt (Notizen, Bd.35).

PLOCH Beatrice (1994), Vom illustrativen Schaubild zur Methode. Mental Maps und ihre Bedeutung für die Kulturanthropologie. In: GREVERUS Ina-Maria/MOSER Johannes/PLOCH Beatrice/RÖMHILD Regina/SCHILLING Heinz/SCHULT Marietta (Hg.), Kulturtexte. 20 Jahre Institut für Kulturanthropologie und Europäische Ethnologie. Frankfurt a.M., p.113-132. (Notizen, Bd.46).

PRIGGE Walter (Hg.) (1987), Die Materialität des Städtischen. Stadtentwicklung und Urbanität im gesellschaftlichen Umbruch. Basel.

PSATAS George (1979), Organizational Features of Direction Maps. In: PSATAS George (Hg.), Everyday Language. Studies in Ethnomethodology. New York etc., p.203-233.

RÄSÄNEN Matti (1988), Die Stadt als Forschungsgegenstand. In: Wandel der Volkskultur in Europa. Festschrift für Günter WIEGELMANN zum 60. Geburtstag, hg. von Nils-Arvid BRINGÉUS. Bd.1. Münster, p.105-116.

RATGEBER FÜR DEN MÜNCHENER HEIMATFORSCHER (1935). Arbeitsgrundlagen zu einer Volkskunde der Großstadt. München. (Volk und Heimat, N. F., 1. Sonderheft).

REISEN INS TÄGLICHE LEBEN (1982), hg. von WYSS Nikolaus/KELLER Walter. Zürich.

RELLSTAB Ursula (1980), Stadt-Quartier, Quartier-Arbeit anhand eines Zürcher Beispiels. (Liz.-Arbeit, Volkskundliches Seminar). Zürich.

RELLSTAB Ursula (1992), Soziale und gesellige Strukturen im Quartier. In: HUGGER Paul (Hg.), Handbuch der Schweizerischen Volkskultur. Zürich, p.447-466.

REULECKE Jürgen (1985), Geschichte der Urbanisierung in Deutschland. Frankfurt a.M.

RICHARDS Jeffrey/MACKENZIE John M. (1986), The Railway Station. A Social History. Oxford/New York.

RIEHL Wilhelm Heinrich (1854), Land und Leute. Die Naturgeschichte des deutschen Volkes als Grundlage einer deutschen Social-Politik Bd.I. Stuttgart/Tübingen, v.a. p.63-102.

RÖHRICH, LUTZ 1991: Das große Lexikon der sprichwörtlichen Redensarten. Freiburg/Basel/Wien.

RÖLLIN Peter (1981), St. Gallen. Stadtveränderung und Stadterlebnis im 19. Jahrhundert; Stadt zwischen Heimat und Fremde, Tradition und Fortschritt. (Diss. phil.). St. Gallen.

RÖLLIN Peter/PREIBISCH Marianne (1993), Vertrautes wird fremd, Fremdes vertraut. Ortsveränderung und räumliche Identität. Basel.

ROSSI Angelo (1983), La décentralisation urbaine en Suisse. Lausanne. (Collection »Villes, régions et sociétés«).

ROTH Klaus (1978), Die Eingliederung neuen Mobiliars und Hausrats im südlichen Münsterland im 17. bis 19. Jahrhundert. In: WIEGELMANN Günther (Hg.), Kulturelle Stadt-Land-Beziehungen in der Neuzeit. Münster. (Beiträge zur Volkskultur in Nordwestdeutschland, Bd.9).

ROTH Klaus (1979), Ländliches Wohninventar im Münsterland um 1800. In: Archiv für Sozialgeschichte XIX, p.389-423.

RUMPF Max (1931), Vergangenheits- und Gegenwartsvolkskunde – Volkskunde und Soziologie. In: Kölner Vierteljahreshefte für Soziologie, Jg.9 (1930/31), p.407-429.

RUMPF Max (1932), Die Großstadt als Lebensform und in ihrer sozialen Prägekraft. In: Kölner Vierteljahreshefte für Soziologie, Jg.10 (1931/32), p.200-219.

RUPPERT Wolfgang (1985), Was ist Stadtteilkultur? In: KOHLMANN Theodor/BAUSINGER Hermann (Hg.) Großstadt. Aspekte empirischer Kulturforschung. 24. Deutscher Volkskunde-Kongreß in Berlin vom 26. bis 30. September 1983. Berlin, p.77-85. (Schriften des Museums für Deutsche Volkskunde Berlin, Bd.13).

SAUERMANN Dietmar (1985), Zur Problematik der Kategorie »Großstadt« am Beispiel gebundener und offener Freizeitbewältigung. In: KOHLMANN Theodor/BAUSINGER Hermann, Großstadt. Aspekte empirischer Kulturforschung. 24. Deutscher Volkskunde-Kongreß in Berlin vom 26. bis 30. September 1983. Berlin, p.103-110. (Schriften des Museums für Deutsche Volkskunde Berlin, Bd.13).

SAUNDERS Peter (1987); Soziologie der Stadt. Frankfurt/New York.

SCHADER Basil/LEIMGRUBER Walter (Hg.) (1993), Fest*genossen*. Über Wesen und Funktion eidgenössischer Verbandsfeste. Basel/Frankfurt a.M. 1993.

SCHARFE Martin (1985), Volkskultur der Straße. Ein Grundriß. In: BEITL Klaus (Hg.), Probleme der Gegenwartsvolkskunde, Referate der Österreichischen Volkskundetagung 1983 in Mattersburg.(...) Wien, p.11-44. (Buchreihe der Österreichischen Zeitschrift für Volkskunde, Bd.6).

SCHARFE Martin (1992), Volkskunde in den Neunzigern. In: Hessische Blätter für Volks- und Kulturforschung, Bd.28, p.65-76.

SCHENDA Rudolf (1975), Stadtmedizin - Landmedizin. Ein Versuch zur Erklärung subkulturalen medikalen Verhaltens. In: KAUFMANN Gerhard (Hg.), Stadt-Land-Beziehungen. Verhandlungen des 19. Deutschen Volkskundekongresses in Hamburg vom 1. bis 7. Oktober 1973. Göttingen, p.147-170.

SCHEPPING Wilhelm (1985), Neue Felder popularen Singens in der heutigen Großstadt. In: KOHLMANN Theodor/BAUSINGER Hermann (Hg.) Großstadt. Aspekte empirischer Kulturforschung. 24. Deutscher Volkskunde-Kongreß in Berlin vom 26. bis 30. September 1983. Berlin, p.203-222. (Schriften des Museums für Deutsche Volkskunde Berlin, Bd.13).

SCHERPE Klaus (Hg.) (1988), Die Unwirklichkeit der Städte. Reinbek b.H.

SCHIFFAUER Werner (1994), Zur Logik von kulturellen Strömungen in Großstädten. In: In: GREVERUS Ina-Maria/MOSER Johannes/PLOCH Beatrice/RÖMHILD Regina/SCHILLING Heinz/SCHULT Marietta (Hg.), Kulturtexte. 20 Jahre Institut für Kulturanthropologie und Europäische Ethnologie. Frankfurt a.M., p.29-59.

SCHILLING Heinz (Hg.) (1990), Urbane Zeiten: Lebensstilentwürfe und Kulturwandel in einer Stadtregion. Frankfurt. (Notizen, Bd.34).

SCHILLING Heinz (1992), Neue Dörflichkeit. Urbanisierung ohne Urbanität im Rhein-Main-Gebiet. Frankfurt a.M. 1992.

SCHILLING Heinz (1994), Die Metropole im Kopf. In: Kuckuck. Notizen zur Alltagskultur und Volkskunde, Jg.9 (1994), p.4-9.

SCHILLING Heinz (1994a), Zur Logik von kulturellen Strömungen in der Großstadt. In: GREVERUS Ina-Maria/MOSER Johannes/PLOCH Beatrice/RÖMHILD Regina/SCHILLING Heinz/SCHULT Marietta (Hg.) (1994), Kulturtexte. 20 Jahre Institut für Kulturanthropologie und Europäische Ethnologie. Frankfurt a.M., p.29-59. (Notizen, Bd.46).

SCHILLING Heinz/PLOCH Beatrice (1995), Region. Heimaten der individualisierten Gesellschaft. Frankfurt a.M. (Notizen, Bd.50).

SCHILLING Heinz (Hg.) (1997), Nebenan und Gegenüber. Nachbarn und Nachbarschaften heute. (Notizen, Bd.59).

SCHINDLER Norbert (1984), Spuren in die Geschichte der »anderen« Zivilisation. Probleme und Perspektiven einer historischen Volkskulturforschung. In: VAN DÜLMEN Richard/SCHINDLER Norbert (Hg.), Volkskultur. Zur Wiederentdeckung des vergessenen Alltags (16.-20. Jahrhundert). Frankfurt a.M., p.13-77.

SCHINDLER Norbert (1985), Jenseits des Zwangs? Zur Ökonomie des Kulturellen inner- und außerhalb der bürgerlichen Gesellschaft. In: Zeitschrift für Volkskunde 81, p.192-219.

SCHIVELBUSCH Wolfgang (1977), Geschichte der Eisenbahnreise. Zur Industrialisierung von Raum und Zeit im 19. Jahrhundert. München.

SCHIVELBUSCH Wolfgang (1986), Lichtblicke. Zur Geschichte der künstlichen Helligkeit. Frankfurt a.M.

SCHIVELBUSCH Wolfgang (1992), Licht, Schein und Wahn. Berlin. (erco-Editionen).

SCHLÖR Joachim (1991), Nachts in der großen Stadt. Paris, Berlin, London 1840-1930. München.

SCHMALS Klaus M. (1983), Stadt und Gesellschaft. München. (Reihe Stadt und Regionalsoziologie, Bd.1/2).

SCHMIDT Leopold (1940), Wiener Volkskunde. Ein Aufriß. In: Wiener Zeitschrift für Volkskunde, Ergänzungsbd.16. Wien/Leipzig.

SCHMIDT Leopold (1953), Die Linzer Stadtvolkskunde im Rahmen der Stadtvolkskunde Österreichs. In: Jahrbuch der Stadt Linz. Linz, p.621-632.

SCHMIDT Leopold (1968), Probleme der Wiener Großstadtvolkskunde. In: Wiener Geschichtsblätter, Jg.28. 1968, p.289-298.

SCHMIDT Leopold (1976), Gegenwartsvolkskunde. Eine bibliographische Einführung. Wien. (Österreichische Akademie der Wissenschaften, philosophisch-historische Klasse, zugleich: Mitteilungen des Instituts für Gegenwartsvolkskunde, Sonderbd.1).

SCHMIDT-LINSENHOFF Viktoria (1985), Großstadtfeindschaft und Historisches Museum. In: KOHLMANN Theodor/BAUSINGER Hermann (Hg.) Großstadt. Aspekte empirischer Kulturforschung. 24. Deutscher Volkskunde-Kongreß in Berlin vom 26. bis 30. September 1983. Berlin, p.251-262. (Schriften des Museums für Deutsche Volkskunde Berlin, Bd. 13).

SCHMIDT-RELENBERG Norbert (1968), Soziologie und Städtebau. Versuch einer systematischen Grundlegung. 2. Auflage, Stuttgart.

SCHMITT Heinz (1977), Stuttgarter Stadtteilfeste. Über neue Formen großstädtischer Geselligkeit. In: Forschungen und Berichte zur Volkskunde in Baden-Württemberg 3 (1974-1977), p.9-19.

SCHMITT Heinz (1982), Stadtfeste – mehr als nur eine Mode. In: BLÜMCKE Martin (Hg.), Abschied von der Dorfidylle. Stuttgart, p.31-36.

SCHOLZE Thomas (1990), Im Lichte der Großstadt. Volkskundliche Erforschung metropolitaner Lebensformen. Wien/St. Johann - Pongau.

SCHREIBER Georg (1930), Nationale und internationale Volkskunde. Düsseldorf. (Forschungen zur Volkskunde H.4/5).

SCHREIBER Georg (1933), Großstadt und Volkstum. Münster in Westfalen. (Aschendorffs zeitgemäße Schriften, H. 22).

SCHULZE Gerhard (1992), Die Erlebnisgesellschaft. Kultursoziologie der Gegenwart. Frankfurt a.m./New York.

SCHULZE Hans-K. (Hg.) (1985), Städtisches Um- und Hinterland in vorindustrieller Zeit. Köln etc. (Städteforschung A 22).

SCHWEDT Herbert (1963), Heimatvertriebene in Großstadtsiedlungen. Untersuchungen zur Gruppenbildung in Stuttgarter Wohngebieten. In: Jahrbuch für ostdeutsche Volkskunde, Jg.7, p.11-65.

SCHWEDT Herbert (1975), Zentralität und Kulturvermittlung. Versuch einer Kritik der Theorie der Zentralen Orte. In: KAUFMANN Gerhard (Hg.), Stadt-Land-Beziehungen. Verhandlungen des 19. Deutschen Volkskundekongresses in Hamburg vom 1. bis 7. Oktober 1973. Göttingen, p.245-254.

SCHWEDT Herbert et al (Hg.) (1977), Analyse eines Stadtfestes. Die Mainzer Fasnacht, hg. von der volkskundlichen Forschungsgruppe »Mainzer Fasnacht« unter der Leitung von H.S. Wiesbaden 1977 (Mainzer Studien zur Sprach und Volksforschung, Bd.1).

SCHWEDT Herbert (1979): Stadtfest und Stadtstruktur. In: WIEGELMANN (Hg.), Gemeinde im Wandel, Volkskundliche Gemeindestudien in Europa. Münster 1979, p.167-172.

SCHWEIZER Thomas (Hg.) (1989), Netzwerkanalyse. Berlin.

SCHWEIZER Thomas (1989a), Netzwerkanalyse als moderne Strukturanalyse. In: SCHWEIZER Thomas (Hg.), Netzwerkanalyse. Berlin, p.1-32.

SCHWEIZERISCHES ARCHIV FÜR VOLKSKUNDE, Jg.82, H.1/2 (1986). Themenheft zu Stadtkultur, Lebensräumen und Alltagswelten in Zürich.

SCHWIETERING Julius (1927), Wesen und Aufgaben der deutschen Volkskunde. In: Deutsche Vierteljahrsschrift für Literaturwissenschaft und Geistesgeschichte 5, p.748-765; Nachdruck in: LUTZ Gerhard (Hg.) (1958), Volkskunde. Ein Handbuch zur Geschichte ihrer Probleme. Berlin, p.143-158.

SELLE Gert/BOEHE Jutta(1986), Leben mit den schönen Dingen. Anpassung und Eigensinn im Alltag des Wohnens. Reinbek b.H.

SENNETT Richard (1983), Verfall und Ende des öffentlichen Lebens. Die Tyrannei der Intimität. Frankfurt a.M. 1983.

SENNETT Richard (1991), Civitas. Die Großstadt und die Kultur des Unterschieds. Frankfurt. (OT: The Conscience of the Eye. The Design an Social Life of Cities. New York 1990).

SHEVKY Eshref/BELL Wendell (1974), Sozialraumanalyse. In: ATTESLANDER Peter/HAMM Bernd, Materialien zur Siedlungssoziologie. Köln.

SIEVERS Kai Detlev (1983) Feier und Fest. Einige Gedanken zum Bedeutungsinhalt. In: Kieler Blätter zur Volkskunde, Jg.15, p.5-29.

SIEVERS Kai Detlev (1985), Wohnungsprobleme und soziale Fürsorge in Kiel vor dem Ersten Weltkrieg. In: KOHLMANN Theodor/BAUSINGER Hermann (Hg.) Großstadt. Aspekte empirischer Kulturforschung. 24. Deutscher Volkskunde-Kongreß in Berlin vom 26. bis 30. September 1983. Berlin, p.39-48. (Schriften des Museums für Deutsche Volkskunde Berlin, Bd.13).

SIEVERS Kai Detlev (1986), Das Fest als kommunikatives System. In: Kieler Blätter zur Volkskunde, Jg.18, p.5-28.

SIEVERS Kai Detlev (Hg.) (1991a), Beiträge zur Wissenschaftsgeschichte der Volkskunde im 19. und 20. Jahrhundert. Neumünster.

SIEVERS Kai Detlev (1991b), Einführung. In: SIEVERS Kai Detlev (Hg.), Beiträge zur Wissenschaftsgeschichte der Volkskunde im 19. und 20. Jahrhundert. Neumünster, p.9-21.

SIEVERS Kai Detlev (1994), Fragestellungen der Volkskunde im 19. Jahrhundert. In: BREDNICH Rolf W. (Hg.), Grundriß der Volkskunde. Einführung in die Forschungsfelder der Europäischen Ethnologie. Berlin 1994, p.31-50. (Ethnologische Paperbacks).

SIMMEL Georg (1983), Die Großstädte und das Geistesleben. In: SIMMEL Georg, Brücke und Tor. Essays des Philosophischen zur Geschichte, Religion, Kunst und Gesellschaft. Stuttgart 1957, p.227-242 (erstmals 1903). Zit nach: SCHMALS Klaus M. (1983), Stadt und Gesellschaft. München, p.237-246. (Reihe Stadt und Regionalsoziologie, Bd.1/2)

SIMONIS Heide (1980), Stadtentwicklung, Stadterneuerung. Eine Auswahlbibliographie zur städtischen Lebensqualität. Bern/Stuttgart.

SINGER Milton (1991), Semiotics of Cities, Selves, and Cultures. Explorations in Semiotic Anthropology. Berlin/New York.

SMUDA Manfred (Hg.) (1992), Die Großstadt als ›Text‹. München.

Sonderforschungsbereich 164 (1989), Vergleichende geschichtliche Städteforschung. Annotierte Gesamtbibliographie 1976-1988. Münster.

SOMBART Werner (1902), Der moderne Kapitalismus, 4 Bde; davon Bd.2. Die Theorie der kapitalistischen Entwicklung. München/Leipzig, p.196-224.

SOMBART Werner (1931), Städtische Siedlung, Stadt. In: VIERKANDT Alfred (Hg.), Handwörterbuch der Soziologie, Bd.IV. Stuttgart, p.527-533.

SPAMER Adolf (1924), Um die Prinzipien der Volkskunde. Anmerkungen zu Hans Naumanns Grundzügen der deutschen Volkskunde. In: Hessische Blätter für Volkskunde XXIII, p.67-108.

SPAMER Adolf (1928), Sächsisches Volkstum. Wesen, Wege und Ziele der Volkskunde. Leipzig (Sächsisches Volkstum. Beiträge zur Volkskunde des Freistaates Sachsen und seiner Grenzgebiete).

SPAMER Adolf (1932), Die Volkskunde als Gegenwartswissenschaft. In: RIEHL Wilhelm Heinrich und SPAMER Adolf, Die Volkskunde als Wissenschaft. Berlin/Leipzig 1935, p.77-85. (Abdruck eines 1932 gehaltenen Vortrags und daher nach diesem Jahr datiert).

SPAMER Adolf (Hg.) (1934/35), Die deutsche Volkskunde. 2 Bde. Leipzig.

SPENGLER Oswald (1980), Der Untergang des Abendlandes. Umrisse einer Morphologie der Weltgeschichte. München. (Ungekürzte Sonderausgabe von Bd.2 der Gesamtausgabe).

SPIEGEL Erika (1989), Familie – Haushalt – Wohnung. In: SULZER Jürg (Hg.), Stadtplanung in Bern. Entwicklungen und Perspektiven. Hg. aus Anlass des 50-jährigen Bestehens des Stadtplanungsamtes der Stadt Bern. Bern, p.149-154.

STADT IM WANDEL (1985), Kunst und Kultur des Bürgertums in Norddeutschland 1150-1650. Ausstellungskatalog der Landesausstellung Niedersachsen 1985, 4 Bde. Stuttgart/Bad Cannstatt.

STADTKULTURLANDSCHAFT (1981). Recherchen zu Kultur und Kulturpolitik im Ballungsraum Nürnberg. Frankfurt. (Notizen, Bd.11).

STADT-LAND-BEZIEHUNGEN (1975). Verhandlungen des 19. Deutschen Volkskunde-Kongresses in Hamburg vom 1. bis 7. Oktober 1973, i.A. der Deutschen Gesellschaft für Volkskunde hg. von Gerhard KAUFMANN. Göttingen.

STÄNDER Heinrich Carl (1965), Die »Kleinen Leute« im Alltag (in Düsseldorf) vor und um 1900. In: Rheinisch-Westfälische Zeitschrift für Volkskunde, Jg.12, Bonn, p.237-244.

STATISTISCHES JAHRBUCH DER SCHWEIZ (1891ff), hg. v. Bundesamt für Statistik (frühere Jg.: Eidg. Departement des Innern). var. loc.

STATISTISCHE MITTEILUNGEN / Schweizerischer Städteverband. (1931-1941) Brugg, Ausg. 1-8; fortgeführt als:

STATISTISCHES JAHRBUCH DES SCHWEIZERISCHEN STÄDTEVERBANDES (1941-1961/62). Zürich, Ausg. 9-29; fortgeführt als

STATISTIK DER SCHWEIZER STÄDTE / Statistisches Jahrbuch des Schweizer Städteverbandes (1968ff). Zürich. Ausg. 30ff.

STEFFEN Katharina (1990), Übergangsrituale einer auto-mobilen Gesellschaft. Eine kulturanthropologische Skizze. Frankfurt a.M.

STEPP Wilhelm (1950), Speyer. Soziographie einer pfälzischen Stadt. Heidelberg.

STUBENVOLL Willi (Hg.) (1990), Die Straße. Geschichte und Gegenwart eines Handelswegs. Frankfurt a.M.

STUBENVOLL Willi (1994), Von Frankfurt nach Leipzig zwischen Bonn und Ostberlin. Das kulturanthropologische Ausstellungsprojekt »Die Straße«. In: GREVERUS Ina-Maria/MOSER Johannes/PLOCH Beatrice/RÖMHILD Regina/SCHILLING Heinz/SCHULT Marietta (Hg.), Kulturtexte. 20 Jahre Institut für Kulturanthropologie und Europäische Ethnologie. Frankfurt a.M., p.191-199.

STURZENEGGER Hannes (1970), Volkstümlicher Wandschmuck in Zürcher Familien. Wesen und Funktion. (Diss. Zürich). Bern (Europäische Hochschulschriften, Reihe XIX, Bd.2).

SULZER Jürg (Hg.) (1989), Stadtplanung in Bern. Entwicklungen und Perspektiven. Hg. aus Anlass des 50-jährigen Bestehens des Stadtplanungsamtes der Stadt Bern. Bern.

TENFELDE Klaus (1983), Vergleichende Studien zur Geschichte der Urbanisierung in München. München 1983. (Ms.).

TERRAIN (1984). Carnets de Patrimoine ethnologique, No 3: Ethnologie urbaine.

TEUTEBERG Hans Jürgen (Hg.) (1983), Urbanisierung im 19. und 20. Jahrhundert. Köln/Wien. (Veröffentlichungen des Instituts für vergleichende Städtegeschichte in Münster, Reihe »Städteforschung«, Bd.A/16).

TEUTEBERG Hans Jürgen (1986), Homo habitans. Zur Sozialgeschichte des ländlichen und städtischen Wohnens in der Neuzeit. Münster (Studien zur Geschichte des Alltags, Bd.4).

THÜNEN Johann Heinrich von (1966), Der isolierte Staat in Beziehung auf Landwirtschaft und Nationalökonomie. Darmstadt (Nachdruck der 1. Auflage Hamburg 1926).

TOLKSDORF Ulrich (1981), Der Schnellimbiß und the World of Ronald McDonald's. In: Kieler Blätter zur Volkskunde XII, p.117-162.

TÖNNIES Ferdinand (1978), Gemeinschaft und Gesellschaft. Grundbegriffe der reinen Soziologie. Darmstadt. (Nachdruck der 8. Auflage von 1935; EA 1887).

TRÄNKLE Margret (1972), Wohnkultur und Wohnweisen. Tübingen. (Untersuchungen des LUI, Bd.32).

UTZ Hans (1983), Die Stadt – Zur Über- und Unterentwicklung in der Schweiz. Zug (inkl. 1 Ergänzungsbd.). (Materialien zur Geschichte und Politik der Schweiz).

VEREINSFORSCHUNG (1984), Hessische Blätter für Volks- und Kulturforschung, N.F.16.

VOLBRACHTOVÀ Libuse (1985), Das Erzählen in der Großstadt. Forschungen aus der CSSR. In: KOHLMANN Theodor/BAUSINGER Hermann (Hg.) Großstadt. Aspekte empirischer Kulturforschung. 24. Deutscher Volkskunde-Kongreß in Berlin vom 26. bis 30. September 1983. Berlin, p.191-202. (Schriften des Museums für Deutsche Volkskunde Berlin, Bd.13).

WÄHLER Martin (1930), Volkskunde oder soziologische Gegenwartskunde im Studienplan der Pädagogischen Akademien? In: Die neue Deutsche Schule. Monatsschrift für alle Fragen der Volksschule, Jg.4, p.831-841.

WÄHLER Martin (1937), Deutsche Volks- und Stammescharakterologie. Ihre Möglichkeiten und Grenzen. In: WÄHLER Martin (Hg.), Der deutsche Volkscharakter. Eine Wesenskunde der deutschen Volksstämme und Volksschläge. Jena, p.7-24.

WÄHLER Martin (1939), Die Aufgaben der Volkskunde bei der Erforschung des Volkscharakters der europäischen Völker. In: Zeitschrift für Volkskunde, Jg.48, p.218-227.

WALTER François (1994), La Suisse urbaine 1750-1950. Genève.

WARNEKEN Bernd Jürgen (1980), Kommunale Kulturpolitik - am Beispiel offenes Stadtfest. In: KÖSTLIN Konrad/BAUSINGER Hermann (Hg.), Heimat und Identität. Probleme regionaler Kultur. 22. Deutscher Volkskunde-Kongreß in Kiel vom 16. bis 21. Juni 1979. Neumünster, p.113-122.

WARNEKEN Bernd Jürgen (Hg.) (1991). Massenmedium Straße. Zur Kulturgeschichte der Demonstration. Frankfurt/New York.

WEBER Max (1980), Wirtschaft und Gesellschaft. Grundriß der verstehenden Soziologie, besorgt von Johannes Winckelmann. Nachdruck der 5. Aufl., Tübingen (EA 1921).

WEBER-KELLERMANN Ingeborg (1965), Der Berliner. Versuch einer Großstadtvolkskunde und Stammescharakteristik. In: Hessische Blätter für Volks- und Kulturforschung, Jg.56, p.9-30.

WEBER-KELLERMANN Ingeborg (1987), Landleben im 19. Jahrhundert. München.

WEHLER Hans-Ulrich (1987), Wie bürgerlich war das Kaiserreich? In: KOCKA Jürgen (Hg.), Bürger und Bürgerlichkeit im 19. Jahrhundert. Göttingen, p.243 -280.

WEHSE Rainer (1985), Kinder erzählen Witze. Ein Vergleich zwischen Stadt und Land. In: KOHLMANN Theodor/BAUSINGER Hermann (Hg.) Großstadt. Aspekte empirischer Kulturforschung. 24. Deutscher Volkskunde-Kongreß in Berlin vom 26. bis 30. September 1983. Berlin, p.223-235. (Schriften des Museums für Deutsche Volkskunde Berlin, Bd.13).

WEISS Richard (1946), Volkskunde der Schweiz. Grundriß. Erlenbach-Zürich.

WELZ Gisela (1986), Räume lokaler Öffentlichkeit. Die Wiederbelebung historischer Ortsmittelpunkte. Frankfurt. (Notizen, Bd.23).

WELZ Gisela (1991), Street Life. Alltag in einem New Yorker Slum. Frankfurt. (Notizen, Bd.36).

WELZ Gisela (1992), Die Straße lebt. Bemerkungen zu einer urbanen Taktik. In: Zeitschrift für Volkskunde, Jg.88, p.1-15.

WELZ Gisela (1993), Schnellimbisse. Postindustrielle Formen des Ernährungsverhaltens. In: DAUSKARDT Michael/GERNDT Helge (Hg.), Der industrialisierte Mensch. Vorträge des 28. Dt. Volkskundekongresses in Hagen vom 7. bis 11. Oktober 1991. Hagen, p.61-72. (Forschungsbeiträge zu Handwerk und Technik, 5).

WELZ Gisela (1994), Migration und Lebensstil. Zu kulturellen Differenzierungen in der Großstadt. In: GREVERUS Ina-Maria/MOSER Johannes/PLOCH Beatrice/RÖM-HILD Regina/SCHILLING Heinz/SCHULT Marietta (Hg.), Kulturtexte. 20 Jahre Institut für Kulturanthropologie und Europäische Ethnologie. Frankfurt a.M., p.135-148. (Notizen, Bd.46).

WELZ Gisela (1994a), Gewalt und Raum. Urbane Kultur in den Vereinigten Staaten der 1990er Jahre. In: BREDNICH Rolf W./HARTINGER Walter (Hg.), Gewalt in der Kultur. Vorträge des 29. Deutschen Volkskundekongresses, Passau 1993. Passau 1994, p.635-643. (Passauer Studien zur Volkskunde, Bd.8&9, hier Bd.9).

WELZ Gisela (1996), Inszenierungen kultureller Vielfalt. Frankfurt am Main und New York City. Berlin. (zeithorizonte, Bd.5).

WENTZ Martin (Hg.) (1991), Stadt-Räume. Frankfurt/New York. (Die Zukunft des Städtischen, Frankfurter Beiträge, Bd.2).

WERLEN Iwar et al. (1991), Kommunikationskulturen in einer Schweizer Stadt (KISS). Basel.

WERLEN Iwar (1992), Kommunikation im Ort. Kommunikationsgemeinschaften und ihre Kulturen. In: HUGGER Paul (Hg.), Handbuch der Schweizerischen Volkskultur. Zürich, p.417-431.

WERLEN Iwar et al. (1992a), »...mit denen reden wir nicht«: Schweigen und Reden im Quartier. Basel.

WESTENRIEDER Lorenz (1782/83), Beschreibung der Haupt und Residenzstadt München (im gegenwärtigen Zustande). 3 Teile, München.

WIEGELMANN Günter (1975), Diffusionsmodelle zur Ausbreitung städtischer Kulturformen. In: KAUFMANN Gerhard (Hg.), Stadt-Land-Beziehungen. Verhandlungen des 19. Deutschen Volkskundekongresses in Hamburg vom 1. bis 7. Oktober 1973. Göttingen, p.255-266.

WIEGELMANN Günter (1981/82), Von der Querschnittanalyse zur seriellen Analyse. Arbeitsbericht des Projektes »Diffusion städtisch-bürgerlicher Kultur vom 17. bis zum 20. Jahrhundert«. In: Rheinisch-westfälische Zeitschrift für Volkskunde 26/27, p.235-248.

WIEGELMANN Günter (Hg.) (1978), Kulturelle Stadt-Land-Beziehungen in der Neuzeit. Münster. (Beiträge zur Volkskultur in Nordwestdeutschland, Bd.9).

WIEGELMANN Günter (Hg.) (1985), Nord-Süd-Unterschiede in der städtischen und ländlichen Volkskultur Mitteleuropas (16.-20. Jahrhundert). Münster. (Beiträge zur Volkskultur in Nordwestdeutschland, Bd.40).

WIEGELMANN Günter (1991), Theoretische Konzepte der Europäischen Ethnologie. Diskussionen um Regeln und Modelle. Münster.

WIRTH Louis (1974), Urbanität als Lebensform. In: HERLYN U. (Hg.), Stadt- und Sozialstruktur. München. (OT: Urbansim as a way of life. In: American Journal of Sociology 44 (1938), p.1-24).

WUTTKE Adolf (1925), Der deutsche Volksglaube der Gegenwart. 4. Aufl., Berlin. (EA 1860).

WYSS Nikolaus (1977), Typische Verhaltensweisen von Benützern eines Großstadtbahnhofs. Ein Erfahrungsbericht. (Liz.-Arbeit/Volkskundliches Seminar). Zürich.

WYSS Nikolaus (1981), Schwamendinger-Buch. Hg. vom Quartierverein Schwamendingen. Zürich.

WYSS Nikolaus (1986), Blickfeld Hauptbahnhof Zürich. Treffpunkte und Durchgangsorte. In: Schweizerisches Archiv für Volkskunde Jg.82, p.128-134.

WYSS, Nikolaus (1982), Bahnhof. Reisende, Eckensteher, Fremdarbeiter und andere. Nachdenken über ein Zentrum. In: KELLER Walter /WYSS Nikolaus (Hg.), Reisen ins tägliche Leben. Zürich, p.19-30.

ZELLER Peter (Hg.), Die Stadt der Zukunft. Zürich 1990. (Zürcher Hochschulforum, Bd.17).

ZELLWEGER Henrike (1981), Die Sauberkeit der Wohnung. Ideologische und konstitutionelle Einwirkungen, Innovationen, Besonderheiten und Alltägliches sowie subjektive Erfahrungen zum Saubermachen von städtischen Wohnungen. (Liz.-Arbeit/Volkskundliches Seminar). Zürich.

ZINSLI Paul (1968), Berner Stadtvolkskunde. Seminarreferate. Bern.

9 Personenverzeichnis

10 Anhang

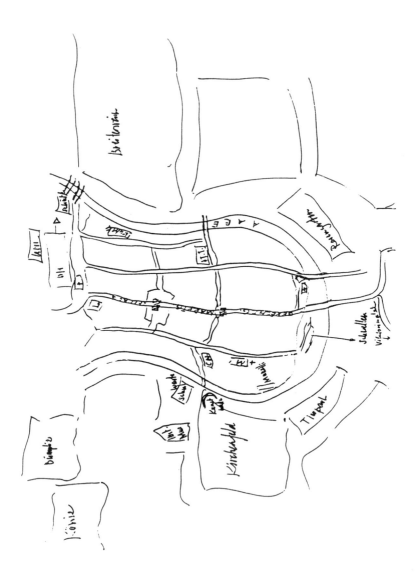

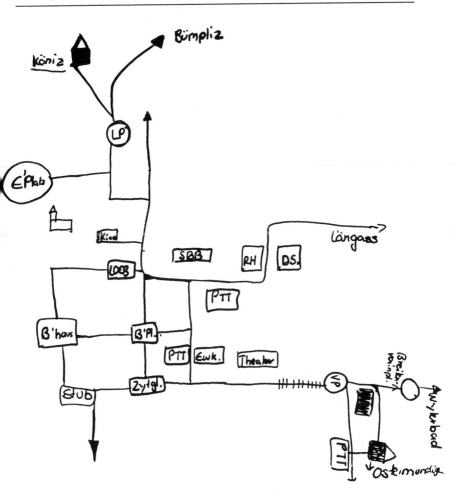

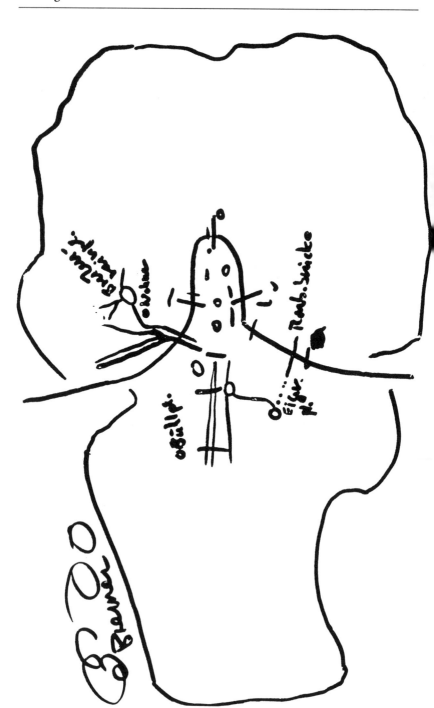

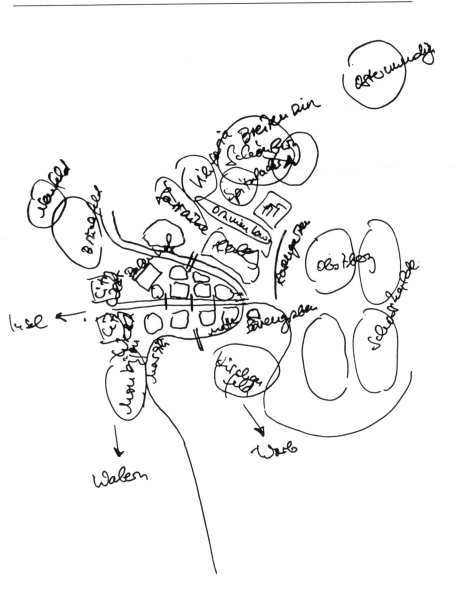

LEBENSFORMEN
Veröffentlichungen des Instituts für Volkskunde
der Universität Hamburg
Herausgegeben von Thomas Hengartner,
Albrecht Lehmann und Gerhard Lutz

REIMER

Band 1
Andreas Fahl
**Das Hamburger Bürgermilitär
1814–1868**
VIII und 366 Seiten mit 24 Abbildungen
und 7 Tabellen. Im Anhang Katalog der Hand-
feuerwaffen und Blankwaffen im Bestand des
Museums für Hamburgische Geschichte
Broschiert / ISBN 3-496-00888-1

Band 2
Andreas Kuntz / Beatrix Pfleiderer (Hg.)
Fremdheit und Migration
IV und 260 Seiten
Broschiert / ISBN 3-496-00889-X

Band 3
Albrecht Lehmann / Andreas Kuntz (Hg.)
Sichtweisen der Volkskunde
Zur Geschichte und Forschungspraxis
einer Disziplin
Gerhard Lutz zum 60. Geburtstag. 393 Seiten
mit 45 Abbildungen. Leinen mit Schutzumschlag
ISBN 3-496-00949-7

Band 4
Erika Dettmar
Rassismus, Vorurteile, Kommunikation
Afrikanisch-europäische Begegnungen
in Hamburg
XV und 427 Seiten mit 4 Grafiken
Broschiert / ISBN 3-496-00991-8

REIMER

REIMER

LEBENSFORMEN

Veröffentlichungen des Instituts für Volkskunde
der Universität Hamburg
Herausgegeben von Thomas Hengartner,
Albrecht Lehmann und Gerhard Lutz

Band 5
Dagmar Burkhart
Kulturraum Balkan
Studien zur Volkskunde und Literatur
Südosteuropas
327 Seiten mit 34 Abbildungen
Leinen mit Schutzumschlag
ISBN 3-496-00472-X

Band 6
Andrea Kiendl
Die Lüneburger Heide
Fremdenverkehr und Literatur
VII und 342 Seiten mit 1 Abbildung,
3 Karten und 2 Diagrammen
Broschiert / ISBN 3-496-00405-3

Band 7
Karin Hesse-Lehmann
Iraner in Hamburg
Verhaltensmuster im Kulturkontakt
XII und 251 Seiten
Broschiert / ISBN 3-496-02513-1

Band 8
Dietmar Sedlaczek
» ... das Lager läuft dir hinterher«
Leben mit nationalsozialistischer Verfolgung
404 Seiten
Broschiert / ISBN 3-496-02588-3

REIMER

LEBENSFORMEN

Veröffentlichungen des Instituts für Volkskunde
der Universität Hamburg
Herausgegeben von Thomas Hengartner,
Albrecht Lehmann und Gerhard Lutz

REIMER

Band 9
Klaus Brake
Lebenserinnerungen
rußlanddeutscher Einwanderer
Zeitgeschichte und Narrativik
504 Seiten
Broschiert / ISBN 3-496-02646-4

Band 10
Brigitta Schmidt-Lauber
»Die verkehrte Hautfarbe«
Ethnizität deutscher Namibier als Alltagspraxis
477 Seiten
Broschiert / ISBN 3-496-02656-1

Band 11
Thomas Hengartner
Forschungsfeld Stadt
Zur Geschichte der volkskundlichen Erforschung
städtischer Lebensformen
379 Seiten mit 5 Karten und 4 Kartenskizzen
Broschiert / ISBN 3-496-02655-3

Band 12
Hilke Thode-Arora
Interethnische Ehen
Theoretische und methodische Grundlagen
ihrer Erforschung
517 Seiten
Broschiert / ISBN 3-496-02663-4

REIMER